Norbert Juretzko
mit Wilhelm Dietl

Bedingt dienstbereit

Norbert Juretzko
mit Wilhelm Dietl

Bedingt dienstbereit

Im Herzen des BND – die Abrechnung eines Aussteigers

Ullstein

Für Karin

Wenn wir es vertreten wollen, dass Menschen für uns in ihren eigenen Ländern gegen die dort geltenden Regeln und Gesetze verstoßen, dann übernehmen wir eine ganz besondere Verantwortung. Können oder wollen wir diese Verantwortung nicht tragen, dann müssen wir es lassen – mit dem eigenen Nachrichtendienst.

Norbert Juretzko

Inhalt

Vorwort

Der Bundesnachrichtendienst (BND) soll als Instrument der demokratischen Grundordnung, aufgehoben in einem rechtsstaatlichen System, dem Wohle Deutschlands dienen.

Wer in einer Behörde wie dem Bundesnachrichtendienst arbeitet, ist zu besonderer Verschwiegenheit und Diskretion verpflichtet. Eine ganz besondere Staatstreue und Zuverlässigkeit wird von seinen Mitarbeitern erwartet. Und das ist richtig so. Dennoch schreibe ich dieses Buch. Ein Widerspruch? Nein, im Gegenteil.

Ich habe im BND sowohl ein Menschenbild als auch eine rechtsstaatliche Haltung vorgefunden, die sich nicht mit unserer Staatsphilosophie in Einklang bringen lassen. Deshalb fühle ich mich geradezu verpflichtet, gegen das Gebot der Zurückhaltung zu verstoßen. Täte ich das nicht, würde ich gegen meinen eigenen Treueschwur verstoßen.

Ich habe in meinem dienstlichen Alltag den demokratischen Rechtsstaat nicht mehr wiedererkennen können. Staat und Gesellschaft haben einen Anspruch darauf, auf diese elementaren Mängel hingewiesen zu werden.

Zum Schutz von Personen, die an in diesem Buch geschilderten Vorgängen beteiligt waren, sind Namen, Biographien und Orte verändert worden.

In den Jahren 1991 bis 1998 habe ich gemeinsam mit meinem Partner Freddy einige der ergiebigsten nachrichtendienstlichen Quellen im BND geworben und geführt. Mein Hauptaugenmerk lag dabei auf Osteuropa und auf dem Bereich der fremden Dienste. Die Arbeit meiner Informanten war für die Bundesrepublik Deutschland von großem Wert. Waren die Ergebnisse ihrer Tätigkeit hier hoch angesehen, so bedeutete das gleichzeitig in ihren Heimatländern Verrat. Unter meinen Zuträgern war niemand, der aus niedrigen Beweggründen handelte. Aber gerade dieser Umstand verpflichtete den BND zu besonderer Fürsorge. Dieser Verpflichtung ist der BND nicht gerecht geworden. Man liebte zwar den Verrat, verachtete aber den Verräter.

So beschreibt dieses Buch den Verrat in seinen vielfältigen Formen. Da ist zunächst der Verrat der Quellen für uns. Oder der Verrat von Mitarbeitern im BND für andere Dienste. Mein Buch erzählt aber auch, wie Kameradschaft, Treue und Diensteifer verraten werden. Es berichtet über den Verrat am eigenen System. Wie Politik den eigenen Rechtsstaat verrät. Oder wie ein BND-Präsident von seinen engsten Mitarbeitern verraten wird.

Hätte ich das Buch nicht geschrieben, hätte ich Verrat an der eigenen Gesinnung begangen.

Operation »Black Foot«

Es begann im warmen Juli des Wendejahres 1990 mit einem ungewöhnlichen Anruf meines damaligen Chefs: »Dannau, wie geht es Ihnen und was treiben Sie gerade? Haben Sie in den nächsten Tagen Zeit? Vielleicht auch über das Wochenende hinaus?« – »Danke der Nachfrage«, erwiderte ich knapp, »mir geht es gut.« In den nächsten Tagen sollten die Schlussarbeiten für unseren früheren Job stattfinden, und dann wäre ich eigentlich wieder frei. Feste Planungen existierten noch nicht. »Prächtig«, entfuhr es dem Chef. Seine Stimme wurde eine Spur ernster und verbindlicher.

»Hören Sie mir ganz genau zu. Es ist absolut wichtig. Sie lassen jetzt alles stehen und liegen. Fahren Sie nach Hause und packen Sie nur das Nötigste ein. Fliegen Sie möglichst heute noch nach Berlin. Arnstein braucht Sie dort. Ein Auftrag mit hoher Verantwortung wartet auf Sie. Bitte machen Sie sich gleich auf den Weg.« Da war sie wieder, diese innere Spannung. Wenn Arnstein mich brauchte, dann gab es für mich kein Zögern. Ich versicherte dem Anrufer, dass ich ganz bestimmt noch am selben Tag in Berlin sein würde. Kein Thema. »Machen Sie mir keine Schande und viel Erfolg«, hörte ich ihn sagen, bevor er den Hörer auflegte.

So ruhig und gleichzeitig so bestimmt hatte ich den Chef selten erlebt. Es musste wirklich etwas ganz Besonderes vorliegen. Bald darauf stand ich am Schalter der »British Airways« im Flughafen Hannover-Langenhagen und buchte einen Flug in die geteilte Metropole. Es kam mir ein bisschen wie im Film vor. Auf alle Fälle war ich sehr neugierig, was mich in Berlin erwartete. Knapp dreieinhalb Stunden nach diesem Alarmruf stieg ich aus dem Flieger und entdeckte am Ankunftsgate 10 zwei vertraute Gesichter.

Norbert Gassing und Gert Arnstein grinsten mich an. Ich wusste, dass unsere »Firma« den Gassing mit drei Leuten nach Berlin geschickt hatte, um etwas völlig Neues vorzubereiten. Keiner sprach darüber, aber keiner schien auch wirklich daran interessiert zu sein. Meine Gefühle waren also gespalten, eine Art von professioneller Neugier auf der einen Seite und die mit unserem »Laden« verbundene Vorsicht auf der anderen.

Gassing war der Chef des Organisations- und Vorauskommandos, oder wie immer man es nennen mochte, Arnstein sein Vertreter. Hausintern hieß das Projekt 12YA. Irgendwo fühlte ich mich schon geehrt, dass die beiden selbst nach Tegel gekommen waren. Da lag was im Busch. Gassing trug einen hellgrauen Anzug mit modischer Krawatte, Arnstein eine blaugraue Kombination mit einem dunklen Poloshirt darunter. Beide verbargen ihre Augen hinter dunklen Sonnenbrillen. Sie wirkten wie zwei Privatschnüffler, die sich verzweifelt mühten, unauffällig rüberzukommen. Ich konnte nicht verbergen, dass es mich belustigte.

Die beiden begrüßten mich mit einem kräftigen Handschlag. In letzter Sekunde fiel mir noch ein, dass ich gerade bei Arnstein aufpassen musste. Drückte man ihm nämlich die Hand und ging dabei unkonzentriert zur Sache, konnte es passieren, dass er sie einem derart zusammenquetschte, dass es vernehmlich knirschte. Also musste man selbst kräftig zupacken, um nicht für den Rest des Tages ein taubes Gefühl in der Hand zu behalten.

Als ich Gassing die Hand reichte, machte ich einen höflichen Diener und schaute dabei unweigerlich zu Boden. Sofort musste ich erneut grinsen. Wir drei hatten die gleichen Schuhe an. Jeder von uns trug ein braunes Paar Slipper mit einem anthrazitfarbenen Rand. In der Mitte war jeweils ein kleiner Lederbommel befestigt. Unabhängig voneinander hatten wir anscheinend in letzter Zeit die Kleiderkammer der Bundeswehr besucht, bei der Berufsoffiziere solche Markenschuhe günstig erwerben können.

Arnstein zog seine Sonnenbrille auf die Nasenspitze und zeigte mit spitzem Finger auf unsere schönen neuen Treter. Dabei stellte er eine Fußspitze hoch. »Das hat was Symbolisches, Chef«, sagte er zu seinem Boss gewandt, »oben ganz Spion mit dicker Sonnenbrille, und unten herum sieht jeder, der sich auskennt, da stehen drei Bundeswehroffiziere mit Schuhen von der Kleiderkasse herum. Profis sind wir, absolute Profis.«

Sein Grinsen wurde breiter, und die Stimme senkte sich zu einem Flüstern. »BND, typisch BND. Täuschen und zinken, aber Klamotten von der Kleiderkammer.« Mit einer abfälligen Handbewegung beendete er das Thema und legte seinen Arm um meine Schultern. »Na dann, Norbert, wollen wir mal. Große Ereignisse werfen ihre Schatten voraus.« Arnstein geleitete mich aus der Halle, und Gassing, der immer noch verdattert unsere Schuhe anstarrte, folgte in einigem Abstand.

Mit Arnstein konnte ich bestens. Er war ein alter, erfahrener Haudegen. Ein Macher, fleißig, korrekt und ausgesprochen entscheidungsfreudig. Sein Spitzname aus alten Fallschirmjäger-Zeiten lautete »Old McNeill«. Das wurde aus seinem damaligen Dienstgrad als Oberleutnant abgeleitet (kurz OLT) und von seiner Vorliebe für schottische Militärmusik. Arnstein hatte keinen Moment gezögert, als ihn der Ruf nach Berlin ereilte. Er war der richtige Mann am richtigen Ort.

Ihn trennten nur noch wenige Jahre vom Ruhestand, außerdem waren die Kinder bereits aus dem Haus und die Ehefrau wieder ganztags berufstätig. Der Idealfall für eine Wochenendehe. Und auch für eine neue, spannende Herausforderung kurz vor dem Ende der Karriere. Operativ war der Mann ein Glücksfall für jede Dienststelle, und deshalb hatte Gassing keinen Moment gezögert, ihn ins Boot zu ziehen.

In Pullach waren damals alle abgetaucht und für den Berlin-Job nicht verfügbar. Gassing selbst musste, gerade in der Anfangsphase, häufig für mehrere Tage in die Zentrale reisen. Dann kam er ohne einen verlässlichen Stellvertreter nicht aus. Die Konstellation mit Arnstein war ideal.

Gassing schloss den neuen Dienstwagen auf und chauffierte selbst. Arnstein setzte sich zu mir auf den Rücksitz. Dabei raunte er mir ins Ohr: »Erst einmal die offizielle Einweisung mit dem Alten. Das Wichtige nachher unter vier Augen.« Er zwinkerte mir zu und fragte zu Gassing gewandt: »Wollen Sie, oder soll ich?« Der Chef wollte selbst.

Während er anfuhr, begann er mit seiner Erklärung: »Also die Sache ist die – irgendwann sollen die Atomsprengköpfe der russischen Raketenverbände abgezogen werden. Es gibt ein Gerücht, wonach das schon in den nächsten Tagen oder Wochen stattfinden soll. Aber darüber wissen wir noch nichts Genaues. Dannau, Sie müssen da ran. Sie und Arnstein. Die Amerikaner sind ganz wild darauf, Messungen vorzunehmen und möglichst viele technische Details zu den Atomwaffen in Erfahrung zu bringen sowie den Abzug genau zu beobachten. Der Bundeskanzler hat allerdings entschieden, dass es keine amerikanischen Alleingänge im Zusammenhang mit dem Abzug der Westgruppe der russischen Streitkräfte geben darf. Deshalb werden wir die Operation ›Black Foot‹ mit amerikanischer Unterstützung leiten.«

Ich fühlte mich geschmeichelt und hinterfragte neugierig, warum die Wahl gerade auf mich gefallen war. »Es gibt doch sicher ein paar Topleute in Pullach, die bei einer solchen Sache Vorrang haben sollten.« Gassing deutete mit dem Daumen über seine Schulter und auf Arnstein, der krampfhaft aus dem Fenster schaute und ein verqueres

Lied zu pfeifen begann. Er tat, als hätte er nichts gehört, zog die Schultern hoch und versuchte jeglichen Blickkontakt zu vermeiden.

»Gibt es Erkenntnisse aus dem Dienst? In unserem Mutterhaus müssen sie doch eine Ahnung haben, was die Russen planen.« Meine Fragen hauchten Arnstein neues Leben ein. Er polterte los: »Nichts wissen die, wie immer. Rein gar nichts. Die wissen da unten, wann die nächste Beförderung ansteht und wann Dienstschluss ist. Wahrscheinlich wissen die nicht einmal, dass die Russen abziehen.« So kannte ich ihn. Wenn es um die Sache ging, dann nahm er niemals ein Blatt vor den Mund. Und wenn es sein musste, dann sparte er auch nicht mit Kraftausdrücken. In mir stieg eine Ahnung hoch, dass hier einiges nicht stimmen konnte.

Als wir bereits das Internationale Congress Centrum (ICC) passierten und auf die Avus bogen, wetterte Arnstein immer noch. »Herr Gassing, nun erzählen Sie dem Dannau doch mal was von diesen Schnarchnasen in Pullach. Wir sollen hier nämlich ganz wilde Sachen machen, und die interessiert das alles einen Dreck. Da kommt null Unterstützung.« Gassing versuchte diplomatisch abzuwiegeln, ohne wirklich zu widersprechen. »Na ja, soooo können Sie das auch nicht sagen, Gert. Aber es gibt in der Tat einige grundsätzliche Schwierigkeiten, die noch beseitigt werden müssen. Wir arbeiten daran.« Arnstein nickte mit heruntergezogenen Mundwinkeln wie ein Wackeldackel auf der Hutablage.

Mittlerweile hatten wir die Stadtautobahn über die Ausfahrt Hüttenweg verlassen und rollten durch den Grunewald in Richtung Clayallee. Wir bogen links ein und nach 300 Metern wieder rechts ab. Auf Höhe des Thielparks ging es links in den Föhrenweg. Eine Gegend, wo sich teure Villen und Militäreinrichtungen abwechseln. Ich spürte mein Herz klopfen. Stichworte und Halbsätze schossen mir durch den Kopf: Abzug der nuklearen Sprengköpfe – neue Dienststelle – erste Zusammenarbeit mit den Amerikanern – Probleme mit der Zentrale …

Eine Villa mit Vergangenheit

Am Ende des Föhrenwegs, kurz bevor er in die Straße Am Schülerheim mündet, bogen wir auf ein stark gesichertes Grundstück ein. Das Terrain war mit einem schweren, zwei Meter hohen, von Stacheldraht umrankten Eisenzaun umgeben. Ein schweres Eisentor rollte auf, als wir uns näherten. Aus einem mit Panzerglas geschützten Wachhäuschen trat der uniformierte Wachmann einer privaten Sicherheitsgesellschaft. Als er meine beiden Chefs erkannte, legte er freundlich zwei Finger an die Dienstmütze und öffnete den Zugang. Jenseits des Parkplatzes stand ein massives, mehrstöckiges altes Backsteinhaus.

Gassing stieg als Erster aus und wartete hinter dem Wagen auf uns. »Das ist übrigens die alte Villa Keitel. Hier residierte im Dritten Reich der Generaloberst gleichen Namens. Nachher übernahmen die Amerikaner das Objekt. Die nutzten es bis zur Wende als Militärmission. Dadurch ist es allen gegnerischen Nachrichtendiensten seit langem bekannt.« Mein erster Gedanke war: »Ach, du Scheiße.« Was das bedeutete, war mir sofort klar.

Noch ehe ich Luft holen und etwas sagen konnte, plauderte Gert Arnstein in seiner unnachahmlichen Art die traurige Wahrheit aus. Er legte wieder einmal seinen Arm um meine Schultern und machte mit der anderen Hand einen 180-Grad-Schwenk über das gesamte Grundstück. »Das bedeutet, mein lieber Norbert, dass wir hier im verbranntesten Objekt der westlichen Hemisphäre stehen.

Die Super-Profis in Pullach wollen ganz bewusst, dass wir auf die Schnauze fallen. Herzlich willkommen.« Er lachte und ging voran. Gassing, dem das alles sichtlich unangenehm war, tat so, als habe er nichts gehört, und duckte sich weg.

Der Haupteingang des großen Backsteinhauses befand sich unter dem Ostgiebel, der zum Föhrenweg wies. Das Grundstück war gepflegt und durch den alten Baumbestand sowie eine Vielzahl von Hecken und Büschen in tiefes Grün getaucht. Am Haus war der Zahn der Zeit nicht vorbeigegangen. Es wirkte aber immer noch sehr nobel.

Wir gingen die zwölf breiten Stufen hoch und stützten uns dabei auf den alten schmiedeeisernen Handlauf, der in einer Ziegelmauer befestigt war und die Treppe zur Straßenseite hin abdeckte. Gassing öffnete die schwere Eichentür, indem er sein ganzes Gewicht dagegenstemmte. Wir kamen durch einen kurzen, kalten Flur. Arnstein war vorausgeeilt und hatte die nächste Tür geöffnet, um uns beide eintreten zu lassen. Vor uns lag ein langer Gang, durch den man bis an das andere Ende des Gebäudes schauen konnte. Am Ende war ein von Licht durchfluteter Raum zu erkennen.

Dort gab es einen halbrunden Erker, der ringsum verglast war. Am Ende befand sich eine doppelflügelige Glastür, durch die man auf eine großzügige Terrasse treten konnte. Links kam man in das Vorzimmer des Chefs. Alle Türen standen offen, und niemand war zu sehen. Das Haus verbreitete einen gespenstischen Eindruck. Von hier aus sollte also die Beobachtung des Abzugs der russischen Truppen, genannt Operation »Black Foot«, organisiert und gesteuert werden. Innerlich schüttelte ich den Kopf. Immerhin war der geordnete Rückzug schon angelaufen, und hier herrschte augenscheinlich tote Hose.

Gassing führte mich in sein Büro. Ein wertvoll wirkender Perserteppich lag auf dem Boden. Links eine mit Leder bezogene Sitzecke mit einem flachen, schweren Glastisch. Dahinter ein alter, massiver Schreibtisch aus dunklem Holz. Auf der rechten Seite ein Vitrinenschrank, der etwa ein Dutzend nostalgischer Automodelle beherbergte. Die Stühle erinnerten mich an Biedermeierkreationen.

Hinter dem Schreibtisch stand ein schwerer Ledersessel mit hoher Lehne. In einer der Ecken waren zwei große Flaggen aufgestellt, eine amerikanische und eine deutsche. Durch ein großes Fenster konnten wir in den Park blicken. Ein stattliches Büro. Ich war beeindruckt.

Nach einer kurzen Einweisung schickte uns Gassing ins Untergeschoss zu den Amerikanern. Ich folgte Arnstein zwei kurze Treppen in den Keller der Keitel-Villa. Dort befand sich eine Stahltür mit Zahlenkombination. Wir klingelten. Ein uniformierter Sergeant erschien. Er hob die Hand zum militärischen Gruß und führte uns in das Dienstzimmer von Colonel Dego.

Der Offizier war Chef der amerikanischen Hälfte unserer Dienststelle. In den Monaten vor der Wende hatte er bereits die US-Militärmission geleitet. Dego, 1,85 Meter groß und dunkelhaarig, kam uns entgegen. »Hi, Gert«, begrüßte er uns auf Englisch, »das ist also Norbert, wenn ich recht informiert bin. Ich habe gehört, du sprichst Englisch. Ich zeige dir gleich unsere Büros und auch deine wichtigsten Kontaktpersonen.« Das hatten sie mir oben schon gesagt: Bei den Amerikanern traten wir nicht mit unseren Decknamen auf. Wir sprachen uns mit richtigen Vornamen an, und meistens siezten wir uns dabei. Wie es die Partner gewohnt waren.

Nun hatte ich einen Moment Zeit, mich umzusehen. Degos Raum wirkte klein und spartanisch. Er trug ein kurzärmeliges Hemd zur Uniformhose und wirkte eher wie ein Diplomat als wie ein Soldat. Glich der erste Stock einem ausgemusterten Schlafwagen, so pulsierte im Untergeschoss das Leben. Die Büros waren nahezu überfüllt.

Überall brummten modernste Computer, ratterten die Telexmaschinen.

Im Lageraum warteten sechs Personen auf uns. Vier in Camouflage, zwei in Zivil. Dego stellte mich den Zivilisten vor. »Das sind Mark Handridge und Hans Diethard. Hier bringe ich Ihnen Special-Agent Norbert vom BND.« Und an mich gewandt: »Wenn Sie etwas benötigen, was Ihnen diese Herren nicht organisieren können, dann kommen Sie einfach zu mir.« Dego drückte mir symbolisch noch einmal die Hand und verließ den Raum.

Auf einem großen Tisch lag eine amerikanische Militärkarte der DDR. Darauf waren alle Standorte eingezeichnet, von denen man wusste oder vermutete, dass dort Atomsprengköpfe lagerten. Mark Handridge wirkte etwas gestresst: »Das ist derzeit unser größtes Problem. Wir wissen zwar, wo das Zeug lagert, haben aber keine Ahnung, wann und vor allem wie es die Russen abtransportieren werden.«

Hans Diethard ergänzte, gleichfalls in gutem Deutsch: »Wir glauben, dass sie es sehr schnell aus der Ex-DDR rausbringen wollen. Es gibt zumindest Hinweise dafür. Wir haben bei euch in München anfragen lassen, aber dort schienen sie noch weniger zu wissen. Ehrlich gesagt, schienen sie auch nicht sonderlich interessiert zu sein.« Dabei blickten sich die Amerikaner vielsagend an.

Nun war es Zeit, mit Arnstein Klartext zu reden. Dafür zogen wir uns in sein Zimmer im Obergeschoss zurück. »Wir sind hier ein Außenposten, der schon vergessen ist, bevor er noch richtig anläuft. In München schläft alles seelenruhig. Die kümmern sich um gar nichts. In den nächsten Wochen wollen sie eine Stellenausschreibung für 12YA machen. Wenn die am Ende greift, dann sind die Russen längst über alle Berge. Weißt du, dass wir in Pullach gar keine vorgesetzte Dienststelle haben? Gassing geht unten bei den Amerikanern bereits um jeden Kugelschreiber hausieren, da unser eigener Nachschub stockt.«

Das war die Situation: Aus der Münchner Zentrale wollte offenbar keiner nach Berlin, weil das mit richtigem Malochen zu tun hatte. Gassing musste in Pullach von Pontius zu Pilatus laufen, um überhaupt etwas zu bewegen. Von der Abteilungsleitung I, die sich eigentlich hier besonders engagieren sollte, blieben die Impulse aus. So lag die ganze Verantwortung für 12YA bei einem operativ weitestgehend unerfahrenen Major und damit auch das Risiko für den Fall, dass etwas schief ging. Wir waren uns selbst überlassen.

Es schien auch keinen zu interessieren, dass wir hier in engster Tuchfühlung mit einem ausländischen Nachrichtendienst zusammenarbeiteten. Wenn ein BND-Kollege nach Washington fliegen musste, um unsere Partner bei der CIA zu treffen, dann bekam er schon eine Sicherheitsschulung zu Hause und intensivste Verhaltensregeln mit auf den Weg. Manchmal dauerte die Unterweisung länger als der spätere Auslandsaufenthalt. Also wir mussten hier das Beste daraus machen und durften uns jetzt vor den amerikanischen Kollegen nicht blamieren. Augen auf und durch.

Gert holte eine zusammengerollte Militärkarte der verblichenen DDR aus einem alten Spind und breitete sie auf dem Schreibtisch aus. Er beschwerte die Ecken mit einem Aschenbecher, einem Locher und zwei Büchern. Eines der Werke trug den bezeichnenden Titel *Der Soldat in Staat und Gesellschaft.* »Ich habe doch immer gewusst«, entfuhr es Gert, »dass der Schinken zu etwas nutze ist.« Dann schmetterte er sein Lieblingslied, das ich schon von einer feuchtfröhlichen Tagung in unserem früheren BND-Leben kannte. Das ging so: »Früher war'n wir Kommunisten, Zentrum und SPD – heut' sind wir Antifaschisten, Ehre sei Gott in der Höh'!«

Etwas ratlos betrachteten wir die Markierungen. Die Karte kam natürlich von den Amerikanern, weil unsere

Pullacher Auswertung mit Hinweis auf den Quellenschutz keine Infos herausgerückt hatte. Die meisten Raketensprengköpfe schienen im Süden der alten DDR gelagert zu sein. Wie werden sie diese wohl abtransportieren? Mit dem Flugzeug? Nein, bestimmt nicht. Das wäre viel zu riskant. Mit der Bahn oder mit Tiefladern durch Polen? »Wäre möglich«, warf ich ein. »Wir sollten in München jemanden haben, den wir fragen könnten.«

Wir beschlossen, Gassing aufzusuchen. Sein Büro befand sich einen Stock tiefer. Auf unserem Weg trafen wir unsere Bürokraft. Sie war eine nette, unkomplizierte und charmante Frau in den besten Jahren. Sie flachste mit Gert herum und versorgte uns erst einmal mit Kaffee. Dann bat sie uns, ihr beim Ausladen eingekaufter Büromaterialien zu helfen. »Aber«, so klärte sie uns auf, »es weiß noch niemand, wer das alles bezahlt. Der Chef fährt bald wieder nach München und muss sich unbedingt um einen Haushaltstitel kümmern. Sonst geht hier rein gar nichts.«

Wir baten Gassing um einen Kontakt mit den zuständigen Auswertern in Pullach. Er griff zum Telefon und rief Pullach an. Schon bald legte er mit einem Seufzer wieder auf: »Da wir es bereits nach 15.30 Uhr haben, ist keiner der Verantwortlichen mehr erreichbar. Gleitzeit – verstehen Sie?« Ich hatte die Schnauze voll, noch ehe es überhaupt losgegangen war. »Wir sind unten bei den Amis«, sagte ich kurz und marschierte los. Gert folgte mir mit fragendem Blick. »Was hast du vor?« »Improvisieren! Lass mich nur machen.«

Der Weg der Atomsprengköpfe

Hans Diethard öffnete uns und blickte neugierig. »Wir wissen jetzt, wann und wie die Russen ihre Raketensprengköpfe wegschaffen.« Ich muss überzeugend gewirkt haben, weil Minuten später die ganze Mannschaft des Militärgeheimdienstes DIA mit uns zusammen vor der Karte stand und gespannt auf mich schaute. Gert rollte mit den Augen, als würde er jeden Moment in Ohnmacht fallen. Auch er sagte keinen Ton. »Meine Herren, der Abzug beginnt in der nächsten Woche. Ich bin sicher, dass er zunächst mit der Bahn und dann per Schiff erfolgt. Ich vermute, über den Fährhafen Mukran auf Rügen oder über Rostock. Ich tippe aber auf Mukran.« Gert blickte stur zur Decke und pfiff leise vor sich hin.

Mark Handridge bat um einen Augenblick Geduld und kam nach einigen Sekunden mit Oberst Dego wieder zurück. Dann wiederholte er seinem Chef, was ich soeben gesagt hatte. Dego nickte wissend: »Norbert, gute Arbeit, es deckt sich mit unseren Erkenntnissen. Die Polen haben abgelehnt, dass durch ihr Territorium Atomsprengköpfe abtransportiert werden. Diese Meldung ist erst ein paar Stunden alt. Es gibt auch keine Überflugrechte. Auch nicht über die Tschechoslowakei. Verraten Sie mir, woher Sie das wissen?« Ich zuckte mit den Schultern und lächelte wissend.

»Colonel Dego, wir brauchen Messgeräte und Personal«, wandte ich mich an den Chef der Amerikaner. »In 24 Stunden steht alles in Frankfurt am Main«, erwiderte dieser ebenso knapp, »müssen Sie noch etwas mit Pullach absprechen?« Nun meldete sich Gert aus seiner Ecke: »Nein, nicht nötig, nur mit Gassing. Aber das geht schon in Ordnung. In Pullach ist bereits Dienstschluss.« Wir hörten das schallende Gelächter noch, als wir längst die Kellerräume verlassen hatten. Dachten die Amerikaner, wir würden scherzen?

Nun stellte mich Gert zur Rede. »Woher wusstest du das alles? Du marschierst einfach zu den Amis rein, als wärst du voll informiert.« Ehrlich gesagt, hatte ich gar nichts gewusst. Der zeitliche Stress, den die Amerikaner uns bereiteten, ließ auf einen Erkenntnisstand schließen, der darüber hinaus reichte, was sie bisher mitgeteilt hatten. Ich hatte einfach geblufft. Die Wut auf die Dilettanten in Pullach hatte mir dazu den Mut gegeben.

Und das bescherte mir letztlich die Achtung unserer Partner. Eines hatten wir bei dieser Gelegenheit auch erkannt: Die Amerikaner wollten zwar mit uns zusammenarbeiten, sie blieben aber stets sehr zurückhaltend, was ihre eigenen Erkenntnisse betraf. Erst als sie zu erkennen glaubten, wir wären genauso weit, bestätigten sie alles. Und so würden sie es in Zukunft immer mit uns machen.

Jetzt war es höchste Zeit, unsere schwierige Mission vorzubereiten. Wir hatten es auf der Gegenseite mit der ehemaligen »Gruppe der sowjetischen Streitkräfte in Deutschland« zu tun, die sich jetzt »Westgruppe der Streitkräfte« nannte, kurz WGT. Hier handelte es sich um die schlagkräftigste Truppe der abgehalfterten Weltmacht, die nach der Rückkehr in die Heimat das Rückgrat der Armee bilden sollte. Obwohl es sich angeblich um die Elite handelte, trafen wir in den kommenden vier Jahren überall auf eine Armee in Auflösung. Das hatten sie mit den Resten der »glorreichen Sowjetunion« gemeinsam.

In seinen Memoiren listete der letzte Oberbefehlshaber der WGT, Generaloberst Matwej Burlakow, die Stärke seiner Einheiten zu Beginn des Rückzugs auf: 546 200 Männer und Frauen, darunter 337 800 Militärs. Sie verfügten über 4 197 Kampfpanzer, 11 500 gepanzerte Kampffahrzeuge aller Art, 3 716 Artilleriegeschütze und über 2,5 Millionen Tonnen Material, ein Viertel davon Munition. Dazu kamen über 623 Flugzeuge, 615 Hubschrauber und fast 100 000 Fahrzeuge. Die Russen nutzten im Osten offiziell über 1 500 Liegenschaften mit einer Gesamtfläche von 290 000 Hektar, bei Bedarf das Doppelte bis Dreifache. Sie bildeten einen Staat im Staate, der sich in der Regel vor der ihn umgebenden DDR-Zivilgesellschaft abschirmte. Die meisten Kontakte zwischen Deutschen und Russen blieben der politischen und militärischen Führungsebene vorbehalten.

Eine kurze Erinnerung: Im November 1989 fiel die Berliner Mauer, und spätestens im Januar 1990 wurde überall von der Chance der Wiedervereinigung geredet. Der Einigungsprozess lief an, aber auch die Abnabelung von den Siegermächten. »Zwei plus vier« lautete die Formel der Gespräche zwischen den Deutschen und ihren Besatzern. Auf verschiedenen Ebenen trafen sie sich im Laufe des Jahres 1990.

Im September unterzeichneten schließlich die Außenminister einen »Vertrag über die abschließende Regelung in Bezug auf Deutschland«. Darin wurde auch der Abzug der Westgruppe der sowjetischen Streitkräfte bis Ende 1994 vereinbart. Einen Monat später ratifizierten Außenminister Genscher und der sowjetische Botschafter den »Stationierungsvertrag«, der den weiteren Aufenthalt und den Rückzug der fremden Truppen regelte.

In diesem Sommer des Jahres 1990 mussten wir über Nacht einsatzfähig sein, denn die Operation »Black Foot« näherte sich mit Riesenschritten. Zuerst benötigten wir einen Basiswagen, ein Wohnmobil oder Ähnliches. Und dann Personal, mindestens zwanzig Personen. Schon am Tag nach unserer schicksalhaften Besprechung kam Dego zu uns. Ich stand gerade mit Gert in Gassings Büro.

Dego war ganz aufgeregt. »Wie versprochen, meine Herren! In Frankfurt Rhein-Main Airbase steht ein Jumbo der U. S. Air Force. Darin wartet auf uns alles technische Gerät, das wir brauchen. Dazu fünfzig Spezialisten, die derartige Einsätze schon gemacht haben. Sie sind in der Lage, alle Geräte zu bedienen, sprechen deutsch und russisch und können sich in fremdem Gelände bewegen. Wir müssen nur noch auf die Genehmigung der Bundesregierung warten. Erst dann dürfen unsere Leute hier aktiv werden.«

Ich schaute auf die Uhr und stellte fest, dass die Amerikaner wirklich nur 24 Stunden gebraucht hatten. Die Genehmigung aus Bonn hielt ich im ersten Augenblick für eine Formsache. Trotzdem kam sie nicht. Erst später wurde uns klar, was sich ereignet hatte. Die US-Regierung hatte vorschriftsmäßig im Bundeskanzleramt angefragt. Ein Referent der Abteilung 6, zuständig für den BND, wollte in Pullach wissen, ob denn alles seine Richtigkeit habe.

Im Münchner Süden war das Interesse am Abzug der WGT so gering gewesen, dass keiner der Verantwortlichen in der Abteilung 1, zuständig für »Operative Aufklärung«, genau wusste, was im fernen Berlin gerade lief. So teilten die Befragten dem vorgesetzten Kanzleramt sinngemäß mit, von einem solchen Einsatz sei nichts bekannt. Wenn erforderlich, dann verfüge man selbst über genügend Personal und Technik. Deshalb blockierte die politische Führung in Bonn die Aktion der Amerikaner.

Es verging wiederum keine Stunde. Dann stand ein wütender Dego vor uns und fragte nach dem Warum. Die Drähte liefen heiß, und ein heilloses Hin und Her begann. Plötzlich erkannten einige BND-Obere die Chance, sich in Bonn zu profilieren. Ein kurzes und heftiges Interesse an der Dienststelle 12YA flackerte auf. Am Ende revidierte Bonn seine Entscheidung dahingehend, dass zwar US-Elektronik eingesetzt werden dürfe, jedoch kein US-Bedienungspersonal. Dego stand nun kurz vor einem Wutausbruch. Gert und ich konnten ihn verstehen.

Die Führungsriege der Beschaffungsabteilung war nicht nur unfähig gewesen, eigenes Personal zu rekrutieren. Durch Unwissen und Unvermögen war auch der Einsatz amerikanischer Spezialisten verhindert worden. Ein Desaster für die Sache und eine grenzenlose Peinlichkeit gegenüber den Partnern. Nun ordneten die Amerikaner kurzerhand an, die Experten und ihre gesamte Ausrüstung nach Washington zurückzufliegen. Dego teilte uns das lapidar mit. Gassings Telefonate mit Pullach klangen immer panischer. Plötzlich geschah das Wunder. Irgendwo wurde ein Kompromiss gefunden. Bonn entschied, die wichtigsten Geräte durften eingesetzt werden – bedient von einem Techniker der CIA. Der Zirkus war zu Ende und alle Beteiligten versorgten ihre Wunden.

Kurz darauf zeigte eine weitere Begebenheit noch einmal ganz deutlich, wie schwer sich der BND damit tat, eine solche Operation auf die Beine zu stellen. In Berlin gab es in dieser Umbruchphase nur wenig Leihfahrzeuge und schon gar keine Wohnmobile auf Mietbasis. Der Aufbau Ost hatte bereits begonnen, und manche Firmen konnten ihre Leute nicht anders unterbringen. Wir brauchten aber dringend ein solches Gefährt, um mobil zu sein und den Einsatz leiten zu können. Schon am frühen Morgen baten wir telefonisch unseren persönlichen Vertrauensmann in der Münchner Zentrale, ein Fahrzeug dieser Art zu beschaffen.

Als wir ihn endlich, Stunden später, wieder am Apparat hatten, befand sich gerade Dego bei uns und bekam das Problem mit. »Sie sind sicher, in einem Nachrichtendienst zu arbeiten?«, witzelte der Amerikaner. »Das ist alles nicht so einfach«, hob unser Vertrauensmann in gedehntem Deutsch zu einer Erklärung an, »das Wohnmobil habe ich bereits beschafft. Aber wir kriegen es nicht nach Berlin. Wir haben bereits Freitag Nachmittag, und die Fahrbereitschaft ist längst weg. Ich habe auch keinen Freiwilligen für diese Tour gefunden. Sie wissen, wie das so ist. Da müssen Sie sich etwas einfallen lassen.« Ich war wie geplättet und streckte erst einmal alle Viere von mir.

Da sprang Dego auf und brüllte: »Das kapiere ich nicht!« Für ihn war das Maß anscheinend endgültig voll. Er griff in seine Umhängetasche und fingerte ein dickes Bündel grüner Dollarnoten heraus. »Mein Gott, Norbert, dann kaufen Sie sich ganz einfach so ein Scheißwohnmobil.« Er knallte den Packen auf den Schreibtisch. Geldnoten flogen durch die Gegend. Dego sammelte einige wieder ein und drückte sie mir in die Hand. Andere presste er Gert an die Brust. Der Oberst verschwand schimpfend im Keller.

Wir sammelten die Scheine ein und zählten sie auf Gassings Tisch nach. Es waren gut 100 000 Dollar. Einer von uns brachte das Geld nachher zurück. Es war so peinlich. Sprachlos verschwanden wir in unsere eigenen Räume. Gert murmelte Verwünschungen vor sich hin, als wir die Treppe nach oben erklommen: »Das ist kein Nachrichtendienst. Das ist eine Nachrichtenverwaltung. Hätte ich doch nur was Gescheites gelernt.«

Minuten später stand Dego wieder im Raum. »Hören Sie zu! Das ist alles hochgradig unprofessionell, was bei Ihnen abläuft. Bitte entschuldigen Sie meinen Auftritt, aber was zu viel ist, das ist zu viel. Lassen wir das Telefonieren mit München und machen ab sofort einfach gute Arbeit. Wenn Sie etwas benötigen, dann wenden Sie sich einfach an Hans.« Schon stand der Genannte im Raum. »Hans wird Sie ab sofort persönlich unterstützen. Egal, was Sie brauchen, Sie bekommen alles.«

Plötzlich verschwand das burschikose Grinsen aus seinem Gesicht. Er wurde offiziell, ja beinahe feierlich. »Die Vereinigten Staaten von Amerika legen sehr großen Wert auf das Gelingen dieser Operation. Deshalb gibt es auch kein finanzielles Limit. Haben Sie das verstanden?« Nun durften wir unsere Wunschzettel ausfüllen.

Die Operation läuft an

Zuerst bekamen wir drei hochmotorisierte Mercedes-Geländewagen, die vorher der US-Militärmission gedient hatten. Zwei von ihnen waren gerade erst umlackiert worden. Sie hatten sich von natogrün in tiefblau und metalicgrün verwandelt. Der Dritte, noch immer im Nato-Look, wurde von Gert und mir als Führungsfahrzeug eingesetzt. Diese Allradkarosse, von allen Beteiligten später als »James-Bond-Auto« bezeichnet, unterschied sich in einigen wesentlichen Punkten von den handelsüblichen Ausführungen.

Wir hatten einen Dreisitzer. Der dritte Sitz war hinten mittig zwischen den beiden Vordersitzen etwas erhöht eingebaut worden, um die Sicht von dort aus zu verbessern. Ringsum befanden sich schwarz lackierte, abschließbare Staukästen. Über den beiden Vordersitzen stand uns ein Metallklappdach zur Verfügung. Zudem hatten die Amerikaner diverse technische Finessen eingebaut. Da gab es eine komplette Infrarotanlage. Die Scheinwerfer befanden sich unsichtbar im Kühlergrill. Damit konnten wir auch in völliger Dunkelheit unbemerkt observieren. Die notwendigen Spezialbrillen wurden in eigenen Ablagen im Fond aufbewahrt. Durch eine Reihe von Zusatzschaltern war es möglich, alle Fahrzeuglampen separat zu schalten. Eine andere nützliche Besonderheit bemerkten wir bei unserem ersten Tankstopp.

Gert und ich waren bereits am Abend in Richtung Stralsund gefahren. In jenen Wildost-Tagen gestaltete sich die Suche nach einer offenen Tankstelle wie jene nach der berühmten Nadel im Heuhaufen. Schließlich, kurz vor dem Rügendamm, wo rechts die Straße Schwarze Kuppe abzweigt, fanden wir eine Servicestation. Sie war für DDR-Verhältnisse sehr groß und verfügte über mehrere Zapfsäulen. Gert, der selbst gefahren war, steckte den Zapfhahn in den Tankstutzen unseres »007-Mobils«.

Die Tankuhr lief und lief. Zunächst bemerkte ich nicht, dass Gert immer wieder verschwand und unter das Auto schaute. Dann öffnete er die Beifahrertür. »Norbert, kannst du mal schauen?« Die Tankuhr zeigte bereits 160 Liter und lief immer noch. Ich musste unweigerlich lachen. Gert zog den Zapfhahn leicht heraus, um festzustellen, ob überhaupt Benzin floss. Dabei goss er sich einen Schwall über die Schuhe »Scheiße«, brüllte er laut, »wo bleibt denn der ganze Sprit?«

Die Situation hatte etwas von der Comedy-Show »Versteckte Kamera«. Ich stand lachend daneben, als Arnstein noch einmal unter das Auto tauchte und ein vermeintliches Leck suchte. Ich öffnete die Heckklappe. Hätte ja sein können, dass der Treibstoff nach innen läuft. Ich musste so lachen, dass mir alles wehtat. Die Tankuhr blieb bei 240 Litern stehen. Als Gert auf den Preis guckte, musste er ebenfalls lachen. Diese uralte DDR-Zapfsäule zeigte nämlich nur zweistellige Beträge an. Das heißt, sie hatte bei 99 Mark wieder bei Null angefangen. Wie sich herausstellte, verfügten wir über einen Spezialtank, der 280 Liter fasste. Für die getankten 240 Liter sollten wir am Ende lediglich 37,50 Mark bezahlen. Nachdem wir uns von den Lachanfällen erholt hatten, ging Gert an die Kasse und stellte mit Hilfe eines Taschenrechners die genaue Summe fest. Der etwas verwirrt blickende Tankstellenpächter sollte nicht draufzahlen müssen.

Als wir losfuhren, saß er immer noch in seinem Häuschen und schüttelte den Kopf. Für uns war diese urkomische Situation ein befreiender Moment, in dem die ganze Last für einen Augenblick von uns abfiel. Sie zeigt, unter welchem Druck wir damals standen.

In Stralsund wählten wir das »Hotel am Bahnhof« als passendes Basislager. Es war erst kürzlich frisch gestrichen worden und vermittelte deshalb von außen einen guten Eindruck. Damit hob es sich von seiner Umgebung bereits positiv ab. Die Innenausstattung zeigte den morbiden Charme des untergehenden Sozialismus. Das wurde durch die Freundlichkeit der Menschen wieder ausgeglichen.

Das Haus lag zentral, und wir gelangten von hier aus rasch nach Rügen. Hier wollten wir den Abzug der heißen Ware beobachten und unsere Messungen durchführen. Wenn die Sowjets den damals russischen Fährhafen Mukran nutzen würden, dann wäre der Rügendamm ihr Nadelöhr. Würden sie über Rostock abziehen, dann wäre das für uns auch gut erreichbar gewesen. Nun galt es bloß noch ein Problem zu bewältigen. Das Hotel war komplett ausgebucht. Mit der Macht des von uns repräsentierten Kapitalismus gelang es uns aber, alles zu regeln. Wir überboten einfach die anderen. Außerdem buchten wir sechs Doppelzimmer für zehn Tage, mit Option auf Verlängerung. Das war ein Argument, dem keiner widersprechen konnte.

In der Zwischenzeit hatten sich Mitarbeiter aus München und Berlin in Marsch gesetzt. Gassing hatte über seinen Ex-Chef Ollhauer den Mitarbeiter Wulf aktiviert. Zwei weitere Mitarbeiter fand er in Berlin. Unser Pullacher Vertrauensmann überredete zwei Junggesellen, die gerade die BND-Schule absolviert und noch keine feste Verwendung gefunden hatten, uns zu helfen. Ansonsten herrschte in München weiterhin Funkstille.

Überraschenderweise meldeten sich die BND-Techniker aus unserer Zentrale mit einem Auftrag. Sie hatten zwar selbst keine Zeit, an unserer Operation mitzuwirken, wollten später aber alles über die amerikanischen Messgeräte erfahren. Eigentlich war das ein ungeheuerlicher Vorgang. München unterstützte uns zwar nicht, kam aber mit einer Aufklärungsforderung, die den eigentlichen Auftrag gefährdet hätte. Also wurde dieses Ansinnen im weiteren Verlauf von »Black Foot« einfach ignoriert.

Am Samstagabend war das Team komplett. Gassing hatte den amerikanischen Techniker mitgebracht, der nun in seinem weißen Kastenwagen vor dem Hotel saß. Der Ärmste hatte den Auftrag, seine hochgeheime Ausrüstung nicht aus den Augen zu lassen. Von unserem Hotelzimmer, das als Lage- und Besprechungsraum diente, sahen wir ihn sitzen.

Zum Auftakt gerieten Gassing und Gert sich in die Haare. Am Ende der Auseinandersetzung fuhr Gassing nach Berlin zurück. Dort wurde er dringender gebraucht und wir kamen auch ganz gut ohne ihn zurecht. Gassings Auto fuhr vom Hof.

Nun war es Zeit. »So, Norbert, den einen Pflegefall habe ich erledigt«, Gert deutete mit dem Finger auf unseren Gast, »und der andere gehört dir. Übrigens, er spricht kein Wort Deutsch. Viel Spaß!« Eine kleine, unscheinbare Figur lümmelte auf dem Beifahrersitz herum und guckte teilnahmslos aus dem Fenster.

Also setzte ich mein Kumpelgesicht auf und schlenderte zum Kombi. Der Amerikaner kurbelte das Fenster herunter und grüßte mit einem müden »Hi«. – »Hi – ich bin Norbert Dannau.« – »Larry Wosetzky«, lautete die Antwort. Ich glaubte, so etwas wie ein Lächeln zu erkennen. »Willst du nicht reinkommen?« – »Keine Chance!« Er zeigte mit dem Daumen über seine Schulter, auf die Kisten mit der hochsensiblen Technik.

Auf der Ladefläche hatte er alle Geräte verstaut. Zu sehen waren unterschiedlich große Alukisten. Weiter konnte ich einen großen Steinfindling mit schätzungsweisen 80 Zentimeter Breite und ein paar Steuergeräte erkennen.

»Wir müssten etwas besprechen.« – »O. k.«, war seine knappe Antwort. Er entriegelte die Fahrertür, und ich setzte mich neben ihn. Larry war etwa vierzig Jahre alt und mittelgroß. Sein Gesicht wirkte wettergegerbt und strapaziert, die Hände dagegen eher zierlich. Der Mann trug Jeans, Sweatshirt, eine Wollmütze und nagelneue Camelboots. Unser Dialog lief sehr einseitig, weil er nur in der jeweils knappsten Form antwortete.

»Wollen wir nicht doch ins Hotel gehen? Ich bestelle eine Wache für das Auto.« – »Nein.«

»Wie war die Anreise?« – »Schlecht.«

»Hast du Hunger?« – »Ja.«

»Soll ich dir was im Restaurant besorgen?« – »Ja.«

»Was?« – »Egal.«

Erst als ich regelrecht provozierte, wurde er konkreter und orderte ein Schnitzel mit Coke. Weit gefehlt, wenn ich dachte, er würde nun in das Restaurant kommen. Unser Techniker speiste in seinem Transporter und verbrachte die folgende Nacht im Schlafsack auf dem Beifahrersitz. Wenigstens konnten wir vorher noch die Operation besprechen.

Papa Bär, Mama Bär und Baby Bär

Larry erklärte mir zuerst einmal seine Geräte. Die lange Kiste trug den Namen »Papa Bär« und musste so nahe wie möglich an das Gleis herangebracht werden, auf dem der Zug unseres Interesses nahte. Der Abstand zu den vorbeirollenden Waggons durfte nicht weiter als ein Meter sein. Die kürzere Kiste, »Mama Bär«, musste in einem exakt vermessenen Abstand zu »Papa Bär« installiert sein. Der Abstand zum Gleiskörper spielte dabei keine Rolle. »Baby Bär«, der Findling, war genau einem Originalstein nachempfunden und daher relativ unauffällig.

Alle drei Kisten waren mit Spezialelektronik vollgestopft, die sämtliche technischen Werte und Details der Atomwaffen erkennen und aufzeichnen konnte. Unsere erste Aufgabe war, sie so zu installieren, dass sie möglicherweise auch über Wochen unerkannt blieben.

Wie kamen wir nun an die Information über den Abtransport der hochgefährlichen Waffen? Wir benötigten dringend einen Kontakt zur Reichsbahn. Wo sollten wir in der Hierarchie einsteigen? Wenn wir zu weit oben unser Glück versuchten, dann war eindeutig die Gefahr des Verrats vorhanden. Denn die hochrangigen Beamten stammten zum Teil noch aus den Parteikadern der SED. So verstand sich eine gewisse Nähe zur abziehenden Westgruppe von selbst. Das Risiko schien uns zu groß, an leitende Bahnoffizielle in Stralsund oder Berlin heranzutreten.

Da kam uns der Zufall zu Hilfe. Durch einen alten Zeitungsartikel stießen wir auf einen Bahnhofsvorsteher, der bestens in unsere Pläne passte: den Bahnhofsvorsteher von Samtens, einem der zehn für uns interessanten Bahnhöfe zwischen Stralsund und Mukran. Der Chef von Samtens hatte, wie wir unserer Zeitung entnahmen, unmittelbar nach der Wende auf dem Bahnhofsvorplatz kurzerhand eine bundesdeutsche Fahne gehisst. Das brachte ihm erheblichen Ärger mit den noch amtierenden Parteigenossen in Bergen auf Rügen ein. Diese Betonköpfe waren richtig aufgebracht. Die Fahne ließ sich nämlich nicht so leicht entfernen, weil ihre Schnüre weit oben abgeschnitten waren und man sie deshalb schwer erreichen konnte.

Wir erkundeten alle Bahnhöfe und prüften, ob sie nach den Regeln unserer Operation zu gebrauchen waren. Die Strecke zwischen Bergen und Saßnitz beispielsweise war für unser Vorhaben weitgehend unbrauchbar. Schwer zugänglich, zum Teil dicht besiedelt und weit entfernt von unserem Hotel. Letztlich blieb nur noch die 12,5 Kilometer lange Strecke zwischen Rambin und Teschenhagen übrig.

Wulf bekam den Auftrag, den Bahnhof von Rambin zu prüfen. Er sollte sich auch die Bahnbediensteten ansehen, weil sich unser Mann in Samtens immer noch als »Niete« herausstellen konnte. Wir mussten von Anfang an zweigleisig fahren. Zwei weitere Mitstreiter sahen sich den Bahnhof Stralsund-Rügendamm und den Fährhafen Mukran aus der Nähe an.

Gert und ich fuhren nach Samtens. Wir parkten unseren Geländewagen direkt vor dem kleinen Bahnhof. Wir hatten uns vorgenommen, den Vorsteher in gewissem Umfang einzuweihen und um Mithilfe zu bitten. Es war ein strahlend sonniger Vormittag. Das schöne Wetter hatte uns auf der Fahrt über den Rügendamm, vorbei an Drammendorf, bis nach Samtens begleitet. Ein paar Minuten saßen wir schweigend im Fahrzeug und atmeten tief durch. »Greifen wir an«, drängte ich Gert. Während er das Auto verschloss, stimmte er leise »sein« Lied an: »Früher war'n wir Kommunisten, Zentrum und SPD …«

Wir umrundeten das Gebäude. Gert flüsterte mir zu: »Erst mal keinen Ton über den BND. Du führst das Gespräch. Wir nehmen es, wie es kommt.« Am Bahnsteig angekommen, blickten wir in Richtung Süden auf den ausgedehnten Güterbahnhof. Am nördlichen Ende der Gleise befand sich ein beschrankter Bahnübergang. Nur wenige Menschen warteten auf den Nahverkehrszug, der sich aus Richtung Stralsund näherte. Eine Frau in Uniform regelte das Ein- und Aussteigen. Mit Trillerpfeife und Handzeichen schickte sie den Zug wieder los.

Von lautem Klingeln begleitet, öffneten sich die Schranken wieder. Die Uniformierte stand immer noch da und blickte uns fragend an. »Wir suchen hier den Bahnhofsvorsteher«, sprach ich sie an. Sie musterte uns von oben bis unten und antwortete etwas schnippisch: »Aus dem Westen, oder?« Auf mein Nicken zeigte sie auf eine alte Holztür, die im selben charmanten DDR-Grau getüncht war wie der ganze Bahnhof. »Den Herrn Bahnhofsvorsteher finden Sie dort hinten. Gehen Sie nur, mein Mann sitzt an seinem Schreibtisch.« Dann verschwand sie wieder in dem kleinen Kassenraum, wo sie Fahrkarten verkaufte.

Wir klopften an der Holztür. Eine Stimme fragte von drinnen: »Wer ist denn da?« Die Tür war verschlossen. »Wir würden gerne mit Ihnen ein Gespräch führen.« Ein Schlüssel drehte sich im Schloss, und schon stand ein groß gewachsener, hagerer Mann vor uns. Er war Mitte vierzig und ziemlich blass. Ich hielt ihm kurz meinen BND-Dienstausweis so knapp vor das Gesicht, dass er nichts mehr erkennen konnte. »Wir sind von der Bundesregierung und müssen dringend mit Ihnen sprechen.«

Nun riss er die Tür weit auf und bat uns herein. Auf der Stirn standen ihm Schweißperlen. Der Mann zitterte am ganzen Körper. Er versuchte etwas zu sagen, stammelte aber nur. »Bundesregierung – ja – aber – warum – was – kann ich – wollen Sie – bitte nehmen Sie Platz.« Geistesabwesend versuchte er ein paar Unterlagen auf seinem Schreibtisch zu ordnen. Sein dünnes Haupthaar, durch das schon eine Glatze schimmerte, wurde feucht.

Ich versuchte ihn zu beruhigen. »Waren Sie das, mit der Bundesflagge vor dem Bahnhof? Ich habe selten so mutige Leute gesehen. Diese Geschichte hat uns gut gefallen.« Er atmete tief durch. Ich hatte das Gefühl, dass er seit unserem Eintreten das erste Mal geatmet hatte. Seine Gesichtszüge begannen sich zu entspannen. »Nun setzen Sie sich endlich hin und erzählen uns, wie das war.« Beinahe mechanisch zog er seinen Stuhl heran, wirkte aber immer noch, als ob ihm ein Stasiverhör bevorstünde. Stocksteif, die Knie zusammengedrückt, die Fingerspitzen auf dem Schoß. »Sie kommen nicht wegen meiner Stelle?« Wir verneinten ganz entschieden.

Nun wurde er immer lockerer und begann zu erzählen. »Ach, wissen Sie, die Fahnengeschichte hat mir erheblichen Ärger eingebracht. Die Parteileitung in Bergen setzte mich danach auf die Abschussliste und unternahm alles, um mich loszuwerden. Dann war es eine Zeit lang ruhig, weil alle damit beschäftigt waren, im neuen System Fuß zu fassen. Aber jetzt sitzen die alten Parteikader schon wieder in Schlüsselpositionen, einer von ihnen in der Bahnverwaltung von Rostock. Der ist nun wieder, wie auch früher, für mich zuständig. Ich war einer der Ersten, die zur Wende standen, und deshalb sägen die alten Kader immer noch an meinem Stuhl. Sie nennen mich einen Fahnenflüchtigen. Als Sie vorhin hereinkamen, dachte ich schon, das wäre jetzt mein letzter Arbeitstag.«

Bald war unser Gespräch so entkrampft, dass wir unser eigentliches Anliegen vortragen konnten. Er erwies sich als sehr zugänglich und auskunftsfreudig. Im Zusammenhang mit dem Abtransport der WGT über Mukran auf Rügen sollten in den nächsten Tagen so genannte Gefahrentransporte stattfinden. Das Ungewöhnliche daran war, dass sie nicht vorab angekündigt wurden. Die Bahn wusste, dass etwas rollen würde, dazu aber keine Einzelheiten. Im Alltagsbetrieb lagen die Fahrpläne schon wochenlang vor. Die Fahrten der östlichen »Brüder« bildeten die totale Ausnahme. Einige der Transporte waren schon vorbei, andere kamen noch.

Die Züge wiesen einige Besonderheiten auf. Sie umfassten maximal zehn Wagen und wurden immer von zwei Dieselloks gezogen. Die zweite Diesellokomotive diente als Reserve für den Fall, dass die erste ausfallen würde. Die Züge hatten freie Fahrt und durften nur im echten Notfall gestoppt werden.

Nach den beiden Zugmaschinen folgte immer ein kurzer und offener Flachwagen, auf dem ein Flugabwehrgeschütz montiert war. Geschützpersonal stand bereit und dazu ein paar Scharfschützen zur Absicherung. Es folgte ein Wagen mit fünfzig Mot-Schützen, danach die eigentlichen Güterwagen, von denen nur ein oder zwei Fracht geladen hatten. Die anderen waren bloß Dummies. Am Ende hing ein weiterer offener Waggon mit Luftabwehr.

Der Bahnhofschef sagte uns seine Unterstützung zu, und

wir hatten ein gutes Gefühl dabei. Er war zur nächsten Nachtschicht eingeteilt, und deshalb verabredeten wir uns mit ihm entsprechend. Während des Tages wollten wir nicht mehr in Erscheinung treten, und so passte uns das ganz gut in den Kram. Als wir uns verabschiedeten, schien er erleichtert zu sein, und auch wir waren zufrieden. Ich drehte mich noch einmal nach ihm um: »Dieser Auftrag ist für die Bundesregierung von so großer Bedeutung, dass wir hinterher sicher etwas für Sie tun können. Ich werde mich persönlich für Sie einsetzen.« Mit einer Mischung aus Stolz, Neugier und Erleichterung entließ er uns.

Gert konnte sich nicht mehr zurückhalten, als wir wieder im Auto saßen: »Hast du gesehen, wie der auf einmal geschwitzt hat?« – »Unser Auftreten war aber auch etwas martialisch«, entgegnete ich ihm. »Schau uns doch beide einmal an. Wir sehen aus wie die Schwarzen Sheriffs.« In der Tat, wir wirkten beide wie uniformiert. Beide trugen wir Jeans und schwarze Seidenblousons, dazu weiße Hemden und weinrote Krawatten. Diese Übereinstimmungen fielen uns erst jetzt auf. Wir konnten locker als Scientologen oder Mitglieder anderer Sekten durchgehen.

Gert war fröhlich. Er chauffierte uns zurück nach Stralsund. Beim Wegfahren sang er wieder: »Früher war'n wir Kommunisten ...«

Vorbereitungen auf Rügen

Zurück in unserem »Hauptquartier« entwickelten wir den endgültigen Einsatzplan. In der Nähe des Bahnhofs Rügendamm richteten wir einen Beobachtungsposten ein, der jeweils während der Nacht im Schichtbetrieb besetzt wurde. Er sollte alle Züge melden, die das bekannte Schema aufwiesen. Weil es uns an Personal fehlte, konnten wir hier nur eine Person mit Funkgerät einsetzen.

Die Gegensprechstelle befand sich in dem Geländewagen, mit dem Gert und ich unterwegs waren. Damit wollten wir uns im Bereich des Bahnhofs Rambin postieren. Von dort lief die Bahnstrecke bis Samtens stets parallel zur Bundesstraße. Wir wollten den einen oder anderen Transport auf der Straße begleiten und ihn mit einer Infrarotkamera filmen. Als wir dies bei harmlosen Zügen testeten, mussten wir feststellen, dass es praktisch unmöglich war, durchgehend neben ihnen herzufahren. Wir befanden uns auf der einzigen einigermaßen gut ausgebauten Straße der Insel Rügen. Dadurch war sie auch bei Nacht ziemlich frequentiert. Unsere geplante Zugbegleitung wurde regelmäßig von langsam fahrenden Lastwagen und anderen Fahrzeugen verhindert. Ein Überholen war ohnedies nur in den seltensten Fällen möglich. Eine erfolgreiche Observation der Züge erwies sich als reines Glücksspiel.

Auf der anderen Seite der Gleise entdeckten wir einen befestigten Feldweg, der noch dichter am Schienenweg lag als die Bundesstraße und der bis Samtens führte. Auf der Strecke zwischen Rambin und Samtens biegen zwei Straßen von der Bundesstraße nach Süden ab. Die erste führt nach Sellentin, die zweite nach Götemitz. Zwischen diesen beiden Abzweigungen war der Feldweg auf einer Strecke von rund zweieinhalb Kilometern in einem brauchbaren Zustand. Das sagte uns besser zu. Testfahrten förderten unsere Entscheidung zugunsten dieser Strecke.

Hier sollten unsere Aufzeichnungen entstehen. Eines der amerikanischen Spezialgeräte sollte im Bahnhof von Samtens eingesetzt werden, die beiden anderen im folgenden Streckenabschnitt. »Papa Bär« durften wir, nach Absprache mit dem Bahnhofsvorsteher, an einer Weiche direkt im Gleisschotter einbauen. Voraussetzung für eine erfolgreiche Arbeit war jedoch, dass der Zug an dieser Stelle mindestens drei Minuten lang stehen blieb. Nur dann war es möglich, exakte Strahlenmessungen durchzuführen.

2 500 Meter nach dem Bahnhof verläuft die Trasse noch neben der Bundesstraße. Von Zirkow Hof bis zur Stönkvitzer Siedlung entfernen sich die Bahngleise in einem weiten Bogen bis zu 500 Meter von der Straße. Zudem ist das Gelände, das westlich von Samtens noch völlig offen ist, ab hier relativ dicht bewaldet. An dieser Stelle wollten wir die anderen Geräte einsetzen. »Baby Bär«, der Findling, brauchte nur irgendwo in Gleisnähe positioniert zu werden. »Mama Bär« würden wir mit einem Tarnnetz zwischen Gleis und Waldrand verstecken.

100 Meter jenseits der Gleise befindet sich lichter Hochwald, dem sich zur Bundesstraße hin eine kleine Dickung anschließt. Von hier konnten wir, in leicht erhöhter Position, sowohl Gleise als auch Geräte gut einsehen. Wenn die Züge sich näherten, würden wir in der Dickung verschwinden können. Im Vorfeld dürften wir natürlich bei der Installation der Geräte nicht auffallen. Wer immer uns in diesem Gelände sehen würde, konnte uns bei irgendwelchen Dienststellen melden, die uns nicht wohlgesonnen waren. Das musste um jeden Preis verhindert werden.

Als letzten Einsatzort vor Mukran wählten wir einen wilden Campingplatz im Süden von Lietzow, der direkt neben den Bahngleisen lag. Dort postierten wir später das Wohnmobil mit den beiden Absolventen der BND-Schule, den »Frischen«, wie wir sie nannten. Rasch zeigte sich, wie verantwortungslos es war, totale Newcomer in einen solchen Einsatz zu schicken.

Sie waren unbedarft und verhielten sich entsprechend unvorsichtig. Ihre Anwesenheit gefährdete die ganze Aktion, weil sie unsere Operation zeitweise mit einem James-Bond-Film verwechselten. Ich wusste mir schließlich nicht mehr anders zu helfen, als ihnen das Verlassen des von ihnen aus München mitgebrachten Wohnmobils zu verbieten. Sie sollten die vorbeifahrenden Züge beobachten und mit einer Infrarotkamera fotografieren. Als »Pfleger« für die beiden Anfänger teilten wir Wulf ein. Damit war der Dienstaufsicht Genüge getan.

Wulf war ein Fall für sich. Er hatte sich inzwischen mit der Bahnhofsvorsteherin von Rambin angefreundet. Eine Klaransprache als BND-Mann schloss er aber aus, da die Dame aktives SED-Mitglied war und anscheinend immer noch dem alten Regime nachtrauerte. Als allein erziehende Mutter musste sie sich tagsüber um ihre Kinder kümmern, und deshalb übernahm sie vorwiegend die Nachtschicht.

Wenn wir den Atomzug ein oder zwei Kilometer begleiten wollten, dann mussten wir das Bahngelände von Rambin überqueren. Dabei bestand die Gefahr, dass die Bahnhofsvorsteherin uns bemerken und melden würde. Deshalb bekam Wulf den Auftrag, sie jeden Abend zu besuchen und ihr den Hof zu machen. Der Kontakt entwickelte sich gut. Zuerst durfte er nicht in ihr Dienstzimmer, aber das erledigte sich nach einigen Tagen von selbst.

Die Vorbereitungen liefen zügig. Jeder wusste, was er im Einsatzfall zu tun hatte. Alle waren motiviert und gespannt, wann wir den ersten Zug erblicken würden, der mit »Vorspann« über den Rügendamm rollte. Am nächsten Abend ging der Beobachtungsposten im Bahnhof Rügendamm in Stellung. Wulf war bei seiner Bahnhofsvorsteherin. Die »Frischen« saßen in ihrem Wohnmobil. »Papa Bär« war eingebaut und »Mama Bär« wie auch »Baby Bär« aktiviert.

Larry Wosetzky saß in seinem kleinen Kastenwagen an den Steuergeräten. Er war mit einem Funkgerät ausgestattet und hatte Direktkontakt zu Gert und mir. Wir pendelten zwischen den einzelnen Stationen, indem wir immer wieder die Strecke zwischen Stralsund und drei Kilometer hinter Samtens abfuhren. Die Spannung wuchs.

Zwei unserer Leute warteten am Bahnhof Samtens. Sie

mussten »Papa Bär« bewachen. Für den zweiten Transport hatten sie noch einen Sonderauftrag bekommen. Beim ersten Durchgang wollten wir nur unsere versteckten Messgeräte einsetzen und möglichst viel filmen und fotografieren. Alle nahmen ihre Posten ein. Gert und ich fuhren hin und her und versorgten sie mit dem Nötigsten.

Die erste Nacht verging, und nichts war passiert. Wir kehrten in unser Hotel zurück und schliefen den Tag über. Vorsichtshalber ließen wir eine Notwache am Rügendamm zurück und einen Helfer bei Larry, dem Unermüdlichen. Er weigerte sich, ins Hotel zu gehen, weil er dann »Baby Bär« unbeaufsichtigt gelassen hätte. Der Findling lag, schön drapiert, unmittelbar bei den Gleisen.

In jenen Tagen war das Wetter schwülwarm. Wir hatten beim Schleppen der schweren Geräte viel Schweiß vergossen und zwangsläufig Myriaden von Mücken angelockt. Zu deren Abwehr hatte ich den gesamten Bestand einer lokalen Apotheke an Mückenschutzmitteln aufgekauft. Eigentlich konnte man es nur im hermetisch verschlossenen Auto aushalten, aber dort war es dann wieder viel zu warm. Nur unseren Special-Agenten von der CIA schien das alles nicht zu beeindrucken. Er nahm die Insektenplage einfach nicht zur Kenntnis.

Der erste Militärtransport rollt

Ein weiterer Tag verging ohne besondere Ereignisse. Immer wenn sich ein Güterzug näherte, stieg bei uns allen der Puls an. Wenn aber zu erkennen war, dass die Wagen nur von einer Lokomotive gezogen wurden, fiel die Anspannung sofort wieder ab. Wir warteten eben auf einen ganz besonderen Transport, auf einen besonderen Zug, dessen

Zusammenstellung keiner von uns jemals zuvor gesehen hatte.

Inzwischen waren wir uns auch ziemlich sicher, dass unsere Informationen stimmen würden. Wulf hatte nämlich über seine »Quelle« alles zusätzlich bestätigen lassen. Trotzdem nagte in uns leichter Zweifel. Was wäre, wenn die Russen ihre strahlende Fracht doch über Rostock verschiffen würden? Mit jeder Stunde, in der nichts geschah, wurden wir unsicherer. Diverse Male kontaktierten wir unseren Bahnhofschef in Samtens und ließen uns alles wieder und wieder erklären. Wir benötigten das zu unserer eigenen Beruhigung.

Dann war es plötzlich so weit. Auf dem Weg nach Stralsund, beim Überqueren des Rügendammes, erreichte uns ein Funkspruch: »Leitung, hier Posten, Achtung Vorspannlok! Leitung, hier Posten, Achtung, Achtung Vorspannlok! Sie kommen, Jungs. Sie kommen tatsächlich.« Ich gab Gas und raste die restliche Strecke zum Bahnhof. Das wollte ich mir nicht entgehen lassen. Direkt neben dem Gebäude führte eine steile Treppe mit etwa dreißig Stufen zum Gleiskörper. Dort sprang ich aus dem Wagen und stürmte die Stufen hinauf.

Völlig außer Atem und sehr aufgeregt stand ich am Gleis und blickte nach Südosten, wo ich den Zug erwartete. Ich checkte kurz meine Spiegelreflexkamera, die mit einem hochempfindlichen Film von 1 600 Asa bestückt war. Fotoapparat und Film hatten uns die Amerikaner im Eiltempo zur Verfügung gestellt, da der eigene Dienst für die Beschaffung eine Ewigkeit benötigt hätte. Ich drückte zweimal ab, um zu hören, ob der Motorantrieb funktionierte. Alles in Ordnung. Dann sah ich in großer Entfernung die drei Frontlampen eines Zuges extrem langsam näher kommen.

Die Schilderungen des Bahnhofschefs waren offensichtlich richtig. Er hatte uns erzählt, dass diese Transporte durch die Bahnhöfe und über den Rügendamm immer im Schritttempo gefahren wurden. Der Zug kroch auf den Bahnhof zu. Durch eine lange Linkskurve konnte ich ihn von seiner linken Seite in voller Länge sehen. Mein Puls raste. Der Apparat klickte und surrte, was das Zeug hielt. Als der Transport den Bahnhof erreicht hatte, verschwand ich rasch wieder im Auto. »Sie kommen tatsächlich«, rief ich Gert in einer seltsamen Euphorie zu. Die Zweifel der letzten Stunden waren wie weggewischt.

Mein Partner raste über den Rügendamm zurück auf die Insel. »Hoffentlich brennt uns jetzt bei Wulf nichts an«, sinnierte er. Beim Blick nach hinten erkannten wir an den Lichtern des Zuges, dass er gerade anfing, über den Damm zu schleichen. In Rambin unterquerten wir die Bahnlinie, um direkt dahinter nach links auf das Betriebsgelände abzubiegen. »Scheinwerfer aus«, rief ich. »Scheinwerfer sind aus«, antwortete Gert wie ein Pilot im Cockpit seiner Maschine. »Infrarotscheinwerfer an!« – »Sind an!« – »Infrarotbrillen auf!« – »Sind auf!«. Nun bewegten wir uns auf Reichsbahngelände, das uns eigentlich versperrt war.

Wulfs Geländewagen stand neben einem Trabi vor dem Büro der Bahnhofsvorsteherin. Sie durfte uns auf keinen Fall sehen. Tags zuvor hatte uns Wulf noch gefragt, was er denn machen sollte, um die Dame ruhig zu stellen. Gerts Antwort war: »Das weiß ich doch auch nicht. Spiel mit ihr Mensch-ärgere-dich-nicht, und wenn das nicht funktioniert, dann lass dir was einfallen. Hauptsache, sie kriegt nicht mit, dass wir auf dem Kolonnenweg neben der Bahnstrecke fahren.«

Nun rollten wir langsam an dem Büro vorbei. Es war alles ruhig – und stockfinster. Nicht einmal die Schreibtischlampe brannte. Ich gab mich gespielt entrüstet: »Ich fasse es nicht. Wir ziehen in den Krieg, und Wulf vergnügt sich im Bahnhofsbüro.« Feixend und kichernd rollten wir vom Bahnhofsgelände auf den Feldweg. Nach ein paar hundert

Metern hielten wir an. Hinter uns war alles ruhig geblieben. Das Faltdach des Geländewagens wurde aufgeklappt, und ich brachte mich mit einer Videokamera in Position.

Kurze Zeit später sahen wir die Frontlichter des Militärzuges, der beim Verlassen des Bahnhofs Rambin langsam wieder Fahrt gewann. »Gert, es geht los«, rief ich. Die Lichter der Lokomotive kamen rasch näher. Mein Herz schlug wie wild, als Gert langsam anfuhr und die Geschwindigkeit erhöhte. Wir hatten gut sechzig Sachen drauf, als der Zug uns langsam überholte. Unser Weg war mit den Infrarotgeräten gut zu erkennen. Mit der schweren VHS-Kamera visierte ich die erste Lok an. Dann schwenkte ich langsam zurück. Gert schrie in die Nacht: »Hast du ihn, verdammt, hast du ihn?« Ich brüllte zurück: »Ja, aber der ist zu schnell, verdammt noch mal!«

Die Waggons zogen sehr zügig an uns vorüber. »Gib Gas, gib Gas«, schrie ich. Plötzlich wurde ich zu Boden geschleudert. Gert hatte ein Schlagloch übersehen und war ungebremst durchgebrettert. »Ist alles o. k.?«, fragte er in die Dunkelheit. »Ja, aber fahr doch«, kam meine Antwort. Ich kletterte wieder zu meiner Luke. Wir waren nun auf gleicher Höhe mit dem Zugende. Die Soldaten auf der Plattform dösten und bemerkten uns nicht. Am Güterwagen, der das Sicherheitspersonal beförderte, war die Schiebetür einen Meter geöffnet. Im Rahmen lehnte ein Soldat und rauchte.

Nachdem ich meine Kamera wieder in Stellung gebracht hatte, schrie ich nach unten: »Gert, fahr schneller, schneller, fahr, fahr, fahr doch.« Langsam und ohne eines der tiefen Schlaglöcher auszulassen, kamen wir wieder näher und näher. Endlich überholten wir unsererseits den polternden Zug. Alles zog an meinem Objektiv vorbei. Die Flaksicherung, die Güterwagen, der Wagen mit dem Sicherungspersonal, wieder eine Flak und schließlich die beiden Lokomotiven. Gert hielt an. Der Zug donnerte erneut an uns vorüber.

Über einen unbeschrankten Feldweg wechselten wir die Seite und folgten dem Gespann mit 200 Metern Abstand auf der Bundesstraße, bis wir es dann in Samtens überholten. Wir rasten mit Vollgas weiter in Richtung Lietzow. Die Infrarotaufnahmen der beiden »Frischen« von der BND-Schule sollten auf alle Fälle gelingen. Nach einer kurzen Einweisung der beiden Jungen versteckten wir unseren Geländewagen in einem Seitenweg. Vor uns lag ein großer Güterbahnhof. Ein langer Güterzug stand direkt neben dem Hauptgleis.

Um den Gefahrentransport weiter im Auge zu behalten, kletterten wir in einen Wagen dieses stehenden Güterzuges und ließen die Schiebetür einen halben Meter weit offen stehen. Der gesamte Güterbahnhof war dunkel, die Beleuchtung ausgeschaltet. Am klaren Himmel leuchteten die Sterne. Da hörten wir schon das Rattern des sich nähernden Zuges. Ich drückte wieder auf den Auslöser meiner Kamera. Der Konvoi fuhr Schritttempo. Da passierte etwas vollkommen Unerwartetes.

Bremsen quietschten, und plötzlich stand der Konvoi direkt vor uns. Zu allem Übel ging auch noch die gesamte Beleuchtung des Rangierbahnhofs an. Auf einmal war es taghell um uns. Direkt gegenüber von unserem Versteck im Güterzug stand der Wagen mit den Sowjetsoldaten. Weshalb der Zug plötzlich gestoppt hatte, konnten wir nicht erkennen. Ich hatte ein mulmiges Gefühl. Jetzt brach Hektik aus.

Die schwer bewaffneten Soldaten sprangen aus ihrem Waggon und rannten eilig um den Zug, um sich zu verteilen. Dann peitschte ein Gewehrschuss durch die Nacht. Gert und ich schauten uns einen Augenblick schweigend an. Dann ergriff ich die Initiative: »Los, raus hier. Lass uns abhauen! Weg!« Wir öffneten die Schiebetür auf der den Soldaten gegenüber liegenden Seite des Waggons und kletterten nach draußen. Wenn die Russen uns jetzt erwischen würden, gäbe es arge Probleme. Wir zählten bis drei und rasten los. Fünfzig Meter entfernt konnte man eine Schrebergartenkolonie erkennen.

Wir rannten, so schnell wir konnten, und hechteten über einen alten Maschendrahtzaun. Gert landete zwischen einem Wasserbottich und einem Komposthaufen. Ich schlug in einem Gemüsebeet auf. Für einen Moment hielten wir inne und betasteten unsere Knochen. Es schien alles heil zu sein. Dann lauschten wir in Richtung Bahntrasse. Es herrschte immer noch Betriebsamkeit, aber auf unserer Seite, bei dem abgestellten Güterzug, schien alles ruhig zu sein. »Alter, mir tut alles weh«, stöhnte ich. Damit konnten wir leben.

Gert, immer noch wie ein Maikäfer auf dem Rücken liegend, stöhnte ebenfalls: »Vorschriftsmäßige Landung, Herr Hauptmann. Fuß, Arsch, Kopf, Revier.« Wir schlichen durch das Gartengelände und entfernten uns so weit, dass wir sicher waren, aber trotzdem den Zug wieder einsehen konnten. Nach etwa zehn Minuten rollte er wieder an. Was geschehen war, konnten wir noch nicht einordnen. Natürlich hatten wir zuerst unsere Agentenlehrlinge im Wohnmobil in Verdacht. Hatten sie sich unbedacht verhalten? Es stellte sich aber rasch heraus, dass sie keinen Anlass geliefert hatten. In ihrem Wohnmobil war alles ruhig geblieben.

Weshalb ein Schuss gefallen war, konnten wir auch später nicht ermitteln. Vielleicht hatte er sich versehentlich aus einer ungesicherten Waffe gelöst. Die Verzögerung des Transports hatte aber dazu geführt, dass wir ausgezeichnete Bilder von den Nuklearsprengköpfen fertigen konnten. Die Amerikaner hatten uns eine Kamera mit Infrarottechnik zur Verfügung gestellt, und deren Fotos waren so gut, dass sich sogar die Seriennummern der Geschosse entziffern ließen.

Auf dem Rückweg legten wir einen Stopp bei Larry ein. Wir waren neugierig, ob auch hier alles geklappt hatte. Der

Mann war wie ausgewechselt. Als wir auf die Lichtung kamen, führte er einen Tanz auf, als sei er ein Indianer, der nach Regen fleht. Dann fiel er uns um den Hals. »Ich habe alles im Kasten. Es ist nicht nur gut – es ist super. So etwas gab es noch nie. Superarbeit mit euch, Jungs, Superarbeit.«

Erleichtert und stolz fuhren wir nach Samtens, um mit dem Bahnhofsvorsteher die Einzelheiten für den nächsten Transport festzulegen. Er blickte uns triumphierend und lobheischend an. »Na, wie habe ich das gemacht? Ich habe den Zug einfach im Rangierbahnhof gestoppt. Das war doch klasse, oder?« Gert wusste nicht, ob er lachen oder weinen sollte. »Sie waren das!?« Mit seinen von roter Erde verschmierten Haaren, der völlig eingesauten Hose und einem dicken Loch im schwarzen Seidenblouson guckte er unseren Helfer an, als wolle er ihn gleich lynchen. Wir nahmen dem Bahnhofschef das Versprechen ab, auf künftige Extraeinlagen zu verzichten.

Die Operation »Black Foot« lief am nächsten Abend weiter. Ab 17 Uhr befanden wir uns wieder in der Ausgangsposition. Bis 1.30 Uhr wurde unsere Geduld auf die Probe gestellt. Dann kroch der nächste Atomtransport den Rügendamm entlang. Heute sollte »Papa Bär« eingesetzt werden. Um absolut sichere Vergleichsmessungen durchführen zu können, brauchten die Amerikaner diese speziellen Werte. Larry versicherte uns, dass sie dann in der Lage seien, alle anderen Fahrten exakt berechnen zu können.

Dazu musste der Zug aber noch einmal still stehen. Am Bahnhof Samtens bereiteten wir alles vor. Larry schaltete »Papa Bär« scharf. Dann schlüpfte er in sein Versteck. Wir hatten einen Trabi organisiert. Nun stellten wir ihn auf den Bahnübergang. Zwei unserer Leute hantierten an dem Fahrzeug herum. Ich stand im Bahnhof bei unserem Freund. Gert saß auf der gegenüber liegenden Seite, mit einer Kamera bewaffnet, in einem Schuppen.

Der »Nuklearexpress« rollte in den Bahnhof. Doch die

Signale blieben auf Rot, und die Schranken schlossen sich. Mit lautem Gequietsche blieb der Zug stehen. Unser Bahnhofsvorsteher ging nach draußen und sprach mit dem Lokführer. Bei den Russen war alles in heller Aufregung. Kommandos wurden gerufen. Die Flakbesatzung sprang vom Wagen und rannte in Richtung Trabi. Ein Fähnrich zückte seine Pistole. Plötzlich hatte ich Angst, dass unsere Aktion schief gehen könnte. Die Soldaten erhielten Anweisung, den Trabi zur Seite zu schieben.

Der Fähnrich redete nun auf den Lokführer und dann auf den Bahnhofsvorsteher ein. Wild gestikulierend, die Pistole immer noch in der Hand, forderte er die sofortige Weiterfahrt des Transportzuges. Der Bahnhofschef kam eilig zurück. »Hat die Zeit gereicht?«, fragte er im Vorbeilaufen, ohne mich anzusehen. »Warte noch ein paar Sekunden«, raunte ich ihm zu. Nach einer kurzen Weile stand das Signal auf Grün, und der Militärzug rollte davon. Alles hatte tadellos geklappt. Nach Larrys Worten hätten die Messungen nicht genauer sein können. Am nächsten Tag bauten wir alles ab. Nur »Baby Bär«, der Findling, blieb liegen. Mit Hilfe der bisher gewonnenen Daten konnte unser Gerät nun das weitere Rückzugsgeschehen allein aufzeichnen.

Begeisterung von Berlin bis Washington

Zurück in Berlin war die Hölle los. Die Amerikaner hatten hinter dem Haus einen großen Schwenkgrill aufgestellt, dazu eine Batterie Getränkekisten und ein Salatbuffet herangeschafft. Gassing und einige neue Mitarbeiter von 12YA, die in der Zwischenzeit aus Pullach hinzugekommen waren, feierten bereits. Wir gesellten uns zu ihnen und tranken ein Bier. Schulterklopfen von allen Seiten war angesagt. Mehrere Reden wurden gehalten. Wir bekamen ausdrückliche Glückwünsche aus München übermittelt. Damals wusste ich noch nicht, dass ein Lob des BND eine kürzere Haltbarkeitsdauer hat als ein Joghurt.

Die Neuen aus Pullach berichteten, dass sich der zuständige Unterabteilungsleiter (UAL) 12 bei seinem Abteilungsleiter und sogar beim Präsidenten des BND feiern ließ. Schließlich hatte »sein« Personal doch so gut gearbeitet. Gert wurde sauer, als er das hörte. Ich sah seinen missmutigen Gesichtsausdruck. Wie konnten die in Pullach die Korken knallen lassen, nachdem sie uns in dieser Sache beinahe verheizt hatten.

Bevor wir die Party verließen, zog mich Larry Wosetzky zur Seite. »Würdest du in zehn Tagen mit mir nach Rügen fahren, um das Baby wieder abzuholen? Ich komme nach Hannover und hole dich ab. Du wohnst doch dort in der Nähe.« Spätestens an dieser Stelle wurde mir bewusst, dass wir höllisch aufpassen mussten. So nett und umgänglich sich die Amerikaner auch gaben, es waren Schlitzohren. Sie waren ND-Profis und versuchten deshalb, alles aufzuklären. Auch den eigenen Partner. Die Amerikaner waren – im Gegensatz zu unseren eigenen Leuten – immer hochkonzentriert und neugierig. Selbst dann, wenn es um etwas so Banales wie den Namen des Hundes eines unserer Mitarbeiter ging. Sie interessierten sich für alles, einfach alles.

Zwei Wochen später kehrte Larry zurück. Wir schlossen die gemeinsame Operation ab. »Bei uns herrscht Topstimmung«, berichtete er mir. »Unser Präsident wurde persönlich informiert. Es wird einige Orden und Anerkennungen regnen.« Dann platzte er heraus: »Ich habe erst einmal eine kleine Gehaltsaufbesserung bekommen. Nächste Woche werde ich auf Staatskosten nach Florida fliegen. Man hat mich und meine Familie zu einem Sonderurlaub eingeladen. Sogar die spanische Brieffreundin meiner Tochter, sie befindet sich gerade bei uns, wurde kurzerhand mit eingeladen. Und wie war es bei dir? Was hast du bekommen?« Ich musste leider mit den Schultern zucken. Keiner hatte sich bei mir in der Zwischenzeit gemeldet. Um nicht ganz mein Gesicht zu verlieren, antwortete ich knapp: »Weißt du, das kommt noch. Bei uns dauert alles etwas länger.«

In Wahrheit gab es für meinen Einsatz auf Rügen natürlich nichts, rein gar nichts. Bei unserer Rückkehr nach Berlin verkündete mir Gassing stolz, er sei zum Oberstleutnant befördert worden. Ein paar Wochen später wurden ihm und unserem Pullacher Führungsstellenleiter für ihren mutigen und engagierten Einsatz beim Abzug der russischen Nuklearraketen der höchste militärische Orden verliehen, den Amerikaner an Ausländer vergeben.

Einige Wochen später riefen mich die Amerikaner in den Keller. Dego und sein Stab befanden sich im Besprechungsraum. Feierlich verlas er ein Dankesschreiben seines Präsidenten George Bush senior. Bush, selbst ein ehemaliger CIA-Direktor, wandte sich an alle, die auf Rügen dabei gewesen waren. Dego wörtlich: »Besonderer Dank auch an Gert und Norbert. Ich habe mit großer Freude ihren grandiosen Einsatz zur Kenntnis genommen. Ich kann Ihnen versichern, die Amerikaner waren noch niemals so nahe an russischen Nuklearsprengkörpern. Die beigefügte Videokassette ist derzeit mein Lieblingsstreifen. Vielen Dank dafür und die besten Wünsche nach Deutschland.«

Gert und ich sahen uns fragend an. Allgemeines Gelächter unter den zwanzig Amerikanern. Der Raum wurde verdunkelt und jemand drückte auf die Fernbedienung. »Das ist die Szene, die dem Präsidenten so gut gefallen hat«, hörte ich Degos Stimme. Auf dem Bildschirm war der russische Transport zu sehen. Dann drehte jemand den Ton laut. Zuggeräusche, das Aufheulen des Automotors. Dann hörten wir: »Hast du ihn? Verdammt, hast du ihn?

Ja, verdammt ja, aber der ist zu schnell. Gib Gas, Gert, gib Gas. Ja, nun fahr doch endlich ... Scheiße, ich sehe nichts ... Gert, fahr schneller, schneller, fahr, fahr, fahr ...«

Es war uns richtig peinlich. An den Ton hatten wir bei unseren Aufnahmen gar nicht gedacht. Wir hatten die Bänder nach unserer Rückkehr sofort bei den Amerikanern abgeliefert und sie nie wiedergesehen. Bis zu jener Vorführung im Keller ... Als das Licht wieder anging, wurden unsere ersten Worte von lang anhaltendem Beifall verschluckt. Das war ein Moment, der mir sehr nahe ging. Auch Gert war gerührt.

Gleichzeitig schämten wir uns für die phlegmatische Haltung unserer eigenen Vorgesetzten. Als wir später im nahe gelegenen Park eine Runde drehten, sagte ich zu Gert: »Es ist schon kurios. Wir sind deutsche Offiziere und arbeiten für die Bundesrepublik Deutschland. Wenn wir etwas benötigen – Material, Unterstützung, Fachwissen –, müssen wir zu den Amerikanern gehen. Sogar Lob und Anerkennung kommen von dort. Ist das nicht absurd?«

Im Nachgang gab es noch einen weiteren Wermutstropfen zu unserem Rügeneinsatz. Wir hatten dem Bahnhofsvorsteher von Samtens unsere Hilfe zugesagt. Pullach versprach uns, sich für ihn bei der Bundesbahndirektion Rostock zu verwenden. Wochen später änderte sich die Sprachregelung drastisch. »Wie konnten Sie so etwas versprechen? Die Rechtsabteilung prüft gerade, ob Sie nicht mit einer Disziplinarstrafe rechnen müssen. Seien Sie froh, wenn Sie da wieder heil rauskommen.«

Fremde Briefe Ost

Meine Arbeit für den Bundesnachrichtendienst begann im Herbst 1984 und sollte mein bisheriges Leben radikal verändern. Und das, obwohl ich damals schon manchen Nervenkitzel hinter mir hatte, besonders bei der Tätigkeit in Spezialeinheiten und in Kommandostäben der Bundeswehr. Außerdem ging es bei dem Angebot, vom Militär zum Geheimdienst zu wechseln, nicht gerade um einen James-Bond-Einsatz gegen atemberaubend hübsche feindliche Agentinnen, sondern erst einmal um eine ziemlich profane Aufgabe. Mir wurde allerdings sehr schnell klar, dass ich mich damit nicht lange zufrieden geben würde.

Der 2. Oktober 1984, ein Donnerstag kurz vor meinem 31. Geburtstag, war mein erster Tag als Mitarbeiter des BND. Ich musste mich bei einer regionalen Dienststelle in Hannover melden. Mein Auto parkte ich hinter der Oper und ging dann zu Fuß in die Theaterstraße, unweit von Kröpcke und Hauptbahnhof. Das Ziel trug die Hausnummer 4/5 und beherbergte unter anderem die Filiale eines Autovermieters. Ich studierte die Schilder. Ein Detektivbüro, eine Versicherung, ein Immobilienmakler und – nur das konnte meine neue berufliche Heimat sein – eine seltsam geschraubt klingende »Dokumentationsstelle der Hauptstelle für Fernmeldestatistik«. Dieses mysteriöse Unternehmen hatte den vierten und den fünften Stock belegt.

Eine freundliche und etwas rundliche Dame empfing mich. Sie war die Sekretärin der Dienststelle. Als sich die Tür des Chefs öffnete, blickte ich in die strahlend blauen

Augen eines ergrauten älteren Herrn, den ich spontan auf Anfang sechzig schätzte. Er war mittelgroß und stand etwas gebeugt vor mir. Mein erster Eindruck war zwiespältig. Der Körper des Mannes vermittelte einen geschundenen und verbrauchten Eindruck, während Mimik und Gestik auf einen hellwachen Geist schließen ließen.

Mit einem Schmunzeln begann er das Kennenlerngespräch. »Nun sagen Sie mir bloß, was Sie hier bei uns wollen. Ich habe Ihre Akte gelesen. Bundeswehroffizier, beste Noten, Offiziersschule mit Auszeichnung, Fallschirmspringer, Einzelkämpfer. Und da schickt man Sie hierher, in dieses Verließ.«

Der Mann stellte sich als Bensberg vor. Er gab sich freundlich, aber unverbindlich. Das Gespräch endete mit der üblichen Floskel: »Wenn Sie mal ein Problem haben ...« Das kennen wir schon. Die Tatsache, dass Bensberg so locker war, machte ihn sympathisch. »Sie wollen sicher hören, was das hier für ein toller Laden ist. Damit kann ich aber nicht dienen. Es ist nämlich ein richtiger Scheißladen. Wenn Sie mal was Echtes zum Thema Nachrichtendienst hören wollen, dann kommen Sie zu mir. Dann erzähle ich Ihnen was. Aber verwechseln Sie nicht den BND und das hier mit Nachrichtendienst.«

Der Chef rief seinen Stellvertreter, einen Herrn Dimitroff. »Nun lernen Sie mal einen richtigen BND-Beamten kennen. Ist nur ein bisschen lange im Dienst.« Bensberg grinste wieder und machte eine wischende Handbewegung vor dem Kopf. »Noch eines. Erzählen Sie ihm so wenig wie möglich. Kleiner Tipp von einem Profi.« Schon klopfte es an der Tür. Ein hochgewachsener Mann mit einem aufgesetzten freundlichen Lächeln stand vor uns. Er stellte sich mir als Sicherheitsbeauftragter (SiBe) der Dienststelle 14CC vor. Herr Dimitroff schien aufgeregter zu sein als ich. Seine Wangen leuchteten blutrot. Ein sicheres Zeichen für Bluthochdruck.

Bensberg zündete sich ein Zigarillo an. Dabei fiel mir auf, dass im Aschenbecher auf der Fensterbank noch eines glimmte und auch im Aschenbecher auf seinem Schreibtisch. Wie sich später herausstellen sollte, war das eine von »Onkel Bens« Macken. Und an dieser Stelle gleich noch eine Eigenart von Onkel Ben.

Während des Gesprächs hatte er plötzlich das Krawattenende von Dimitroff in der Hand. Als er sprach und dozierte, tippte er ihm immer wieder auf die Brust und zog dann unvermittelt an der Krawatte, so dass sich der Knoten verzog. Diese Szene habe ich bei ihm immer wieder erlebt. Manch einer musste ihm die Krawatte förmlich entreißen, um nicht in Atemnot zu geraten. Onkel Bens prominentestes Opfer war wohl der damalige BND-Präsident Klaus Kinkel während einer Visite in Hannover. Dimitroff jedenfalls stand in diesem Moment völlig hilflos und bewegungsunfähig vor seinem Chef, der ihn offensichtlich bewusst traktierte. Es war Dimitroff sichtlich peinlich. Er bat mich darum auch schnell in sein Zimmer.

Dimitroff nannte eine Bundesdienstflagge und eine Deutschlandkarte sein Eigen. Sein Zimmer war ein Muster an Ordnung. Auf der Fensterbank standen sogar Blumen. »Und Sie wissen nicht, was wir hier machen?«, hörte ich ihn plötzlich mit einem geheimnisvollen Tonfall sagen. »Dann kommen Sie mal mit.«

Wir durchquerten einen langen Gang. Links und rechts befanden sich kleine Büros. Am hinteren Ende war die offene, schwere Panzertür eines ASR (Aktensicherungsraum) zu erkennen. Dieser Bereich war zusätzlich durch eine Alarmanlage gesichert. In der Mitte des Flures führten links eine Tür in Dimitroffs Domizil und eine gegenüber in den so genannten Dampfraum. Darin standen fünf große Tische, aus denen in der Mitte jeweils eine Düse ragte. Es sah aus, als stünden da Tischmikrofone. Den Tischen fehlten Schubladen. An deren Stelle waren große Tanks mit destilliertem Wasser angebracht. Aus den Düsen trat, wenn man die Apparatur in Gang setzte, heißer Wasserdampf. Auf einem Abstelltisch lagen große Packen mit zusammengebundenen Briefen.

»Tja, Herr Dannau«, sagte Dimitroff mit einem gewissen Stolz in der Stimme, »hier wird also die Post geöffnet.« In diesem Moment trat einer der anderen Mitarbeiter in den Raum. Er hielt einen Packen offener Briefe in der Hand. Nach einer kurzen Vorführung begann er sie zu gummieren und mit einem Bügeleisen zu schließen. Das war ein Mitarbeiter vom DDR-Team. Die Mannschaft bestand aus weiteren zwei Männern, zwei Frauen und mir. Später sollte noch ein Kollege hinzustoßen. Daneben gab es ein dreiköpfiges polnisches Team.

Unter dem Deckmantel von G-10

Ich sollte also fremde Post lesen. Zunächst dachte ich ganz naiv, es wären Briefe von Verdächtigen, die ins Visier des Staates gekommen waren. Weit gefehlt. Wir bekamen wahllos herausgegriffene Briefe von DDR-Bürgern, die an Adressen in der Bundesrepublik gingen.

Das lief unter dem Stichwort »Strategische Nachrichtengewinnung zur Gewährleistung der äußeren Sicherheit der BRD«. Unter diesem Titel erhielten wir quartalsweise pauschale G-10-Ermächtigungen von den zuständigen Richtern. Sie erlaubten uns, jeden fremden Brief zu lesen, der uns in die Hände fiel. G-10 war ein Hinweis auf den Artikel 10 des Grundgesetzes, der das Postgeheimnis als Grundrecht garantiert. Wir durften es auf der Basis der umstrittenen Notstandsgesetzgebung legal brechen.

Unsere Tätigkeit geschah wie folgt: Jeden Morgen acht

Uhr fuhren zwei Mitarbeiter mit einem Opel Kadett Caravan zur Hauptpost Hannover, die in der Nähe des Hauptbahnhofs lag, etwa zehn Gehminuten von unserer Dienststelle entfernt. Die Männer mussten aus Sicherheitsgründen zwanzig Minuten kreuz und quer durch die Stadt rollen. Das nannte man Schüttelstrecke. An der Rampe für Selbstabholer wartete auf sie ein so genannter eingewiesener Mitarbeiter der Bundespost. Nun wurden Postsäcke ausgetauscht. Alt gegen neu – gelesen gegen ungelesen.

Aus Legendengründen folgte ein halbstündiges Frühstück in der Postkantine. Die Männer vom Geheimdienst sollten so tun, als gehörten sie zu irgendeiner Privatfirma, die Sendungen abholte. Im Anschluss daran kehrten sie in die Dienststelle zurück. Das dauerte auch zwanzig Minuten, meistens länger. Am Ziel wurden die Postsäcke im Dampfraum entleert und die Bündel nebeneinander aufgestellt. In der Regel bekamen wir fünf Bündel russische, fünfzehn Bündel polnische und zwanzig Bündel deutsche Post. Danach schlichen die »Erfasser« um den Gabentisch und nahmen sich ein bis zwei Packen mit in ihr Zimmer.

Die operative Postkontrolle, die bis heute als typische Praxis der Stasi gilt, gab es – was bis heute kaum jemand weiß – auch im Westen. Wie so oft, nahm man sich dabei ein Beispiel an den Amerikanern. 1962, während der Kuba-Krise, inspizierten CIA-Experten die Post der Deutschen an Adressaten auf der karibischen Zuckerinsel. Das war ihnen als Besatzern erlaubt. Die Aktion wurde bekannt und öffentlich verurteilt. Das kümmerte die Freunde vom Partnerdienst nicht. Langsam kam der Bundesnachrichtendienst selbst auf den Geschmack und ließ sich zur Post- und Fernmeldeschnüffelei ermächtigen. 1968 entstand der so genannte G-10-Ausschuss und ein »Dreierausschuss« mit Abgeordneten des Bundestages, die alles genehmigten.

Beim Bundesnachrichtendienst kümmerten sich rund 250 Mitarbeiter der Unterabteilung I D Referat 2 (Beschaffung Sowjetblock, Post- und Fernmeldekontrolle) um die »Fremden Briefe Ost«. Arbeit gab es genug, weil allein aus der DDR jährlich mehr als 100 Millionen Briefe eintrafen. Das Magazin *Stern* (»Wie kommen Ihre Briefe zum Geheimdienst?«) zitierte 1978 aus dem beispielhaften Schreiben eines DDR-Bürgers: »Die Russen haben beim letzten Manöver wieder gehaust wie die Schweine, Kartoffeln geklaut usw. Aber die Genossen behaupten ja immer, die Iwans seien unsere besten Freunde. Du kannst mir glauben, dass wir auf solche Freunde gerne verzichten.«

Ein typisches anderes Beispiel lautete: »Die Versorgung ist bei uns seit einiger Zeit zufriedenstellend, wenn auch natürlich nicht so gut wie in der ›Hauptstadt‹. Dort braucht man natürlich dreimal so viel, weil den ausländischen Diplomaten ›Weltniveau‹ demonstriert werden muss und die Bonzen auch leben müssen.« Meistens waren die Mitteilungen banal und im Sinne der bundesdeutschen Sicherheit eher unwichtig. Beispiel aus Leipzig: »Margot bekommt nun doch eine Stelle als Friseurlehrling bei einem privaten Handwerksbetrieb. Da guckt Ihr, was? Die gibt es hier nämlich noch ...«

Nachdem der *Stern* 1978 diese heimlichen Aktivitäten des BND beleuchtet hatte, beschwerte sich die Bonner Juristin Evelin Manteuffel beim Bundesverfassungsgericht in Karlsruhe. Bei ihren brieflichen und telefonischen Kontakten mit der Verwandtschaft im Osten sah sie das Postgeheimnis verletzt. Im Übrigen, so ihre Argumentation, ließe sich auch bei massenhafter Auswertung der Kommunikation der Deutschen (West) mit den Deutschen (Ost) kein strategisches Lagebild gewinnen.

Erst sechs Jahre später bearbeitete das hohe Gericht das Anliegen der Dame – und lehnte es ab. In der Begründung hieß es – typisch Kalter Krieg –, der BND müsse auch in der Post »Nachrichten über Truppenbewegungen« sammeln, um die Gefahr eines »bewaffneten Angriffs rechtzeitig zu erkennen«. Immerhin, die Richter waren richtig visionär: Diese »strategischen Überwachungsmaßnahmen« seien dann verfassungswidrig, wenn die entsprechenden Erkenntnisse auch durch die Nutzung von Satelliten gewonnen werden könnten.

Zur Zeit des Karlsruher Beschlusses – wir kannten ihn nicht – arbeitete ich gerade einige Wochen bei der Hannoveraner Filiale des mächtigen Pullacher Dienstes. Die ersten Tage war es noch interessant gewesen, Ost-Post zu öffnen, diagonal zu lesen, zu selektieren und wieder zu verschließen. Doch dann kamen mir erste Zweifel. Was war an den Inhalten strategisch? Warum lasen einige Mitarbeiter nicht wirklich? Mein Zimmernachbar Eisi las lieber Zeitungen und Bücher, lernte Englisch, genoss seine ausgiebigen Frühstückspausen und kehrte vor zwei Stunden Mittagspause selten zurück.

Dabei lag er im Dauerclinch mit dem Erfasserführer, Sicherheitsbeauftragten und stellvertretenden Chef Dimitroff, der es liebte, seine Leute mit überfallartigen Besuchen zu kontrollieren. Dimitroff wusste genau, dass Eisi nicht wirklich arbeitete, konnte ihn aber dabei nicht packen. Dimitroff beherrschte kein Polnisch, und wenn Eisi sagte, es gäbe keinen meldewürdigen Text, dann war ihm das nicht zu widerlegen. Während manch ein Kollege fünf bis sechs Meldungen am Tag formulierte, kam Eisi gerade auf zehn pro Woche. Unsere Arbeitsergebnisse gingen üblicherweise nach Pullach, zum »Personen-Bereichs-Archiv« und zur »SPE« alias »Sachbezogene Personenerkenntnisse für Tippgewinnung und Anwerbung«.

Onkel Bens Geheimnisse

Das Klima in der Dienststelle war bizarr. Die Mitarbeiter ließen sich in drei Kategorien einteilen. Die erste hatte mit dem Dienst und der besonderen Tätigkeit abgeschlossen und ging nur noch persönlichen Interessen nach. Die zweite Gruppe, in der Regel ältere Mitarbeiter, ließen alles schleifen. Sie sehnten sich nach den Zeiten zurück, als sie noch für den englischen Dienst gearbeitet hatten. Bensberg, ganz speziell, schwärmte von den Tagen, als unter dem von den Amerikanern rekrutierten Ex-Nazi und legendären BND-Gründungspräsidenten Reinhard Gehlen die Arbeitsverträge per Handschlag geschlossen wurden und das Gehalt jeden Monat bar abgeholt werden konnte. Die dritte Gruppe, höchstens drei oder vier Leute, befolgte kritiklos alles, was ihr gesagt wurde. Die Männer waren stolz darauf, für den Nachrichtendienst zu arbeiten. Onkel Bens respektlose Einstellung zu den höheren Instanzen missfiel ihnen. Trotzdem achteten sie ihn, weil ihn ein gewisser Nimbus umgab und dazu eine Art von Narrenfreiheit. Ben galt als operatives Urgestein, und das ließ ihn irgendwie unangreifbar werden.

Bensbergs Zigarillotick sorgte dafür, dass er gelegentlich bis zu fünf Minizigarren in mehreren Räumen brennen hatte. Das reizte mich eines Tages zu einem Scherz. Jeden Donnerstag war Dienstbesprechung. Eine trostlose Runde, bei der es eigentlich nie etwas zu bereden gab. Bensberg dozierte wieder einmal über die gute alte Zeit, in der er die Amerikaner in Berlin verarscht hatte. Es gab Kaffee, Tee, Kuchen.

Dabei zündete er sich prompt ein Zigarillo an. In Gedanken griff er dann im Aschenbecher nach meiner Zigarette und zog an ihr. Die Runde guckte aufmerksam. Ich nahm ebenfalls einen Zug aus der Zigarette. Dann wieder er und wieder ich. Als die Zigarette aufgeraucht war, nahm ich sein glimmendes Zigarillo und zog daran. Noch ehe ich es in den Aschenbecher legen konnte, nahm er mir den Stummel aus der Hand und rauchte wieder. Darauf reagierte er keineswegs ungewöhnlich, sondern redete unbeirrt weiter.

Bensberg war in vielerlei Hinsicht kauzig zu nennen. Alles, was traditionellen Nachrichtendienst betraf, konnte er scharfsinnig und versiert abhandeln. Kam ich aber auf Pullach und den BND zu sprechen, verfinsterten sich seine Gesichtszüge. Auch nach vielen Konferenzstunden ließ er kein gutes Haar am Auslandsnachrichtendienst der Deutschen.

Seit meiner ersten offiziellen Begrüßung wurde ich den Eindruck nicht mehr los, Bensberg habe einen Narren an mir gefressen. Das konnte ich mir zunutze machen.

Pullach hatte Onkel Ben, als er sich aus dem operativen Geschäft zurückzog, in Hannover geparkt. Quasi im Vorruhestand. Nach Pullach, in die Zentrale, wollte er nicht mehr zurück. Diese Örtlichkeit im Münchner Süden lief bei ihm nur unter der despektierlichen Bezeichnung »Elefantenklo«. Sein Verhalten gegenüber den Vorgesetzten war entsprechend. Mit strahlend blauen Augen und einem positiven Lächeln begegnete er ihnen und ließ sie eiskalt abblitzen. Bensberg kam und ging, wann er wollte. Manchmal saß er spät abends noch im Büro und ein andermal tauchte er gänzlich ab. Die Telefone liefen heiß, doch niemand konnte ihn finden.

Einmal war er sogar ganze vier Tage verschwunden. Der zuständige Unterabteilungsleiter 14, Dr. Brenner, rief im Stundentakt aus München an. Am nächsten Tag erschien der Gesuchte wieder. Er rief mich zu sich. Ich sollte in seinem Auftrag den UAL 14 anrufen. »Sagen Sie den Trotteln da unten, ich bin zurück. Ich war auf Zypern bei meinem Zahnarzt. Und sagen Sie ihnen auch, wenn sie ein echter Nachrichtendienst wären, dann hätten sie das in den letzten vier Tagen herausfinden müssen.« Ich musste mit Brenner von seinem Apparat aus telefonieren. Der Vorgesetzte fauchte mich an: »Geben Sie mir sofort Bensberg.« Dieser feixte und ließ sich nicht sprechen. Brenner fing an zu toben. Plötzlich griff Bensberg, der über eine zweite Muschel mitgehört und sich diebisch gefreut hatte, selbst zum Hörer: »Brenner, treiben Sie es nicht auf die Spitze!« Schweigen in der Leitung. »Es ist jetzt elf Uhr«, fuhr Ben ungerührt fort, »in einer Stunde machen wir heute Dienstschluss. Sie wissen schon, erzieherische Maßnahmen für die Mitarbeiter. Sie nennen das Menschenführung. Schönes Wochenende.«

Gesagt, getan. Bensberg versammelte die ganze Mannschaft und entließ sie »wegen guter Leistungen« in die Freizeit. Seine letzte Ermahnung lautete: »Aber schreiben Sie die volle Stundenzahl auf.« Dimitroff platzte beinahe vor Wut über die unkonventionelle Führung der Dienststelle. Er konnte jedoch nichts dagegen unternehmen.

Einer der Erfasser, Arbeitsname Pilar, war für die russische Post zuständig. Seine Frau arbeitete ebenfalls beim Dienst, erwartete aber gerade das fünfte Kind. Seine Schwägerin, eine Russin, gehörte auch dazu, und zwar zur Post- und Fernmeldekontrolle des BND in Frankfurt. Die dortige Dienststelle saß in zwei Büroetagen direkt über dem Kaufhaus Woolworth. Pilars Schwager schaffte für den BND in Mainz. Das war ein ideales Beispiel, wie sehr der BND inzwischen versippt war. Durch ein so genanntes Schottensystem, in dem die einzelnen Dienststellen voneinander abgeschottet wurden, wollte man gerade das jedoch vermeiden.

Pilar zeichnete sich noch durch ein besonderes Talent aus. Er war Hobbygärtner und hatte sein ganzes Zimmer, inklusive einen Nebenraum, in ein Pflanzenparadies verwandelt. In seinem »Treibhaus«, wie er es nannte, standen Säcke mit Blumenerde und Dünger, kleine Gartengeräte und Blumentöpfe der unterschiedlichsten Größen. Einer seiner Hauptkunden, man mag es kaum glauben, war Dimitroff. Der hatte selbst einen Garten und kam regelmäßig mit den Bestellungen seiner Frau.

Von Tomatenpreisen und anderen Banalitäten

Was inhaltlich oder fachlich in dieser Dienststelle lief, war mehr als dürftig. Dazu ein Beispiel für einen merkwürdigen Text im Sinne der strategischen Nachrichtengewinnung. »Hermann muss ab Oktober zur Asche.« Das hieß, dass Hermann ab Oktober seinen Dienst bei der Nationalen Volksarmee antreten musste. Der Vorgang wurde als MIL (Militärische Meldung) abgesetzt und hatte sicherlich höchste Auswertebeurteilung. Wenn man so einen Text fand, dann war das ein echtes Highlight.

Viel häufiger bekamen wir Informationen über Tomatenpreise oder die Wartezeiten für einen neuen Lada oder Trabant. Sie gingen als WIR-(Wirtschafts-) Meldungen zur Pullacher Auswertung und waren rein statistisch gesehen der häufigste Inhalt. Als wir meldeten, dass die Kopfschmerzmittel knapp waren, wurde das als TWI-(Technisch-Wissenschaftliche) Meldung abgesetzt und als besonders wertvoll eingestuft.

Wer den Hinweis fand, dass die Tomaten knapp waren und das ganze System in den Orkus wandern sollte, der galt als Glückspilz. Er konnte zwei Meldungen absetzen, eine politische und eine wirtschaftliche Information. Unsere Fundstellen wurden zunächst im Brief selbst mit zwei Büroklammern markiert. Dann tippten wir den Text mit einer Olympia-Reiseschreibmaschine ab und brachten ihn mit dem Originalbrief auf Mikrofilm. Dazu wurde eine Meldungsnummer vergeben und das Ganze in einem Buch eingetragen.

Schon nach wenigen Wochen war mir klar, dass hier ein wichtiges Grundrecht für ein fadenscheiniges Ergebnis missbraucht wurde. Ein untragbarer Zustand, der mit »Meldungsaufkommen« und »Statistiken« schöngeredet wurde.

Hin und wieder gab es auch ein ganz besonderes Postaufkommen – einen so genannten Irrläufer. Dann verirrte sich ein Postsack nach Hannover, der eigentlich im nationalen Postverkehr der DDR bleiben sollte. Hier schrieben häufig Soldaten nach Hause oder umgekehrt. So konnten wir auf diese Weise Feldpostnummern einzelner DDR-Einheiten melden. Auch über Motivation und Stimmungslage erfuhren wir einiges. Nie wussten wir aber etwas aus der Post, was ich nicht schon in den Medien gelesen hatte.

Wenn so ein Irrläufersack in die Dienststelle kam, dann stürzten sich alle Mitarbeiter aus dem DDR-Team darauf, besonders aber der Kollege Angerstein. Angerstein war über Sechzig, und seine Pensionierung stand unmittelbar bevor. Er war untersetzt, hatte weiße Haare und trug eine große Hornbrille. Angerstein verbrachte die meiste Zeit von allen in seinem Büro. Wenn alle schon weg waren, saß er oft noch da und las Briefe. Besonders in der Ferienzeit konnte er sich von der Dienststelle gar nicht trennen.

Als ich ihn einmal nach seiner Motivation fragte, guckte er mich traurig an und seufzte: »Wenn ich jetzt schon nach Hause fahre, dann warten wieder meine Enkelkinder und wollen mit Opa spielen. Darauf habe ich aber überhaupt keine Lust.« Angerstein hatte bereits in den sechziger Jahren für die Engländer Briefe und Postkarten gelesen. In der Normalpost sammelte der freundliche Herr am liebsten die neuesten Honeckerwitze, die er auch immer als Meldung nach Pullach lieferte. Die liefen dann als politisch-strategische Information (POL) und wurden stets gut bewertet.

Angerstein filterte mit sicherem Griff einzelne Briefe aus dem Irrläuferaufkommen. Das waren zumeist Mitteilungen zwischen einsamen Soldaten und deren Frauen oder Freundinnen. Der heimliche Leser sprach in solchen Fällen von »erotisch wertvollen Inhalten«. Zudem waren hin und wieder intime Fotos beigefügt, Haarlocken und sogar Schamhaare. Angerstein las diese Post akribisch, verpackte die Briefe samt ihrem Inhalt in hygienische Plastikhüllen und gab sie uns zur internen Kenntnisnahme weiter. Wir sprachen von der »Angersteinschen Versorgungslage«. Ob er auch dazu auftragsgemäße Meldungen abgesetzt hat, ist mir nicht mehr in Erinnerung.

Eines Tages rief mich Bensberg ganz aufgeregt zu sich. Er und Dimitroff warteten in seinem Büro. Sie hatten gerade erfahren, dass die Hausfassaden in der Theaterstraße restauriert werden sollten. Vor unserem Dienstgebäude wurden bereits Gerüste montiert. Das löste die Krisenstimmung aus. Die Fenster waren nicht gesichert, und wenn dort wochenlang ein Gerüst stände, wäre es Unbefugten leicht möglich, in unsere Büroräume einzusteigen.

Mit Schrecken erinnerte sich Bensberg an die gerade publik gewordene Panne beim Umzug unserer Schwester-Dienststelle in Frankfurt, vom Woolworth-Haus in die Bahnhofstraße. Zuerst lief alles absolut konspirativ ab. An einem Samstagvormittag musste dann die Bahnhofstraße gesperrt werden, damit ein mobiler Großkran die schwere Tür des Aktensicherungsraumes in eine der oberen Etagen hieven konnte. Die *Bild*-Zeitung berichtete daraufhin mit Foto über den Frankfurter BND-Umzug.

Das musste in Hannover um jeden Preis verhindert werden. Mehrere Vorschläge wurden diskutiert. Sie reichten von den nächtlichen Streifen einer privaten Sicherheitsfirma bis hin zu Eisis Idee: Er hatte angeregt, die Dienststelle für die Zeit der Außenarbeiten zu schließen. Alle Mitarbeiter würden daheim bleiben und sich konspirativ verhalten. Pilar bot sofort ein wöchentliches Arbeitsgespräch in seinem Garten an.

Schließlich blieb aber dann doch alles, wie es war. Hin und wieder verirrte sich ein Bauarbeiter in unsere Räume, weil er eine Toilette suchte. Irgendein Fenster war immer offen, schon wegen der heißen Sommertage. Unsere Diensträume waren nämlich nicht klimatisiert. Nun reduzierten wir die Arbeit auf ein Minimum, organisierten dafür aber dreimal pro Woche eine Kaffeerunde mit politischer Weiterbildung. Nach mehreren Monaten kehrte das gewohnte Leben wieder zurück.

Eine weitere Marotte von Bensberg war sein weißer Schuh. Mir war schon am ersten Tag aufgefallen, dass er immer einen weißen und einen rotbraunen Schuh trug. Keiner wusste warum, und niemand traute sich zu fragen. Es geisterten mehrere Theorien durch die Dienststelle. Erstens, er besaß nur zwei Paar Schuhe. Zweitens, es war ein altes Erkennungszeichen aus seiner Berliner Zeit. Drittens, Bensberg ist schusselig und schnallt es nicht mehr, dass er unterschiedliche Schuhe trägt. Irgendwann habe ich ihn dann gefragt. Die Antwort war einleuchtend.

Nach wiederholten Gichtschüben im Fuß hatte er sich bei einer seiner Zypernreisen einen Spezialschuh für den kranken Fuß anfertigen lassen. Das einzige Leder, das ihm weich und elastisch genug erschien, war eben weiß. Das störte ihn nicht. Dass er nur einen einzigen Treter anfertigen ließ, hatte dagegen mit seinem beinahe krankhaften Geiz zu tun. Es passte ins Bild, dass er angeblich seinem achtzehnjährigen Sohn aus Kostengründen das tägliche Duschen verbieten wollte und bei Dienstbesprechungen am liebsten einen – preislich ermäßigten – Kuchen vom Vortag aß.

Eines Tages, ich war zum Telefondienst eingeteilt und vertrat dabei die Sekretärin, sah ich durch die weit geöffnete Tür, wie Bensberg eine Stahlkassette entleerte. Er holte mehrere Reisepässe und verschiedene Ausweise heraus und dann stapelweise Geld: D-Mark, Dollar, Schweizer Franken und andere Währungen. Onkel Ben begann zu zählen. Ich schätzte den D-Mark-Stapel aus einigen Metern Entfernung auf mindestens 300 000 Mark.

Plötzlich kam Dimitroff herein, sah Onkel Ben zählen und drehte sofort wieder ab. Er raunte mir zu: »Na, zählt er wieder?« Ich folgte ihm vor die Tür und fragte, was das für Geld sei. Dimitroff wusste es auch nicht, verriet mir aber, das es insgesamt über eine Million Mark sei. Das wisse er von Bensberg selbst. Dimitroff verabschiedete sich mit den Worten: »Glauben Sie nur nicht, Bensberg hätte so ein Spektakel wegen des Baugerüsts und unserer Dienststelle gemacht, weil er Angst um dienstliche Belange hätte. Der hat nur Angst um seine Kohle. Genauso hat er es mir gesagt.«

Während meines zweiten Jahres bei der Dienststelle in Hannover folgte eine personelle Veränderung der anderen. Zuerst ging Bensberg in Ruhestand. Das passierte sang- und klanglos. Kurzer Abschied während einer Kaffeerunde. Keine Rede, keine Würdigung, nichts. Am nächsten Tag war er weg. Keiner konnte ahnen, dass er uns noch eine Menge Ärger bescheren würde.

Für Onkel Ben kam Lukas. Ein kleiner, unscheinbarer, ausgesprochen ruhiger Mann. Er hatte sich im Nahost-Referat verdient gemacht und war deshalb auf eigenen Wunsch an die Leine versetzt worden. Im nahe gelegenen Heide-Städtchen Celle lebte seine alte, kranke Mutter. Nun konnte er sich besser um sie kümmern. Lukas war überqualifiziert und ganz sicher thematisch am falschen Platz. Wir genossen, dass er uns gegenüber fair und offen war.

Als Bensberg gegangen war, erkannte Dimitroff die Zeichen der Zeit. Er intrigierte hinter dem Rücken des Neuen und sammelte Treuepunkte in München. Zur Belohnung durfte er ein halbes Jahr später eine Verwendung als Quellenführer antreten. Er betreute Verbindungsmänner beim

BGS an der innerdeutschen Grenze. Das behagte dem alten Grenzschützer.

Als Ersatz für Dimitroff kam Frau Rath aus unserer Führungsstelle in München. Dort hatte sie sich bereits um das Meldungsaufkommen aus Hannover gekümmert. Ohne Verzögerung trat sie in die Fußstapfen von Dimitroff. Bei jeder Gelegenheit ließ sie Lukas auflaufen. Schon nach einem halben Jahr wurde er nach München zurückversetzt.

Als sein Nachfolger stellte sich ein junger »Durchlauferhitzer« vor. Er schien die Arbeit beim BND mehr oder weniger als Hobby oder Zeitvertreib zu empfinden. Sein Hauptinteresse galt seiner eigenen Firma. Über ein Münchner Reisebüro bot er Gesundheitstrips an, und Kollegin Rath sorgte sich um die Dienststelle.

In der Zwischenzeit waren zwei junge Erfasser mit Spezialisierung Polnisch angekommen, Ute und Thomas. Nach dem Abitur hatten sie sich beim BND beworben, in drei Jahren die Fremdsprache gelernt und auch alle Grundlagen für den Schlapphut-Beruf. Dienstintern wurde die BND-Grundausbildung an der eigenen Schule übrigens als »Spionageabitur« bezeichnet.

Die beiden waren herzerfrischend. Nach mehreren Praktika in verschiedensten Abteilungen der Zentrale verfügten sie über einen besseren Überblick als so mancher Altgediente in einer Außenstelle. Rasch stellten wir fest, dass wir auf derselben geistigen Wellenlänge tickten, und freundeten uns an. Es bildete sich eine Art Gruppe der Abtrünnigen, die sich über die Personalstruktur der Dienststelle mokierte und den Missbrauch der G-10-Regelung durch »Dienst nach Vorschrift« sabotierten. Bald schloss sich uns ein weiterer Neuling an, Peter, ein Luftwaffenoffizier der Bundeswehr.

Thomas flüchtete bald in verschiedene Krankheiten mit hypochondrischen Ansätzen und war nur noch sporadisch im Büro anzutreffen. Nach zwei Jahren als Postleser nahm er eine Stelle bei einer Stadtverwaltung an. Er quittierte den Dienst mit großer Enttäuschung. Peter ging nach drei Jahren mit Frau und Tochter in eine Außenstelle des BND. Ute kündigte nach Jahren der dienstlichen Enttäuschungen und lebt jetzt in Süddeutschland. Im Sommer 1997 erzählte sie mir, dass sie drei Jahre gebraucht hatte, um die Dämonen dieser Tätigkeit zu vertreiben. Mit Ute und Peter bin ich heute noch befreundet.

Adieu, Onkel Ben

Es geschah irgendwann im Herbst 1986. Eines Abends ging ich auf dem Nachhauseweg gedankenverloren durch den Hauptbahnhof von Hannover. Menschenmassen waren unterwegs. Doch plötzlich sah ich zwischen all den Leuten am Boden einen einzelnen weißen Schuh, der so richtig herausleuchtete. Ich schaute noch einmal genauer hin und versuchte den Menschen zu finden, der zu dem Schuh gehörte.

Tatsächlich, es war Onkel Ben. Er war mit einem beigefarbenen Trenchcoat bekleidet und trug seine große, braune Ledertasche. Mit nach vorne gebeugtem Oberkörper, hängenden Schultern und langsamen, schlurfenden Schritten schien er den Flughafenbus anzusteuern. Wie immer brannte ein Zigarillo. Ich musste schmunzeln. Er war also noch der Alte. Was er wohl trieb? Aus der Ferne konnte ich sehen, wie er in den Airportbus stieg. Damals ahnte ich nicht, dass es das letzte Bild sein würde, das ich von ihm im Kopf behalten sollte.

Eine Woche später erreichte die Dienststelle eine traurige Nachricht. Onkel Ben war tot, ein halbes Jahr nach seinem Ausscheiden gestorben. Er hatte sich einen wahrhaft

»standesgemäßen« Abgang verschafft. Nicht im Bett oder gar im Krankenhaus war er dahingeschieden, sondern auf einer Gangway des Frankfurter Flughafens. Bensberg wollte gerade eine Boeing 737 der Lufthansa betreten. Bevor er das Flugzeug erreicht hatte, drehte er sich noch einmal um und blickte zum Flughafengebäude. Während er mehrere Sekunden verharrte, blieb sein Herz für alle Zeiten stehen. Er sank zusammen und starb wortlos. Übrigens sollte ihn das Flugzeug nach Zypern bringen. Niemand weiß bis heute, warum er so regelmäßig auf die Insel der Aphrodite reiste.

Nun sollte man meinen, die Geschichte von Onkel Ben sei damit abgeschlossen. Ganz falsch, sie fing erst richtig an. Auf seinen Tod reagierten alle in der Dienststelle betroffen. Seltsamerweise schien Dimitroff besonders stark zu trauern. Der große, kräftige Mann, der immer gegen Bensberg intrigiert hatte, war plötzlich regelrecht weinerlich. Ich wurde den Eindruck nicht los, dass ihn ein schlechtes Gewissen drückte. Er fühlte sich unwohl, und ich gönnte ihm dieses Unbehagen von Herzen.

Nun stand ein Besuch bei Bensbergs Witwe an. Wir versuchten, uns an seinen Klarnamen zu erinnern. Keiner in der Dienststelle kannte ihn. Onkel Ben, der Profi, hatte seinen wahren Namen immer verschwiegen. Die ersten Anfragen aus Pullach trafen ein. Man wolle einen Kranz schicken, finde aber bei der Sicherheit keine Unterlage, aus der der Klarname hervorgehe. Das war kaum zu glauben. Pullach kannte Bens Klarnamen nicht, und wir hatten auch keine Ahnung. Plötzlich zog Dimitroff die Fotokopie einer Steuererklärung, die Onkel Ben 1985 eingereicht hatte, aus seinen Unterlagen.

Darauf war klar und deutlich der Name Gräber zu lesen. Ha – nun wussten wir, wie er hieß. Nach langem Hin und Her rief Dimitroff die Zentrale an und gab den Namen preis. Eine Stunde später war München wieder am Telefon. Sorry – Gräber war nicht seine Klaridentität. Die Papiere waren vom Dienst angefertigt worden, ein Pass und ein Führerschein. Zeitgleich stellten wir vor Ort fest, dass die angegebene Privatadresse falsch war.

Dimitroff, der Sicherheitsbeauftragte der Dienststelle, war völlig verwirrt. Was nun? Wir kannten keine private Telefonnummer, und auch sonst gab es immer weniger, wo wir einhaken konnten. Sein Ruhegehalt hatte er sich nach wie vor auf ein Konto einzahlen lassen, das er unter einem anderen Arbeitsnamen eingerichtet hatte. Ein Relikt aus der strikt abgesicherten Gehlen-Zeit und von Bensbergs operativer Tätigkeit in Berlin.

Nun riefen wir wieder in Pullach an. Bensberg hatte nur einen Reisepass besessen, und der trug natürlich keine Straßenangabe. Aber da gab es ja noch unseren Fahrer, Postholer, das Mädchen für alles. Er erinnerte sich, Bensberg eines Abends in einer Straße in Hannovers Süden abgesetzt zu haben. Die Stelle wurde wiedergefunden, und die halbe Dienststelle schwärmte in der Umgebung aus. Ein wahres Wunder, wir fanden ein Türschild mit dem Namen Gräber. Dort hatte er auch gewohnt.

Aber er war weder mit der Frau verheiratet gewesen, die dort lebte, noch stammte der Sohn, für den er immer Kindergeld bezogen hatte, von ihm. Er hatte ihn auch nicht adoptiert. Sohn und Mutter kannten Onkel Ben nur unter dem Namen Gräber. Ob der BND irgendwann einmal den richtigen Namen seines ehemaligen Hannoveraner Bürochefs herausgefunden hat, ist mir nicht bekannt. An der Beisetzung durften Mitarbeiter der Dienststelle aus Sicherheitsgründen nicht teilnehmen. Auf der Schleife des Kranzes wurde auf jeglichen Namen verzichtet.

Jetzt hatte ich endgültig meine erste existenzielle Krise erreicht. Der Nimbus des BND war für mich auf einen Tiefstand gesunken. Pilar und Eisi hatten möglicherweise doch Recht. Dieser Apparat war ihrer Meinung nach völlig unfähig. Ein richtiger Nachrichtendienst müsse nach anderen Kriterien arbeiten und viel zielorientierter. Außerdem würden die Mitarbeiter zu wenig gepflegt, genau gesagt, zu schlecht behandelt.

Ich wollte mich damit nicht abfinden. Irgendwo musste es doch Fachkompetenz geben und so etwas wie eine sinnvolle Aufgabe für mich. Vielleicht war ich ja nur versehentlich in eine ganz marode Ecke des Dienstes geraten. Einen Versuch musste ich noch machen. Ich schrieb also ein Versetzungsgesuch. Rasch merkte ich, dass es Pullach gar nicht erreichte, weil meine Stehzeit auf dem aktuellen Dienstposten fünf Jahre war. Ich sprach meinen Dienststellenleiter darauf an. Ohne Erfolg.

Also, dann anders. Onkel Ben hatte es mir ja vorgemacht. Ich dehnte meine Mittagspausen aus. Die nahe gelegene Markthalle von Hannover bot sich dafür geradezu an. Cappuccino mit Amaretto und dazu ein kleiner Imbiss, hin und wieder ein Pinot. Dabei war ich nie allein. Eisi oder einer der anderen kamen gern mit. Es gab bei uns einen Stempelautomaten. Wenn ich also in die Mittagspause ging, dann gab ich meine Karte unserem Fahrer. Er sorgte maschinell für meine pünktliche Rückkehr. Ich war übrigens keine Ausnahme. Manchmal musste er bis zu sieben Zeitkarten bedienen. Gelegentlich revanchierte man sich bei ihm.

Morgens um 8.45 Uhr meldete ich mich zur Massage ab. Seit meiner Fallschirmspringer-Zeit hatte ich schon regelmäßig über Rückenprobleme geklagt, aber nun kam ich endlich dazu, etwas dagegen zu unternehmen. Also schlenderte ich jeden Tag zu einem Fitnessstudio am Kröpcke. Abwechselnd bekam ich Krankengymnastik und Massage verabreicht. Danach nahm ich ein Frühstück im »Mövenpick« ein. Kaffee mit Mandelhörnchen. Es dauerte nicht lange, dann schlossen sich andere an. Peter klagte plötzlich über ein HWS-Syndrom. Ute musste ständig zum Gynäkologen. Thomas ließ eine Hautkrankheit und diverse Magen-Darm-Beschwerden verarzten.

Bei der BND-Außenstelle Hannover war ein kleiner Aufstand im Gange. Während Peter, Ute und Thomas noch Meldungen absetzten, also den einen oder anderen Brief lasen, verabschiedete ich mich nahezu gänzlich von meiner dienstlichen Tätigkeit. Dieses völlig widersinnige Lesen fremder Briefe war für mich unerträglich geworden. Ich ekelte mich davor.

Mein Verhalten blieb unseren Vorgesetzten nicht verborgen. Ich sprach mit ihnen Klartext und forderte eine Versetzung, möglichst in den operativen Bereich. Das beantworteten sie zuerst einmal mit Drohungen. Sie wollten mich mit disziplinarischen Maßnahmen traktieren. Dann, so meine Antwort, wäre ich gezwungen, die Tätigkeit der Brieföffner einer breiteren Öffentlichkeit mitzuteilen. Das war zu viel. Dr. Brenner kam eigens aus München angereist und nahm mich ins Gebet. Die Reihenfolge hätte aus dem Lehrbuch für Personalführung beim BND stammen können: Drohungen – Vorwürfe – Einforderung von Loyalität.

Das half nichts, weil ich von Unrecht und Unsinn unserer Tätigkeit überzeugt war. Bei irgendeiner überzogenen Reaktion meiner Vorgesetzten hätte ich den Dienst sofort verlassen. Das wusste auch der hanseatisch-sachliche Dr. Brenner. Im Frühjahr 1987 zitierte er mich dann nochmals in die Zentrale nach Pullach. Nun eröffnete er mir, dass ich im Herbst in eine andere Unterabteilung wechseln könne. Ich denke, dass er meine Motive verstand. Auf der Arbeitsebene hakte es, aber menschlich kamen wir gut miteinander aus. In diesem Sinne verabschiedete er sich auch von mir.

Dr. Brenner verstarb 1988 infolge einer schweren Krankheit. Ich habe ihn leider nicht mehr gesehen. Im Dienst verbreitete sich die Nachricht, dass seine Witwe den Pullachern untersagt hatte, an der Trauerfeier teilzunehmen. Ein offizieller Kranz wurde dem BND zurückgeschickt.

»Stay Behind«

Bei meinem Personalgespräch in Pullach im Frühjahr 1987 hatte mich Dr. Brenner mit dem Angebot überrascht, in das DDR-Referat von Bundeswehroberst Gigl zu wechseln. Gigl leitete die Außenstelle in Bremen.

Die Aufgabe schien interessant zu sein, Bremen als Dienstort durchaus sympathisch. Von meiner damaligen Wohnung im Norden von Hannover konnte ich schnell in Bremen sein. Mein Entschluss stand rasch fest: Ich wechsle in das DDR-Referat! Als Termin wurde der 1. Oktober 1987 bestimmt. Die Pullacher luden nun zum Einweisungsgespräch. Meine damalige Ehefrau, die beim Landesarbeitsamt Hannover-Bremen arbeitete, formulierte ihr Versetzungsgesuch.

In München erwartete mich eine junge, sehr engagierte Mitarbeiterin aus der Personalstelle, dem so genannten Statusreferat. Es gäbe da noch ein paar Änderungen, erwähnte sie beiläufig und etwas nebulös. Den ersten Tag nutzte ich, um persönliche Angelegenheiten in der Zentrale zu erledigen. Am nächsten Morgen traf ich dann, aus dem nahe gelegenen Waldhotel Buchenhain kommend, im Camp ein. Die Personalleute bugsierten mich in ein Auto. Wir fuhren auf verschlungenen Wegen in die Münchner Innenstadt, genauer gesagt nach Schwabing. Unser Ziel war der Bonner Platz.

Spionagezentrum Bonner Platz

In Sichtweite des Schwabinger Krankenhauses stellten wir unseren Wagen ab und gingen zur Karl-Theodor-Straße 55. Direkt unter dem Gebäude mit dieser Hausnummer befand sich eine U-Bahn-Station. Wenn man aus dem U-Bahnhof auf die Straße trat, stand man vor einem Obst- und Gemüsestand. Dahinter führte eine Glastür in das nüchterne Bürohaus, das eigentlich nur aus vierzig Fenstern und viel Beton bestand. Unser Ziel war der zweite Stock. Eine schwere Eisentür wurde uns geöffnet. Da stand ich also, in einer der geheimsten Außenstellen des Bundesnachrichtendienstes, dem »Sattelhof« am Bonner Platz. Von hier aus wurde ein Großteil der gesamten operativen DDR-Aufklärung gesteuert. Als Hausherr fungierte die Unterabteilung 12. 12A befand sich direkt in diesem Gebäude, ebenso 12C (»Stay Behind«). 12B war die Außenstelle in Bremen, zu der ich wechseln sollte.

Meine Begleiter und ich wurden in das Büro des Chefs geführt. Sein Stellvertreter begrüßte uns. Er hieß Wirsing, war groß gewachsen und machte auf mich einen charmanten und sehr verbindlichen Eindruck. »Welche Nachricht wollen Sie zuerst hören?«, fragte er, wohl um die etwas steife Atmosphäre ein bisschen aufzulockern. Ich stand noch unter dem ersten Eindruck, dass es beim BND anscheinend doch so etwas wie operative Dienststellen gab, und antwortete zögerlich. »Dann fangen Sie doch mit der guten Nachricht an.«

Wirsing nahm den Ball auf und schmunzelte. »Sie kommen, wie versprochen, in den Gigl-Laden, zu 12B.« Nach außen gelassen, jubelte ich innerlich. »Gott sei Dank, Bremen, ich komme.« Wirsing hatte noch nicht zu Ende gesprochen. »Tja, nur nicht nach Bremen. 12B wird nach München verlegt, die Bremer Dienststelle aufgelöst. Ansonsten bleibt alles wie besprochen.« Rasch verwies ich darauf, dass sich meine Ehefrau schon nach Bremen hatte versetzen lassen. Ein neuer Dienstort München war für mich deshalb völlig unmöglich. Was nun? Wir diskutierten hin und her. Es stellte sich nun sogar heraus, dass die Auflösung des Bremer Büros schon bekannt war, als man mir die Stelle angeboten hatte.

Wir suchten eine Weile gemeinsam nach einer Lösung. Plötzlich aber verstand ich gar nichts mehr. Der Kollege der Pullacher Personalmitarbeiterin hatte eine Idee. »Was ist eigentlich mit Ollhauer?«, fragte er Wirsing. »Dannau ist Soldat und bringt alles dafür mit.« – »Weiß nicht, Sie kennen ihn doch. Außerdem wäre das ja genauso hier im Haus. Wenn seine Nase dem Ollhauer am Ende nicht passt, dann hat er eh' keine Chance.« – »Der Dienstposten wäre hier, aber eigentlich im Heidehaus«, lautete die Antwort. Wie sich herausstellte, war mit dem »Heidehaus« eine Außenstelle in Hannover gemeint. Für meine Frau würde es sicher leichter sein, die Versetzung nach Bremen rückgängig zu machen, als sich kurzfristig nach München versetzen zu lassen. Wirsing wandte sich nun wieder zu mir: »Vielleicht haben wir noch eine Alternative.« Er griff zum Telefonhörer und rief besagten Ollhauer an. Ich konnte hören, wie auf der anderen Seite jemand in den Hörer brüllte. Dann verschwanden Wirsing und der Pullacher Personalmitarbeiter. Ich blieb mit der hübschen Kollegin des Pullachers zurück und wartete.

Sie erzählte von 12A. Diese Außenstelle sei völlig abgeschottet, eines der interessantesten Objekte des Dienstes. Von hier aus würden die geheimsten Operationen gegen die DDR durchgeführt. Beinahe wurde es schon weihevoll. So ein wichtiger Laden, und ich würde vielleicht in Kürze schon dazugehören. Ja, das war Nachrichtendienst. Geheim, konspirativ, wichtig, etwas ganz Besonderes. Ich war angekommen.

Darin aber hatte ich mich gewaltig getäuscht. Hätte ich damals schon gewusst, was ich nach der Wende erfuhr, ich wäre schreiend weggelaufen. Die ganze Wahrheit kam nämlich erst heraus, als im Jahr 1990 ein asketisches Männlein im Trenchcoat, eine abgegriffene Aktentasche unter dem Arm, vor der Dienststelle am Bonner Platz stand und läutete. Als ihm von einem verdutzten Mitarbeiter aufgetan wurde, bat der heftig sächselnde Fremdling um ein Gespräch. Seine Begründung war einfach und alarmierend: »Ich habe Sie in den letzten Jahren bearbeitet!«

Fazit: Der »Sattelhof« gehörte beileibe nicht zu den geheimsten aller geheimen Orte. Die Stasi kannte ihn schon lange. Die Karl-Theodor-Straße 55 wurde von der Gegenseite permanent observiert, die Mitarbeiter des BND akribisch bei ihren Außenaktivitäten überwacht. Damit noch nicht genug. Die Staatssicherheit aus der Ostberliner Normannenstraße veranstaltete etwas, was jeden unserer Mitarbeiter im Nachhinein erniedrigen musste. Die Stasi nutzte das Objekt im Herzen der bayerischen Landeshauptstadt als eigenes Schulungsobjekt.

Wenn die Staatssicherheit der DDR einen Observationslehrgang abgeschlossen hatte – das muss man sich auf der Zunge zergehen lassen –, dann wurde die Abschlussprüfung nicht etwa in Potsdam oder Wittenberge durchgeführt, sondern am Münchner »Sattelhof« mit seinen geheimsten Verbindungsführern. Also tummelten sich am Bonner Platz hin und wieder ganze Kommandotrupps von Stasioffizieren. Im Sportjargon würde man sagen, hier spielten zwei Mannschaften aus unterschiedlichen Ligen gegeneinander.

Dabei hatten die Leute von der Sicherheit des BND immer alles gründlich überprüft. Der Marktleiter vom Supermarkt war sauber, alle seine Angestellten von der Kassiererin bis zur Wurstverkäuferin. Auch Putzfrau und Azubi waren gecheckt. Das natürliche BND-Misstrauen blieb jedoch am Gemüsehändler vor dem U-Bahn-Eingang kleben. Er schien das Leck zu sein, die vermeintliche Sicherheitslücke, das Risiko schlechthin für den »Sattelhof«.

Erstens war er strategisch ideal postiert. Er sah jeden, der kam und ging, kannte einige aus den oberen Etagen wegen ihrer regelmäßigen Einkäufe während der Mittagspause sogar persönlich. Zweitens: Er war Ausländer! Die Sicherheitsauguren des BND riefen einstimmig: Risiko! Und so wurde der arme Mensch, er war wohl Grieche, über Jahre hinweg immer wieder observiert und überprüft. Alle ahnten es: Der ist bestimmt von der Stasi angeheuert. Doch beweisen konnte es niemand.

Die Kollegen aus der DDR hatten natürlich die gesamte Umgebung exakt erkundet und aufgearbeitet. Der Händler war ihnen auch aufgefallen. Eine Werbung hatte man jedoch in Ostberlin ganz schnell verworfen. Sein Standort war viel zu exponiert und musste jedem Profi sofort ins Auge springen. Also blieb er verschont.

Nachdem ich eine gute Viertelstunde mit der jungen Dame aus Pullach geplaudert hatte, kam ihr Kollege von der Personalstelle zurück. Er war aufgeregt und nahm mich sofort mit. Wir eilten eine Etage höher. Während der eigentlich unnötigen Hast versuchte er, mich in Stichworten vorzubereiten. »Wir gehen jetzt zu Ollhauer. Chef 12C. Ein Offizier von den Fallschirmspringern. ›Schwarze Hand‹, Sie wissen schon!« Ich wusste nichts. »Ein knallharter Hund, sehr militärisch, hat eine Außenstelle in Hannover, nicht ganz einfach mit ihm …« Schon standen wir völlig atemlos vor seinem Dienstzimmer und klopften. Eine dröhnende Stimme holte uns herein.

Da stand Ollhauer, ein Poltergeist in den Fünfzigern, der auf seine Armbanduhr guckte, als habe er unseren Lauf gestoppt. Er wollte mit mir zuerst einmal allein sprechen. Jetzt nur keinen Fehler machen. Ollhauers Blicke durchdrangen mich wie Röntgenstrahlen. Ich musste etwas sagen. Tausend Formulierungen schossen mir durch den Kopf. Ich griff zur vielleicht am nächsten liegenden Methode, nahm Haltung an und knallte die Hacken zusammen: »Herr Oberstleutnant, ich melde mich wie befohlen.«

Seine Gesichtszüge ließen keine Regung erkennen, aber seine Augen. Da funkelte es plötzlich fürsorglich, ja sogar väterlich. Wir musterten uns gegenseitig für einige weitere Sekunden, und dann bot er mir in völlig gelassenem Tonfall einen Platz in einer kleinen Sitzecke an. »Ich habe schon einiges gehört. Sie sind Fallschirmspringer, nicht? Auch Freifall?« Ich nickte bescheiden. »Einzelkämpferlehrgang mit Auszeichnung, stimmt das?« – »Jawohl«, meine knappe Antwort. »Gut, Dannau, das ist sehr gut.«

Dann zählte mir Ollhauer in einer Mischung aus fragendem und wissendem Tonfall die bisherigen Stationen meines Berufslebens auf. Ich war beeindruckt. Wie konnte er sich das alles in der Kürze der Zeit gemerkt haben? Und wie hatten die ihn so schnell briefen können? Gleichzeitig ahnte ich, dass Ollhauer kein einfacher Vorgesetzter werden würde.

Ich wusste noch gar nichts über ihn, musste mir das nach und nach zusammentragen. Ollhauer war ausgesprochen schlank und drahtig, mit einem aschfahlen Gesicht. Er sah nicht gesund aus. Viel später erfuhr ich, dass er sich zu jener Zeit gerade von einem Hörsturz erholte. Er gehörte dem BND schon viele Jahre an. Vorher hatte er eine Fernspähkompanie in Weingarten befehligt. Danach eine Spezialtruppe, die bei der Bundeswehr als die »Schwarze Hand« bekannt war. Ollhauer vermittelte mir von Anfang an das Gefühl absoluter Verbindlichkeit, Loyalität von unten nach oben, aber auch umgekehrt.

Er ließ keinen Zweifel aufkommen, wer hier der Ober und wer der Unter war, und das tat er mit absoluter Souveränität, die keineswegs überheblich wirkte. Während meiner Jahre im BND habe ich immer wieder meinen ersten Eindruck über andere Menschen revidieren müssen. Nicht so bei Ollhauer: Der hielt, was der erste Augenblick versprach. Er wusste genau, was er wollte. Hielt man sich an seine Vorgaben, dann gab er im Gegenzug alles. Wehe, jemand befolgte seine Anweisungen nicht. Dann wurde Ollhauer zum wilden Tier, dem niemand in die Quere kommen durfte. Nur manchmal stieg in mir der Verdacht hoch, er würde denen einen oder anderen Wutanfall gezielt einsetzen.

Ich fühlte mich wohl, glitt in eine Stimmung, als sei ich endlich nach Hause gekommen. Ich spürte Verlässlichkeit. Auch die Mittelmäßigkeit, die mich zweieinhalb Jahre umgeben hatte, war plötzlich weg. Ollhauer spürte anscheinend meine psychische Lage und ließ sich von meiner bisherigen Tätigkeit erzählen. Ich informierte ihn und hielt auch meine Meinung nicht zurück. Ollhauer schüttelte verlegen den Kopf. Es entglitt ihm ein leises »Wahnsinn, dieser Dienst!«. Dann strahlte er plötzlich. »Dannau, Sie nehme ich. Bei mir sind Sie richtig.« Er drückte meine Hand, als habe er mich gerade befördert.

Der Abschied geriet knapp und erfolgte im abgehackten Befehlston. »Morgen, Donnerstag, Betriebsausflug. Ganze Führungsstelle, Tegernsee, ganztags, Abfahrt acht Uhr vor dem Schwabinger Krankenhaus, Sie dabei, klar. Bis morgen.« Ende der Audienz. Nun war ich bei 12C und damit bei »Stay Behind«. Ich hatte zwar keinerlei Ahnung, worum es ging, aber es war eine operative Tätigkeit, die dann auch sehr interessant wurde. Außerdem konnte ich so in nächster Zeit nach Hannover zurückkehren.

Mit Gehlen fing alles an

Ab sofort lebte ich in dem Gefühl, einem wirklichen Nachrichtendienst anzugehören. Der BND, das hatte ich mir angelesen, war aus der »Organisation Gehlen« des von den Amerikanern reaktivierten Nazigenerals Reinhard Gehlen hervorgegangen. Dieser hatte zuvor die 12. Abteilung des Generalstabs der Wehrmacht, auch bekannt als Abteilung »Fremde Heere Ost«, kommandiert. Gleich nach dem Krieg wurden Gehlen und seine Leute in die US-Armee eingegliedert, 1949 von der gleichfalls neu gegründeten CIA übernommen. Der erste Geheimdienst in einem befreiten Deutschland saß im US-Camp »King« in Oberursel. Ende 1947 zog er nach Pullach bei München, in das so genannte »Camp Nikolaus«, wo früher Rudolf Heß residiert hatte. Hinter hohen Mauern und Stacheldraht entstand eine hermetisch abgeriegelte kleine Agentenstadt.

Zehn Jahre lang arbeiteten der spartanische Gehlen und seine hoch motivierten Ostaufklärer überwiegend für die amerikanischen Freunde. Der Kalte Krieg hatte begonnen, und der einstige Alliierte Stalin war zum gemeinsamen Gegner geworden. Der kommunistische Herrscher dehnte sein Reich auf ganz Osteuropa aus, was im Westen mit größtem Misstrauen beobachtet wurde. Dazu kam die schleichende Teilung Deutschlands. Der Prozess begann mit der Gründung eines zweiten deutschen Staates und fand seinen Höhepunkt in der Abriegelung durch den Mauerbau 1961. Beide Seiten, und vor allem ihre Führungsmächte, rüsteten auf und standen sich bald waffenstarrend gegenüber. Der Aufklärungsbedarf stieg hier wie dort in gleichem Maße an.

Am 1. April 1956 entstand der bundesdeutsche Auslandsnachrichtendienst. Gehlen leitete ihn bis zu seiner Pensionierung im Frühjahr 1968. Der alte Krieger war übereifrig, und deshalb trug er nicht nur Informationen aus dem Osten zusammen, sondern bespitzelte auch zahlreiche Mitbürger, die ihm verdächtig erschienen. Über diese ließ er Dossiers anlegen. Niemand hinderte ihn daran, weil ein solches Vorgehen von höchster Stelle, dem ersten Bundeskanzler Konrad Adenauer, gedeckt war. Der BND war von Anfang an dem Bonner Kanzleramt unterstellt. Das verhinderte keineswegs den politischen Missbrauch, sondern förderte ihn nachgerade.

Gehlens Spione waren sehr erfolgreich, weil sie im Rahmen der »Operation Hermes« die aus der Sowjetunion zurückkehrenden deutschen Kriegsgefangenen intensiv befragten. Das ergab ein für die fünfziger Jahre ziemlich dichtes Lagebild, von dem auch die Westmächte profitierten. Nur in die Nomenklatura des Kreml konnten auch die Kundschafter aus dem Isartal nicht eindringen.

Seit den sechziger Jahren kümmert sich der Dienst um weltweite Aufklärung. Nach dem Ende des Kalten Krieges und dem Wegfall des Ostblocks stellten sich viele der 6 000 Experten schwerpunktmäßig auf Extremisten aus der islamischen Welt ein. Die Anschläge des 11. September 2001 haben einen insgesamt langsam schrumpfenden und bedeutungsloser werdenden BND wieder wichtiger werden lassen.

Ein besonderer Tag am Tegernsee

Am Tag nach meinem ersten Zusammentreffen mit Ollhauer kam ich vorsichtshalber eine halbe Stunde zu früh an die geplante Abfahrtsstelle des Betriebsausfluges. Es war niemand zu sehen. Ich stand mit dem Rücken zum Schwabinger Krankenhaus und blickte in die Bonner Straße, wo am anderen Ende das Dienstgebäude am Bonner Platz noch schemenhaft zu erkennen war. Plötzlich fiel mir in einiger Entfernung ein blonder Haarschopf auf, der aus Richtung Bonner Platz kam und zielstrebig auf meinen Standort zusteuerte.

Es war eine junge Frau mit einer großen Schultertasche. Sie legte den Kopf zur Seite und steuerte mit einem freundlichen Lächeln auf mich zu. »Sie sind doch der Herr Dannau, oder?« Ich nickte und erkannte sie in diesem Augenblick wieder. Ich hatte sie tags zuvor in Wirsings Vorzimmer gesehen. Mit einem starken bayerischen Akzent stellte sie sich vor: »I bin die Carmen.« – »Ich bin der Norbert«, antwortete ich.

Sie war eine beeindruckende Erscheinung, Mitte zwanzig, schlank und gut gewachsen. Ihre vollen, naturblonden Haare waren kinnlang. Ihren hellen Teint präsentierte sie ungeschminkt. Die blauen Augen hatten etwas Magnetisches an sich. An diesem Tag trug sie weiße Jeans und einen hellblauen Pullover.

So standen wir ein paar Minuten zusammen und plauderten. Ich gab mir Mühe, besonders charmant zu sein, und vergaß darüber meine innere Aufregung. Schließlich war wieder einmal alles neu an diesem ersten Tag meines Dienstes bei Ollhauer. Ich hatte mir vorgenommen, jedes Fettnäpfchen zu meiden. Schließlich würden alle da sein, mit denen ich künftig arbeiten müsste. Das beunruhigte mich. Aber Carmen wischte das innerhalb von Minuten weg.

Ganz nebenbei bemerkte ich, wie sich auf dem Platz etwas tat. Überall standen auf einmal kleine Grüppchen zusammen, immer drei bis vier Personen, die auf etwas warteten. Seltsamerweise waren sie weit verstreut. Sie reichten bis zum Grünstreifen der Parzivalstrasse, die von meinem Standort aus nach Westen führte. Dann ging alles ganz schnell. Ein Bus fuhr vor und der Fahrer fragte knapp: »Bundesvermögensverwaltung?« Carmen nickte und sagte zu mir:

»Steig scho amoi ei.« Mit einem tiefen Blick in meine Augen fügte sie hinzu: »Hältst du mir an Platz neben dir frei? Ich mach noch die Anwesenheitslist'n.« – »Einen Platz? Gern! Ich kaufe den ganzen Bus für dich, wenn du willst.«

Nun setzten sich die einzelnen Trupps um den Treffort in Bewegung. Nach wenigen Minuten war der Bus voll. Zuletzt kam Ollhauer. Wie aus dem Nichts stand er auf der Treppe im Bus. Sein Blick suchte durch die Reihen und blieb bei mir hängen: »Ach, das ist ja schön. Ist alles glatt gegangen? Ich stelle Sie nachher vor.« Mein erster Betriebsausflug mit dem Bundesnachrichtendienst konnte beginnen. Carmen saß neben mir am Fenster und plauderte. Sie erzählte, dass es einige Herren in der Dienststelle gäbe, die sie immer »anbaggern« würden. Dem könne sie diesmal entgehen. Da der größte Teil der Tour zur freien Verfügung war, sollten wir ihrer Meinung nach einfach zusammenbleiben.

So kam es dann auch. Zuerst gab es ein gemeinsames Frühstück in einem Gasthaus am See. Hier schlugen wir praktisch unser Basislager auf, wo wir immer wieder zusammentrafen. Einige kamen nicht viel weiter, sondern blieben gleich im Biergarten hinter dem Wirtshaus. Ollhauer stellte mich einigen Kollegen aus dem DDR-Referat vor. Zum Teil wirkte es so, als würde er eine Trophäe präsentieren. Dann begann auch für mich der inoffizielle Teil.

Carmen, die an einer Bootsanlegestelle auf mich gewartet hatte, drängte zum Aufbruch: »Bloß weg von hier, am besten wir fahren rüber nach Bad Wiessee.« Gesagt, getan. Wir nutzten die erste Fährmöglichkeit zum Ostufer. Es war ein herrlicher Sommertag. Carmen und ich saßen an einem kleinen Tisch. Sie zog ihren warmen Pullover aus und präsentierte sich im weißen Seidentop. Ich blickte ihr tief in die Augen und flüsterte Komplimente. Sie schnurrte und griff nach meinen Händen.

Es hatte gefunkt. Sicher lag es auch daran, dass es in meiner Ehe bereits kriselte. In Tegernsee waren wir als Kollegen losgefahren, in Bad Wiessee verließen wir das Boot Händchen haltend. Der Zustand dauerte allerdings nicht lange, weil wir plötzlich von einer ganzen Meute Kollegen aus der 12A umgeben waren. Auch sie hatten sich für ein paar Stunden absetzen wollen.

Die jungen Verbindungsführer erkannten sofort, was hier los war. »Na, der neue Kollege ist wohl von der ganz schnellen Truppe. Hoffentlich ist er beim Quellenwerben genauso schnell. Und Carmen will es wohl mal im freien Fall ausprobieren …« So und ähnlich lauteten die Kommentare. Meine bildhübsche Begleiterin fragte, was mit dem freien Fall gemeint sei. Ich konnte das nur mit der Fallschirmspringerei in Verbindung bringen. Irgendwie war die Stimmung der anderen etwas kalt und feindselig. Man wünschte uns noch viel Spaß in der Kirche und wies uns darauf hin, dass die Beichtstühle linker Hand stünden. Prima, dachte ich, das fängt ja gut an.

Wir gehörten zu den Letzten, die den Bus in Tegernsee erreichten. Einige bemerkten das sowieso nicht mehr, weil sie schon so angetrunken waren. Kaum hatten wir unseren Platz gefunden, legte Carmen ihren Kopf auf meine Schulter und schlief ein. Ollhauer, der als Einziger der Chefs mit dem Bus fuhr, stand auf und kam nach hinten. Er setzte sich auf die andere Seite des Ganges und blickte mich mit strengem Blick an. Mein Puls raste. Nun war wohl ein Anschiss fällig. Vielleicht war dies mein erster und letzter Tag bei 12C gewesen.

Ollhauer beugte sich nach vorne, damit er Carmen sehen konnte. Dann lehnte er sich entspannt zurück und streckte die Beine im Gang aus. »Nun, Dannau, was treiben Sie sonst noch? Ich meine, in Ihrer Freizeit!« Ich begann zu erzählen, wofür ich mich interessierte. Plötzlich, mitten im Aufzählen meiner Hobbys, ergriff er meine Schulter. Ich hatte gerade beiläufig angemerkt, dass ich gern koche. »Was kochen Sie?«, fragte er neugierig. Nun war er hellwach und absolut gespannt. »Rote Grütze«, warf Ollhauer ein, »erklären Sie mir mal ein Rezept für Rote Grütze. Ich liebe Rote Grütze.«

Wenn es weiter nichts wäre. Ich begann also artig, mein Rezept herunterzuspulen. »Man nehme 100 Gramm rote Johannisbeeren, 150 Gramm Himbeeren, 150 Gramm Erdbeeren, 100 Gramm Blaubeeren. Die Johannisbeeren müssen gewaschen und von den Stielen gestreift werden. Die Himbeeren werden verlesen, aber nicht gewaschen.« Ollhauer nickte wissend.

»Die Blütenansätze von den Erdbeeren entfernen und die Blaubeeren waschen. Von jeder Fruchtsorte etwa die Hälfte als Einlage beiseite stellen. Die übrigen Früchte mit einem halben Liter Rotwein und einem halben Liter Wasser, zusätzlich mit 100 Gramm Zucker und einer Zimtstange in einen Topf geben und mit einer halben, in Scheiben geschnittenen Orange aufkochen lassen. Dann bei geringer Hitze fünfzehn Minuten garen. Den Sud durch ein Sieb streichen und nochmals aufkochen. 40 Gramm Speisestärke in Rotwein anrühren und den Sud damit binden. Die Früchte in Glasschüsseln füllen und mit dem Sud auffüllen. Mit Vanillesauce servieren.«

Da staunst du, Ollhauer, dachte ich mir. Wenn er mich jetzt noch nach dem Rezept für einen Schweinekrustenbraten fragen würde, dann wäre die blonde Schöne neben mir sicherlich kein Thema mehr. Die schlief fest und unterstützte meine Bemühungen, Ollhauer gegenüber souverän zu erscheinen, indem sie ihre Hand auf meinen Oberschenkel legte und sich noch dichter herankuschelte.

»Sie haben das Sago vergessen«, trumpfte ein nachdenklich wirkender Ollhauer auf. »Welches Sago?«, fragte ich ratlos. »Rote Grütze wird mit Sago gemacht, das nimmt man zum Binden. Klar, Mann. Rote Grütze wird mit Sago gemacht. Ich esse Rote Grütze nur mit Sago. Ohne Sago, schmeckt das denn überhaupt?« Ich versprach, beim nächsten Mal Sago zu verwenden und ihm dann davon zu berichten.

Ollhauer richtete sich wieder auf. »Wir sehen uns morgen früh um 8.30 Uhr.« Ich nickte kurz. »Jawohl, Herr Oberstleutnant.« Er blickte auf die Schlafende und flüsterte: »Aber allein: Heben Sie sich das für die Mittagspause oder die Zeit nach Dienstschluss auf.« Dann nahm er wieder seinen Platz neben dem Fahrer ein.

Am nächsten Morgen erschien er im »Sattelhof« mit grimmiger Miene und verschwand wortlos in seinem Zimmer. Ich überlegte, wie man bereits frühmorgens so einen Gesichtsausdruck hinbekommt. Nach zehn Minuten holte er mich rein. Nun folgte die Abreibung, die ich bereits während der Rückfahrt vom Ausflug erwartet hatte. Im Privaten, sagte Ollhauer, könne ich machen, was ich wolle, aber nicht das Private im Dienst ausleben. Übrigens sei um zehn Uhr eine Dienstbesprechung angesetzt. Dann werde er mich dem Stab von »Stay Behind« vorstellen.

Wenn man die Diensträume von 12C betrat, befand sich links ein kurzer Korridor, und wiederum links das Zimmer von Ollhauer. Durch sein Fenster konnte er nach Westen, direkt auf die Ansprenger Straße und ein paar hundert Meter weit in die Karl-Theodor-Straße blicken. Sein Vorzimmer bestand aus zwei Räumen, die verbunden waren. Von dort blickte man nach Norden, direkt zum Ende der Karl-Theodor-Straße, die dort in den Bonner Platz mündete. Das Vorzimmer hatte eher den Charakter eines Besprechungsraumes. In der Praxis war es dann auch so, dass hier immer irgendwelche Leute zusammenstanden und redeten. An Ollhauers Büro schlossen sich nach rechts zahlreiche kleine Räume an. Ihre Fenster waren ausnahmslos mit Gardinen verhängt.

Die Schöne von der anderen Seite

Das erinnert mich wieder an das große Interesse der DDR-Staatssicherheit an diesem Objekt. Die Stasi hatte sich zwar um unseren Gemüsehändler nicht weiter bemüht, wollte den »Sattelhof« aber natürlich trotzdem umfangreich beobachten. Dafür ließ man sich etwas ganz Besonderes einfallen. Das erheitert mich heute noch, weil es nicht nur gut gemacht, sondern auch hübsch in Szene gesetzt war. Noch vor meiner ersten Dienstbesprechung hatte ich ein Schlüsselerlebnis, das damit zusammenhing. Plötzlich öffnete sich eine Bürotür. Paul winkte mich zu sich. Der freundliche Bayer war seit vielen Jahren Verbindungsführer bei »Stay Behind«. Er war durch und durch nett. Nun winkte er mich wild gestikulierend in sein Zimmer. Vorsichtig zog er die Gardinen zur Seite. »Da«, er zeigte auf ein Gebäude gegenüber, »damit Sie nicht glauben, dass es bei uns langweilig zugeht.« Paul lächelte.

Auf der gegenüberliegenden Straßenseite war ein Fenster weit geöffnet. Der Raum dahinter war hell erleuchtet. Ich schaute einmal hin, ich schaute zweimal hin. Eine junge, blonde Frau mit großen Brüsten und hinten zum Zopf gebundenen Haaren beschäftigte sich vor dem offenen Fenster mit ihrer Morgengymnastik. Sie war dabei splitternackt und schien nicht zu ahnen, dass sie von der gegenüberliegenden Straßenseite beobachtet wurde. Was ich in diesem Moment nicht sehen konnte, war, dass nicht nur bei Paul die Gardinen zur Seite geschoben wurden. Links und rechts neben uns wie auch im Stockwerk darunter standen die Voyeure an den Fenstern.

An diesem Tag fotografierte mich die Staatssicherheit der DDR zum ersten Mal. Erst nach der Wende wurde bekannt, dass der blonde Lockvogel von gegenüber möglicherweise nicht nur geographisch auf der Gegenseite stand.

Die Ostaufklärer saßen im Dachfenster und fixierten uns sowie das eine oder andere Dokument mit scharfen Teleobjektiven.

Um Punkt zehn Uhr begann die Dienstbesprechung. Es nahmen etwa 14 Mitarbeiter teil, unter ihnen mehrere Verbindungsführer, der Leiter »Operative Sicherheit« (kurz OpSi), zwei so genannte Anbahner, außerdem der Fernmeldeleiter, der Ausbildungsleiter und der Leiter »Operationen«. Die meisten von ihnen stammten aus der Bundeswehr, waren von Ollhauer mitgebracht oder auf Irrwegen angelockt worden. Ein bunter Haufen von mutigen, zuverlässigen und entschlossenen Männern.

So etwas wie Kameradschaft habe ich beim BND nie mehr derart intensiv erlebt wie in der »Stay Behind«-Truppe. Auch jene, die sich nicht besonders nahe standen, konnten sich trotzdem auf den Nebenmann blindlings verlassen. Das lag wohl an der Fallschirmjägerei, die den meisten gemeinsam war. Bei diesem Truppenteil musste ich immer wieder feststellen, dass zuerst der Mensch kam und dann der Dienstgrad. In der Regel ging es rau, aber herzlich zu.

Nach der Besprechung der Tageslage nahm mich Heinz Hill, der Leiter »Operationen«, mit in sein Zimmer. Er war das exakte Gegenteil des steifen und stets korrekt gekleideten Ollhauer. Hill trug einen auberginefarbenen Zweireiher. Sein Gürtel war nur lose um die Hüften geschwungen. Die modische Krawatte hatte er mit einem dicken Knoten versehen. Er vermittelte den Eindruck eines Machers, der seine Autorität aus der eigenen Arbeitsleistung bezog.

Hill entpuppte sich als überaus freundlicher und offener Kollege, dem man alles anvertrauen konnte. Ich lernte ihn bald wegen seiner menschlichen und fachlichen Kompetenz schätzen.

Das Schwert der Gladiatoren

Hill führte mich in die Zielsetzung und den Alltag von »Stay Behind« bzw. »Gladio« ein. Seine damaligen Informationen und die seither bekannt gewordenen Fakten zu diesem streng geheimen Nato-Dienst ergaben folgendes Bild:

Wir waren eine geheime, paramilitärisch organisierte Truppe, die sich im Falle eines Angriffs aus Richtung Osteuropa überrollen lassen sollte. Angeblich bestand die deutsche Sektion von »Gladio«, ein Name, der sich vom römischen Kurzschwert der Gladiatoren ableitete, zu meiner Zeit aus 104 Mitarbeitern und 26 hauptamtlichen Führungspersonen beim BND. Auf dem Höhepunkt des Kalten Krieges sollen es bis zu 75 Hauptamtliche des Geheimdienstes und 500 Helfer gewesen sein.

Die Amerikaner sprachen in diesem Zusammenhang immer von der »Stay Behind Organization« (SBO). Der unsichtbare Ableger zur Abwehr des Kommunismus war ihre Erfindung. Der Nationale Sicherheitsrat in Washington verabschiedete 1948 zwei Dokumente, die unserer Sache Leben einhauchte: NSC 10–2 und 68–48. Darin wurden die Aufgaben der SBO-Agenten für den Fall einer kommunistischen Besetzung beschrieben: »Propaganda, Wirtschaftskrieg, vorbeugende Direktmaßnahmen einschließlich Sabotage, Anti-Sabotage, Zerstörung, Evakuierungsmaßnahmen.«

Darüber hinaus bereiteten die US-Planer »Subversion in feindlichen Staaten einschließlich Unterstützung für im Untergrund operierende Widerstandsbewegungen, Guerillakräfte und Gefangenenbefreiungskommandos sowie Unterstützung einheimischer und antikommunistischer Kräfte in bedrohten Ländern der westlichen Welt« vor.

Die SBO oder »Gladio« entstand in den meisten Ländern

Westeuropas im Laufe der fünfziger Jahre und wurde in der Praxis von den regionalen Geheimdiensten getragen. Die zentrale Koordination kam von einem ziemlich mysteriösen »Allied Clandestine Committee« (ACC) mit Sitz im Nato-Hauptquartier unweit von Brüssel. Wir bildeten die unterste Ebene und sorgten dafür, dass unsere zivilen Helfer im Kriegsfall Zugriff auf Depots mit Waffen, Sprengstoff, Funkgeräten und Finanzen hatten und damit auch umgehen konnten. Unsere »Verdeckten Operationen« waren äußerst heikel. Ich erlebte gerade noch die letzte Phase, bevor der Kalte Krieg endete und das Projekt »Gladio« im Nebel der Geschichte verschwand.

Hill erklärte mir meinen weiteren Weg. Zunächst waren 14 Tage Einweisung im »Reitstall« geplant. Ein zusätzlicher Lehrgang an der BND-Schule als Verbindungsführer wurde sofort verworfen, weil man im »Sattelhof« der Meinung war, dies sei unnütz und weltfremd, auf alle Fälle für die besonderen Gegebenheiten bei »Stay Behind« ungeeignet. Ich sollte also zuerst Theorie pauken und dann eine Woche Praxis kennen lernen. Danach war eine Woche Anbahnung vorgesehen und eine zusätzliche Woche in der Führungsstelle »Sattelhof«.

So kam es dann auch. Olly und Hilly gönnten mir ein paar Wochen »Stay Behind-Druckbetankung«. In regelmäßigen Abständen fragten sie mich mit einem süffisanten Lächeln, wie es denn so liefe. Ollhauer kam immer wieder und ließ sich von mir gespielt naiv »Stay Behind« erklären. Diese Fragerunde hatte dann schon richtigen Prüfungscharakter.

Einen großen Vorteil hatte ich. Ich musste das Morsen nicht mehr lernen. Bisher war es vorgeschrieben, alle Quellenführer und »Stay Behind«-Quellen im Agentenfunkverkehr auszubilden. Keine einfache Sache, weil die Morseausbildung schwierig und zeitraubend war. Die meisten von uns hielten diese Praxis sowieso für antiquiert. Deshalb hatte der BND von Siemens ein neues Kommunikationskonzept entwickeln lassen, das Funkgerät FS 5000. Zum Stückpreis von über einer halben Million Mark waren gerade, als ich bei 12C anfing, etwa 50 dieser Geräte angeschafft worden. Alle bestehenden nachrichtendienstlichen Quellen mussten also auf diese neue Technik umgeschult werden. Dabei war ich den anderen voraus.

Von einem Hauptmann namens Cello wurde ich »im Gelände« eingewiesen. Er holte mich mit seinem Privatwagen vom Waldhotel Buchenhain bei Baierbrunn ab, das ganz in der Nähe der Pullacher BND-Zentrale lag und mir daher über Jahre hinweg während meiner Aufenthalte in München als Domizil diente. Wir fuhren über Weilheim nach Peißenberg. Dort, in der Nähe des landschaftlich schön gelegenen Hohen Peißenbergs, war unser Ziel – das BND-Objekt »Reitstall«. Plötzlich, mitten im dichten Wald, ein Schild mit der Aufschrift »Sicherheitsbereich. Betreten verboten. Fotografieren verboten«. Dann eine rot-weiße Schranke. Cello öffnete den Schlagbaum und verriegelte ihn wieder, nachdem wir auf das Gelände gefahren waren. Ungefähr einen Kilometer entfernt lag der »Reitstall«. Der gesamte Bereich war mit einem 2,50 Meter hohen Zaun, Stacheldraht und Kameras abgesichert. Ein Schäferhund kläffte mörderisch. Wir läuteten. Darauf erschien ein Mann mit einem Fahrrad, grüßte freundlich und öffnete für uns die letzte Barriere vor einer gepflegten alten Villa.

Wir parkten direkt hinter dem Gebäude. Der Radfahrer, er entpuppte sich als Hausmeister des Objekts, bat uns herein. Wir besprachen die Einzelheiten unseres Aufenthalts. Grundsätzlich wollten wir uns selbst versorgen. Nur das Frühstück wurde von der Ehefrau des Hausmeisters geliefert. Der »Reitstall« war in dieser Woche verwaist – Urlaubszeit! Cello führte mich durch das Gebäude, in dessen Speise- und Schlafräumen etwa dreißig bis vierzig Personen untergebracht werden konnten.

Das Anwesen hatte einen gewissen Charme und vermittelte zudem das Gefühl der Sicherheit. Es lag neben einem Bundeswehr-Übungsplatz und war bereits zu Gehlens Zeiten für Schulungen und konspirative Treffen genutzt worden. Nun diente es »Stay Behind« als Domizil. Auf dem Trainingsgelände konnten die Einsatzkräfte Kommandooperationen mit Waffen und Sprengstoff trainieren.

In den folgenden Tagen absolvierte ich bei Cello eine »Stay Behind«-Ausbildung, wie sie auch unsere Quellen im Laufe der Zeit erhielten. Das reichte vom neu konzipierten Agentenfunk über nachrichtendienstliche Verfahren bis hin zu Feinheiten, die speziell bei »Gladio« gebraucht wurden. Wir fuhren beispielsweise nach Füssen, um Treffabwicklungen zu trainieren. Cello führte im Allgäu selbst Quellen und konnte deshalb auf existierende Treffstrecken und -orte zurückgreifen. Alles war, wie für »Stay Behind«-Quellen üblich, vorher schriftlich festgelegt. Wichtig waren für uns auch die Themen Ablageorte (AO) und Dauerverstecke (DV). Die Zusammenarbeit mit Cello war sehr angenehm. Er stand kurz vor der Pensionierung. Deshalb kam Konkurrenzdenken gar nicht erst auf.

Dienstbeginn im »Heidehaus«

Ganz anders sollte dagegen meine Einweisung als Anbahner verlaufen. Zunächst bekam ich von Ollhauer den Marschbefehl nach Hannover zur neuen Außenstelle mit der Tarnbezeichnung »Heidehaus«. Dort sollte ich mich beim kommissarischen Dienststellenleiter melden. Er würde mir eine einwöchige Grundschulung verpassen. Ich staunte nicht schlecht, als ich die genaue Adresse des »Heidehauses« bekam.

Das Terrain war mir bestens bekannt. Es lag auf dem Gelände der Heeresoffiziersschule Hannover, wo ich erst drei Jahre zuvor meinen Offizierslehrgang absolviert hatte. Ich hatte dort, in der Emmich-Cambrai-Kaserne, sogar ein halbes Jahr gewohnt. Von meinem damaligen Zimmer aus hatte ich unwissend direkt auf mein zukünftiges Dienstgebäude geblickt

Die Kaserne liegt an der Vahrenwalder Straße im Hannoverschen Norden. Direkt hinter dem Zaun befinden sich zwei große Gebäudekomplexe, die baugleich von Süden nach Norden aufgereiht wurden. Im nördlichen der Blöcke befand sich das »Heidehaus«. Der linke Eingang zu dem vierstöckigen Bau war der richtige. Kein Schild, kein noch so einfacher Hinweis deutete auf die »Stay Behind«-Filiale Hannover hin. Niemand ahnte, was sich im linken oberen Blockteil tat.

Selbst innerhalb der Schulleitung war nur wenigen bekannt, dass es sich bei den angemieteten Räumen um eine AMK-Dependence handelte. AMK, ausgeschrieben »Amt für Militärkunde«, war die offizielle Abdeckung für alle Soldaten im BND. Selbst das gehörte in meiner dienstlichen Umgebung nicht zum Allgemeinwissen. Keiner ahnte also, dass sich hier die Außenstelle 12CC von »Stay Behind« befand, die später im Rahmen der so genannten Gladio-Affäre eine wichtige Rolle spielen würde.

In der obersten Etage führte ein langer Gang nach rechts, der auf beiden Seiten Schlafräume für Soldaten der Kaserne bot. Auf der linken Seite sah man aber nur zwei Türen. Der Gang war im weiteren Verlauf einfach durch eine Zwischenwand mit schwerer Eisentür verkürzt worden. Dahinter verbargen sich die Einrichtungen des »Heidehauses«. Der wichtigste Raum diente für Besprechungen und wurde häufig zum gemeinsamen Frühstück genutzt.

Als ich das erste Mal klingelte, öffnete mir eine junge

Dame mit blonden Haaren, die ganz offensichtlich schlecht gelaunt war. Es war die Bürokraft, das Mädchen für alles. Nach einigen Minuten des Wartens kehrte sie mit einem leicht ergrauten Herrn zurück, dem sie mich ganz nebenbei vorstellte. In der Hauptsache schimpfte sie auf eine Arbeit, die ihr nicht lag. »Den Scheiß können Sie selbst schreiben. Sie glauben wohl, Sie dürfen mir jeden Mist aufhalsen. Ich bin hier die Zahlstellenverwalterin und sonst nichts. Nehmen Sie gleich alles wieder mit.« Dann setzte sie sich, nippte an ihrer Kaffeetasse und schaute aus dem Fenster. Ein bizarrer Eindruck, diese ersten Minuten in der neuen Dienststelle.

Der Dienststellenleiter, selbst Bundeswehroffizier und im Rang eines Hauptmanns, nahm die besagten Papiere vom Tisch und ging mit mir in sein Zimmer. Wir begegneten zwei weiteren Mitarbeitern, denen er im Vorbeigehen »So eine dämliche Kuh« zuraunte. Die beiden grinsten und beugten sich wortlos über ihre Kaffeetassen, als würden sie in Deckung gehen wollen. Der Dienststellenleiter war knapp 1,80 Meter groß und hatte lichtes Haar. Der Wind hatte ihn gegerbt, die Sonne gebräunt. Er vermittelte einen ruhigen und souveränen Eindruck.

Ollhauer hatte ihn angewiesen, mich in die Praxis der Anbahnung einzuführen. Außerdem sollte er mir die Quellen »Deister« und »Manske« übergeben. Ich merkte sofort, dass ich ihm nicht so richtig in den Kram passte. Er besprach zwar mit mir die Vorhaben der nächsten Woche, merkte aber ständig an, dass er noch andere Dienstgeschäfte habe und sich nicht andauernd um mich kümmern könne. Außerdem redete er permanent um den heißen Brei herum und wurde nie konkret.

Er war das Gegenteil von Cello. Der hatte sich gefreut, wenn er mir Kniffe beibringen konnte. Mein jetziger »Lehrmeister« blieb dagegen zugeknöpft und misstrauisch. Er schien sich für besonders kompetent zu halten und legte deshalb eine extreme Geheimniskrämerei an den Tag. Leider lernte ich während meiner Jahre beim BND viele kennen, die ihre fachlichen Defizite mit überzogenem »Geheimschutz« kaschierten. Meiner Meinung nach fanden sich unter den besonders »Geheimen«, egal auf welcher Führungsebene, selten die Guten, aber nie die Besten des Dienstes.

Die für die Anbahnung geplante Woche brachte nicht viel. Was ich dort lernte, hätte ich in ein, zwei Stunden auch im »Stay Behind«-Handbuch nachlesen können.

Nach unserem ersten Gespräch erhielt ich die Schlüssel für das »Heidehaus« und wurde in die Handhabung des Aktensicherungsraumes (ASR) eingewiesen. Dieser ASR, der mit einer schweren Panzertür verschlossen war, befand sich vor dem Geschäftszimmer. Jeder Mitarbeiter hatte dort mehrere Panzerwürfel, in denen er seine Akten und Geräte deponieren konnte. Die Würfel waren in dem etwa zehn Quadratmeter großen, ziemlich engen Raum bis unter die Decke gestapelt. Eine kleine Trittleiter stand am Ende des Zimmers. Sie war notwendig, um an die oberen Würfel zu kommen. Mir wurden zwei dieser kleinen Panzerschränke zugeteilt.

Das »Heidehaus« hatte eine obskure Entstehungsgeschichte. Alle dort beschäftigten Mitarbeiter kamen aus einer ganz anderen Verwendung. Mitte der achtziger Jahre unterhielt der BND auch in Hannover ein Observationskommando. Es war in einer Kaserne an der Schulenburger Landstraße stationiert. Diese Truppe sicherte Quellentreffs ab, beschattete aber auch die eigenen Kollegen. Eine Vorgehensweise, die meistens nur auf lose Verdachtsmomente hin ausgelöst wird und dienstinternen Intriganten eine richtige Spielwiese für Mobbing schafft.

Dieses Observationskommando Nord war seinerzeit nach einer Panne aufgeflogen und über Nacht zerschlagen worden. Was war passiert? Ein Mitarbeiter hatte eine junge

Frau kennen gelernt, die in einem Bordell in Hannover arbeitete. Das hätte als Delikt schon gereicht, um ihn aus diesem besonders sensiblen Bereich zu kicken. Mit der bloßen Beziehung begnügte er sich nicht. Da die Observanten häufig über Wochen unterwegs waren, schmerzte ihn die lange Trennung von seiner Angebeteten. Deshalb nahm er sie kurzerhand mit. Das muss man sich so vorstellen: Vorne saßen im Dienstwagen zwei Observanten des BND, auf dem Rücksitz eine Prostituierte. Alle im Team wussten davon, und alle deckten es. Selbstverständlich wollte im Nachhinein niemand etwas bemerkt haben.

Nun kommt das Allerbeste. Als diese Zusammenhänge aufflogen, kam heraus, dass die Halbweltdame obendrein für das Ostberliner Ministerium für Staatssicherheit arbeitete. Die Stasi begleitete also geheime Operationen des BND auf dem Rücksitz. Wie das aufflog? Die DDR-Spitzel versuchten den liebestollen BND-Observanten eines Tages mit einigen tausend Mark auf ihre Seite zu ziehen. Da kamen ihm erhebliche Zweifel. Er offenbarte sich der eigenen Sicherheit. Observationsteam und Dienststelle wurden aufgelöst. Da der Fall so pikant war, sah Pullach sogar von disziplinarischen Maßnahmen ab. Es galt um jeden Preis, einen öffentlichen Skandal zu verhindern. Deshalb fanden die »mobilen Schlapphüte« plötzlich eine neue Heimat bei »Stay Behind«.

Da war zunächst der »Tippgewinner« Korbach. Er kam nicht von der Truppe, sondern aus den Reihen der einfachen Angestellten. Korbach operierte vornehmlich im Norden. Dort suchte er nach geeignetem »Stay Behind«-Personal aus der Bevölkerung. Er stellte Tipps von mehreren hundert Bundesbürgern zusammen. Diese personenbezogenen Daten wurden in Pullach gesichtet und archiviert. Bei Bedarf, und der bestand immer, erhielten die Anbahner zwanzig bis dreißig dieser Anschriften und begannen mit ihrer Arbeit.

Im »Heidehaus« saßen noch drei Verbindungsführer (VF).

Tegtmeier und Hippler waren Hauptleute, die »Stay Behind«-Quellen führten, ihr Kollege Urban ein Stabsfeldwebel. Tegtmeier war Mitte vierzig und der klassische Beamtentyp. Mit seinen weißblonden Haaren, dem aschgrauen Gesicht und seinem überzogenen soldatischen Auftreten war er für mich das genaue Gegenbild eines umgänglichen Kollegen. Als leidenschaftlicher Radrennfahrer nahm er sein Zweirad gelegentlich sogar auf Dienstreisen mit. Aus Legendengründen, also der Tarnung wegen, wie er immer feierlich versicherte.

Er war wohl der Einzige aus dem »Heidehaus«, der noch Kontakte zur Truppe unterhielt. Gelegentlich, vor allem sonntags, fand er sich mit seiner Familie im Offizierskasino zum Mittagessen ein. Tegtmeier hatte ein wichtiges Handicap. Er war in seiner aktiven Bundeswehrzeit Feldjäger gewesen, und das erschwerte ihm jetzt das Leben mit den Fallschirmjägern. Er musste sich laufend Anspielungen gefallen lassen. Der Verbindungsführer Arnstein beispielsweise titulierte ihn ständig als »bewaffneten Schülerlotsen«.

Das exakte Gegenteil war Udo Hippler. Braungebrannt und fröhlich, ein Kumpeltyp. Nebenbei gab er noch Tennisstunden. Hippler kam meistens mit einer Palette Kuchen an und verteilte die süßen Teilchen an alle. Er reiste viel herum und verstand sich mit seinen Quellen bestens. Hippler war eine Stimmungskanone und wurde von allen gemocht. Roland Urban, 1,85 Meter groß und ziemlich hager, strahlte aber eine unglaubliche Herzlichkeit und Offenheit aus. Bei unserer ersten Begegnung musste ich unwillkürlich an Charles Bronson denken. Er war Einzelkämpfer und Fallschirmspringer gewesen und hatte eine umfangreiche Kampfsportausbildung erhalten. Keiner kannte den »Stay Behind«-Laden so gut wie er.

Nachdem der Dienststellenleiter mir alle vorgestellt hatte, verabschiedete er sich ins Wochenende. Am Montagmorgen begann meine erste Dienstreise mit ihm in Richtung Emsland. Zunächst entfernte er seinen privaten Dachgepäckträger vom Dienstwagen. »Wissen Sie, Herr Dannau«, erklärte er, »ich nehme hin und wieder mein Surfbrett mit auf Reisen. Ich benutze es dann als Urlaubslegende, wenn ich gefragt werde, was ich mache. Da muss ich gelegentlich auch surfen gehen.« Ich schmunzelte und dachte sofort an den Tegtmeier mit seinem Rennrad. Während der Autofahrt erzählte er mir von seinen Anbahnungserfolgen und davon, dass er bald in das DDR-Referat wechseln wolle.

Wir hatten Zeit, und deshalb ging er richtig in die Details von »Stay Behind«. 12CC warb im gesamten Bundesgebiet Quellen und Beschaffungshelfer an. Diese Leute sollten im Falle einer militärischen Intervention durch die Warschauer-Pakt-Staaten ein Quellennetz bilden, das die (geflüchtete) Führung der Bundesrepublik über die aktuelle Lage auf dem Laufenden halten würde. Diese halbprofessionellen Trupps sollten den Gegner auch mit Sabotageaktionen behindern und Personen schleusen. Unsere Aufgabe war es, das Schweigenetz in Friedenszeiten zu organisieren und zu betreuen.

Die Werbestrategien von »Stay Behind«

Die möglichen Kandidaten mussten aus einem Personenkreis kommen, der im Kriegsfall für die Besatzungsmacht nicht sofort verdächtig wäre. Prominente und Leute mit herausragenden Funktionen, beispielsweise Leiter von Bankfilialen, fielen durch das Raster. Wer auch nur im weitesten Sinn eine Uniform trug, wurde nicht geworben. Selbst Beamte im höheren Dienst sollten gemieden werden. Gesucht wurde der einfache Industriearbeiter, die Sekretärin, der Angestellte im mittelständischen Unternehmen – der unauffällige Durchschnittsbürger.

Ein Kriterium war besonders wichtig: Unsere Zielpersonen sollten ein frei stehendes Einfamilienhaus besitzen. Das hing damit zusammen, dass die meisten von ihnen mit einem Funkgerät ausgestattet wurden, mit dem sie zu anderen Stationen in den USA Kontakt halten konnten. Dafür mussten wir eine Langdrahtantenne installieren. Nicht selten waren Umbauten erforderlich, weil kein Außenstehender die Antennen sehen durfte. Außerdem waren Hausbesitzer in der Regel bodenständiger als der durchschnittliche Mieter.

In den frühen Jahren des Unternehmens »Stay Behind« waren bei der Anwerbung vier Schritte vorgeschrieben: Zuerst gab es einen Tipp, der das Vorsortieren geeigneter Personen ermöglichte. Es folgte die Anbahnung mit dem Prüfen des Kandidaten und einer erneuten Selektion. Bei der Anwerbung erfolgte schließlich die »Klaransprache«. Wenn alles geklappt hatte, wurde die Verbindung vom BND geführt. Wir mussten regelmäßigen Kontakt pflegen und unseren »Stay Behind«-Mitarbeiter schulen.

Gegen 1986 wurde das System variabler gestaltet. Die Tippgewinnung blieb unverändert. Die dazugehörigen personenbezogenen Daten holten wir uns von Meldeämtern und Passstellen. Aber auch andere lokale Behörden, wie Polizeistationen oder Wehrkreisverwaltungen, wurden bei Bedarf hinzugezogen. Die Bereiche Werbung, Anbahnung und Führung wurden immer stärker in einer Hand vereinigt. Das bedeutet, der Anbahner warb seine Quelle selbst und führte sie dann in eigener Regie. Die Übergabe von einem zum anderen entfiel dadurch, und die Arbeit der Verbindungsführer wurde umfangreicher und interessanter. Diese Art, Kontakte zu werben, lässt sich in groben Zügen auf alle Bereiche des BND, in denen man sich menschlicher Quellen bedient, übertragen.

Bei »Stay Behind« gab es noch eine zwischengeschaltete Kontrolle, die aus zwei Teilen bestand. Zum einen ging es um den Funkcheck. Was nützte die bestausgebildete und -motivierte Quelle, wenn es unmöglich war, aus ihrem Haus Funksprüche abzusetzen? Aus diesem Grund wurden bereits vor der »Klaransprache« die örtlichen Gegebenheiten untersucht. Die Geländemerkmale in der Umgebung des Objekts spielten eine wichtige Rolle, zum Beispiel die Existenz größerer Gebäude oder von Einrichtungen, die den Funkverkehr beeinflussen oder gar verhindern konnten. Verlief der ersten Check positiv, wurde ein zweiter durchgeführt.

Beim AFU-(Außenfunk)Check 2 untersuchten wir das Objekt selbst. Es war wichtig, ob das Dach mit Dämmwolle und Alufolie isoliert war. In diesem Fall wurde der Funkverkehr über weite Distanzen erheblich beeinträchtigt. Wir führten Messungen in der unmittelbaren Umgebung des Objekts durch und funkten selbst testhalber. Erst wenn alle Faktoren für die Werbung einer bestimmten Zielperson positiv in das Raster passten, sprachen wir sie offen an.

In jedem einzelnen Fall konnte sich diese Prozedur monatelang ausdehnen. Um überhaupt an Informationen zu kommen, die unsere Entscheidungen erleichterten, bedienten wir uns der Legende eines Meinungsforschungsinstituts, das wir selbst gegründet hatten. Dazu hatten wir für »Stay Behind« zwei Postfachadressen mit Kontakttelefonnummern eingerichtet. Jeder Anbahner konnte nach eigenem Gusto darüber verfügen. Die Fragebogen bestanden in der Regel aus rund zwanzig Punkten zu allgemeinen, wirtschaftlichen und gesellschaftspolitischen Themen.

Damit gingen wir zu den jeweiligen Zielpersonen und erklärten ihnen, sie seien für eine Repräsentativumfrage ausgewählt worden. Wenn sie bereit waren, die Fragen zu beantworten, baten wir darum, alles im Haus erledigen zu dürfen. So erhielten wir einen ersten Eindruck über die persönlichen Lebensverhältnisse. In dem Testbogen waren auch Fragen versteckt, die zur Abklärung persönlicher Daten dienten. Wir bemühten uns, mit den Zielpersonen in ein persönliches Gespräch zu kommen, um noch mehr über sie zu erfahren. War das Interview positiv verlaufen und eine weitere Anbahnung wahrscheinlich, dann zahlten wir ein kleines Honorar von zehn bis zwanzig Mark aus.

Schließlich fragten wir unsere Gesprächspartner, ob wir für ein so genanntes Fachinterview nochmals kommen dürften. Wenn auch das möglich war, füllten wir mit der Person unseres Interesses von Zeit zu Zeit so genannte Fachfragebögen aus. Dabei ging es dann um Staatstreue und Loyalität oder um die Einstellung gegenüber Behörden und staatlichen Organisationen.

Ganz gezielt wurde die Grundeinstellung der möglichen künftigen Mitarbeiter abgefragt. Bei Ehepaaren hatten wir einen speziellen Partnerfragebogen parat. In der Regel benötigten wir drei bis sechs Besuche, um alle wichtigen Fragenkomplexe abzuarbeiten. Waren sämtliche Informationen ausgewertet und passte das Gesamtbild einer Zielperson in das vorgegebene Bedarfsprofil, ordnete unsere Führungsstelle die Werbung an.

Dazu vereinbarten wir mit den »Kandidaten« einen geeigneten Abendtermin. Beide Ehepartner sollten anwesend sein. Recht zügig nach Beginn des Treffens schenkten wir den Gastgebern »reinen Wein« ein. Als Beweis für unsere Zugehörigkeit zum BND wurden beispielsweise der Dienstausweis oder andere reguläre Papiere vorgelegt. Wenn die Zielpersonen unsere Identität anzweifelten, dann boten wir ihnen den »Bonitätsbeweis« an.

Zunächst mussten sich die »Stay Behind«-Kandidaten von der Telefonauskunft die Nummer des BND geben lassen. Wir baten sie, den Beamten vom Dienst anzurufen.

Dem wurde dann aus den Ausweispapieren des Verbindungsführers die Nummer oder das Geburtsdatum beziehungsweise der Name durchgegeben. Der BND vervollständigte dann die Angaben, indem er dem Anrufer die Laufzeit des Dokuments oder irgendeine andere ergänzende Information gab.

So sinnvoll dieser Bonitätsbeweis war, nach der Wende kam etwas ganz Fatales ans Tageslicht. Die Staatssicherheit der DDR hatte die BND-Beamten vom Dienst über lange Jahre abgehört. So konnten sie die Daten von Deckpapieren und anderen Dokumenten ziemlich lückenlos sammeln. Die Stasi drehte dann den Spieß um und benutzte eigene gefälschte Papiere mit den Daten von BND-Leuten.

Am ersten Abend unserer gemeinsamen Reise stiegen wir in einem kleinen Hotel an der Ems ab. Mein Chef verabschiedete sich für zwei Stunden, um das Quellenehepaar Deister aufzusuchen und die Übergabe dieser Quelle an mich vorzubereiten. Auf die Deisters war der Dienstwagen im »Heidehaus« angemeldet. Sie waren so genannte KFZ-Deckkennzeichengeber, kurz KFZ DA (Kraftfahrzeug-Deckadresse). Die Kosten für Steuer und Versicherung wurden ihnen regelmäßig vom BND erstattet. Gab es Probleme, zum Beispiel Nachfragen der Polizei bei Verkehrsverstößen, dann informierten die Betroffenen über eine Notrufnummer den zuständigen Verbindungsführer. Wollte jemand unerwartet den Wagen sehen, dann mussten sie sagen, er sei gerade an einen Bekannten ausgeliehen worden. Einmal im Quartal legten wir dafür ein kleines Entgelt drauf. Das hielt den Teamgeist konsequent hoch.

Mit dem Ehepaar Deister wurde bei einem gemeinsamen Abendessen die veränderte Situation besprochen. Das nahmen die beiden weitgehend kommentarlos hin. Eines fiel mir allerdings bei der Unterredung auf. Eine Tatsache, die ich später auch bei anderen nachrichtendienstlichen

Verbindungen feststellen konnte: Es war die ehrfürchtige, fast unterwürfige Haltung der Mitarbeiter gegenüber den Verbindungsführern.

In ihren Augen waren die Kontaktleute des BND etwas ganz Besonderes. Sie verfügten über Geld, bewegten sich konspirativ, besaßen Tarnpapiere und so weiter. Diesen 007-Nimbus pflegten natürlich viele Verbindungsführer, vor allem die Eitlen unter ihnen. Auf der anderen Seite gab es auch so etwas wie ein Zugehörigkeitsgefühl der Quellen. Sie durften im Auftrag des Staates etwas Heimliches tun, irgendwie illegal und unbeobachtet. Das stärkte ihr Ego.

Am nächsten Tag fuhren wir weiter in Richtung Schleswig-Holstein. Im Raum Heide wurde noch eine »Stay Behind«-Quelle gesucht. Wir hatten einige Tipps dabei und sichteten diese bei einer Kaffeepause in Rantrum. Für den Raum Husum verfügten wir über zehn Zielpersonen. An diesem Nachmittag wollten wir es bei zweien versuchen. Unsere Planung sah vor, erst einmal eine so genannte Verbindungs- und Weiterleitungs- (VWL-) Quelle anzuwerben.

Das waren Helfer, die zum Schleusen von Personen genutzt wurden. Mit unserem ausgeklügelten System sollten sie im Ernstfall Gefährdete unerkannt durch das gesamte Bundesgebiet schaffen, ohne dabei Hauptverkehrswege zu benutzen. Die Routen waren vorbereitet und getestet. Sie führten zumeist durch Wälder und anderes schlecht zugängliches Terrain. Unsere Verbindungsleute bekamen alle Utensilien, die sie für solche Aktionen brauchten, von der Taschenlampe bis zum Rucksack.

Jede Quelle verfügte über ein Dauerversteck (DV), in dem die Hilfsmittel langfristig lagen. Im Normalfall war das ein Metallbehälter, der nach unseren exakten Vorgaben vergraben wurde. Jedes Dauerversteck war auf eigenen Karten für den Verbindungsführer (VF), die Quelle und die Führungsstelle eingezeichnet. VF und Quelle mussten zudem einmal im Quartal den Behälter überprüfen. Das erledigten sie mit einem stabilen Metalldraht, den man an der im Plan ausgewiesenen Stelle ins Erdreich stieß. Ein metallener Widerstand zeigte, dass sie an der richtigen Stelle suchten.

Im Raum Husum benötigten wir nun etwas ganz Spezielles, eine VWL-See-Quelle. Diese Person hatte im Kriegsfall sicherzustellen, dass Agenten oder Einzelkämpfer von See aus bei Nacht und Nebel ungesehen anlanden konnten. Dazu musste unsere Quelle nicht nur funktechnisch ausgebildet werden. Sie sollte auch in der Lage sein, mit einem »Lampenschema« ein U-Boot oder andere Schiffe in Strandnähe zu dirigieren. Die Quelle musste körperlich fit und geistig flexibel sein. Waren die heimlichen Besucher erst einmal angekommen, dann benötigten sie auch Hilfe für die Weiterreise an ihr Ziel im Inland.

Das waren die Vorgaben. Ein »Gehilfe« für die See-Quelle war bereits vor Jahren angeworben worden. Es fehlte aber immer noch die richtige See-Quelle. Die beiden Männer würden sich erst bei einem echten Einsatz kennen lernen. Sie durften nur dann zusammengeführt werden.

Mit diesem Anforderungsprofil im Hinterkopf erreichten wir das Krabben-Mekka Husum. Die erste Adresse befand sich in Simonsberg, südlich der Stadt, direkt an der Küste gelegen. Das Haus sah verwahrlost aus, das Grundstück wirkte ungepflegt. Eine Frau im Alter von Mitte dreißig öffnete uns die Tür.

Mein Chef fing sofort mit der üblichen Masche an: »Guten Tag, wir kommen vom Avacon-Befragungsdienst mit einer repräsentativen Meinungsumfrage. Sie sind dafür ausgewählt worden. Würden Sie uns ein Interview geben?« Die Frau willigte ein und beantwortete jede unserer Fragen. Sie war sogar ziemlich redselig. Nach einigen Minuten war uns aber schon klar, dass wir hier unsere Zeit umsonst vergeudeten. Der Ehemann hatte sich von ihr getrennt, und das Haus stand zum Verkauf.

Auf dem Weg zum Auto jammerte mein Chef: »Schade, selten genug, dass mich jemand reinbittet. Hoffentlich werden wir in diesem Bereich bald fündig. So viele geeignete Objekte, dicht am Wasser gelegen, gibt es nicht. Ich habe hier schon eine Menge Tipps verbraten.« Er war sichtlich frustriert.

Für den zweiten Anlauf wählten wir eine Person, die am Ortsrand von Husum in einem Reiheneckhaus lebte. Wir stellten unseren Wagen vorschriftsmäßig außer Sichtweite auf dem Parkplatz eines Supermarktes ab und gingen auf das Haus zu. Einige Jahre später sollte diese Familie im Zusammenhang mit ihrer BND-Mitarbeit völlig unberechtigte Ärgernisse in einem solchen Ausmaß erleiden, dass ich mir heute wünsche, ich hätte dies an jenem Tag geahnt. Wir aber klingelten und eine attraktive, junge Frau öffnete die Tür einen Spalt breit.

»Guten Tag, wir führen eine Meinungsumfrage durch. Sie sind dafür repräsentativ ausgewählt worden ...« – »Moment mal«, antwortete die Frau und drehte sich um: »Hans-Peter, kommst du mal bitte.« Einen Augenblick später stand er in der Tür. Er öffnete sie ganz weit. Die Ehefrau raunte noch etwas wie »Meinungsumfrage oder so«. Da fragte er schon: »Worum geht es?« Mein Chef antwortete rasch: »Wir kommen von der Avacon und haben Sie für eine Umfrage ausgewählt.« Dann deutete er auf mich: »Dieser neue Kollege wird gerade eingearbeitet. Haben Sie etwas dagegen, wenn er an dem kurzen Gespräch teilnimmt? Es dauert höchstens zehn Minuten.«

Wir wurden in das Wohnzimmer gebeten. Der Chef spulte seinen Fragebogen ab. Die Zielperson war freundlich und kooperativ. Nachdem wir fertig waren, fragte ich ihn, ob wir in nächster Zeit nochmals vorbeischauen dürften, für eine Sonderbefragung zur Familienpolitik. »Aber gerne«, antwortete er, »klingeln Sie einfach, wenn Sie wieder in der Nähe sind.«

Auf dem Rückweg war ich richtig begeistert. Das Interview hatte geklappt, und für den nächsten Termin war alles vorbereitet. Mein Chef gab sich skeptisch: »Na ja, erst mal abwarten. Das sagt noch gar nichts.« Irgendwie passte es ihm nicht, dass alles so reibungslos gelaufen war. Aber was sollte ihn die Sache kümmern, er würde ohnehin bald versetzt.

Am nächsten Tag musste ich eine zweite Quelle übernehmen, ebenfalls eine KFZ-Deckadresse. Ein Goldschmied aus Eckernförde gab seinen Namen und seine Adresse für eines unserer Deckkennzeichen her. Wir trafen uns in einem Café in Schleswig. Nach einer knappen Stunde war alles erledigt. Der Mann war zwar steinreich, aber er nahm trotzdem einen kleinen Obolus an, denn er genoss ganz offensichtlich die Heimlichtuerei drum herum.

Ich sah die Ausbeute der ersten Rundreise als optimal an. Zwei KFZ-Deckadressen übernommen und eine Option auf eine mögliche »Stay Behind«-Quelle. Darauf plante ich zwei Wochen später gleich wieder eine »Nordland«-Anbahnungstour; mich zog es ins beschauliche Husum. Ich wollte unbedingt ein weiteres Gespräch mit dem Ehepaar aus dem Reihenhaus führen. Im Gegensatz zu meinem Chef hatte ich ein gutes Gefühl gehabt. Und bei ihm war es wohl »Zweckpessimismus« gewesen.

Diesmal bereitete ich den Familienfragebogen vor. Damit würden wir klammheimlich die wichtigsten personenbezogenen Daten erhalten. Bei den Fragen ging es um Scheidung, Adoption von Kindern, Grundeigentum und Erbschaftsangelegenheiten. Wie versprochen, meldete ich mich telefonisch an. Der Ehemann erinnerte sich sofort an unser erstes Gespräch und stimmte einem zweiten zu. Ehe ich mich versah, stand ich mit Herzklopfen wieder vor der Haustür.

Der Mann öffnete und begrüßte mich freundlich mit

einem deutlich zu hörenden norddeutschen Dialekt. »Ja, hallo, pünktlich wie die Maurer. Na, dann kommen Sie man mit durch.« Diesmal passierten wir die Essecke, wo wir letztes Mal miteinander gesprochen hatten, und ließen uns in den gemütlichen Ledersesseln im Wohnzimmer nieder. Die Ehefrau reichte Kaffee und Gebäck. Eine gewisse Vertrautheit kam auf.

Meine Gastgeber waren ausgesprochen freundlich und beantworteten alle Fragen zügig und ohne Umschweife. Wir kamen sogar zu politischen Themen. Dabei erzählte er mir von seiner Mitgliedschaft in der CDU. Seine Frau favorisierte dagegen die Sozialdemokraten. Beide schienen auch hier offen und tolerant zu sein. Wir waren uns sympathisch und plauderten fast eine Stunde lang. Auf dem Heimweg rief ich den Leiter »Operationen« an. Auch Hill war begeistert.

Die folgenden Kontakte liefen ähnlich gut. Mein erster Eindruck war also richtig gewesen. Die Freude über den guten Verlauf der Operation übertrug sich auch auf die Führungsstelle in München. Nach einigen Wochen sollte bereits die Klaransprache folgen. Vorher wurde ich aber nochmals in die Zentrale beordert. Hill und Ollhauer meinten, ich sollte vor der Klaransprache, dienstintern als »die Hose runterlassen« beschrieben, die letzten Weihen erhalten. Zu oft war in der Vergangenheit gerade bei der sensiblen Schlussphase etwas danebengegangen. Das wollte Ollhauer verhindern.

Von ihm erfuhr ich, dass manche Kandidaten auf eine solche Eröffnung ungehalten, andere sogar äußerst wütend reagierten. Einigen Verbindungsführern stand sogar in solchen Momenten plötzlich die örtliche Polizei gegenüber. Es wollte eben nicht jeder mit Schlapphüten kooperieren. Das Misstrauen gegenüber dem BND schien größer, als man allgemein annehmen würde. Später erwies sich, dass dieses Misstrauen auch mehr als begründet war.

In München schilderte ich »mein« Husumer Ehepaar in den tollsten Farben und schlug eine rasche Klaransprache vor. Ich konnte dabei kein Problem erkennen. Nach einer kurzen Nachdenkpause rief mich Hill zu sich: »Ollhauer hat genickt. Wann wollen Sie wieder rauf?«

Es sollte gleich Anfang der Woche sein, denn dann konnte ich zwei Tage später meinen Folgetreff einplanen. Da lag kein langes Wochenende dazwischen. Die Erfahrung der anderen zeigte, dass Bedenkzeit über ein Wochenende die Gefahr einer Absage durch die Zielperson deutlich vergrößerte. Hill war begeistert und drückte mir seine Privatnummer in die Hand: »Melden Sie sich immer vor und nach den Treffs bei mir. Ich hole Sie schon raus, wenn Sie einsitzen, Dannau.« Er schien sich köstlich zu amüsieren.

Ich wusste sehr wohl, was er meinte. Einer der Anbahner hatte kürzlich eine ganze Nacht in Polizeigewahrsam gesessen. Er hatte sich zwar gegenüber den Uniformierten ausgewiesen, aber in Pullach, wo die Polizisten nachfragten, kannte angeblich niemand seinen Decknamen. Erst als sich der Verbindungsführer am nächsten Tag immer noch nicht bei seiner Dienststelle gemeldet hatte, wurden die Vorgesetzten unruhig und fingen an, nach ihm zu suchen.

In meinem besonderen Fall blieb ich von alledem verschont. Die Werbung verlief reibungslos. Cornelsen, so der spätere Deckname, reagierte positiv und war neugierig, worum es bei unserer Tätigkeit ging. Seine Ehefrau gab sich reservierter. Sie stellte Fragen und hakte nach, wollte auch nicht sofort zusagen. Ich beruhigte sie. Sie solle sich alle offenen Fragen aufschreiben. Beim nächsten Mal würde ich alles ausführlich und ungeschminkt beantworten. Wenn sie sich dann immer noch nicht mit einer Mitarbeit anfreunden könne, dann würden wir uns nie mehr melden und auch sämtliche Unterlagen vernichten.

Für einen Moment beschlich mich ein schlechtes Gewissen. Ich wusste doch, dass bestimmte Daten weiter gespeichert blieben. Der Dienst hatte sein eigenes Datenschutzkonzept. Das Ehepaar schien Gefallen zu finden an der geheimen Aufgabe, so dass ein Ja immer wahrscheinlicher wurde. Als der Ehemann jedem von uns einen Cognac einschenkte, war mir klar, dass ich gewonnen hatte.

Beim nächsten Kontakt, der noch in derselben Woche folgte, lud ich beide zum Essen ein. Bei dieser Gelegenheit sagten sie zu. Ich garantierte ihnen absolute Diskretion. Niemand sollte und durfte von ihrer Tätigkeit für den BND und »Stay Behind« erfahren.

Wenn ich nur damals schon gewusst hätte, wie wenig sich der BND selbst an dieses Versprechen halten würde! Mit Hilfe der Staatsanwaltschaft München fiel der Dienst im Dezember 1998 ganz offiziell in den Geschäftsräumen des Bankkaufmanns Cornelsen ein und legte seine exzellente Arbeit für uns fahrlässig offen. Der Abteilungsleiter und seine Frau wurden damals von den Ermittlern wie gemeine Kriminelle vernommen. Ohne triftigen Grund, rücksichtslos, und ohne dass dies letztlich der Aufklärung einer aufgebauschten Staatsaffäre dienen konnte. Die Folge für beide waren ernste persönliche Schwierigkeiten. Wenn Pullach merkt, was alles mutwillig kaputtgemacht wird, ist es immer zu spät. Und niemand zieht eine Entschuldigung auch nur in Betracht.

Nach meiner Werbung der Cornelsens verkündete ich stolz meinen Erfolg. Mit Lob und Schulterklopfen wurde nicht gespart. Also lief die nächste Phase an. Ich bereitete ein Ausbildungsprogramm für das Husumer Ehepaar vor. Parallel dazu suchte ich weitere Mitarbeiter, graste von Itzehoe bis Flensburg drei Dutzend Tipps ab. Ein paar dieser Interviews sollten erfolgreich verlaufen.

Von einem der neuen Kontakte will ich ausführlicher berichten. Es geschah in Dithmarschen, oder genauer gesagt in Marne, einem kleinen Nest hinterm Deich. Als ich klopfte, öffnete mir eine kleine, dunkelhaarige Frau, die offensichtlich gerade aus der Küche kam. Sie hatte ein Geschirrtuch in der Hand und trug eine Schürze. Nachdem ich meinen Spruch heruntergespult hatte, lachte sie hell auf: »Sie sind ja ein echter Glückspilz. Wenn jetzt mein Mann hier wäre, dann hätte er Sie hochkant vom Hof geschmissen.« Mit einem Grinsen beantwortete sie meinen schüchternen Versuch, eine Erklärung abzugeben: »Nun gut, Sie können ja gegen 18 Uhr noch einmal kommen. Das wird bestimmt lustig. Dann ist mein Mann zu Hause. Aber da müssen Sie schon richtig mutig sein. Der steht nämlich überhaupt nicht auf Hausierer.« Sie lachte und verschwand im Haus.

Tief frustriert steuerte ich Friedrichskoog an. Dort hatte ich noch zwei Tipps zu bearbeiten. An diesem Tag erlebte ich zum ersten Mal die Einsamkeit des Anbahners. Wer sich konspirativ verhalten und unauffällig bleiben will, muss auch den Kontakt zu anderen Menschen möglichst meiden und sich so wenig wie möglich in den Vordergrund drängen. Wenn Geschäftsleute abends an der Hotelbar hocken und sich gegenseitig ihre Erfolge erzählen, ist es für einen operativ Tätigen sinnvoll, fernzubleiben. Das hatte ich in den ersten Tagen nicht so empfunden. Mit beginnender Routine drang jedoch dieses Gefühl durch, verbunden mit einem wachsenden Defizit an ganz persönlichen menschlichen Kontakten.

Es war bereits später Nachmittag, als ich in einem kleinen Café saß und in den prasselnden Regen starrte. Das dämmrige Licht, der starke Wind und das viele Wasser vom Himmel – in einer solchen Stimmung muss Theodor Storm seine Geschichten geschrieben haben. Nein, zu dem rabiaten Ehemann würde ich nicht mehr zurückkehren. Ich war überzeugt, dass ich mir das auf alle Fälle ersparen sollte. Doch plötzlich, ich weiß nicht mehr warum, kam der Sinneswandel. Ich staunte selbst über mich. Diesen wilden Typen sollte ich mir anschauen, dachte ich. Eine

Herausforderung ist dazu da, bewältigt zu werden. Gesagt, getan.

Als ich nach Marne zurückkehrte, war mir klar, dass er nun da sein musste. Der weiße Ford Fiesta hatte vorher nicht dort gestanden. Ich atmete tief durch und klopfte. Beim zweiten Klopfen schallte mir ein Brüllen im lokalen Dialekt entgegen: »Herrgott, ich komme ja schon. Ich kann doch nicht so schnell – ich bin Beamter.« Die Tür öffnete sich und ein Hüne stand vor mir. Er füllte den gesamten Eingang aus. Der Mann streckte seinen Kopf nach vorne und fragte in einem breiten Tonfall: »Biitteee?« Ich sagte erst einmal gar nichts und dachte nur: »Norbert, was hast du getan? Keiner hat dich gezwungen, hier noch einmal herzufahren.«

Da ich erwartete, sofort eine gelangt zu bekommen, brachte ich nur ein schüchternes »N'Abend, Meinungsumfrage« heraus. »Ach ja«, hörte ich ihn sagen, »meine Frau hat mir schon von Ihnen erzählt.« Zu meiner totalen Verblüffung fuhr er fort: »Na, dann immer mal rein in die gute Stube.« Ehe ich mich versah, saß ich in einer gemütlichen Polsterecke des Wohnzimmers. Völlig verunsichert begann ich mit meinem Interview, denn ich konnte die Situation noch gar nicht einschätzen.

Es war unglaublich. Die Zielperson beantwortete nicht nur die Standardfragen. Der »Riese« erzählte auch noch über sich, seine Familie und sein Haus. Er war Beamter einer holsteinischen Landesbehörde. Seine Eltern hatten früher eine umfängliche Landwirtschaft betrieben. Diese Ländereien waren inzwischen verpachtet, und er nutzte sie nur noch zur Jagd. Alle guten Kriterien einer »Stay Behind«-Quelle schienen in diesem Mann vereint zu sein. Ich erkannte das ziemlich schnell und sollte mich dabei nicht täuschen.

Mein Gastgeber, nennen wir ihn Eilers, stellte mir sogar seine Kinder vor. Jenny war gerade eingeschult worden, und der zwei Jahre jüngere Florian begleitete den Vater bereits zur Jagd. Eilers sprach ihn an: »Florian, erzähl mal dem Herrn, was wir machen, wenn wir eine Katze im Busch (gemeint war sein Jagdrevier) antreffen.« Mit einer tiefen Reibeisenstimme tönte der Kleine wie einstudiert: »Der knallen wir was mit Schrot vor'n Arsch.« Der Papa nickte stolz.

Eilers und ich unterschieden uns ganz entschieden. Und doch verstanden wir uns schon beim ersten Mal. Dass sich hier eine beständige Freundschaft entwickeln würde, hätte ich damals nicht vermutet. Der Kontakt reichte später weit über seine Tätigkeit als Beschaffungshelfer hinaus.

Die ersten Treffen erfolgten noch unter der Legende »Meinungsforschung«. Wir arbeiteten die bekannten Fragebögen ab. Bei meinem vierten Besuch standen schon belegte Brote auf dem Tisch. Ich beantragte bei meiner Münchner Führungsstelle die Freigabe der Klaransprache. Sie ließ nicht lange auf sich warten. Nun wurde es ernst. Ich fuhr wieder nach Marne und arbeitete mit Eilers zur Einstimmung den Fragebogen »Sicherheitsdienste« ab. Dabei erkundete ich die Einstellung des Befragten zu Behörden, zu Polizei und Geheimdiensten. Dieses Papier war in der Regel der letzte Fragenkatalog vor der Klaransprache. Wenn alle Fragen positiv beantwortet waren, durfte ich mich outen.

Eilers und seine Frau, die übrigens skeptischer war als er, beantworteten alles zu meiner Zufriedenheit. Zögerlich leitete ich über zum Geständnis: »Ich muss Ihnen etwas beichten. Ich gehöre zu keinem Meinungsforschungsinstitut.« Weiter kam ich gar nicht, weil mir Eilers ins Wort fiel. Er grinste seine Frau an und klopfte sich auf den Oberschenkel. »Ich hab's doch gewusst, dass da irgendetwas anderes dahinter steckt. Habe ich mich doch nicht getäuscht. Das hatte ich doch im Urin.« Um die Prozedur abzukürzen, erklärte ich ihm das Bonitätsverfahren. Er müsse nun bei meiner Dienststelle anrufen. »Und«, fragte Eilers,

»wo ist die? Beim BKA, dem MAD, oder ist es der Verfassungsschutz, oder die Mafia?« – »Nein, keiner davon. Es ist der Bundesnachrichtendienst.«

»Dann gib mal gleich die Nummer, ich werde mit deinem Chef ein paar Worte wechseln«, kam es fordernd vom Sofa. »Soll ich ihm etwas Nettes über dich sagen? Vielleicht steht ja 'ne Beförderung an.« Er folgte meinen Anweisungen und fragte die Auskunft nach der Rufnummer des BND. Eilers wurde immer aufgekratzter, seine Frau immer nachdenklicher. »Wie? Nein! Aber wieso? Und unter Pullach? Auch nicht, das verstehe ich nicht.« Er reichte mir den Hörer. Am anderen Ende hörte ich eine freundliche Stimme, die mir versicherte, dass sie die Rufnummer nicht herausgeben könne. Ich ließ mich mit dem Schichtleiter verbinden.

Auch er gab sich freundlich, aber bestimmt: »Ja, die Rufnummer vom BND ist hier schon verzeichnet. Dabei muss es sich aber um ein Versehen handeln. Ich kann mir wirklich nicht vorstellen, dass es beabsichtigt ist, diesen Anschluss zu veröffentlichen. Deshalb haben alle meine Mitarbeiter die Anweisung erhalten, keinerlei Angaben zu machen. Es muss sich um einen EDV-Fehler handeln, wenn diese geheime Rufnummer bei uns angezeigt wird.« Mit Engelszungen redete ich auf den Mann von der Auskunft ein, aber es brachte wirklich nichts. Selbst der Einwand, dass die Nummer des BND in jedem Münchner Telefonbuch verzeichnet sei, brachte uns nicht weiter. Mein Standing bei den beiden Zielpersonen ließ deutlich nach.

Ich stellte meine Versuche ein und bat Eilers, die von mir mitgebrachte Nummer des diensthabenden Beamten anzurufen. Das tat er auch: »Hier ist Werner. Ich möchte eine Bonitätsprüfung durchführen.« Es ging kurz hin und her. Dann reichte er mir wieder schmunzelnd den Hörer. Der Mann am anderen Ende wies mich zurecht: »Da haben Sie wohl den falschen Augenblick gewählt. Es ist Donnerstag!«

»Ich weiß«, polterte ich zurück. »Tja, und nach 18 Uhr«, fuhr er fort. »Das weiß ich«, kam es von mir, »ich habe auch eine Uhr. Na und?« – »Nichts na und«, schimpfte er weiter. »Haben Sie den Umlauf nicht gelesen?« In mir stieg eine große Einsamkeit empor.

»Welchen Umlauf?« Er nannte eine achtstellige Zahl. Nun schwoll mir der Kamm. Merkte dieser Armleuchter nicht, dass ich hier auf weiter Flur mit der Nummer nichts anfangen konnte? »Und was steht in diesem Umlauf?« – »Das kann ich am Telefon nicht sagen!« Ich begann zu kochen. Werner Eilers deutete mir an, dass er in der Küche ein Bier für uns holen würde. Als er außer Sicht war, befand ich mich einen kleinen Moment allein im Wohnzimmer. Allein mit einem offensichtlich Wahnsinnigen an der Strippe, der dabei war, mein schönes Werbungsgespräch in den Sand zu setzen.

»Hören Sie zu, Mann, werter Herr Kollege. Ich bin hier in einem wichtigen, außerordentlich wichtigen Gespräch. Alles hängt nun von dieser Scheiß-Bonitätsprüfung ab. Und wenn Sie mir nicht gleich sagen, worum es sich in diesem Umlauf handelt und warum Sie mir nicht weiterhelfen wollen, dann ziehe ich Sie mit dem Arsch voran durch diese Telefonleitung. Mann, haben Sie mich verstanden?« Er schien ein bisschen beeindruckt zu sein, weil er vorsichtig einlenkte.

Nach einer kurzen Pause begann er leise, als würde er durch die zusammengebissenen Zähne sprechen, mir etwas zuzuraunen. »Donnerstags, 18 bis 23 Uhr, ist keine Bonitätsprüfung mehr möglich. Da wird doch jetzt jede Woche der Zentralrechner in der Zentrale gewartet. Da kommt der BvD an keine Daten. Es geht nicht. Sorry!« Als er mir das zuwisperte, vermittelte er den Eindruck, als habe er sich dabei dreimal umgedreht, um sicher zu sein, dass ihm dabei auch niemand zuhörte.

Ich war geplättet. Werner stand mit zwei Flaschen Bier

vor mir. »Na, mein Jung«, strahlte er mich an, »das war wohl nüscht? Macht nichts, Kopf hoch, ich glaub dir auch so. Die Tatsache, dass es nicht geklappt hat, ist für mich der Beweis, dass es sich hier wirklich um eine Bundesbehörde handeln muss.« Er stieß mit mir an und leerte seine Flasche Bier in einem Zug. »Auf gute Zusammenarbeit!«

Wir setzten uns wieder, und mir war hundeelend. Meine ganze zur Schau gestellte Professionalität hatte schwer gelitten. Bedauerlicherweise sollte ich in den nächsten Jahren noch mehrere Beispiele erleben, wie der weltfremde Apparat des BND erfolgreiche Frontarbeit in unglaublicher Weise erschwert und manches Mal sogar völlig verhindert hat.

Die Antenne in der Wäscheleine

Für meine Paradequellen Eilers und Cornelsen musste eine Infrastruktur aufgebaut werden. Zunächst wurde für Eilers ein Schreibtisch gekauft. Per Spedition ging er nach München, und dort wurde vom BND ein Arbeitsversteck (AV) in Form eines doppelten Bodens eingebaut. Es befand sich im schweren Eichensockel. Darin konnte unser Mann sein Funkgerät und einige Unterlagen verstauen. Für das Funkgerät ließen wir eine Antenne installieren. Sie befand sich in einer Wäscheleine, die auf dem Dachboden befestigt wurde.

Ein Kabel diente als Verbindung zwischen der »Wäscheleinenantenne« und dem Funkgerät im Keller. Dafür mussten die Wände aufgestemmt und Löcher zwischen den Etagen gebohrt werden. Anschließend wurde alles neu tapeziert und gestrichen. Unter einer eigens angeschafften Auslegeware verbanden wir Leitung und Anlage. Um nicht von der

Baustelle über Gebühr belästigt zu werden, schickte Eilers seine Familie über das Wochenende in einen vom Dienst bezahlten Kurzurlaub.

Für Cornelsen gestaltete sich der Einbau des Arbeitsverstecks und der Antenne einfacher. Er hatte in seinem Schlafzimmer bereits einen privaten, versteckten Safe. Die Antenne brachten wir ebenfalls im Schlafzimmer unter. Dafür ließ ich sie in München in eine Tapetenkordel einfügen, die zwischen den Wänden und der Decke befestigt wurde. Die Suche nach einem Dauerversteck (DV) gestaltete sich bei beiden Quellen ähnlich. In unmittelbarer Nähe der Wohnorte wurde jeweils in einem Waldstück, nahe an einem Wanderweg, ein unauffälliger Platz gesucht, der sich trotzdem gut beschreiben ließ. Nicht nur unsere Quelle musste den Platz wiederfinden, sondern auch ein Ortsunkundiger. Und für beide sollte die Anwesenheit gut legendierbar sein.

Als wir die DVs gefunden hatten, wurden sie vom Leiter Operation (Op) genehmigt. Erst danach durften die Behälter eingegraben werden. Dann legten unsere Leute verschiedene neutrale Trefforte oder -strecken (NTRs) fest. Die Treffpunkte lagen am Wohnort der Quelle. Treffbeschreibungen legten Tage und Uhrzeiten sowie Codewörter für die Treffs im Ernstfall schriftlich fest. Übungen mit so genannten Neutraltreffs waren ein wichtiger Bestandteil der »Stay Behind«-Ausbildung. Unsere Quellen reisten regelmäßig zu Treffübungen, bei denen sie Unbekannte kennen lernten.

Neutrale Trefforte dienten jeweils dazu, Kontakt mit unbekannten Personen aufzunehmen. Konnte ein bestimmter Treffort nicht genutzt oder die festgelegte Zeit nicht eingehalten werden, wurde der Ausweichtreffort (ANTR) angelaufen. Auch diese Örtlichkeit erkundete unser Team und legte sie für alle Quellen fest. Nach dem ersten Kontakt wurde vorschriftsmäßig ein Folgetreffort (FNTR) vereinbart. Den FNTR legten immer ortsfremde Personen fest. Man konnte nämlich davon ausgehen, dass dieser

Punkt von einem Ortskundigen leichter gefunden würde als umgekehrt. Die Quellen übten deshalb nicht nur die Durchführung eines Treffs, sondern auch das Festlegen weiterer Treffkonditionen.

Noch eine Einrichtung musste für alle Quellen bestimmt werden, der in Krisenzeiten für die Quellenführung so wichtige Ablageort (AO). Dabei handelte es sich um kleine Verstecke, in denen Kurznachrichten, Kartenausschnitte oder Treffkonditionen ohne persönlichen Kontakt übergeben werden konnten. Zu den AOs gehörten Zinken, die signalisierten, dass sich im Ablageort etwas befindet oder dass das Material aus dem AO geborgen worden war. Ich favorisierte als AO Zaunpfähle aus einem runden Stahlrohr. Sie verfügen über einen Plastikdeckel, der verhindern soll, dass Regenwasser in das Rohr eindringen kann.

An der Innenseite eines solchen Deckels wurde der Schraubverschluss einer Hülse befestigt, zum Beispiel eines Metallröhrchens, in dem normalerweise edle Zigarren aufbewahrt werden. Dann musste der Eingeweihte lediglich den Pfostendeckel abnehmen und das Röhrchen abschrauben. Auf diese Weise konnte sehr schnell ein Ablageort belegt oder aber geborgen werden. Die Hülsen wurden jeweils einfach nur ausgewechselt.

Jeder Verbindungsführer pflegte seine persönlichen Vorlieben. Manche bevorzugten in klassischer Manier alte Steinmauern, aus denen man in der Regel einen bestimmten Quader unschwer entfernen konnte. Andere favorisierten Waldverstecke unter Wurzeln. Der Fantasie waren keine Grenzen gesetzt. Lediglich die im »Stay Behind«-Handbuch festgelegten Kriterien mussten erfüllt werden. Im ersten Jahr befasste ich mich also mit dem Erstellen der Quelleninfrastruktur. Alle vier bis sechs Wochen besuchte ich meine nachrichtendienstlichen Verbindungen (NDV), und schon bald waren die Grundvoraussetzungen für eine aktive Schulung gegeben.

Der Fortgang der Dinge verzögerte sich jedoch, weil ich in der Zwischenzeit mehrere schon langjährig aktive Quellen von meinem Kollegen Urban übernehmen musste. Der Grund für diese plötzliche Aktion war eine unglaubliche Geschichte, die doch exemplarisch ist für viele ähnliche Fälle innerhalb des BND. In der Regel geht es dabei um Menschen, die auf Grund einer persönlichen Schwächephase niedergemacht und geschasst werden. Die ganze menschliche Kälte des Mikrokosmos Nachrichtendienst tritt hier deutlich zutage.

»Charles Bronson« dreht durch

Was war passiert? Roland Urban, der »Charles Bronson« aus unserer Dienststelle, war einer der Engagiertesten und Fleißigsten seiner Zunft. Immer gut aufgelegt, freundlich und hilfsbereit, nicht gekünstelt oder gestelzt, einfach »Stay Behind«-Urgestein. Er lebte bescheiden und trat rücksichtsvoll auf. Wenn jemand Hilfe oder einen fachlichen Rat brauchte, Roland war für ihn da. Urplötzlich kursierten Gerüchte, er habe sich auf Kosten von Quellen bereichert. Mir erschien das fraglich. Er selbst war in der Folge wie verwandelt. Der einst offene Kollege wurde nur noch als verschlossen und misstrauisch wahrgenommen.

Die »Stay Behind«-Quellen erhielten pro Quartal im Schnitt 300 D-Mark Entgelt, ein mehr als bescheidenes Salär. Das war jeder Quelle bekannt. Also wurde immer von allen quittiert und sauber abgerechnet. Auf welche Weise sollte Roland sich bereichern? Ihn selbst wollte ich zunächst nicht fragen, deshalb ging ich den Gerüchten nach, die im »Heidehaus« gestreut wurden und im »Sattelhof« offensichtlich auch schon angekommen waren.

Inzwischen hatte sich einiges getan. Lange geplant, war unser Chef gleich nach meinem Wechsel in das »Heidehaus« in ein anderes Referat abgewandert. Während einer einwöchigen Klausurtagung im »Reitstall« am Hohen Peißenberg wurde der Kollege Tegtmeier zum neuen Dienststellenleiter gekürt. Ollhauer hatte ihn ganz simpel nach dem Prinzip »Wer ist der Dienstgradälteste?« ausgewählt. Das weckte Verdruss in der Dienststelle.

Roland Urban war, darüber gab es keinen Disput, weitaus kompetenter als sein neuer Chef, dessen Qualitäten angezweifelt wurden. Das machte die Angelegenheit noch komplizierter. Der konkrete Vorwurf gegen ihn lautete, er habe sich von Quellen zum Essen einladen lassen und dabei seine eigene Ersparnis nicht angegeben, wenn es um die Berechnung der Tagegelder ging. Mit diesem Vorwurf war auch noch das Gerücht verbunden, da gäbe es möglicherweise noch mehr Unkorrektheiten. Plötzlich stand das böse Wort vom »Sicherheitsrisiko« im Raum, ohne dass es jemand erklären oder gar belegen wollte. Aus unsinnigen und fahrlässigen Vorwürfen entstand bald eine wilde Hatz gegen einen der Besten von »Stay Behind«.

Das Schlimmste sollte aber noch kommen: Es geschah an einem Dienstagvormittag. Das »Heidehaus« hatte Besuch aus München. Der Finanzverantwortliche für das Referat 12C war vom Bonner Platz in München nach Hannover gekommen. Ohne Vorankündigung setzte er in regelmäßigen Abständen eine Kassenprüfung an. Allerdings hatte er wie immer am Vortag angerufen, damit man ihm ein Hotelzimmer besorgen konnte. So kamen ausnahmsweise alle Mitarbeiter des »Heidehauses« morgens um acht Uhr ins Büro, um noch alle ausstehenden Abrechnungen fertig zu stellen.

Gegen neun Uhr traf der Münchner Finanzverantwortliche ein. Trotz seiner Tätigkeit war er für uns keine Negativfigur. Wir kannten ihn nur mit einem freundlichen Lächeln auf den Lippen und mit klaren, intelligenten Augen. Seine leicht nach vorn gebeugte Haltung, die auf einen Rundrücken zurückzuführen war, verriet den Büromenschen. Er verhielt sich irgendwo zwischen superkorrekt und pedantisch. Keiner hatte ihn je als Ankläger erlebt. Wir sahen ihn eher als Helfer in der Not.

Er begann, Kasse, Bücher und Belege zu überprüfen. Nach etwa einer Stunde saßen der Tippbeschaffer Korbach, Udo und ich zusammen mit ihm in unserem Besprechungsraum. Bei einer Tasse Kaffee erzählte er uns von seinen Erlebnissen in Fernost, wo er sich eine Malariainfektion eingefangen hatte, unter deren Nachwirkungen er immer noch zu leiden hatte. Dann sahen wir, wie Roland Urban mit einigen Schriftstücken in der Hand in das Büro von Tegtmeier ging.

Plötzlich stand Tegtmeier vor uns. Er hielt eine Quittung in der Hand, drehte den Zettel hin und her, hielt ihn gegen das Licht, als würde er einen Geldschein auf Echtheit überprüfen. Dann sagte er laut zu Roland, der immer noch in dessen Büro stand: »Na, mein Lieber, diese Unterschrift hast du doch selbst gemacht, oder?« In diesem Moment tat Tegtmeier ganz scheinheilig, als würde er uns gar nicht bemerken, und ging wieder zurück in sein Büro. Es war allen klar, was er bezwecken wollte. Wenn er im Beisein eines wichtigen Mitarbeiters aus München solche Vorwürfe in den Raum stellte, würde das erneut Gerede auslösen. Gerade der Kassenprüfer käme nicht umhin, diesen Vorfall an Ollhauer weiterzumelden. Tegtmeier verschwand wieder. Unser Kollege aus München blickte uns verwirrt an und fragte: »Was sollte das jetzt?« Roland kam kreidebleich aus dem Büro und stand zitternd vor uns. »Ihr glaubt doch nicht, dass ich Unterschriften fälsche. Hier, das ist das Entgelt für Kiebel (eine langjährige Quelle, d. A.), genau 300 Mark. Glaubt denn irgendeiner, dass ich dem was klaue?«

Roland schlug immer wieder mit der Faust auf die besagte Quittung und redete sich in Rage. Er hatte, wie wir alle, sofort erkannt, was Tegtmeier mit ihm gemacht hatte. Dieser Vorwurf im Beisein des »Kopekenscheichs«, wie der Kassenprüfer von den Mitarbeitern neckisch genannt wurde, war ein Frontalangriff gewesen. Roland rastete aus: »Ich bin kein Betrüger. Ich mache das Geschäft doch schon so viele Jahre.« Er rannte in sein Büro und kam mit einem ganzen Packen von Belegen und Abrechnungen zurück.

Er warf uns alles auf den Tisch. »Da schaut es euch an. Alles korrekt abgerechnet.« Dann griff er nach einem Teil der Papiere und warf sie in hohem Bogen in Tegtmeiers Büro. »Da«, brüllte er wie von Sinnen, »kannst du alles nachrechnen.« Korbach, der aufgestanden war, drückte er einen Packen in die Hand. »Sag mir, was ist da falsch? Habe ich was gefälscht?« Plötzlich klappte er einen Aktenordner auf. Gleich im Dutzend riss er die Blätter heraus und warf sie in die Luft.

Dabei rannte er von einem Raum in den anderen und schrie: »Alles gefälscht, alles Lug und Trug. Wir sind doch alles Berufsganoven und Universaldilettanten. Hoch bezahlte Staatsverbrecher sind wir.« Die Situation war grauenvoll. Roland hatte sich nicht mehr in der Hand. Er sprang auf den Schreibtisch und trampelte auf seinen Berichten herum, kickte alles vom Schreibtisch. Ein Locher kam durch die offene Tür geflogen. Wir schauten uns fassungslos an. Keiner wusste, wie man ihm helfen konnte.

Als Erster reagierte Korbach: »Mensch, Roland, keiner glaubt die Scheiße, die der Tegtmeier hier verbreitet. Nun beruhige dich doch erst einmal.« Aber Roland war völlig zu. Er nahm überhaupt nichts wahr und stand zitternd vor uns. Dann sank er auf die Knie. In flehendem Ton und mit gefalteten Händen versicherte er: »Ich habe keine Unterschrift gefälscht, ich betrüge nicht. Sagen Sie das bitte dem Ollhauer. Das könnt ihr doch nicht mit mir machen.« Dabei beugte er mehrfach den Oberkörper nach vorn und trommelte mit den Fäusten auf den Fußboden.

Udo sprang auf und ergriff Rolands Schultern. Er zog ihn hoch, und Roland sank in seine Arme. Dann fing er hemmungslos an zu weinen. Udo griff nach seiner schwarzen Lederjacke und zog Roland aus dem Raum. »Komm, Junge«, sagte er zu ihm, »lass uns an die Luft gehen.« Meine Kehle war wie zugeschnürt. Was mit einem Tobsuchtsanfall begonnen hatte, war zu einem Nervenzusammenbruch mit Weinkrämpfen geworden. So etwas habe ich weder vorher noch nachher erlebt.

Der Verursacher war die ganze Zeit über in Deckung geblieben. Nun wagte er sich kleinlaut aus seinem Büro. Tegtmeier gab sich ratlos: »Ja, was war das jetzt? Das habe ich doch nicht gewollt. Was mache ich jetzt? Ich muss diesen Vorfall Ollhauer melden.« Korbach kochte vor Wut. Er herrschte Tegtmeier an. »Mein Lieber, das verantwortest du. Ganz allein. Und überleg dir genau, was du sagst. Sonst könnte es sein, dass ich auch einmal anfange zu plaudern.«

Irgendwie versuchte ich die Situation zu retten und begann zusammen mit Korbach auf unseren Kassenprüfer einzureden: »Wissen Sie, er ist nervlich momentan etwas angespannt. Das wird schon wieder. Das kann alles nur ein Missverständnis sein.« Unsere Worte passten nicht richtig, denn das Büro sah aus wie ein Schlachtfeld, und im Geschäftszimmer saß die heulende Sekretärin. Eigentlich wirkte alles, was man nun sagte, dämlich. Also fingen wir an, das Chaos wieder zu beseitigen. Ab und zu schaute ich aus dem Fenster auf den großen Parkplatz, wo zwei gute Freunde Arm in Arm ihre Runden drehten.

Nach einiger Zeit kamen sie zurück. Roland blickte in sein Büro und fragte erstaunt: »Was ist denn hier passiert?«

Er drehte sich zu mir um und legte den Kopf leicht zur Seite: »Das war doch nicht ich, oder?« Dabei presste er seine Fingerspitzen zusammen und drückte sie gegen die Brust: »Oder etwa doch? Norbert sag, war ich das?« Ich nickte und zog meine Mundwinkel zur Seite: »Jau, Roland – ganze Arbeit!« Dann fasste ich ihn bei der Schulter und schob ihn in mein Büro. Er setzte sich, und ich schloss die Tür. »Ich habe überhaupt keine Ahnung, was hier los war. Das ist mir noch nie passiert.« Dann erschrak er: »Habe ich dem Tegtmeier was angetan?« Ich konnte ihn beruhigen: »Nein – leider nicht!« Er schmunzelte, und so langsam kam die Farbe zurück in sein Gesicht.

Die Folgen der Geschichte sind kurz, traurig und BND-typisch erzählt. Der Vorfall schlug hohe Wellen. Alle Mitarbeiter wurden hochnotpeinlich befragt. Hill reiste eigens nach Hannover, um die Untersuchung persönlich zu leiten. Es sollten alle Vorwürfe gegen Roland lückenlos aufgeklärt werden. Zuerst wurde er aber für einige Wochen zur Kur geschickt. Die hausinternen Ermittlungen ergaben, dass an den Vorwürfen gegen Roland nichts gestimmt hatte. Nicht eine einzige falsche Abrechnung wurde entdeckt.

Nur, Roland hatte bewiesen, dass er den extremen nervlichen Belastungen eines »Stay Behind«-Agenten nicht mehr standhalten konnte. So argumentierte der BND. Als Roland von seiner Kur zurückkehrte, musste er alle Quellen abgeben und wurde sofort in den vorzeitigen Ruhestand geschickt. Seine Enttäuschung über den BND war riesengroß.

Der Landeplatz im Aktenkoffer

Roland musste mir vier seiner Quellen übergeben. So begaben wir uns getrennt, jeder mit seinem Auto, auf die Rundreise. Es war eine aufwändige Prozedur. Ich sollte die Quellen nicht nur persönlich kennen lernen, sondern alle bestehenden Einrichtungen übernehmen und begutachten. Für zwei der Mitarbeiter waren aufgrund ihrer Aufgabenstellung so genannte Absetzzonen (ASZ) erkundet worden. Sie lagen in der Nähe ihrer Wohnorte und mussten für sie schnell erreichbar sein. In diesen ASZ sollten im Kriegsfall nachts Fallschirmspringer landen. Unsere Quellen sollten sie dann zu Sabotagezielen und zu anderen Sondereinsätzen weiterleiten.

Diese ASZ mussten ausreichend groß und offen sein, damit die Springer nicht gefährdet waren. Daneben sollte ihnen ein kleiner Wald zur Verfügung stehen, damit sie sofort ihre Schirme in einem Dauerversteck unterbringen konnten. Zu der ASZ waren auch schon Trefforte (TO) bestimmt. Vor einem nächtlichen Absetzeinsatz mussten sich nämlich Quelle und Gehilfe treffen, um alles vorzubereiten. Zu einer Verbindungs- und Weiterleitungsquelle gehörten jeweils zwei Gehilfen. Quellen und Gehilfen durften sich aber erst im Ernstfall kennen lernen. Wenn der Verbindungsführer eine Fallschirmausbildung hatte, war das eine Idealsituation.

Nur ganz wenige Piloten der Bundeswehr beherrschten dieses Absetzverfahren. Ausschließlich mit solchen eingewiesenen Crews übten wir Absetztechniken. Dabei ging natürlich nicht immer alles glatt. Die Piloten mussten entsprechend tief fliegen, die kleinen Signal-Funzeln am Boden erkennen und die richtige Achse über der ASZ treffen. Kleine Fehler hatten hier verheerende Auswirkungen. Durch die geringe Höhe konnte es den Springern kaum mehr gelingen, einen Anflugfehler auszugleichen. Und so rauschte der eine oder andere »Stay Behind«-Mann ungewollt in irgendeine Tannenschonung. Keinem ist dabei ernsthaft etwas passiert.

Ich erinnere mich ganz deutlich an eine Absetzübung der besonderen Art. Eine Last sollte zu Boden schweben. Die *Transall* der Bundeswehr flog in geringer Höhe über die ASZ und verschwand wieder im Dunkeln. Alles war korrekt berechnet, auch der leichte Wind. Am Boden standen die »Stay Behind«-Quelle und zwei Mitarbeiter der Münchner Dienststelle. Sie traten als Quellengehilfen auf. Der Verbindungsführer beobachtete die Szene. Im Flugzeug befanden sich die angestammte Crew und ein Absetzer von »Stay Behind«.

Der zweite Anflug der *Transall* begann. An der Abwurfstelle hörten sie schon das sich nähernde Grollen der beiden Propellertriebwerke. Die Übung wurde während der Tagesstunden durchgeführt, da sich die Quelle noch am Anfang ihrer Ausbildung befand. Nun rauschte das Flugzeug über den Platz. Alles war perfekt, auch Windberechnung und Abdrift. Der Pilot hatte seine Anflugrichtung leicht korrigiert. Die Heckklappe der Maschine war geöffnet, und im richtigen Moment rollte die Last aus dem Flieger.

Der Fallschirm zog sich auf, aber er öffnete sich nicht vorschriftsmäßig. Mit einer langen, knatternden Fallschirmfahne surrte die Fracht abseits von der ASZ haarscharf an einer kleinen Friedhofskapelle vorbei und knallte in einen nahe gelegenen Schrebergarten. Alle rannten sofort in diese Richtung und hofften, dass sich niemand zu derart früher Morgenstunde – gegen sieben Uhr – in der Anlage befinden würde. Als die ersten Akteure der Absetzübung über den Zaun des Gartens schauten, stand dort eine alte Frau, die ihre Rüben hackte. Die Last lag zwanzig Meter weiter im Nebengarten. Als die Greisin die beiden »Stay Behind«-Operateure bemerkte, kommunizierte sie mit ihnen im tiefsten bayerischen Dialekt: »Ha Buam, da is eich wos auskäme, gell?« Sie lächelte und setzte ihre Gartenarbeit unbeirrt fort.

Wir wussten, dass wir jede ASZ sorgfältig erkunden mussten, um solche Pannen ausschließen zu können. Jede VWL-Quelle betreute zwei ASZ. Wenn die erste aus bestimmten Gründen nicht oder nicht mehr zur Verfügung stand, wurde die zweite genutzt.

Nun stapfte ich also mit Roland durch Wälder und Felder und ließ mir seine Einrichtungen vorführen. Dabei stellte ich fest, dass er wirklich perfekt gearbeitet hatte. Ich lernte unglaublich viel in jenen Tagen. Dazu zeigte er mir eine Ausbildungsfinesse, die mich nicht nur überraschte, sondern auch erheiterte. Roland hatte für jede seiner Quellen einen dicken Hartschalenkoffer angeschafft. Eines Tages zeigte er mir den Inhalt. Er hatte zur ASZ der Quelle ein originalgetreues Modell gebastelt. Bäume, Sträucher, Bachläufe, alles war vorhanden. Die dazugehörigen Elemente, wie TO, AO, DV, waren ebenfalls markiert. Alle Geländemerkmale, mit Höhen und Tiefen, wiesen den exakten Maßstab auf.

Roland schmunzelte, als er alles erklärte: »Siehst du, Norbert, damit marschiere ich zu meiner Quelle, klappe den Koffer auf und sage, der Wind kommt heute mit fünf Knoten aus 270 Grad. Dann bekommt der ›Quelling‹ (so nannte er seine Leute liebevoll) drei Pins in die Hand gedrückt, das Schema der Signallampen. Und schon beginnt die Absetzoperation. Besonders empfehlenswert bei Sauwetter!« Sogar ein kleines Modellflugzeug war vorhanden. Roland atmete tief ein, presste die Luft durch seine zusammengedrückten Lippen und imitierte Motorengeräusche. Dann ließ er sein Flugzeug kreisen, und ich musste unweigerlich lachen.

Zur Ausbildung der Quellen gab es noch ein besonderes Instrument, die so genannte Ferienschulung. Wir luden ein Quellenehepaar für etwa eine Woche zu einem Kurzurlaub ein. Dabei erwartete sie wenig Erholung und viel Lernprogramm. Ich selbst fuhr mit Eilers in den Schwarzwald und begleitete das Ehepaar Cornelsen eine Woche in den Harz. Bei Cornelsen stand damals, neben einer allgemeinen nachrichtendienstlichen Ausbildung, Unterricht mit dem neuen Funkgerät FS 5000 im Vordergrund. Bei einem »Long Range Test« – eine Verbindung in die USA – kam es zu einer unangenehmen Panne.

An der Strecke zwischen Braunlage und Hohegeiß befand sich unmittelbar an der Zonengrenze ein Parkplatz. Wenn man einem Waldweg in Richtung Osten folgte, befand man sich nach etwa 50 Metern am Zaun, der die beiden Machtblöcke teilte. Ich parkte meinen Wagen in der hintersten Ecke mit dem Heck nach Osten rückwärts ein. Im Kofferraum lag ein für den Funkverkehr vorbereitetes FS 5000. Eine Antenne, die aus dreißig Meter langem, dünnem schwarzem Draht bestand, verlegte ich auf dem Waldboden in Richtung Grenze. Cornelsen saß auf dem Beifahrersitz und ich hinter dem Lenker. Das Gerät war programmiert und würde zur eingestellten Zeit selbstständig seinen Spruch absetzen.

Plötzlich flüsterte Cornelsen: »Oh, oh, schau mal da.« Er deutete mit dem Daumen über seine rechte Schulter. Ich verdrehte den Rückspiegel, so dass ich besser nach hinten rechts schauen konnte. Ein Beamter des BGS hatte das Ende des Drahtes entdeckt und war gerade dabei, die sauber verlegte Antenne langsam zu einem Knäuel zusammenzurollen. Dabei kam er unserem Fahrzeug immer näher. Ich stieg aus und ging ihm entgegen. Der Grenzschützer hatte bereits eine dicke Kugel in der Hand, als wir uns gegenüberstanden. »Machen Sie hier irgendetwas, was ich vielleicht wissen sollte?«, fragte er freundlich.

Mir blieb nichts anderes übrig, als mich auszuweisen. Ich zog meinen Dienstausweis und legte ihn auf die Kofferhaube. Der Bundespolizist schmunzelte und schüttelte dabei seinen Kopf. Er hatte immer noch das Drahtknäuel in der Hand. Dann fragte er mit einem Fingerzeig auf den Kofferraum: »Kann ich da mal reinschauen?« Ich schüttelte den Kopf. Mit einem leichten Seufzer gab er nach: »Meinetwegen, aber melden muss ich das.« Er drückte mir das Antennenkabel in die Hand.

Ein letzter Versuch galt dem im Wagen sitzenden Cornelsen. Der BGS-Mann deutete auf ihn: »Und der da? Was ist mit dem?« Ich antwortete mit einem breiten Grinsen. »Ich glaube, das wollen Sie gar nicht wissen.« Er rollte mit den Augen und ließ uns mit einem ungewöhnlichen Gruß zurück: »Na dann, frohes Spionieren noch.« An der Hauptstraße holte ihn einen Moment später ein Bus des Grenzschutzes ab. Der Mann blickte nicht mehr zurück. Nachfragen zu diesem Vorfall erreichten mich nie. Wenige Tage später fiel die Berliner Mauer.

Meine »Stay Behind«-Zeit verlief ansonsten unspektakulär. Als Ende 1990 die »Gladio-Affäre« – eine Mischung aus staatsgefährdenden Geheimdienst-, Militär- und Neonazimauscheleien – von Italien aus wie ein Steppenfeuer die europäischen Nachrichtendienste überzog, war sehr schnell klar, dass unsere Organisation ihre beste Zeit hinter sich hatte. Das System war ein Auslaufmodell, ein Relikt des zu Ende gehenden Kalten Krieges.

Es hätte im Ernstfall auch nie funktioniert. Diese bittere Erkenntnis gewannen wir am Ende unserer »Stay Behind«-Tage. Der DDR-Staatssicherheit waren schon lange alle »Stay Behind«-Quellen bekannt. Auch später soll es in diesem Bereich noch Verratsfälle gegeben haben. Der BND hat diesen tragischen Umstand gegenüber seinen Verbindungsführern aber nie eingestanden. Das wäre jedoch seine Pflicht gewesen, denn wir konnten davon ausgehen, dass die Daten aus Ostberlin an den großen Bruder in Moskau weitergegeben worden waren. Dass unsere Leute weder gewarnt wurden noch eine Beratung erfolgte, wie sie sich verhalten sollten, belegt eindrucksvoll, wie fahrlässig der BND mit seinen Quellen umgegangen ist.

Die Pullacher setzten sogar noch eins drauf. Sie genehmigten 1992 und 1993, trotz des ihnen bekannten und mittlerweile bestätigten Verrates der »Stay Behind«-Mitarbeiter, die erneute Anmeldung aller meiner acht Quellen als Beschaffungshelfer. Selbst ich war arglos, weil ich bis dahin fest glaubte, »Stay Behind« sei unerkannt geblieben. Bei keinem anderen Dienst der Welt wäre die Weiterbeschäftigung unserer Quellen unter solchen Umständen möglich gewesen. So wurde zum einen den Quellen persönlich geschadet, zum anderen ließ man die Verbindungsführer brutal ins Messer laufen und brachte unsere neuen Quellen im Ostblock in Lebensgefahr.

»Gladios« Ende

Aufgeschreckt durch massive »Gladio«-Skandale bei ausländischen Nachrichtendiensten und beeinflusst durch das Ende des Kalten Krieges teilte die Bundesregierung Ende 1990 mit, die deutsche Geheimorganisation »Stay Behind« werde bis April 1991 aufgelöst. Also gingen wir daran, unsere mühsam geschaffenen Abwehrstrukturen wieder zu demontieren.

Wenige Monate zuvor hatte ich noch einen Mitarbeiter kennengelernt, der in meiner weiteren Laufbahn beim BND mein wichtigster Partner und bester Freund werden sollte. Ich wurde nach München gerufen, wo mir Ollhauer den Neuen in seinem Büro vorstellte. Er hieß Teubner – Freddy Teubner. Ollhauer trug mir auf, ihm »das Laufen« beizubringen. Nichts lieber als das, weil es mich langsam anödete, immer allein durch die Lande zu fahren.

Im Besprechungszimmer hatten wir unter vier Augen Gelegenheit, uns ein bisschen näher kennen zu lernen. Freddy war Ende dreißig, drei Jahre älter als ich. Er hatte es bei der Bundeswehr zum Hauptfeldwebel gebracht, war gleichfalls Fallschirmspringer, ein »Freifaller«. Zu seinen Spezialitäten gehörte die Funktechnik. Freddy war sehr humorvoll und bei allen beliebt. Er war ausgesprochen freundlich, redete aber nicht um den heißen Brei herum. Diese Offenheit zog mich an. Wir waren uns von Anfang an sympathisch.

Zuerst stimmten wir unsere Anbahnungsvorhaben aufeinander ab, dann fuhren wir eine Woche lang gemeinsam durch den Harz, um neues »Stay Behind«-Personal zu rekrutieren. Es war Spätsommer. Die Bäume begannen sich zu verfärben, aber noch beherrschte die Sonne die kürzer werdenden Tage. Unsere Tour begann im »Heidehaus«. Von Anfang an wies ich Freddy in alle Höhen und Tiefen des Geschäfts ein. Unsere Gespräche reichten bald über das Berufliche hinaus, und dabei stellten wir viele Gemeinsamkeiten fest.

Im ersten Ort sollten wir drei Adressen anlaufen. Als Erstes parkten wir unseren Wagen weit entfernt von den Zielwohnungen. Dann griff ich zu meinem Aktenkoffer und entnahm ihm eine Plastikhülle mit den Daten des ersten Tipps. Ich öffnete eine blaue Schreibmappe, steckte die Unterlagen rein und überreichte sie dem verdutzten Freddy. »Mein Lieber«, entließ ich ihn, »eine Avacon-Mappe blau, ein Kuli, ein Fragebogen, Visitenkarten, richtig übergeben, Feuer frei und los ...« – »Wie – gehst du nicht mit?« Er war verwundert, weil wir das nicht abgesprochen hatten.

Ich gab den Erstaunten. »Soll ich dir womöglich Händchen halten? Du weißt doch, worum es geht. Erstens bist du viel lockerer, wenn du allein gehst, und zweitens – überleg mal. Da stehen plötzlich zwei finstere Gestalten vor der Tür. Da sinken doch unsere Chancen gegen Null. Außerdem, soll ich vielleicht nachher eine Bewertung über deinen Auftritt an die Zentrale schicken? Also dann, viel Spaß!« Dann drehte ich meine Sitzlehne zurück und schob mir die Schirmmütze ins Gesicht.

Eine halbe Stunde später war er wieder zurück. Nachdem er ein paar Anläufe gemacht hatte, vereinbarten wir doch noch gemeinsame Auftritte. Im Wechsel wollten wir immer als Wortführer auftreten. Im Anschluss daran kritisierten wir uns gegenseitig, um es beim nächsten Mal besser zu machen. Freddy erwies sich als sehr geschickt. Seine positive Art kam gut an, und deshalb schafften wir auch einige Interviews. Freddy schien die Idealbesetzung für unseren Job zu sein. Darüber hinaus ergänzten wir uns auf einem weiteren Gebiet. Freddy brachte eine lange Diensterfahrung und Kenntnisse aus vielen Lehrgängen mit ein. Er war ein Verwaltungsfachmann. Also wurde er nun zu der Hälfte unseres Teams, die sich mit der Verwaltung herumschlug. Eine Aufgabe, die man nicht wichtig genug nehmen konnte.

Freddy arbeitete von den Büros am Bonner Platz aus. Wir trafen uns gelegentlich in Hessen, um uns abzustimmen und Neuigkeiten auszutauschen. Als uns der Auflösungsbefehl erreichte, kamen wir laufend zusammen, denn wir mussten eine Vielzahl von »Stay Behind«-Einrichtungen abbauen. Dabei hatten wir einige ziemlich skurrile Erlebnisse. Manche Dauerverstecke konnten beispielsweise gar nicht mehr gefunden werden. Einige Verbindungsführer hatten es sich besonders leicht gemacht und bei ihrem »Dauerversteck« keinen Behälter, sondern lediglich dessen Deckel versenkt. So mussten sie kein tiefes Loch buddeln. Einer Kontrolle durch die Führungsstelle hätte dieses Scheinversteck immer standgehalten.

Ein Verbindungsführer hatte bereits nach drei Tagen alle seine Funkgeräte eingesammelt. Auf die Frage, wie er das so schnell geschafft hatte, antwortete er lapidar: »Sag bloß, du hattest alle Funkgeräte bei den Quellen draußen. Das war mir viel zu gefährlich. Wenn da eines weggekommen wäre …« Des Rätsels Lösung: Er hatte sämtliche Geräte zu Hause aufbewahrt. Im Falle einer Übung durfte seine Frau ran. An der Innenseite des Besenschranks hing der Funkkalender für alle Quellen des Ehemannes. Da wusste sie, wann sie senden und empfangen musste.

Die Auflösung von »Stay Behind« löste große Unruhe und Zukunftsängste aus. Das zuständige Personalreferat hielt sich bedeckt, und die Chefs demonstrierten Weitsicht. Hill hatte sich noch vor dem Auflösungsbeschluss der Bundesregierung als Erster abgesetzt und war in einer anderen Ecke des BND untergetaucht. Sein Nachfolger als Leiter »Operation« eines sinkenden Schiffes wurde ein Mann namens Gassing.

Freund und Feind

Gassing wechselte Mitte 1990 nach Berlin, um dort die neue bilaterale Dienststelle mit den Amerikanern aufzubauen. Wenige Wochen nachdem der Pulverdampf unserer turbulenten Rügen-Mission verraucht war, stand auch mein endgültiger Wechsel zu 12YA an, zur gemeinsamen Dienststelle von BND und amerikanischer DIA in Berlin. Das »Heidehaus« in Hannover war bereits aufgelöst. Nur der renitente Korbach weigerte sich, seinen Posten zu verlassen. Er konnte als Angestellter nicht willkürlich versetzt werden, und das wusste er ganz genau. Also blieb er bis auf weiteres im leeren Objekt und schob einen Dienst, für den es längst keine Vorschrift mehr gab.

Ich bildete gemeinsam mit meinem Kollegen Udo, der im niedersächsischen Peine wohnte und der wie ich von »Stay Behind« nach Berlin wechselte, eine Fahrgemeinschaft. Mein Antrag auf Versetzung nach Berlin war mit der Begründung abgelehnt worden, es sei nur eine begrenzte Verwendung von wenigen Jahren. Also versuchten Udo und ich Kosten zu sparen, indem wir zusammen zwischen Berlin und Hannover pendelten. Unsere erste gemeinsame Reise nach Berlin fand in Udos VW Golf statt. Unterwegs berichtete ich ihm von den bisherigen Erfahrungen mit den Partnern bei der Beobachtung der russischen Atomwaffentransporte auf Rügen und von der Arbeit der neuen Dienststelle. Gegenseitig bestärkten wir uns in allen Zweifeln, die sich bei dieser unnatürlichen Konstellation aufdrängten, trotzdem entschieden wir uns mitzuspielen.

Unsere Büros waren beinahe menschenleer. Mark Handridge vom DIA stand auf dem Flur und begrüßte uns freudig. Unsere Sachbearbeiterin saß in ihrem Zimmer. In der Zwischenzeit war es dem BND auch gelungen, die Zahlstelle mit einer Kollegin zu besetzen. Nachdem wir beide Damen begrüßt hatten, meldeten wir uns bei Gassing.

Das erste Gespräch begann mit einer schlechten Nachricht. Aus dem »Buschgeld«, erklärte der Chef, würde nichts, weil die Dienststelle im alten Westberlin läge. Der Umstand, dass wir 90 Prozent unserer Arbeit in den neuen Bundesländern zu leisten hatten, interessierte in Pullach niemanden. Wieder einmal kamen wir uns verarscht vor.

Die Neuigkeit Nummer zwei war ähnlich leistungssteigernd. Gassing erklärte, dass die Amerikaner ab sofort für unsere operativen Einsätze verantwortlich seien. Was war jetzt los? Hatten die Pullacher so wenig Interesse, dass wir nun den Amerikanern unterstellt waren? Wer hielt den Kopf hin, wenn etwas passierte? Würden die im Keller uns jetzt sagen, wann und wie wir wohin fahren müssten? Fragen über Fragen stellten sich.

Nichts wirklich Grundsätzliches war geregelt. Alle BND-internen Regeln wurden einfach willkürlich über den Haufen geworfen. Ein typisches Beispiel: Im Interesse der Berliner Dependance sollten wir den Dienstwagen mit nach Hause nehmen, damit wir schnell und ohne Umwege auch am Wochenende einsatzbereit waren. Das ließ das BND-Haushaltsrecht aber nicht zu. Ausnahmen von der Regel gab es offiziell nicht, auch wenn sie zweckmäßig gewesen wären.

Also erfanden wir unsere eigene Ausnahme. Wenn auf dem Weg in unsere Heimatorte und dann wieder auf dem Hinweg nach Berlin offizielle Geschäfte zu erledigen waren, dann durften wir den Dienstwagen mitnehmen. So wurden entsprechende Termine festgelegt. Ob die immer sinnvoll und gerechtfertigt waren, steht auf einem anderen Blatt.

Zunächst mussten wir ein anderes Problem lösen. Wir brauchten eine Wohnung. Gassing hatte bereits Kontakte zur ARWOBAU geknüpft, und einige Kollegen waren in Objekten dieser Firma unweit der Dienststelle untergekommen. Von München genehmigt, hatten sie sich allesamt unter Klarnamen angemeldet.

Das war den früheren »Stay Behind«-Leuten nicht geheuer. Sie wollten nicht in der Nähe des alten Keitelhauses im Föhrenweg wohnen, in dem sich die Dienststelle befand, und schon gar nicht unter Klarnamen. Also fuhren Gert Arnstein, Udo Hippler, Freddy Teubner und ich zu einer ARWOBAU-Filiale am Buckower Damm, um ein geeignetes Wohnobjekt zu finden. Arnstein, der Franke, hatte sich inzwischen mit Teubner zusammengetan, der aus dem Ansbacher Raum stammte. Noch eine funktionierende Arbeits- und Fahrgemeinschaft.

Um Geld zu sparen, hatten wir folgende Idee: Wir würden pro Team je ein Einpersonenappartement anmieten. Freddy und Udo sollten sich eine Wohnung teilen, Gert und ich die andere. Der Hintergedanke war, dass in der Regel nur ein Team unterwegs war und dass dem anderen dann zwei kleine Wohnungen zur Verfügung standen. Für den Fall, dass wir einmal zu viert anwesend sein sollten, organisierten wir pro Appartement ein zusätzliches Feldbett. Das Ganze hatte den weiteren Vorteil, dass wir pro Anmeldung nur einen Decknamen »verbrannten«. Warum sollten wir uns unnötig in Gefahr begeben?

Wir entschieden uns für einen großen Wohnkomplex in der Ringslebenstrasse 2, Ortsteil Buckow. Dort würden wir in der Masse untergehen, und auch die »Doppelbelegung« fiele keinem auf. Darüber hinaus lagen unsere Wohnungen ziemlich verkehrsgünstig. Nicht weit entfernt verlief die Bundesstraße 96, die sich von Finsterwalde bis hinauf nach Saßnitz auf Rügen zieht. An der 96er lagen auch einige sowjetische Garnisonen, die für uns von Interesse waren.

Nachdem diesmal alle Koordinaten stimmten, wollten wir uns teamweise häuslich einrichten, ansonsten aber autark bleiben. Später stellten wir fest, dass wir die Appartements noch seltener nutzten, als wir ursprünglich gedacht hatten. In den folgenden vier Jahren kamen wir maximal auf eine zehnprozentige Auslastung. Allerdings befanden sich unsere Teams umgekehrt deutlich häufiger gemeinsam in Berlin, als vorher angenommen. Im Endeffekt verbrachte ich jene Nächte überwiegend auf dem Feldbett von Gert. Leider wurde unser Hang zur Sparsamkeit vom Staat, in diesem Fall der BND-Verwaltung, nicht honoriert. Die Buchhalter zogen jedem von uns den gleichen Pauschalbetrag für die Wohnungsmiete vom Trennungsgeld ab, so dass wir vier zwar nur zwei Wohnungen hatten, aber trotzdem für vier Wohnungen zahlen mussten.

Die geheime Mülltrennung

Nur wenige Tage vergingen, und wir erhielten den ersten Einsatzauftrag der Amerikaner. Sein Inhalt überraschte uns sehr. Keine Kaserne, kein Transport, keine Zielperson sollten überprüft werden. Wir bekamen die wenig spektakuläre Order, eine Vielzahl von Müllkippen nach den »Schätzen« der Westgruppe der Sowjetstreitkräfte zu durchsuchen. Dafür stellte man uns als Arbeitskleidung Stiefel und Plastikhandschuhe zur Verfügung. Unser Mercedes-Geländewagen, der in Rügen gute Dienste geleistet hatte, war inzwischen von natogrün in metallicrot umlackiert worden. So stand er auf dem Parkplatz der Dienststelle und wartete auf uns.

Den ersten Arbeitseinsatz traten wir mit gemischten Gefühlen an. Warum sollten gerade wir in einem teuren Off-roader vorfahren und dann die Müllkippe durchsuchen? Ich war Bundeswehroffizier, und nun wollten sie mich zum Müllwerker degradieren.

Vor der ersten Tour schauten wir noch bei den Amerikanern vorbei. Wir holten Kartenmaterial, das aus Pullach seit Wochen avisiert, jedoch nicht geschickt worden war. Aus unserer Zentrale hatten wir immerhin eine nagelneue Spiegelreflexkamera erhalten, aber kein Filmmaterial. Da mussten auch die Amerikaner aushelfen. Bei dieser Gelegenheit zeigte uns Hans Diethard vom amerikanischen DIA eine Art Vorratsraum mit einem großen Kühlschrank. Dort lagen kistenweise Wodka, Whisky und andere Spirituosen, dazu stangenweise Zigaretten. »Hier könnt ihr zuschlagen, bevor ihr losfahrt. Nehmt es sozusagen als Tauschmittel, falls ihr bei den Müllkippen auf Russen trefft, die gerade Schutt abladen. Ihr könnt euch nehmen, so viel ihr wollt. Natürlich auch etwas zum eigenen Verbrauch«, fügte er gönnerhaft hinzu.

Es war ein erster kleiner Bestechungsversuch, denn jedem war klar, dass das eigentlich nicht den Regeln entsprach. Ihm sollten andere, eindeutigere Angebote folgen. Der kleine Vorratsraum sollte später noch zum Stein des Anstoßes werden. Viele Verbindungsführer versorgten sich vor der Abfahrt mit Zigaretten und Alkohol, um die Bediensteten der Mülldepots freundlich zu stimmen. Zunehmend bedienten sich auch andere im Untergeschoss, nämlich die Innendienstler des BND. Sie schleppten die kostenlosen Köstlichkeiten kistenweise nach oben. Deshalb mussten die DIA-Oberen irgendwann durchgreifen und einigen Leuten »Kellerverbot« erteilen. Selbst unser Chef kam diesbezüglich ins Gerede.

Oberst Groove, der Nachfolger des von der Rügen-Operation im Juli 1990 bereits bekannten Oberst Dego, musste das Schlaraffenland irgendwann einmal einschränken, weil die Nachfrage sonst alle Dimensionen gesprengt hätte.

Dego war ins Hauptquartier nach Augsburg versetzt worden, und Groove hatte das Kommando am Föhrenweg übernommen. Der neue Mann war ein Arbeitstier, stets in Uniform und mit grimmigem Blick. So flößte er schon im ersten Moment allen Leuten Respekt ein. Groove führte zwar ein strenges Regiment, konnte aber auch sensibel und fürsorglich sein. Er duldete keine Fehler, ließ jedoch seinen Leuten trotzdem so viel Spielraum, wie sie brauchten. Für Groove zählten vor allem die Erfolgsmeldungen.

Schon nach einigen Touren war mir klar, dass wir eine historische Chance verpassen würden, wenn wir uns nur auf die Müllkippen konzentrierten. Die russischen Militärangehörigen waren überall anzutreffen. Sie bildeten ein großes Potenzial, das wir systematisch abschöpfen mussten. Unsere neuen Kollegen Wulf und Ernst hatten das zuerst erkannt. Sie wohnten übrigens im selben Block in der Ringslebenstrasse. Wir sahen uns regelmäßig und tauschten Erfahrungen aus.

Einmal wöchentlich lieferten wir das eingesammelte Material bei den Amerikanern im Föhrenweg ab. Wir brachten schwere Säcke mit offiziellen Militärunterlagen. Manchmal mussten wir mehrmals fahren, um alles transportieren zu können. Zählen oder katalogisieren konnten wir es nicht. Die russischen Militärangehörigen entsorgten einfach zu viel. So wurde das Material in blaue Müllsäcke verpackt und einfach gewogen. Die Unterlagen reichten von Speiseplänen der Kantinen und Einsatzlisten des Personals bis hin zu Befehlen mit streng geheimer Einstufung.

Inzwischen hatten wir auch unser Verhältnis zu den ostdeutschen Müllmännern durchorganisiert. Für fünfzig oder hundert Mark West sortierten sie uns den Abfall der russischen Garnisonen und achteten dabei vor allem auf Schriftstücke und technisches Gerät. Eine frühe Form der Mülltrennung. Erst nach Monaten erreichte uns ein Haushaltstitel aus Pullach. Nun konnten wir unsere Beschaffungshelfer auf den Müllkippen ordentlich entlohnen. Der Ordnung halber bekam unsere Arbeit auch einen Namen: »Operation Giraffe«.

Nach wie vor hatten die Amerikaner den ersten Zugriff. Sie sichteten das Material und übersetzten nach Priorität. Im Gegensatz zum deutschen Teil der Dienststelle verfügten sie über Personal, das russisch sprechen oder lesen konnte. Einmal pro Woche übergaben sie uns dann eine Hand voll Meldungen mit nachrichtendienstlichem Wert, die sie aus den abgelieferten Dokumenten erstellt hatten.

Tausche Toaster gegen Geheimpapiere

Wulf und Ernst waren inzwischen dazu übergegangen, persönliche Kontakte zu russischen Militärangehörigen zu knüpfen. Nach etwa einem halben Jahr merkte ich, dass die Qualität der von ihnen beschafften Unterlagen immer besser wurde. Es fiel uns nicht schwer, die Ursache herauszufinden. Wulf hatte einen Kastenwagen gekauft und ihn mit allerlei Küchen- und Unterhaltungsgeräten bestückt. Ernst und er waren damit vor allem im Raum Wünsdorf unterwegs, wo sich das Oberkommando von Marschall Burlakows Westgruppe befand.

Eines Tages fuhr ich mit Freddy nach Wünsdorf, um zu sehen, was Wulf und Ernst trieben. Wulf hatte seinen Marketenderwagen auf einem großen Parkplatz an der Bahnhofstraße, in Sichtweite der russischen Kaserne, aufgestellt. Aus einer Entfernung von hundert Metern beobachteten Freddy und ich Unglaubliches. Die seitliche Schiebetür des roten Busses war weit geöffnet. Dahinter sah man Wulf mit einem Riesenstapel von Toastern, Bügeleisen, Küchenmaschinen, Videorekordern, Rasierapparaten und vielem mehr.

Vor dem Bus hatte sich eine Menschenschlange gebildet, unter ihnen auch Soldaten und Offiziere in Uniform. Jeder hatte einen Karton oder eine Tasche mitgebracht. Ernst saß bei geöffnetem Fenster auf dem Beifahrersitz und nahm von den Russen Schriftstücke aller Art entgegen. Er sichtete das Material oberflächlich, um danach seinem Partner Informationen über den möglichen nachrichtendienstlichen Wert der Unterlagen zu geben.

Der händigte dann, je nach Leistung, eine Kaffeemaschine, einen Pürierstab oder einen Eierkocher an den Lieferanten aus. Einige der Soldaten kehrten schon mal zurück in die Kaserne, um weitere Dokumente zu holen, wenn es zum Beispiel für einen Videorekorder noch nicht gereicht hatte. Nach einer gewissen Zeit packten unsere Kollegen dann alles zusammen, um bald in einer anderen Garnison vor der nächsten Kaserne zu stehen.

Freddy grinste auf der Rückfahrt vor sich hin: »Bitte sag mir, dass ich das nicht wirklich erlebt habe. Das habe ich doch geträumt, oder?« Diese individuelle Beschaffungsaktion hatte natürlich wenig mit unserem gemeinsamen Verständnis von nachrichtendienstlicher Arbeit zu tun. So etwas konnte nur in den Wendewirren des deutschen Ostens passieren. Eine absolut surreale Situation.

Inzwischen war ich mit Udo bereits einige Monate unterwegs, und Freddy zeitweise mit Gert. Wir hatten alle Garnisonen der russischen Streitkräfte besucht. Nun wussten wir, wo sich die Soldaten nach Dienstschluss aufhielten. Wir erkannten, wann sich ein persönliches Gespräch lohnte, um etwas über den Verlauf des Truppenabzugs zu erfahren und um herauszubekommen, wo die einzelnen Verbände nach ihrer Rückkehr stationiert werden sollten.

Die anerzogenen Berührungsängste der ersten Wochen waren einer positiven Aufgeschlossenheit den Fremden gegenüber gewichen. Ich stammte, wie alle anderen Kollegen auch, aus der alten Bundesrepublik, in der man stets zu wissen glaubte, wo das Böse, die Gefahr saß. Nämlich genau hinter dem großen Zaun, der die Welt in zwei Lager teilte. Solange diese Regel gegolten hatte, war alles so schön einfach gewesen. Nun befanden wir uns in der privilegierten Position, hautnah zu beobachten, wie die ruhmreiche Westgruppe der sowjetischen Truppen abzog. Wir erlebten aber auch mit, wie die Wessis bei den Ossis einfielen und sich dabei rücksichtslos bedienten. Ein vorher fest zementiertes Bild begann zu bröckeln.

Das betraf gerade die Russen, Weißrussen, Ukrainer, mit denen wir nun persönliche Kontakte knüpften. Plötzlich bestand diese Armee für uns aus Menschen mit den gleichen Problemen, wie wir sie hatten. Sie wurden der Anonymität entrissen und stellten Schicksale dar, die man nicht so einfach ignorieren konnte. Sie hatten Kinder, sorgten sich um ihre Zukunft, besaßen kulturelle Werte und trotz genereller Armut auch ein Stück Lebensfreude.

Die Lebensqualität der sowjetischen und später russischen Truppen in der DDR tendierte gegen Null. Der einfache Soldat lebte in Mannschaftsquartieren mit bis zu 120 Kameraden. Er besaß kein persönliches Eigentum. Sein Alltag war in einer Sieben-Tage-Woche lückenlos verplant. Der Einzelne zählte nichts, das Kollektiv alles. Die Rekruten wurden unter permanenter Missachtung der Menschenrechte geschliffen. Sie bekamen weder Ausgang noch Urlaub und mussten sich mit einem Rubel pro Tag und zusätzlichen 25 DDR-Mark pro Monat begnügen. Das Essen der Soldaten war miserabel, die Gesundheitsversorgung mangelhaft.

Häufig herrschte im Verhältnis zwischen Offizier und Soldat, aber auch unter den Soldaten nur die nackte Gewalt. In den achtziger Jahren sollen 400 bis 500 Soldaten der Westgruppe pro Jahr aus ihren Einheiten geflüchtet sein.

In der Regel wurden sie gefasst, und dann hatten sie bis zu fünfzehn Jahre Lagerhaft oder gar die Todesstrafe zu erwarten.

Auch den im Vergleich zu ihren westlichen Kollegen immer noch unter einfachen Verhältnissen lebenden Offizieren und ihren Familien war es strikt verboten, mit den Deutschen(Ost) Kontakt aufzunehmen. Erschwerend war sowieso die Sprachbarriere zwischen den Bruderstaaten. Freundschaften konnten erst gar nicht entstehen, weil sich beide Seiten nur an besonderen Feiertagen sahen. So kam es – abgesehen vom Geheimdienst- und Militärbereich – zu keinem Trennungsschmerz, als sich die Wege der Ostdeutschen und ihrer 50-jährigen Schutzmacht 1994 trennten. Dennoch schrieb WGT-Oberst Gennadi Luschetzki das »Abschiedslied der russischen Soldaten«:

»Deutschland, wir reichen dir die Hand/Und kehr'n zurück ins Vaterland./Die Heimat ist empfangsbereit./Wir bleiben Freunde allezeit./Auf Frieden, Freundschaft und Vertrauen/Sollten wir uns're Zukunft bauen./Die Pflicht erfüllt! Leb wohl, Berlin!/Uns're Herzen heimwärts ziehn.«

Wie war das nun im Vergleich zu unseren eigenen Verbündeten, denen wir doch viel näher stehen mussten? Begünstigt durch die Unfähigkeit des bundesdeutschen Nachrichtendienstes, sorgte die DIA dafür, dass wir in Berlin gut motiviert blieben, aber dafür schlecht informiert. Die Amerikaner behandelten uns zuvorkommend, ließen uns aber nur an einem verschwindend geringen Teil der durch uns gewonnenen Informationen teilhaben. Das lag daran, dass es der BND nicht schaffte, eigenes Übersetzungspersonal zu rekrutieren. Also übernahmen die Yankees das Rohmaterial. Das saugten sie auf und gaben einen Bruchteil der daraus gewonnenen Erkenntnisse an uns zurück. An diesem Ungleichgewicht von 1991 hatte sich fünf Jahre später noch nichts geändert. Wir bekamen es einfach nicht in den Griff.

Wanzen im Föhrenweg

Ein Erlebnis aus unserer deutsch-amerikanischen Geheimdienst-Partnerschaft werden wir wohl nie vergessen. Eines Tages bereiteten Udo und ich eine Reise an die Ostsee vor. Wir wollten den Abtransport russischer Panzerverbände in den Verladehäfen dokumentieren. Im Normalfall setzten wir dabei immer ein kleines Diktafon, einen so genannten Pearlcorder ein. Ich merkte beim Zusammenstellen meines Gepäcks, dass ich keine Aufnahmebänder mehr hatte. Auf dem Weg in den Keller traf ich Mark Handridge, der offensichtlich unter Druck stand, weil er einen Termin bei Groove wahrnehmen musste.

Trotzdem blieb er einen Moment bei mir stehen und fragte, was er für mich tun könne. »Ja, Mark«, sagte ich, »wenn du mir schnell ein paar von den kleinen Tonbändern für den ›Pearl‹ geben könntest. Ich habe nämlich kein einziges mehr.« Wir gingen schnellen Schrittes in sein Büro. Er kramte zuerst in einem Schrank. »Scheiße«, entfuhr es ihm ungeduldig, »hier sind auch keine mehr.« Gedankenverloren öffnete er seine Schublade, griff erleichtert rein. »Hier, Norbert, sind noch zwei. Nimm diese.« Er drückte mir die beiden Minibänder in die Hand und verschwand eilig in Grooves Zimmer.

Udo und ich verließen Berlin. Wir hatten uns für den Nachmittag mit Gert und Freddy in Wismar verabredet. Die beiden waren schon dort, und wir wollten uns mit ihnen austauschen. Auf der Autobahn in Richtung Hamburg passierte es. Ich suchte gerade im Radio einen neuen Sender und Udo legte eines der Bänder in den Pearlcorder. Er drückte auf Wiedergabe und erstarrte. »Sei mal ruhig! Mach mal leise! Hier sind doch Stimmen auf dem Band.« – »Was ist los?«, fragte ich meinen Beifahrer mit einem kurzen Seitenblick. Udo lachte und wurde plötzlich ganz aufgeregt.

»Da ist gerade Gerts Stimme gewesen. Mal sehen, was der so aufgequatscht hat.« In diesem Moment hielt er die Kassette für ein altes Band, das Gert besprochen hatte.

Udo spulte zurück und drückte wieder auf »Play«. »Das ist aber nicht Gert, das ist der Gassing. Ich werd verrückt«, stotterte er. Ein Parkplatz kam in Sicht. Mit Karacho rauschten wir in eine Lkw-Bucht. »Gib her!« Ich nahm ihm kurzerhand das Bandgerät aus der Hand und drückte erneut auf »Play«. Ich stellte noch lauter. Beide spitzten wir die Ohren. Wir befanden uns mitten in einer Dienstbesprechung, die allem Anschein nach in Gassings Büro stattfand. »Warum nimmt der Alte heimlich seine Konferenzen auf?«, fragte Udo mit einem leisen Vorwurf in der Stimme. Wir lauschten weiter. Auf dem Band war zu hören, wie sich Gassing von Gert und der anderen Person verabschiedete. Dann telefonierte er.

»Und warum nimmt der Alte auch noch gleich seine eigenen Telefonate mit auf?«, entfuhr es mir. Udo schlug mit der Faust auf das Armaturenbrett. »Scheiße«, er legte eine lange Pause ein, »er nimmt alles auf, um dann das Band hinterher bei den Amerikanern abzugeben – vielleicht. Nein! Ich fasse es nicht. Die hören uns ab. So eine Sauerei.« »Wir müssen zurück zum Alten!«, schlug ich vor, während das Band weiterlief. »Nein. Das muss Gert erst hören«, setzte Udo dagegen. Wir gaben Gas und steuerten Wismar an, wo wir verabredet waren.

Im Hafen standen mehrere Kolonnen der WGT-Streitkräfte. An diesem Tag warteten in erster Linie Sanitätseinheiten auf ihre Schiffsverladung. Deshalb gingen wir beide nicht direkt ins Zentrum, sondern schlenderten die Gerberstraße entlang. Da sahen wir sie – Gert und Freddy rollten in ihrem blauen Geländewagen an einer russischen Militärkolonne entlang. Wir begrüßten uns herzlich. Dann lotste ich die beiden zu einem kleinen Café.

Noch auf dem Bürgersteig holte ich den Pearlcorder hervor und ließ das Band laufen. Gerts gute Laune verschwand schlagartig. »Wo hast du das her?« Ich erzählte ihm die Umstände. Gert erinnerte sich: »Es muss vorletzte Woche gewesen sein. Das sind der Alte, der OpSi-Gehilfe und ich. Es ging um Urlaubsvertretungen. Der Alte will in die Ferien und geht dann noch für einige Wochen auf einen Schlapphutlehrgang an die Schule. Das haben wir alles besprochen. Dass ich dann nur noch selten rausfahren werde, und so weiter ...« Kein Zweifel, die Amerikaner hörten mindestens das Chefbüro ab. Das hatte keiner von uns erwartet.

Wir fluchten und schimpften. Der Frust der letzten Monate, die leeren Versprechungen unseres Arbeitgebers suchten einen Blitzableiter. Wir rechneten an unseren Lebensjahren herum, weil wir wissen wollten, wie lange wir uns solchem Verdruss noch aussetzen mussten. Dann beschlossen wir, den Einsatz abzubrechen und zurückzufahren. Gassing sollte schleunigst das Tonband kennen lernen. Nun hatten wir das Problem, dass wir den Alten nicht in seinem Büro informieren konnten, wenn die »Kellerasseln« ihre Bänder laufen ließen. Wir mussten ihn rauslocken. Ich setzte Udo bei einem Restaurant in der Nähe der Dienststelle ab und ging die 400 Meter zu dem rostbraunen Backsteinhaus zu Fuß.

Gassing saß in seinem Zimmer und brütete über Unterlagen. Ohne ihn zu Wort kommen zu lassen, ergriff ich die Initiative: »Wir haben ein Problem mit dem Auto.« Gassing blickte gequält hoch: »Motor oder Getriebe?« Er war keineswegs überrascht, weil das die Standardleiden bei unseren inzwischen neun Geländewagen waren. »Nein, so schlimm scheint es nicht zu sein. Aber, Sie kennen sich doch mit Autos aus, vielleicht könnten Sie mal ...« Er stand auf und folgte mir. Draußen blies ein eiskalter Wind. Ich hatte noch meinen Mantel an, während Gassing schlotternd auf der obersten Treppenstufe stehen blieb. Ich informierte ihn mit knappen Worten über unsere neuesten Erkenntnisse. Er wirkte etwas verdutzt, ließ sich aber die Minikassette geben und verschwand wieder in unseren Amtsräumen. Er werde sich um alles kümmern, waren seine letzten Worte.

Die beiden zurückgekehrten Teams trafen sich in der Ringslebenstrasse. Da fühlten wir uns sicher und konnten frei sprechen. Das Haus Nummer zwei besteht aus drei zehnstöckigen Blöcken, die sternförmig zusammenstoßen. Sie sind über einen zentralen Haupteingang verbunden. Von hier kommt man in die Aufzüge und in die einzelnen Treppenhäuser. Udo und Freddy wohnten in der zweiten Etage des Westflügels, Gert und ich im vierten Stock des Nordostbereichs. Die meisten aus unserer alten »Stay Behind«-Mannschaft waren hier untergekommen. Ich begab mich erst einmal in meine Wohnung, wo ich zufrieden feststellte, dass die Hausverwaltung das neue Türschild angebracht hatte: Werner Schrader.

Nach einer Weile kam Udo nach. Wir beratschlagten, wo wir zum Abendessen hingehen könnten. Wir einigten uns auf das »Bussola« – ein italienisches Restaurant, etwa 850 Meter entfernt an der Kreuzung Lipschitz-/Fritz-Erler-Allee, mitten in der Gropiusstadt. Es war ein witziger Rundbau mit ausgezeichneter Küche, gedämpftem Licht und sehr privaten Sitznischen. Dort konnte man gut miteinander sprechen, ohne die Leute an den Nachbartischen zwangsläufig zu beteiligen. Während des Essens diskutierten wir nochmals die Situation der Dienststelle. Die Reaktion von Gassing kam uns eigenartig vor. Egal, nun müssten die Münchner reagieren. Was wäre aber, wenn nicht? Auf dieser Basis könnte man ja nicht mehr mit den Amerikanern zusammenarbeiten.

Wir mussten jetzt darauf vertrauen, dass Gassing die unangenehme Angelegenheit regelte. Uns selbst war es seit einigen Wochen verboten, Kontakte in die Pullacher Zentrale zu pflegen. Das lag daran, dass sich mehrere von uns bei den verschiedensten Stellen beschwert hatten, weil wir unter chaotischen Verhältnissen und ohne genaue Richtlinien unseren Dienst verrichteten. Jeder, vom Chef bis zur Zahlstellenverwalterin, machte in der jeweiligen Situation, was er für richtig hielt. Nach eigenem Gutdünken und auf eigenes Risiko.

Diese offene Kritik schien nicht gut angekommen zu sein. Also gab es nun unerfreuliche Richtlinien. Nur unser Chef durfte ab sofort mit München sprechen und dort ausschließlich mit dem Führungsstellenleiter Gigl. Mit sofortiger Wirkung wurden die Zugangsberechtigungen von 12YA für die Zentrale eingezogen. Das zeigte besonders anschaulich, wie wenig bedeutend man uns und unsere Arbeit einstufte.

Am nächsten Morgen fuhren wir neugierig in den Föhrenweg. Noch immer herrschte kaum Betrieb auf dem Gelände. Die Teams waren unterwegs, nur ein paar Leute vom Innendienst anwesend. Was uns sofort erstaunte, war die Tatsache, dass Gassing gar nicht erschien. Er hatte sich für den ganzen Tag entschuldigt. So verging eine gute Woche, bis wir ihn nochmals auf das Problem mit der Wanze in seinem Büro ansprechen konnten. Wir waren verunsichert, weil er in keiner Weise reagiert hatte. Auch jetzt versuchte er das Problem klein zu reden: »Ich halte das Tonband eher für ein Versehen als für eine gezielte Aktion. Es läuft doch alles tadellos mit den Amerikanern. Wir haben schon genug Probleme. Diesen Ärger möchte ich nicht auch noch auf mich laden.«

Sein Vize wollte das nicht akzeptieren. »Wir gehen also jetzt einfach zur Tagesordnung über. Bei allem Respekt, so etwas habe ich noch nicht erlebt.« Er setzte noch einen drauf: »Ich werde nur noch wenige Monate hier sein, aber ihr müsst weiterhin mit den Verhältnissen hier zurechtkommen. Auf Dauer würde ich das aber nicht ertragen.«

Nun platzte Gassing der Kragen: »Herr Arnstein, es zwingt Sie niemand. Hier kann jeder gehen, wenn er meint, etwas Besseres zu haben.« Der Angesprochene stand auf und verließ den Raum. Ich traute meinen Sinnen nicht. Das musste den Abhörern im Keller einen richtigen Kick geben, uns weiter zu belauschen. Gassing hatte es zuvor schon abgelehnt, dieses unangenehme Gespräch außerhalb seines Büros zu führen. Hatte er damit Zeichen setzen wollen?

Unsere etwas ambivalente Sympathie für die Amerikaner schmolz spürbar dahin. Erstens nahmen wir ihnen übel, dass sie uns bespitzelten. Zweitens hielten sie offensichtlich Informationen zurück, die durch uns beschafft worden waren. Wir bekamen jedenfalls nur einen unzureichenden Rücklauf der ausgewerteten Dokumente. Und drittens schnüffelten sie regelmäßig in unseren Sachen. Dafür gab es eindeutige Zeichen. Gegenüber von Gassings Büro hatten wir den Aktensicherungsraum eingerichtet. Dort wurden unsere sensiblen Schriftstücke verwahrt, ab Mitte 1992 auch die operativen Quellenakten. Tagsüber stand dieses fensterlose, von einer schweren Panzertür gesicherte Zimmer offen. Es war allen Mitarbeitern zugänglich. Einige der dort aufgestellten Stahlschränke waren niemals geschlossen, andere wiederum tagsüber durch steckende Schlüssel zugänglich.

Nun hatten die DIA-Kollegen ausgerechnet in unserem Aktensicherungsraum ihr Faxgerät und eine interne Telefonleitung installiert. Angeblich konnten sie beides nirgendwo sonst betreiben. Jeder wusste, dass diese Aussage Blödsinn war, aber man hatte sich längst daran gewöhnt, dass sich die Amerikaner hier regelmäßig und mehrmals am Tag aufhielten. Manchmal befand sich in unserem Teil der Dienststelle halbe Tage lang nur die Sekretärin. Die merkte natürlich nicht, was im Aktensicherungsraum passierte.

Dann war es auch schon vorgekommen, dass Mark Handridge gebeten wurde, einige Stunden auf unsere Räume aufzupassen. Der hatte sich nicht lange bitten lassen und das Zimmer unseres Mannes für Operative Sicherheit bezogen. Als wir zurückkamen, war Mark Handridge, Füße auf dem Schreibtisch, gerade in eine Quellenakte vertieft.

Das Leben lief weiter, trotz aller Bedenken und Warnungen. Gerade in den Monaten bis zum April 1992 passierte eine ganze Menge. In der Regel waren wir viel unterwegs, beobachteten russische Transporte und grasten unsere »stinkenden Fundstellen« ab. Eines Tages bekamen wir von der neuen Bundesvermögensverwaltung in Magdeburg den Hinweis auf ein Gebäude, in dem sich das russische Militärgericht befunden hatte. Die Juristen waren über Nacht abberufen worden. Aber immerhin waren die Russen so freundlich gewesen, ihre sämtlichen Akten zurückzulassen.

Es war wie ein Spuk, als ich durch die Flure des mehrstöckigen Gebäudes ging. Alles sah so aus, als würden die Soldaten jeden Moment zurückkommen. Akten lagen herum, die Panzerschränke waren offen. In einem Besprechungsraum standen die Kaffeetassen auf dem Tisch. In den privaten Schränken hingen Uniformjacken, standen Stiefel und Schuhe. Um das ganze Material abtransportieren zu können, mussten wir Verstärkung anfordern. Mit mehreren Lastwagen schafften wir schließlich Gerichtsakten, Vorschriften, Geheimbefehle und Personalordner nach Berlin. Einige Panzerschränke wurden noch in verschlossenem Zustand an die Amerikaner übergeben.

Die russische Abwehr schläft nicht

Inzwischen war der Job beileibe nicht mehr so einfach wie in den ersten Wochen und Monaten. Die andere Seite fing an, sich gegen unsere Operationen zu wehren. Auf einen Major wurde während einer Observation geschossen. Mein Kollege Freddy kam bei der nächtlichen Erkundung des Flugplatzes Sperenberg in eine bedrohliche Lage. Mit speziellen Videokameras der Amerikaner führte er Geräuschmessungen durch. Das sollte uns helfen, Freund und Feind akustisch voneinander zu unterscheiden. Die Russen entdeckten den Eindringling und jagten ihn mit Hubschraubern vom weitläufigen Gelände.

Der bis dahin spektakulärste Fall war aber in Neuruppin passiert. Ein einziges Mal wurde ein Verbindungsführer von München aus direkt eingesetzt. Er sollte eine russische Innenquelle werben. Pullach bereitete alles hochprofessionell vor, bildete für diese Operation sogar einen eigenen Stab. Der Verbindungsführer nahm Kontakt mit dem russischen Offizier auf und traf ihn zweimal. Dann lud der Russe ihn zu sich nach Hause ein. Er versprach, bei dieser Gelegenheit »streng vertrauliche« Unterlagen zu übergeben.

Als der BND-Agent in Neuruppin die Wohnung seines neuen Informanten betrat, wurde die Haustür hinter ihm verschlossen. Plötzlich stand er in gleißendem Scheinwerferlicht. Videokameras begannen zu laufen. Der Verbindungsführer musste sich setzen und wurde im Beisein mehrerer Offiziere vom russischen Militärstaatsanwalt vernommen. Die Gastgeber staunten nicht schlecht, als sie bei der Durchsuchung seiner Aktentasche feststellten, dass er selbst auch einige Unterlagen mitgebracht hatte.

Es handelte sich um persönliche Abrechnungen von Dienstreisen und Treffkosten sowie den gesamten Operationsplan zur Anwerbung dieses Offiziers aus Neuruppin.

Dazu kamen die Einsatz- und Ausführungsanordnungen der neuen Berliner Dienststelle. Solche Papiere waren für die russische Abwehr von großem Wert. Der Skandal wurde später im BND klein geredet. Keiner zog daraus Konsequenzen. Auch die Berliner Mitarbeiter erhielten dazu keine Belehrung. Die Verantwortlichen gingen zur Tagesordnung über und beförderten den Verbindungsführer einige Wochen später.

Ein ähnlicher Fall sollte Monate später passieren und einen unserer Berliner Verbindungsführer in arge Bedrängnis bringen. Er hatte sich auf Automärkte spezialisiert, die in unmittelbarer Nähe von WGT-Kasernen entstanden waren. Der Verbindungsführer war ständig allein unterwegs, ein Beweis, wie wenig sich der Dienst um operative Angelegenheiten kümmerte. Den Russen blieben seine Aktivitäten nicht verborgen, und so beschlossen sie, ihm eine Falle zu stellen.

Sie versetzten ganz einfach Schilder, die auf ein militärisches Sperrgebiet hinwiesen. Der Verbindungsführer wähnte sich in einem Automarkt, befand sich aber in Wirklichkeit schon auf russischem Militärgelände. Er wurde festgenommen und von einem Militärstaatsanwalt verhört. Um ihn gefügig zu machen, drohten ihm die Russen mit der Überführung nach Moskau – ein Hubschrauber stand startbereit. Dann übergaben sie ihn aber doch der örtlichen Polizei.

Derart gefährliche Überraschungen hätten uns auch passieren können. Das Wissen über diese Gefahr belastete uns zusätzlich. Mein neuer Partner Freddy war mit den Nerven ohnehin fertig und trug sich mit dem Gedanken, alles hinzuschmeißen. In jenen Tagen führten wir lange Gespräche über unsere persönliche Situation. Ich wusste, wo es hakte. Freddy kam zu wenig nach Hause, konnte sich nur sehr eingeschränkt um seine Familie kümmern und die Probleme mit den halbwüchsigen Kindern in den Griff bekommen. Also versprach ich ihm eine Neuordnung unserer Arbeit, um ihm ein geregelteres Leben zu sichern. Das war Anfang 1992.

Die zehn Gebote

Künftig würden wir schwerpunktmäßig russische Quellen werben, die nach ihrer Rückkehr in die Heimat weiter für uns arbeiten sollten. Dabei müssten wir ein völlig gleichberechtigtes Team sein, bei dem einer sich um die operativen Aspekte, der andere um den Verwaltungskram kümmern würde. Alle Entscheidungen müssten einstimmig erfolgen. Bei Meinungsverschiedenheiten sollten wir beide einen tragfähigen Kompromiss suchen. Ich merkte, dass Freddys Jagdfieber langsam wieder erwachte. Dass wir uns ganz eigene Regeln schaffen wollten, schien ihm Spaß zu machen. Also setzten wir uns hin und tüftelten zwei Tage lang an einer Agenda für unsere künftige Teamarbeit. Wir einigten uns auf zehn Punkte:

1. Künftig sollten wir unsere Aufenthalte in der problematischen Berliner Dienststelle so kurz wie möglich gestalten. Das betraf auch die Kontakte zu den amerikanischen Partnern. Über operative Dinge würden wir mit ihnen gar nicht mehr sprechen.
2. Wir vereinbarten, einen Test auszuarbeiten, der uns erkennen ließ, wie der Rücklauf an Meldungen von Seiten der Amerikaner funktionierte.
3. Mündliche Berichte sollten nur oberflächlich abgegeben werden, um der bekannten Abhörgefahr vorzubeugen. Künftig wollten wir jede Chance wahrnehmen, unseren Chef außerhalb der Dienststelle zu sprechen, insbesondere wenn wichtige Entscheidungen anstünden.

4. Es durften keinerlei Unterlagen in der Dienststelle bleiben. Wenn wir in den Amtsräumen zwangsläufig etwas deponieren mussten, dann sollte es für einen Außenstehenden unverständlich sein.
5. Die Aufgabenverteilung im Team wurde wie besprochen geregelt.
6. Um mit einer Erfolg versprechenden Quellenwerbung beginnen zu können, war es notwendig, gut funktionierende Kontakte zur Bundesvermögensverwaltung aufzubauen. Die Westgruppe der sowjetischen Streitkräfte kooperierte eng mit dieser Behörde, weil man gemeinsam die Rückgabe der Liegenschaften abwickelte. Dazu musste die WGT deutschsprachige Soldaten oder Dolmetscher einsetzen. Exakt dieser Personenkreis interessierte uns.
7. Wir wollten keine Aufträge mehr zur Aufklärung in der Nähe von militärischen Einrichtungen übernehmen. Die Russen hatten mittlerweile eine Ahnung von unseren nachrichtendienstlichen Aktivitäten und deshalb die Gegenoperation »Pautina« (Spinnennetz) eingeleitet.
8. Wir beabsichtigten, einem gewissen operativen Muster zu folgen. Da wir für groß angelegte Anbahnungsoperationen nicht genügend Zeit hatten, sollte Folgendes gelten: Wir wollten versuchen, die potenziellen Zielpersonen außerhalb ihrer Garnisonen anzusprechen. Der Erstkontakt würde unter Legende ablaufen. Der zweite Mann aus unserem Team müsste vorerst unerkannt bleiben, um den Treff zu überwachen. Sollte es mit der Zielperson zu einem zweiten Treffen kommen, dann würden wir sofort unsere wahre Identität offen legen.
9. Wir vereinbarten, dass wir unsere Zielpersonen ehrlich und anständig behandeln würden. Es sollten keine Dossiers entstehen und nichts schriftlich fixiert werden. Druck und Kompromate lehnten wir ab.

10. Wir versprachen uns gegenseitig, diesen Plan absolut vertraulich zu behandeln.

Soweit die Theorie. Sie würde erst zu Praxis werden, wenn Gassing uns beide zusammenarbeiten ließe und Freddy sich zum Bleiben entschieden hätte. Nun war ich gefragt. Ich meldete mich Mitte März 1992 beim Chef. Er empfing mich freudig. Unser Verhältnis war weitgehend entspannt. Er schätzte meine Arbeitsergebnisse, und wir vermieden in der Regel jeglichen Streit. Seiner Auffassung nach sah ich die Rolle der Amerikaner zu kritisch. Aber dieses Thema sparten wir bei unseren Gesprächen meistens aus.

Wir waren uns einig, dass Freddy auf dem besten Weg war, depressiv zu werden und dass er wohl als Nächster ausscheiden würde. Ich betonte, dass ich mir nach dem bevorstehenden Abgang von Gert und Udo aber nur mit Freddy eine enge Zusammenarbeit vorstellen könnte. Gassing beurteilte die Lage aus seinem Elfenbeinturm. Freddy habe sich entschlossen, nach Berlin zu gehen. Nun dürfe er nicht dauernd herumjammern und irgendwelche Vergünstigungen erwarten.

Es war atemberaubend, wie der Alte die reellen Probleme unseres Alltags ignorierte. Mittlerweile lief die Dienststelle beinahe von selbst. Die täglichen Meldungen waren so ausgezeichnet, wie der Dienst sie nie zuvor gekannt hatte. Und das, obwohl ein Großteil der Erkenntnisse sozusagen im Keller auf der Strecke blieb. Gassing wurde in München hoch gehandelt. Das löste bei ihm eine Selbstsicherheit aus, die mit einer ordentlichen Prise Selbstgefälligkeit angereichert war. Dadurch veränderte sich auch allmählich sein Ton gegenüber den Mitarbeitern. In der schwierigen Anfangsphase hatte er um jeden Einzelnen gebettelt und gerungen. Nun sah er in ihnen nur noch die Erfüllungsgehilfen seines Erfolges.

Mir wurde schlagartig bewusst, wie wir Gassing packen

konnten. Die Aussicht auf Erfolg, auf noch mehr Ruhm und Glanz in München würde ihn veranlassen, allem zuzustimmen, was ihm erfolgsträchtig erschien. Also unterbreitete ich ihm einen Vorschlag, den er nicht ablehnen konnte: »Sie teilen mir Freddy zu, wenn er aus dem Urlaub zurückkommt. Ich sorge dafür, dass er keinerlei Schwierigkeiten mehr macht. Wir erfüllen weiterhin unsere Aufträge für die Amerikaner. Zusätzlich beauftragen Sie mich, die Bundesvermögensverwaltung zu kontaktieren. Über die dortigen Mitarbeiter werden wir Verbindungen zu russischen Offizieren aufnehmen. Das wird uns qualitativ bessere Informationen bringen. Die Münchner werden staunen.« Er nickte wohlwollend.

»Na gut, wenn Sie sich das zutrauen. Ich schau es mir an. Aber ich will Sie trotzdem alle zehn Tage mal sehen.« Gassing akzeptierte uns als Team, fügte aber einschränkend und mit Nachdruck hinzu: »Sehen Sie, dass bei Ihren Kontakten auch etwas für die anderen Verbindungsführer abfällt.« Es war viel einfacher gelaufen, als ich erwartet hatte. Dass ich die Aufträge der Amerikaner weiterhin erledigen würde, war schlichtweg gelogen, aber langfristig würden sie auch von unseren Ergebnissen profitieren. Manchmal muss man eben die Menschen zu ihrem Glück zwingen, dachte ich mir. Aber für das Abgrasen von Müllkippen hatten wir nun wirklich keine Zeit und Lust mehr.

Als ich Freddy später Bericht erstattete, antwortete er mit einem Satz, der in unserem weiteren beruflichen Leben zu einem geflügelten Wort werden sollte: »Und du meinst, das stehen wir durch?« – »Ja, das stehen wir durch!« Freddy besiegelte den Pakt mit einem festen Händedruck.

Am Morgen des 20. November 2002 wiederholte sich dieser Dialog unter ganz anderen Umständen. »Ja«, antwortete ich bei dieser Gelegenheit, »das stehen wir durch. Wir haben nichts verbrochen!« Freddy und ich standen an diesem Tag vor dem Gebäude des Landgerichts München I. Wir waren die Angeklagten in einem Geheimprozess, der unsere Arbeit für den BND beendete. Doch davon später.

Irgendwann ließ sich der Personalschwund unserer Dienststelle nicht mehr verbergen. Als das neue Heeresstrukturgesetz kam, stellten einige der Soldaten sofort Antrag auf vorzeitigen Ruhestand. Einer von ihnen war ein BND-Mitarbeiter aus Braunschweig-Wenden. Ein ziemlich pfiffiger Kollege, der bis zur Wende den in Braunschweig-Waggum stationierten BND-Aufklärungshubschrauber geflogen hatte. Als es an der Grenze nichts mehr zu tun gab, versetzte man den Hubschrauberpiloten und seine Leute nach Berlin. Auch er sollte nun Müllhalden abklappern und Panzer beim Verladen zählen. Schon nach kurzer Zeit ergab es sich, dass ich ihn am Wochenende als Beifahrer mitnahm.

Er war völlig frustriert. »Ich werde das nicht mehr mitmachen. Vom eigenen Dienst werden wir verarscht, von den Amis beschissen. Nichts von dem, was mir versprochen wurde, ist eingehalten worden. Der BND bezahlt zwar großzügig unsere Wohnung, zieht aber den Betrag dann wieder von unserem Trennungsgeld ab. Ich höre auf. Mir reicht es.«

Als ich meinen Kollegen zu Hause ablieferte, verabschiedete er sich herzlich von mir. In der folgenden Woche wollten wir gemeinsam nach Rügen fahren, um die Verladetätigkeiten der Russen weiter zu beobachten. Daraus wurde nichts, denn er meldete sich krank. Trotz mehrfacher Aufforderungen zurückzukehren und massiver Drohungen durch den Dienst weigerte er sich eisern, jemals wieder die Berliner Räume zu betreten. Nach etwa einem Jahr Abwesenheit wurde er aus gesundheitlichen Gründen vorzeitig entlassen. Ich habe ihn leider nie mehr gesehen.

Er war beileibe nicht der Einzige, der uns verließ. Unter anderem gingen auch Udo und Gert. Im Juni 1992 verabschiedeten wir beide in den vorzeitigen Ruhestand. Die letzten Monate ihrer Dienstzeit waren sie nur zeitweise in Berlin gewesen. Sie nahmen ihren Jahresurlaub, den Resturlaub vom Vorjahr und einen Teil ihrer erworbenen Zeitguthaben. Bis sie alles überstanden hatten.

Technologietransfer

Zu Beginn des Jahres 1992 kam ich mit Gert ins Gespräch, der gerade Gassing vertrat. Ich erzählte ihm von unserer Vereinbarung mit dem Alten, und dass es sehr vorteilhaft wäre, wieder einmal einen spektakulären Coup zu landen. Denn dann könnten wir uns in den nächsten Monaten ungestört auf die Werbung von Quellen konzentrieren. Schließlich wollten Freddy und ich nicht damit enden, an die Russen Kaffeemaschinen zu verteilen. »Gibt es etwas Interessantes, wo wir uns einklinken können?«

Gert ließ seine laufenden Operationen Revue passieren und blieb bei einer Beschaffungsaktion hängen, die er als »momentan recht heiß« bezeichnete. »Hast du schon einmal etwas von ›C55 Patrol‹ gehört?«, fragte er mich. »Das ist ein Freund-Feind-Erkennungsgerät. Die russischen Streitkräfte haben es in Flugzeugen oder auch in Schiffen eingebaut. Wir wissen, dass hier noch ein paar Dutzend dieser Dinger im Einsatz sind. Die Amerikaner wollen eines davon haben. Geh doch mal zu Mark. Er kann dir mehr darüber sagen.«

Mark stellte einen Samsonite-Koffer auf den Tisch und öffnete ihn mit einer großspurigen Geste, wie man es aus den einschlägigen Filmen kennt. Ein Sergeant blieb stumm an der Tür stehen und ließ den Behälter nicht aus den Augen. Der Koffer war randvoll mit Dollarnoten gefüllt. »Das ist die erste Hälfte, die wir für das Gerät zahlen. Beschaffe uns ein Patrol, und du kannst den Deal sofort abwickeln«, erläuterte er mir schmunzelnd.

»Wie viel ist das?«, wollte ich wissen. »Eine Million US-Dollar. Aber es gibt mindestens doppelt so viel im Erfolgsfall. Hast du eine Möglichkeit?« – »Mal sehen«, blieb ich betont vage, »irgendetwas geht immer.« – »Willst du den Koffer gleich mitnehmen?« –«Nein, natürlich nicht. Soll ich mit einer Million durch Berlin latschen?« Mark lachte: »Warum nicht? Der Koffer hat in den neuen Bundesländern schon einige 100 Kilometer hinter sich. Innerhalb von Berlin war er auch schon mehrere Male unterwegs. Deine Kollegen haben ihr Versprechen aber bislang nicht gehalten.«

»Ist auch nicht leicht, das Gerät zu klauen.« Ich war etwas durcheinander. Auf der einen Seite war es von Vorteil, sich vom Föhrenweg fern zu halten, andererseits bekam man aber vieles nicht mit. Die Geschichte mit dem Koffer war völlig an mir vorbeigegangen.

»Na, da staunste, wa?« Gert grinste mich an. Dann erzählte er mir von einem Kontakt, den er mehrere Monate lang zusammen mit Freddy gepflegt hatte. Er war durch Vermittlung eines Berliner Kriminalhauptkommissars zustande gekommen, der im Milieu ermittelte. Dieser Mann hatte uns auf einen Militariahändler aufmerksam gemacht, der in der Nachwendezeit allerlei Gerätschaften der russischen Streitkräfte feilbot. Gert und Freddy besuchten ihn. Der Händler wurde mit dem Decknamen »Tinte« als Informant gewonnen. In der Folge kauften sie von ihm einiges an Hardware. Wegen seiner Unzuverlässigkeit mussten sie ihn aber wieder abschalten.

In Verbindung mit ihm stand ein gewisser Rainer K., der die Beschaffung eines C55 Patrol mehrfach in Aussicht stellte. Mit ihm waren meine beiden Kollegen jedoch nie zusammengetroffen. Gert versprach mir, Gassing nach seiner Rückkehr zu bitten, mich mit diesem Fall zu betrauen. K. hatte sich nämlich gerade beim Berliner Verfassungsschutz gemeldet und sich dort über einen gewissen Dieter H. beschwert. Genau dieser H. war unser »Tinte« gewesen.

Gassing verbrachte jetzt viel Zeit in München. Dort sonnte er sich in den Erfolgen von 12YA. Sein Berliner »Laden« schüttete die Auswertung mit Material förmlich zu. Zumindest dort, wo die Meldungen bewertet wurden, brach eine gewisse Begeisterung aus. Das steckte natürlich andere an. Nun wollte jeder dabei gewesen sein und sich seinen Anteil am Erfolg sichern. Gassing fuhr also gern nach »unten«, wie er immer sagte. Dass er dabei übers Wochenende seine Eltern besuchte, die in Ellmau am Wilden Kaiser lebten, hob er nicht weiter hervor.

Gassing war kurz angebunden, weil ihm die Zeit zu langen Erklärungen fehlte. Er drückte mir den gesamten Vorgang um H. und eine Visitenkarte des Verfassungsschutzes in die Hand, wünschte viel Erfolg und bugsierte mich wieder aus seinem Büro hinaus. Die Papiere enthielten einen Bericht von Gert sowie einen schriftlichen Beschaffungsauftrag des BND-Präsidenten. Dort stand es schwarz auf weiß: »Für die Besorgung des Freund-Feind-Gerätes, genannt Patrol, bewillige ich einen Betrag von 500 000 Mark als Verhandlungsgrundlage.« Ich traute meinen Augen kaum.

Ich fuhr zuerst zum Verfassungsschutz. K. hatte sich dort, wie ich bereits wusste, über seinen einstigen Partner H. und über den BND beschwert und massive finanzielle Nachforderungen angemeldet. Der Vorgang im Landesamt für Verfassungsschutz wurde mir von einem Mitarbeiter mit konstruktiven Worten übergeben: »Da haben Sie alles. Das ist ein echter Spinner. Macht schwer auf staatstragend. Dabei hat er 'ne Menge anderen Dreck am Stecken. Wenn er für Sie jetzt nicht so wichtig wäre, dann hätten wir ihn sicher an den Hammelbeinen.« Eine weitere Nachfrage brachte die zweite Warnung: »Das ist ein Dampfplauderer. Er tanzt auf vielen Hochzeiten. Seien Sie vorsichtig bei ihm.«

Noch am gleichen Tag rief ich Rainer K. an. Wir verabredeten uns für den nächsten Abend um 18 Uhr im Hotel Palace am Europa-Center. Eine Viertelstunde vorher betrat ich das Foyer des Hotels. Direkt am Ende der Halle befand sich eine lauschige Sitzecke. Von hier aus konnte ich alles überblicken. Ich wartete voller Spannung auf K., den ich vorher noch nie gesehen hatte. Auch in den Akten fand sich kein Foto von ihm. Um ihn zu erkennen, hatte ich ihn gebeten, das neueste Exemplar des Nachrichtenmagazins *Der Spiegel* mitzubringen.

Kurz vor 18 Uhr trat ein mittelgroßer Mann mit einem schwarzen Aktenkoffer und dem vereinbarten Zeichen in die Halle. Er schaute sich mehrfach um und blickte dann wieder auf seine Armbanduhr. Ich blieb noch ein paar Minuten sitzen, um ihn beobachten zu können. Der Mann wirkte nervös und unsicher. Nach einer Weile gab ich mich zu erkennen. »Hansen«, stellte ich mich vor, »ich glaube, wir sind verabredet.« Er nickte erleichtert.

Wir verließen das Foyer und schlenderten wortlos durch das Europa-Center. Mit einem Fahrstuhl begaben wir uns in das oberste Stockwerk zu einem Restaurant, wo ich einen Tisch reserviert hatte. Dann begann er ohne Unterlass zu reden. Er berichtete von seinem Leben in der DDR, wie er H. kennen gelernt hatte, wie der ihn betrogen hatte, und so weiter ... Immer wieder wies er auf seine Staatstreue hin und darauf, dass er am Wiederaufbau des Ostens aktiv mitwirken wolle. K. berichtete von seinen guten Kontakten zum russischen Militär. Da er selbst mit einer Russin verheiratet sei, beherrsche er natürlich auch ihre Muttersprache.

Wir speisten eine Kleinigkeit, und dann fiel ich gleich mit der Tür ins Haus. »Was ist mit dem Freund-Feind-Gerät? Können Sie mir eines beschaffen?« Er antwortete ausweichend: »Na ja, im Prinzip geht das schon. Es ist aber mindestens fünf Millionen Dollar wert.« Im Übrigen habe er noch Geld zu bekommen für Lieferungen an H. Er habe ihm Proben der neuen Schamottpanzerung des T 80 besorgt, eine komplette ABC-Spürausrüstung und vieles mehr.

Seine unverschämte Art war nicht auszuhalten. Auf der einen Seite gab er sich staatstragend, auf der anderen Seite war er absolut geldgierig. Ich musste ihm den Wind aus den Segeln nehmen. »So ein Gerät hat früher sicher einmal großen Wert gehabt. Aber jetzt, wo alle damit hausieren gehen, sieht das schon ganz anders aus. Ich habe eine Fülle von Angeboten, die ich zurzeit prüfe. Und ich sage ganz ehrlich: Der Erste, der das Gerät liefert, wird bezahlt. Natürlich nicht in dieser Größenordnung. Sie sollten auch nicht versuchen, es an jemand anderen zu verhökern. Sie wissen doch, dass Sie sich damit strafbar machen würden. Zu Ihren vergangenen Geschäften kann ich nichts sagen. Jedenfalls kann ich dafür nichts bezahlen. Wir müssen unseren Blick in die Zukunft richten. Da haben wir gute Chancen, ins Geschäft zu kommen.«

K. war nervös. Auf seiner Stirn bildeten sich kleine Schweißperlen. Er wirkte unsicher und fahrig. Ich fragte ihn, wie er an das begehrte Gerät kommen wolle. »Wir können es aus dem Hubschrauber einer Alarmstaffel ausbauen. Er steht in Oranienburg. Ein russischer Offizier ist mir dabei behilflich. Wenn er am kommenden Wochenende Dienst hat, dann kann das sofort passieren.« Wir fingen an, um den Preis zu pokern. »Herr K., wenn Sie mir das Gerät am Montag liefern, dann bekommen Sie 40 000 Mark. Mehr bewilligen mir meine Leute ganz bestimmt nicht. Sehen Sie, wir verbraten hier immense Steuergelder. Außerdem sollten Sie nicht vergessen, dass unsere Zusammenarbeit gerade erst beginnt. Wir können zusammen noch vieles bewegen.«

Gut, sagte er, aber dann müsse das Geld bei der Übergabe vorhanden sein. Wieder musste ich ihn enttäuschen. »Das ist unmöglich. Unsere Spezialisten wollen natürlich zuerst einmal prüfen, ob es sich auch um das richtige Gerät handelt. Ich bin technisch so wenig versiert, dass ich sogar einen russischen Toaster dafür halten würde. Können Sie denn mit Sicherheit ausschließen, dass man Sie nicht übers Ohr hauen will? Also, wenn Sie am Montag liefern, dann zahle ich am Freitag. Das ist mein Angebot. Einverstanden?« K. atmete schwer. »Gut, Montag die Ware und am Freitag das Geld. Wo wollen wir uns treffen?«

Ich überlegte lange, weil mir bewusst war, dass diese Angelegenheit sehr gefährlich werden könnte. Ich wurde das Gefühl nicht los, dass sich das wertvolle Teil schon in der Hand des Händlers befand. Wie konnte er sonst die Lieferung so sicher zusagen, als würde er uns eine Kiste Bier besorgen? Aus dieser Einschätzung heraus hatte ich auch so tief gepokert. Der Mann saß vermutlich auf der »heißen Ware« und musste sie so schnell wie möglich loswerden. Lange würde den Verantwortlichen in Oranienburg das Fehlen des Geräts nicht verborgen bleiben. Dann käme eine Maschinerie in Gang, die alles versuchen würde, das C55 wieder zurückzuholen. Schließlich handelte es sich hier um eine der geheimsten Entwicklungen der sowjetischen Rüstungsindustrie.

Als ich K. noch einmal auf seine persönliche Gefährdung hinwies, war es mit seiner Geschwätzigkeit vorbei. Gerade aus Sicherheitsgründen wolle er keine Details mehr verraten. Die Lieferung könne er zu 100 Prozent zusagen. Man müsse schließlich seinem eigenen Staat helfen. Ob er das Gerät schon in seiner Hand habe, wollte er nicht mehr beantworten. Er war nur noch am Übergabeort interessiert.

Ich schärfte ihm ein, er müsste das Gerät auf alle Fälle aus der ehemaligen DDR heraus und in den Bereich der alten Bundesrepublik bringen, weg aus dem Zugriffsbereich der WGT. In den alten Bundesländern hatten die Besatzer immer noch ihren Heimvorteil. Ich schlug ihm vor, über Magdeburg nach Braunschweig zu fahren. Den Ort kannte ich seit meiner Jugend sehr gut. K. sollte den Parkplatz vor dem Eisstadion ansteuern – kein Problem über die Autobahn A 2 und die Hamburger Straße. K. war von der weiten Anfahrt anfangs nicht begeistert, aber dann willigte er ein, weil der Vorgang so einen aufregenden Touch hatte wie in den Geheimdienst-Thrillern.

Braunschweig bot noch einen Vorteil. Mein ehemaliger Partner Udo lebte lediglich vierzig Kilometer entfernt. Ihn konnte ich für diese Operation C55 aktivieren. Gert und Freddy waren gerade nicht verfügbar, und mit den anderen »Berlinern« wollte ich die Aktion nicht anpacken. Erstens waren die meisten zu unerfahren, und zweitens sollten die Amerikaner erst so spät wie möglich von der Beschaffung des Freund-Feind-Erkennungssystems erfahren. Ich war der Überzeugung, dass dieses Gerät erst einmal nach Pullach gehörte. Was dann damit geschehen würde, war mir egal.

Das Allerheiligste der russischen Armee

Am nächsten Morgen saß Hans Diethard im Büro des OpSi und wartete auf mich. Unser Chef und einige seiner Mitarbeiter waren tags zuvor nach München gefahren. Also standen wir uns nun unter vier Augen gegenüber. Der Amerikaner brachte einen Kaffee und kam sofort zur Sache: »Wie war es gestern? Läuft etwas mit C55?« Ich fragte erstaunt, woher er das bereits wusste. Er zuckte mit den Schultern. Ob ich an diesem Mittag Zeit zu einem kollegialen Essen hätte. Dabei könne man grundsätzliche Probleme erörtern, zum Beispiel die Finanzen. Hans zwinkerte mit den Augen: »Wie du das Geld einsetzt, bleibt dir überlassen. Es zählt doch nur der Erfolg.« Als er noch weiter in mich dringen wollte, antwortete ich ausweichend. Ich hatte es an jenem Tag auch eilig, und deshalb bat ich ihn, das Mittagessen um zwei Wochen zu verschieben.

Auf dem Rückweg hielt ich auf der A 2 an der Raststätte Ziesar, heute »Buckautal Nord«, um wie üblich einen Kaffee zu trinken und eine Bockwurst zu essen. Dieser Stopp war seit vielen Monaten obligatorisch. Er gehörte bei jeder An- und Abreise zum Ritual. Dort gab es auch einen Münzfernsprecher. Einige Minuten stand ich davor und überlegte, ob ich den Chef in München anrufen sollte. Dann verzichtete ich auf dieses Telefonat. Wenn man dort von der geplanten Transaktion wüsste, dann würde wohl ein enormer Wirbel entstehen. Auf den wollte ich, so nahe am Erfolg, verzichten. Dafür rief ich Udo zu Hause an und fragte, ob er einen Moment Zeit für mich hätte.

Natürlich hatte er Zeit, und so rollte ich weiter nach Peine. Das war so angenehm bei ihm und allen »Stay Behind«-Veteranen, die durch Ollhauers Schule gegangen waren, dass sie am Telefon keine Fragen stellten. Sie wollten nicht wissen, weshalb und warum. Sie wussten instinktiv, dass es wichtig war. Wir palaverten ein wenig herum, bis ich ihm alle Einzelheiten der bevorstehenden Operation erzählte. Er sagte mir sofort seine Unterstützung zu: »Aber nur den einen Tag und nur für dich!«

Am Montagvormittag rief ich bei Gassing an: »Ich muss Sie nur kurz darüber informieren, dass ich heute die Operation ›Gesangsverein‹ durchziehe. Nehme Udo mit und melde mich heute Nacht bei Ihnen zu Hause.« Der ulkige Operationsname war nicht frei erfunden, sondern mit ihm noch abgestimmt worden. Gassing konnte es gar nicht fassen, dass die Beschaffung des Freund-Feind-Erkennungssystems so schnell gehen sollte, und stellte eine Reihe von Fragen. Ich würgte das Gespräch ab: »Die Aussichten auf Erfolg sind groß. Bitte vertrauen Sie mir. Ich habe alles im Griff.«

Gegen Mittag holte ich den Urlauber Udo ab. Wir fuhren in Richtung Braunschweig. Ich war aufgeregt und gespannt, wie immer in außergewöhnlichen Situationen. Udo hatte längst mit dem BND abgeschlossen. Für mich, so sagte er, würde er noch einmal Räuber und Gendarm spielen. Wir erkundeten den Treffort und legten den Ablauf fest.

Der Jeep sollte am Stadion abgestellt werden. Von dort konnte Udo den Großparkplatz überblicken. Ich selbst postierte mich neben der Einfahrt, damit K. mich sofort sehen und bei mir stoppen konnte. Dann würden wir die Kartons mit den Geräteteilen neben das Fahrzeug stellen. Der Lieferant sollte sofort weiterfahren. Udo könnte aufgrund der Einbahnregelung gleich erkennen, ob K. observiert würde. Im Anschluss an die Übergabe sollte er direkt über den Parkplatz fahren und mich mit dem Gerät abholen. So würde das schnell, sicher und zügig ablaufen. Weit gefehlt!

K. kam pünktlich wie die sprichwörtlichen Maurer. Er parkte auch sofort neben mir in eine freie Parklücke ein, öffnete strahlend die Fahrertür und begrüßte mich. Dann war die Kofferraumtür an der Reihe. Wir stellten gemeinsam einen großen Pappkarton neben den Wagen. K. ging zur Beifahrerseite, um noch etwas aus dem Handschuhfach zu holen. Plötzlich schoss sein kleiner Jagdterrier wie von der Tarantel gestochen aus dem Wagen. Laut kläffend rannte er über den großen Parkplatz und verschwand in der Dunkelheit, bis man sein Bellen nicht mehr hörte.

K., voller Panik, rannte nun seinerseits hinterher und ließ mich mit dem kompletten russischen Freund-Feind-Gerät und einem offenen Auto zurück. Lauthals rief er nach seinem Hund und blies dazwischen immer wieder in eine Trillerpfeife. Geschlagene fünfzehn Minuten wartete ich, bis er mit dem Hund zurückkam. Mit den Worten »Das macht er manchmal so« setzte sich K. in sein Auto und fuhr ohne weiteren Kommentar mit seiner Töle davon.

Eigentlich war ich geschafft. Aber nun sollte Udos Auftritt beginnen. Ich konnte sehen, wie in unserem Geländewagen die Innenbeleuchtung anging. Dann wieder aus und wieder an. Mehrmals hörte ich die Türen schlagen. Ein lautes »Scheiße« hallte über den Parkplatz. Die Scheinwerfer gingen an und wieder aus, an und wieder aus. Die Tür wurde zugeschlagen. In der Dunkelheit sah ich Udo auf mich zukommen. Schnaufend und achselzuckend stand er vor mir: »Die Scheißkarre springt nicht an.«

Ich ging zum Wagen, stieg ein und stellte den Schalthebel der Automatik auf »P«. Dann startete ich und blickte auf meinen Freund Udo, der mit seiner schwarzen Lederjacke an einer Laterne lehnte und rauchte. Ich verharrte für einen Augenblick und beobachtete ihn, wie er im hellen Licht den Umzugskarton bewachte. Die innere Anspannung fiel von mir ab. Meine ganze aufgestaute Wut über diese stümperhafte Übergabe war auf einmal wie verflogen. Ich sagte lachend: »Mensch, was sind wir doch für Profis!«

Als wir eingeladen hatten, entfuhr es Udo: »Mann, Kleiner, hat doch alles super geklappt, oder?« Ich drehte meinen Kopf langsam in seine Richtung. Er schaute immer noch ausdruckslos nach vorne. Irgendwie fühlte ich mich einsam und unverstanden.

Zu Hause stellte ich die Kartons auf den Küchentisch und rief meinen Chef an: »Es ist alles glatt gegangen. Habe das Gerät vor mir stehen. Es besteht aus mehreren Einzelteilen.« Die Reaktion war noch zögerlich: »Klasse, Dannau. Und Sie sind sicher, dass Sie das richtige Gerät haben?« Die Frage wiederholte sich mehrfach, und deshalb ging ich dazu über, den Skeptikern zu raten, einfach einen Fachmann vorbeizuschicken, der das Teil identifizieren konnte. Führungsstellenleiter Gigl kümmerte sich: »Unser einziger Spezialist macht gerade Urlaub am Gardasee. Meinen Sie, es lohnt sich, ihn zurückzubeordern, damit er sich alles ansieht?« Langsam wurde es surreal.

Der Techniker wurde schließlich für den nächsten Tag von Mailand nach Hannover gebucht. Die Nacht verbrachte ich sehr unruhig und schlief kaum. Das Freund-Feind-Gerät des Warschauer Pakts stand unter meinem Bett. Die Schrotflinte lag in Griffweite. Ich war allein zu Hause. Meine Familie befand sich für einige Tage beim Skilaufen.

Der Spezialkollege landete schon früh am Morgen und gab sich erst einmal misstrauisch: »Ich bin ja gespannt, was Sie da beschafft haben, Wissen Sie, es ist ja vieles möglich, aber das C55 zu bekommen ist mehr als unwahrscheinlich. Meine Güte, was wir schon alles angestellt haben. Nichts hat geklappt. Nicht einmal die Amerikaner waren erfolgreich. Also seien Sie nicht enttäuscht, wenn es etwas anderes ist.« Es war wie gewohnt. Die Herren aus der Zentrale waren die absoluten Überflieger. Ich riskierte mein Leben, und die redeten mir alles klein. Tief in mir nagte es, und selbst ich begann zu zweifeln.

Der Techniker verbreitete einen genervten und gelangweilten Eindruck. Er gab den armen, dienstbeflissenen Mitarbeiter, der sogar einen Auslandsurlaub unterbricht, um sich irgendeinen Mist anzusehen. Aber was tut man nicht alles als Beamter im Höheren Dienst? Der Zustand sollte aber nicht mehr lange andauern. Ich hatte die Geräteteile auf dem Esstisch angerichtet und mit einem Laken zugedeckt.

»Einer der größten Erfolge meines Dienstes«

Wir standen uns gegenüber, und ich zog am Tuch wie bei einem Zaubertrick. Der Sachverständige starrte zuerst auf den Tisch. Dann blickte er mir tief in die Augen und erstarrte zur Salzsäule. Ich hatte das Gefühl, er würde jeden Moment umfallen. Er war aschfahl. Langsam bewegten sich seine Augen, und ganz leise kam es: »Mensch, Dannau, das ist ein russisches Freund-Feind-Erkennungsgerät.« Er begann über das ganze Gesicht zu strahlen. Ich schnaufte erleichtert durch: »Habe ich doch gesagt.«

Er konnte es noch gar nicht fassen. »Wissen Sie überhaupt, was das bedeutet? Das ist ein C55. Komplett mit allen Zusatzkomponenten. Sie sind ja ein Himmelhund. Wie haben Sie das nur gemacht?« Der vorher so reservierte Herr Kollege tanzte wie Rumpelstilzchen um meinen Tisch herum und schlug sich auf die Schenkel, zuweilen auch mir auf die Schultern. Dann telefonierte er mit seiner Führungsstelle, wobei er die Beschaffung des Geräts als einen der größten Erfolge des Dienstes in den höchsten Tönen lobte. Ich war sprachlos, und das heißt etwas.

Nun begann es in ihm zu arbeiten. »Wie geht es jetzt weiter? Ich meine den Transport nach München. Wissen Sie, mit operativen Dingen kennen wir uns nicht so gut aus. Das müssen Sie schon irgendwie organisieren.« Ich hatte es dunkel geahnt. Auf dem Weg vom Flughafen hatte er mich wie einen armen Irren behandelt, und nun blieb wieder alles an mir hängen.

Das forderte mich heraus. Wenn ich es schon bewerkstelligt hatte, das seltene Wunderding in meine Wohnung zu schaffen, dann würde ich es auch unversehrt nach Bayern bringen. Also ging ich in mein Schlafzimmer zu einem anderen Telefonapparat. Ich rief Gert in Schweinfurt an. »Hallo, Gert, ich brauche deine Hilfe.« – »Wo soll ich hinkommen?« – »Nirgendwo, ich komme zu dir, und dann musst du mich begleiten. Ich muss dringend etwas transportieren.« – »Geht es um H. & Co.?« »Ja, genauer gesagt um seinen Nachfolger.« – »Dann fahr schnellstens los, aber bitte nicht mit dem Dienstwagen. Ich befürchte nämlich, da sind jetzt ganze Heerscharen unterwegs. Ich warte ab 14 Uhr an der B 19 Richtung stadteinwärts mit dem Blauen.«

Mein Gast war richtig verdutzt, als ich meine Anweisungen gab: »Sie packen jetzt alles in den Karton. Ich besorge ein anderes Auto.« Ich wollte gerade zur Tür hinaus, da hörte ich noch seine Frage: »Aber Sie haben nicht an dem Gerät herumgeschraubt, oder?« – »Nein, warum?«, fragte ich mit einer dumpfen Ahnung. »Ich gehe davon aus, dass das Gerät mit Sprengstoff gesichert ist!« Ich war wie vom Blitz getroffen. »Das Teil soll mit einer Sprengladung gesichert sein? Und ich fahre damit durch die Gegend und schlafe auch noch darauf. Danke für den Hinweis!« Ich knallte die Tür zu.

Dann lief ich zu meinen Schwiegereltern, die nur 500 Meter entfernt wohnten. Sie waren mit meiner Lebensgefährtin in Urlaub gefahren. Ihren Zweitwagen, einen silberfarbenen VW Polo, hatten sie in der Garage abgestellt. Ich griff nach den Zweitschlüsseln. Nach fünfzehn Minuten waren wir bereits unterwegs. Wenige Stunden später fuhr ich von der Autobahn ab in Richtung Schweinfurt-Zentrum. Schon nach 500 Metern stand links der blaue Geländewagen. Ich blendete mehrmals auf. Als Gert mich erkannte, stellte er den Daumen hoch und fuhr los.

Es ging durch mehrere Nebenstraßen, bis er irgendwo anhielt, um zu parken. Lachend kam er auf mich zu: »Na, haste es?« Ich nickte, und wir umarmten uns herzlich. Dann wandte er sich zu meinem Beifahrer: »Und Sie sind also der Spezialist, was?« Der grüßte freundlich, und Gert zog die Augenbrauen hoch. Mit einem gedehnten »Na –

ja« drehte er sich wieder zu mir. »Den kriegen wir auch noch heil in den Süden.« Vor dem Geländewagen war ein 3er BMW geparkt. »Hab ick schnell mal jemietet, wa«, berlinerte Gert.

Unser Stopp hatte keine drei Minuten gedauert, und schon waren wir wieder auf Achse. Ohne Verzögerung ging es nach München. Was uns dort erwartete, sprengte mein Vorstellungsvermögen. Es muss gegen 18.30 Uhr gewesen sein, als wir über die Talbrücke in Grünwald fuhren und die Isar überquerten. Wenig später bogen wir von der Margareten- in die Heilmannstraße ein. Das große Haupttor war hell erleuchtet. An Schranke 1 rollten wir direkt in das Camp und bogen rechts ab.

Wir wollten zu Gigl, der im Park nebenan sein Domizil hatte. So weit kamen wir aber nicht, weil gleich hinter der Kurve eine Traube von hochrangigen Mitarbeitern stand. Gert hielt an. Er kannte offensichtlich einige von ihnen. Sie hatten uns schon erwartet. Als ich ausstieg, applaudierten sie. Mir war – bis auf Gigl – keiner der freundlichen Herren in grauem Flanell bekannt. In einem der Büros wurden Sekt und Gebäck gereicht. Ehrfürchtig betrachteten alle das Gerät und lauschten den Ausführungen des Sachverständigen.

Dann stellte mir Gigl eine Frage, die alle im Raum verstummen ließ: »Na, Herr Dannau, und was hat uns der Spaß nun gekostet?« Ich genoss diesen Augenblick und zögerte die Antwort noch einen Moment hinaus: »Ich habe versprochen, also ich habe dem Lieferanten zugesagt, ihm am Freitag 40 000 Mark auszuzahlen.« Es brach ein allgemeines Gelächter aus, was mich verwunderte. Als ich etwas irritiert schaute, kam mir Gigl zu Hilfe. »Herr Dannau, Sie haben 40 000 Mark gesagt. Sie meinen natürlich 400 000 Mark. Das ist weit unter dem, was wir zu erwarten hatten. Gute Arbeit.« – »Nein, nein«, wehrte ich mich, und es wurde wieder still, »40 000 Mark, keine 400 000

Mark. Ich habe es für vierzigtausend Mark gekauft. Vielleicht kommen noch 500 Mark Auslagen dazu.« Die Begeisterung der BND-Oberen kannte keine Grenzen. Es gab nur noch Lobeshymnen und Schulterklopfen.

Am nächsten Morgen trat ich nochmals in der Zentrale zum »Schaulaufen« an. Die Freude über das »Patrol« war nach wie vor ungebrochen. Es hagelte Lob und Anerkennung. Besonders die extrem niedrigen Kosten wurden dabei immer wieder hervorgehoben. Für Orden und Ehrenzeichen sollte ich damals vorgeschlagen werden. Besondere Förderung und Beförderung wurde mir versprochen. Es sollte aber ganz anders kommen. Der BND unternahm zehn Jahre später nichts dagegen, dass mich die Staatsanwaltschaft München wegen genau dieser Zahlung beim Landgericht anklagte. Der BND half sogar mit, mich vor den Richter zu bringen. Das hätte ich mir in diesem Augenblick nicht im Traum vorstellen können, und noch heute erscheint es mir wie ein Spuk.

Euphorisch fuhren Gert und ich damals nach Schweinfurt zurück. Ich wechselte den Wagen und war Stunden später wieder daheim. Noch am Freitag, unmittelbar nach der Scheidung von meiner ersten Ehefrau, machte ich mich direkt auf den Weg nach Berlin. Am Vortag hatte ich schon mehrfach mit Gassing telefoniert, um die Bezahlung von K. zu organisieren. Es war nichts geschehen. Hektik brach aus. Die Zahlstelle war bereits im Wochenende, der Vize Völler aber noch in seinem Büro. Gassing machte es sich leicht: »Sehen Sie zu, dass Sie das Geld herbringen. Ich kann mich doch nicht um alles kümmern.«

Völler begann zu telefonieren, da seine Kasse bei weitem nicht über ausreichende Mittel verfügte, um die 40 000 Mark auszahlen zu können. Er versprach mir aber, das Geld zusammenzukratzen. Er sammelte es bei mehreren Berliner Außenstellen des BND ein. Um 18 Uhr wollten wir uns vor der Haustür in der Ringslebenstrasse 2 treffen.

Ich begab mich in meine Wohnung. Um 18.15 Uhr saß ich ziemlich frustriert vor dem Haus in meinem Geländewagen und wartete. Niemand war gekommen, um das Geld zu bringen.

Im Haus befanden sich zwei öffentliche Fernsprecher. Ich versuchte, die Dienststelle im Föhrenweg zu erreichen. Dort herrschte absolute Funkstille. Stinksauer überlegte ich, was ich nun tun konnte. Um 19.30 Uhr war ich mit K. im Europa-Center verabredet. Für die Fahrt dorthin würde ich im Feierabendverkehr eine gute halbe Stunde brauchen. Würde ich jetzt losfahren, dann käme vielleicht Völler eine Minute später um die Ecke. Ich entschloss mich zu warten. K. würde sicher nicht gleich wieder gehen. Er hatte schließlich einen Batzen Geld zu erwarten.

Es kam, wie es immer kommt. Um 18.40 Uhr traf ein völlig atemloser Völler ein. »Mensch, Norbert. Glaubst du, ich hätte diese doofe Hausnummer 2 gefunden? Ich bin von der anderen Seite in die Ringslebenstrasse gefahren. Dann wird sie plötzlich zur Einbahnstraße. Glaub ja nicht, dass ich jemanden gefunden hätte, der mir die 2 zeigen konnte.« Er reichte mir einen braunen Umschlag: »40 000 DM tutto completti.« Ich quittierte ihm die Summe. Dann erklärte ich ihm den Ort der Geldübergabe. Wir fuhren getrennt in Richtung Kudamm.

Fünf Minuten vor der vereinbarten Zeit stand ich an der großen Wasseruhr im Europa-Center. K. kam mit seiner Frau. Nach der Begrüßung begaben wir uns zu zweit in ein Schnellrestaurant. Es lag an der Seite zum Zoologischen Garten. Die gesamte Front war dort verglast, so dass man gut hineinsehen konnte. Ich postierte mich direkt am Fenster, mit dem Rücken zum Center gewandt. K. saß mir gegenüber, ebenfalls direkt an der Glaswand.

Wir wechselten einige Floskeln und redeten uns gerade warm, als ich Völler erkannte, der auf der anderen Seite der Passage Schaufenster betrachtete. Als er so postiert war, dass K. ihn nicht mehr im Blickfeld haben konnte, Völler selbst aber alles überblickte, wurde ich gespielt feierlich: »So, nun kommen wir zum offiziellen Teil des Abends!« Ich legte den Umschlag, einen Quittungsblock und einen Kugelschreiber auf den Tisch.

Er nahm das Kuvert und verstaute es in seinem schwarzen Lederkoffer. Dann füllte ich eine Quittung aus, und K. unterzeichnete. Als ich meine Utensilien wieder verstaut hatte, nickte Völler von draußen und ging. K. und ich vereinbarten, unsere Geschäftsbeziehung zu pflegen. Dann verließen wir das Lokal.

Als ich eine Stunde später in Ziesar vor meiner Bockwurst saß, kam mir diese Woche irgendwie völlig unwirklich vor.

»Münchhausen«

Anfang 1992 hatte meine gemeinsame Arbeit mit Freddy bei 12YA begonnen. An unsere erste Tour erinnere mich noch ganz genau. Die Fahrt begann ziemlich früh bei schönstem Wetter. Unsere Stimmung war blendend. Wir wollten in den Norden fahren, genauer gesagt über die Bundesstraße 96 in Richtung Oranienburg. Um nicht im Berliner Berufsverkehr stecken zu bleiben, waren wir schon zeitig am Steuer. Freddy lenkte einen Geländewagen, und ich saß in einem 7er BMW. Freddy hatte zwei kleine Walkie Talkies organisiert, also konnten wir uns unterwegs verständigen.

Als wir beim Flughafen Tempelhof an einer breiten Kreuzung nebeneinander standen, nickte er zu mir herüber mit einem Gesichtsausdruck, der wohl heißen sollte: Donnerwetter, du lebst ja nicht schlecht auf Staatskosten. Ich fragte ihn über Funk: »Warum eigentlich diese Staatskarosse?« – »Hat Gert besorgt, mit einem Sondertarif. Das Auto, hat er gesagt, muss pünktlich am Montag um zwölf Uhr mittags in Hannover abgegeben werden. Nicht früher und nicht später. Er hat gesagt, es war nichts Kleineres mehr zu kriegen. Wird sich aber übermorgen gut machen, mit einem Gesteck auf der Motorhaube.«

Dabei zog Freddy mit dem Finger das Augenlid herunter. Schlitzohren, dachte ich mir. Heute war Donnerstag, am Samstag wollte ich heiraten, und Gert hatte mir offensichtlich etwas Gutes tun wollen. Er konnte das entscheiden, weil er ja gerade den Chef vertrat. Außerdem waren es ohnehin seine letzten Wochen im Dienst. Und ein weiteres Argument: Wir wollten heute eine Zielperson aus der Westgruppe der russischen Truppen (WTG) kontaktieren. Da mussten wir einen guten Eindruck hinterlassen.

Unser erster Stopp sollte in Löwenberg sein, wo wir in einem kleinen Café an der Bundesstraße mit »Sänger« verabredet waren. Rainer K. wurde seit der Operation »Gesangsverein«, der Beschaffung des russischen Freund-Feind-Gerätes C55, unter diesem Decknamen geführt. Er hatte uns eine Liste mit deutschsprachigen Russen versprochen, die wir uns einmal ansehen sollten. »Sänger« wohnte nur einen Steinwurf von Löwenberg entfernt, in einem kleinen Dorf. Er wollte um acht Uhr kommen. Das heißt, wir hatten genügend Zeit, die Autos außer Sichtweite zu parken und uns umzusehen. Nun quälten wir uns durch Oranienburg, wo die Straßen total heruntergekommen waren und gerade erneuert wurden. Überall um uns herum Verkehrschaos. Wir kannten aber bereits einige Schleichwege. Einer führte direkt am Konzentrationslager Sachsenhausen vorbei.

Als wir diesen erschütternden Ort passierten, wurde ich nachdenklich. Wie war das alles nur möglich gewesen? Welche Einstellung zum Gehorsam hatten die Deutschen damals gehabt? Und welche Einstellung haben sie heute? Wir fuhren durch ein graues, verschmutztes Wohngebiet. Die in der DDR, dachte ich, hatten sich in gewisser Hinsicht ähnlich verhalten. Sie hatten das Ideal des Sozialismus ganz akkurat einer falsch verstandenen Staatstreue geopfert. Vielleicht einte die Deutschen ihr Hang zu einer Art von zerstörerischer Loyalität und Treue.

Aber das ist nicht mein Ding, dachte ich. Für die Sache war ich hier, nicht für ein paar verträumte Vorgesetzte in München. Wem gegenüber war ich eigentlich zur Loyalität verpflichtet? Einem Amt? Einer Person? Einer Behörde? Alle, die so denken, machen denselben Kardinalfehler wie die Anhänger der Nazis oder die unkritischen Duckmäuser in der DDR. Während meiner langen Dienstreisen hatte ich immer wieder Zeit, über solche Fragen nachzudenken. Gerade an den Plätzen, wo mir ein Teil der deutschen Geschichte gegenüberstand, waren diese Gedanken am stärksten. So auch während dieser Fahrt durch Oranienburg.

In der Nähe des angepeilten Cafés verließen wir die Autos und stellten sie in einer Nebenstraße ab. Pfeifend kam mir Freddy entgegen. Unsere Stimmung war bestens. Wir waren schon gespannt, was uns »Sänger« erzählen würde. Als wir das Café betraten, waren wir die einzigen Gäste. Wir freuten uns auf das Frühstück, da wir an diesem Morgen noch nichts gegessen hatten.

Nach einer guten halben Stunde schlug ich Freddy vor, doch einmal zu schauen, ob unser Freund auch wirklich allein kam. »Gute Idee«, erwiderte Freddy, »ich werde einen kleinen Spaziergang machen. Wann soll ich hier wieder aufschlagen?« – »Warte noch fünfzehn Minuten, wenn ›Sänger‹ angekommen ist. Dann kommst du rein, und ich stelle dich vor. Wenn irgendetwas Besonderes sein sollte, fährst du mit dem Wagen in Richtung Gransee. Ich kann das von hier aus sehen und werde dir dann folgen. Treffpunkt irgendwo an der 96er.«

Er zog ab, und ich wartete auf unseren Gesprächspartner. Ein bisschen Unsicherheit beschlich uns, weil wir nicht einschätzen konnten, ob die russische Seite das Verschwinden des Freund-Feind-Erkennungsgerätes mit »Sänger« in Verbindung brachte. In diesem Fall hätte es sein können, dass er observiert wurde. Also war Vorsicht geboten. Einen separaten Abendtermin, wie ihn jeder Verbindungsführer aus Pullach organisiert hätte, konnten wir uns aus zeitlichen Gründen nicht leisten. Der Treff musste so nebenbei erfolgen. Also galt es, doppelt vorsichtig zu sein. Immerhin wollten wir am selben Tag noch einen hochdekorierten Russen der WGT anwerben.

»Sängers« Erzählungen

»Sänger« kam pünktlich und begrüßte mich freudig. Wie es seine Art war, schwätzte er erst einmal ausgiebig. Die Geschichte klang wie eine Räuberpistole, aber vielleicht war sie doch wahr: »Es klingelte an meiner Haustür. Ein russischer General, ein Militärstaatsanwalt und vier weitere Personen standen da. Vermutlich KGB. Sie fragten mich, ob ich etwas über das C55 wüsste. Dann kamen sie rein und haben mein Haus eine Stunde lang durchsucht. Ich hatte nichts zu verbergen, also wehrte ich mich auch nicht dagegen. Dann sind sie wieder abgezogen.« Als ich ihn nach Namen und Details fragte, konnte er keine Auskunft geben. Das ließ mich am Wahrheitsgehalt der Geschichte zweifeln.

Freddy kam zurück. Sein dezentes Nicken bedeutete, dass alles in Ordnung war. Ich stellte die beiden vor und bat »Sänger«, seine Geschichte noch einmal zu wiederholen. Gleichzeitig zwinkerte ich Freddy zu. Er setzte sich schmunzelnd. »Sängers« Story wurde nun zwar umfangreicher als zuvor, brachte aber noch weniger verwertbare Informationen. Dann legte er seine Namensliste vor. Auf dem Zettel waren Namen von etwa einem Dutzend WGT-Offiziere aneinandergereiht.

Freddy notierte eine Vielzahl von Informationen über die Zielpersonen, die ich bei »Sänger« abfragte. Alter, Familienstand, Funktion in der Armee, persönliche Eigenheiten. Das war ein ziemlich ungeordnetes Sammeln von Daten, aber wir hatten keine Unterlagen mitgenommen, die uns beim Prüfen der Angaben hilfreich gewesen wären. Dienstintern gab es keine Anweisungen, und wir wollten die Pannen nicht wiederholen, bei denen BND-Unterlagen in russische Hände gelangt waren. Das Einzige, was uns auf späteren Fahrten als BND-Agenten identifiziert hätte, wären unsere Dienstausweise gewesen, die wir in einem Verbringungsmittel (VBM) versteckt hielten.

Nach etwa einer Stunde verabschiedete sich unser Gast. Freddy hielt das Papier in die Höhe und tippte mit dem Finger darauf. Mit siegessicherer Miene verkündete er: »Das ist es, das ist der Schlüssel!« – »Einer von vielen«, antwortete ich ihm. Unsere gute Laune hatte sich noch gesteigert. Euphorisch fuhren wir weiter nach Norden. Am Ortseingang von Gransee hatte gerade eine neue Tankstelle aufgemacht. Das nahmen wir als Symbol für den »Aufbau Ost« zur Kenntnis.

Bald erreichten wir einen weiteren Ort, der für unsere Zukunft von entscheidender Bedeutung werden sollte. In der Ortsmitte lag eine Kirche. Zwischen der Kirche und der Hauptstraße befand sich ein Parkplatz, der gelegentlich für den Wochenmarkt genutzt wurde. Er war in einem solchen Zustand, dass einen die Suche nach einem Parkplatz schier seekrank werden ließ. An dem nostalgischen Kopfsteinpflaster war offensichtlich seit seiner Erstverlegung nie mehr etwas repariert worden. Das Befahren forderte deshalb auch etwas Mut, wollte man seine Stoßdämpfer nicht ruinieren.

Der kleine Ort hatte einen gewissen Charme. Wir lagen gut in der Zeit und legten daher eine kleine Pause ein. Gegenüber vom Parkplatz stand ein Hotel, das offensichtlich schon bessere Zeiten gesehen hatte. Die Fassade war verwittert und sicherlich jahrzehntelang ohne Farbe ausgekommen. Leider war das Hotel an jenem Tag geschlossen. Gleich daneben hatte jemand offensichtlich erst vor kurzem einen kleinen Fotoladen eröffnet. Dieser passte so gar nicht in das graue Einerlei jener Tage. Auf der anderen Seite der Bundesstraße war ein Schnellimbiss entstanden. So sah damals die typische Gastronomie der Ex-»Zone« aus.

Gerade als wir die Straße überqueren wollten, hörten wir plötzlich Stiefeltritte im Marschtakt. Ich blieb wie angewurzelt stehen und beobachtete das Schauspiel. Aus Richtung Norden näherten sich mehrere Kompanien Soldaten. Sie trugen khakifarbene Uniformen und blockierten die Straße in ihrer gesamten Breite. Die Stiefelgeräusche hallten laut und kamen immer näher. Freddy und ich blickten uns wortlos an. Dann zog das fremde »Heer Ost« direkt an uns vorbei. Eine nicht enden wollende Kolonne.

In diesen Minuten hatte ich ein eigenartiges Gefühl. Die Soldaten waren alle jung und ihre Gesichter zeigten, dass sie von sehr weit herkamen. Keiner von ihnen war größer als 1,65 Meter. Sie wirkten ängstlich. Nicht einer schaute nach links oder rechts. Die Blicke stur geradeaus, man konnte keine Gefühlsregungen erkennen.

Neben jedem Zug ging ein Fähnrich oder Leutnant. Die Begleiter sahen genauso jung aus wie ihre Soldaten. Ein fremder, süßlicher Duft lag in der Luft. Er war vermischt mit dem Geruch von muffigen und klammen Militärklamotten, den Ausdünstungen der Soldaten und dieser unbeschreiblichen DDR-Geruchsnote von Öl- und Kohleofenheizungen sowie Trabi-Auspuffgasen. Es war ein unwirklicher Moment – fremde Menschen und Gerüche an einem fremden Ort.

Ich atmete tief ein, als sie vorbeigezogen waren. Freddy stand zunächst mit offenem Mund sprachlos vor mir. Ich fragte ihn knapp: »Habe ich das jetzt geträumt?« Total beeindruckt antwortete er: »Das war wie ein Spuk. Als hätten sie diese Parade nur für uns organisiert. Das waren ja alles noch Kinder. Mein Gott, und vor denen haben wir immer Angst gehabt. Der böse Feind aus dem bösen Osten. Die sind doch heilfroh, wenn sie regelmäßig etwas zu beißen haben. Mensch, was haben wir doch für ein verkorkstes Bild von diesen Menschen gehabt.« Dann war erst einmal Sendepause. Wir gingen über die Straße und tranken wortlos unseren Kaffee.

Innerlich war mir eiskalt geworden, und als wir wieder

an unseren Autos standen, schärfte ich Freddy ein: »Ganz egal, wen wir zu einer Mitarbeit für unseren Laden überreden. Von uns wird jeder anständig behandelt. Ganz offen und ehrlich. Keine Hinterfotzigkeiten, kein Druck oder sonst etwas. Das hat keiner von denen verdient. Wenn uns jemand hilft, dann helfen wir ihm auch. Alles auf gleicher Augenhöhe.«

Stark beeindruckt von dieser fast hautnahen Berührung mit den fremden Soldaten fuhren wir weiter durch eine wunderschöne Landschaft, über Neustrelitz nach Neubrandenburg. Dort bogen wir in eine Nebenstraße, um noch einmal in Ruhe alles durchzusprechen. Unsere Zielperson kam aus Wünsdorf. Es war ein Oberst, der perfekt und akzentfrei Deutsch sprach und ständig mit den deutschen Behörden verkehrte. In den letzten Wochen hatte er, im Auftrag des WGT-Oberkommandierenden Burlakow, mehrfach mit der Bundeswehr verhandelt.

Über einen damaligen Generalstabsoffizier der Bundeswehr hatte ich von dem Kontakt erfahren. Diesen Offizier kannte ich noch aus meiner aktiven Militärzeit. Damals war er Hauptmann und Kompaniechef im benachbarten Bataillon gewesen. Der drahtige Offizier, von seinen Soldaten immer als Kampfschwein tituliert, hatte mittlerweile nicht nur Karriere gemacht, sondern befand sich bereits wieder auf dem Sprung in eine neue Verwendung beim Amt für Nachrichtenwesen in Euskirchen. Er hatte mehrere interessante Kontakte zu russischen Offizieren gehabt, eine Delegation der WGT sogar nach Bonn eingeladen. Er wollte auch den BND dabei haben, war aber in Pullach abgeblitzt. Durch Zufall hatten wir uns wieder getroffen, und so kam der Stein ins Rollen.

Ein russischer Oberst für den BND

Jetzt war es an der Zeit, aus einem der Kontakte des deutschen Offiziers etwas zu machen. Der russische Oberst, nennen wir ihn Wladimir Abrassimow, wusste nichts von dem, was ihn erwartete. Im Normalfall hätte er zunächst von uns eine BND-interne OPPA-Nummer erhalten müssen. Jeder potenzielle Informant bekommt sie bei der ersten Personen-Abfrage. Nach der Werbung wird sie in eine V-Nummer mit Decknamen umgewandelt.

In Berlin lief das alles ganz anders. Angesichts einer Vielzahl von Informanten, des kleinen Arbeitsstabes und der damit verbundenen hohen zeitlichen Belastung der Verbindungsführer wurde abweichend von der Regel verfahren – mit Wissen der Münchner Zentrale. So gab es später einige Quellen und Informanten, die ohne OPPA-Nummer und ohne V-Nummer über lange Zeiträume geführt und auch bezahlt wurden. Nicht wenige von ihnen wurden erst Monate oder gar Jahre nach der Werbung aktenmäßig verwaltet. So war es auch zu erklären, dass im vorliegenden Fall die Quelle erst im Juni 1992 in der Pullacher Registratur erfasst und überprüft wurde. Daraus entstand die OPPA-Nummer 12YA000100692. Wir teilten unserer Zielperson Abrassimow erst einmal den Decknamen »Münchhausen« zu. Er sollte ihn im weiteren Verlauf der Führung auch behalten.

Eine solche Vorgehensweise ohne BND-interne Prüfung der Klaridentität war nicht unkorrekt, denn bei Ostblock-Offiziellen, insbesondere bei Soldaten der WGT, war in der BND-Zentrale keine echte Überprüfung möglich. Wenn eine Zielperson aus diesem Bereich geprüft wurde, dann betraf das lediglich zwei Punkte. War die Zielperson im Westen straffällig geworden? Oder wurde sie bereits von einem anderen BND-Agenten bearbeitet? Die Wahrscheinlichkeit, dass eines von beiden zutraf, war kleiner als ein Lottogewinn, und deshalb hatte die Prüfung ausschließlich formalen Charakter.

Die Abweichung von der BND-Norm mag dem Außenstehenden in diesem Fall unwesentlich erscheinen, wird aber Jahre später von dem zuständigen Referatsleiter des Untersuchungsreferats vor dem Landgericht München vehement bestritten werden. Die damals bei 12YA völlig normale Vorgehensweise sollte für mich später verheerende Auswirkungen haben.

Den ersten Kontakt mit der Zielperson »Münchhausen« wollte ich nach Plan allein durchführen. Freddy hatte die Aufgabe, die Umgebung des Gebäudes zu beobachten. Wir wollten vor allem wissen, wann und wie unsere Zielperson an- und abreiste.

Es ging los. Zuerst fuhr Freddy in Richtung der Neubrandenburger Bundesvermögensverwaltung. Die Behörde lag direkt an einer Bundesstraße. In einer Kehre stellte er sein Auto ab. Ich folgte fünf Minuten später und hielt neben dem Eingang. Rechts davon stand bereits ein russischer Jeep. Darin konnte ich einen Kraftfahrer in Uniform erkennen. Im Rückspiegel sah ich noch, wie der russische Oberst eine Aktentasche aus dem Militärfahrzeug holte und dann zu Fuß das Dienstgebäude betrat. In der Nähe des Gebäudes stellte ich den Wagen ab und ging rasch ins Haus. Im ersten Stock traf ich auf meinen Verbindungsmann, der mich in sein Dienstzimmer brachte. Der russische Oberst hatte heute weiter nichts mit ihm zu tun. Er sollte lediglich Dokumente abholen.

In einer kleinen Sitzecke warteten Kaffee, Tee und etwas Gebäck auf mich. Dann ging alles sehr schnell. Durch einen Türspalt konnte ich beobachten, wie der russische Oberst Unterlagen auspackte und andere Papiere in Empfang nahm. Der deutsche Mittelsmann hatte ihn freundlich begrüßt und bat ihn nun in sein Arbeitszimmer. »Ich komme gleich wieder, wenn Sie sich vielleicht selbst bekannt machen würden«, sagte er und schloss die Tür hinter sich. Oberst Abrassimow legte seine Mütze und die braune Ledertasche auf einen kleinen Tisch. »Mein Name ist Schrader, Werner Schrader«, begrüßte ich ihn. Der russische Oberst war freundlich, blickte aber doch etwas skeptisch. Denn die Situation war, zugegeben, etwas eigentümlich. Wir nippten am Tee und begannen eine mühsame Konversation.

Dann entschied ich mich, die Katze aus dem Sack zu lassen: »Sie wundern sich vielleicht, hier ein fremdes Gesicht zu sehen. Ich würde gern mit Ihnen sprechen. Aber zuerst will ich meine Karten auf den Tisch legen. Ich bin Mitarbeiter des BND.« Er wurde auf der Stelle kreidebleich. »Ich möchte, dass Sie Folgendes wissen: Wenn Sie jetzt oder später nicht mehr mit mir reden wollen, akzeptiere ich das völlig. Dann gehen wir beide in fünf Minuten hier raus, und niemand wird etwas von der Begegnung erfahren. Sie werden aber verstehen, dass ich diese Chance nutzen muss.«

Ich redete auf ihn ein mit dem Ziel, ihm zunächst die Angst zu nehmen. Langsam kehrte seine normale Gesichtsfarbe zurück. Dann erzählte er mir einige ganz persönliche Dinge, was mich wiederum überraschte. Er schien mir zu vertrauen. Ich hatte das Gefühl, dass die Chemie zwischen uns stimmte. Abrassimow war zunächst stark beeindruckt. Seine Hände zitterten. Ich spürte, wie seine Gedanken hin und her rasten.

Wir tranken noch eine Tasse Tee. Ich bat ihn, mir die Chance eines weiteren Gesprächs auf neutralem und sicherem Boden zu geben. Der Russe willigte zögernd ein. Dann beschlossen wir, dem Kontaktmann zu sagen, dass wir klar gekommen seien. Außer ihm wusste hier niemand von dem Treffen. Ich überreichte dem Russen zwei Termine in Berlin und einen in Bad Freienwalde. Für die Hauptstadt wählte ich wie schon bei der Angelegenheit mit dem Freund-Feind-Gerät das Europa-Center, und dort dieses Mal die große Wasseruhr. Der Ort war für ein unauffälliges Treffen bestens geeignet, und in Sachen C55 hatte ich ihn noch in guter Erinnerung. Außerdem war er leicht zu finden und lag verkehrsgünstig.

Dass aus dieser riskanten Anbahnung eine Freundschaft bis zum heutigen Tag entstehen würde, die alles Offizielle und Dienstliche überdauerte, konnte ich damals noch nicht ahnen.

Ich ließ dem Ansprechpartner nur eine Woche Zeit zum Überlegen. Wie heißt es doch? Das Eisen soll man schmieden, solange es heiß ist. Als Ausweichtermin wählte ich den folgenden Tag, also Mittwoch, den 6. Mai 1992, wieder um 21 Uhr. Für den Fall, dass beide Termine aus irgendwelchen Gründen platzten, gab es noch die nächste Treffmöglichkeit am Montag, dem 18. Mai 1992, um 18.30 Uhr am Bahnhof in Bad Freienwalde. Am Ende verabschiedeten wir uns mit einem Handschlag. »Na, dann sehen wir mal, was wird. Reden kann man ja mal. Bis nächste Woche dann«, waren seine letzten Worte.

Als ich fünf Minuten später das Gebäude verließ, war der russische Jeep nicht mehr zu sehen. Auf einem Parkplatz an der B 96, wenige Kilometer südlich von Neubrandenburg, traf ich Freddy wieder. Er hatte den An- und Abmarsch unserer Zielperson observiert und dabei keine Auffälligkeiten feststellen können. »Wie ist es gelaufen?«, fragte er knapp. »Ich denke, ganz gut. Nach meiner Einschätzung wird er zum Treff kommen.« Dann traten wir beide den Rückweg an. Über Neustrelitz ging es, zum Teil auf unbefestigten Straßen und Wegen, über Wesendorf und Mirow nach Wittstock. Dort verabschiedeten wir uns.

Freddy musste nach Berlin zurück, um seine Sachen zu packen, und durfte dann den lange ersehnten Urlaub antreten. Ich eilte nach Hannover, wo am übernächsten Tag mein Hochzeitstermin geplant war. Wir trennten uns mit einer gewissen Zufriedenheit. Nun hatten wir eine klare Perspektive für die künftige Arbeit. Vielleicht würden wir schon in Kürze eine echte nachrichtendienstliche Quelle werben. Es schwang so etwas wie Wehmut mit, als wir zwei verschiedene Autobahnauffahrten ansteuerten.

Eine Woche später. Meine innere Spannung war ins Unermessliche gestiegen. Gert wünschte mir noch viel Erfolg, als ich den Weg in die Innenstadt antrat. Würde »Münchhausen« zum Treff im Europa-Center erscheinen? Ich rechnete fest damit. Zur Absicherung nahm ich einen Kollegen mit. Er postierte sich im ersten Stock des Innenhofs, im Restaurant Mövenpick. Von dort konnte er die Halle um die große Wasseruhr gut überblicken. Ich setzte mich an eine Bar in Sichtweite der überdimensionalen Uhr. Da hatte ich auch alles im Visier. Noch fünfzehn Minuten, dann müsste er kommen. Ich ließ noch einmal alles geistig Revue passieren. Die erste Begegnung in Neubrandenburg, die Abschiedsworte.

Nach einer Stunde brachen wir frustriert ab. Unsere einzige Hoffnung war der Ausweichtreff am nächsten Tag. Morgens begegnete mir als Erster Hans Diethard. Der amerikanische Kollege fing mich gleich beim Betreten der Dienststelle im Föhrenweg ab und wich mir nicht mehr von der Seite. »Der Norbert, ein seltener Besucher. Ich habe gehört, du hast etwas Größeres am Laufen. Brauchst du irgendeine Unterstützung? Sollen wir mit Geld aushelfen? Komm doch nachher mal in den Keller, da können wir alles besprechen. Vielleicht brauchst du ja auch Zigaretten oder Alkohol zum Tauschen.« Dabei zwinkerte er mir bedeutsam zu.

Er wusste genau, dass ich keine Kontakte unterhielt, für die ich Tauschmaterial brauchte. Es war außerdem ein offenes Geheimnis, dass die Verbindungsführer von 12YA das so genannte Tauschmaterial hauptsächlich für den Eigenbedarf nutzten. Darauf habe ich an anderer Stelle bereits hingewiesen. Die Amerikaner lockten unsere Mitarbeiter regelmäßig in den Keller, um sie dann in ihrem Sinne »abzuschöpfen«. Das war zwar plump angelegt, verfehlte aber nicht sein Ziel. Dem Dienst war diese Verfahrensweise bekannt; sie wurde aber großzügig toleriert. Ich sah sogar den einen oder anderen Münchner Vorgesetzten, der die Berliner Dienststelle besuchte, mit einer Stange Marlboro oder einer Gallone Whisky oder auch mit beidem aus dem Keller kommen.

Mein Kollege und ich fuhren wieder zum Kudamm und bezogen unsere Positionen im Europa-Center. Um es kurz zu machen, es passierte auch diesmal nichts. Wieder stiegen Zweifel in mir hoch. Was hatten wir falsch gemacht? War ich zu dreist oder zu selbstgefällig vorgegangen?

Ich kam ziemlich entnervt in Buckow an und ging gegen Mitternacht in unsere Stammkneipe, dem »Mauerblümchen« in der Ringslebenstrasse. Dort saßen ein paar Kollegen von uns schon seit ein paar Stunden in einer feuchtfröhlichen Runde. Das brachte mich gleich auf andere Gedanken. Es wurde hin und her gefrotzelt. Ordentlich abgefüllt verließ die Truppe kurz nach zwei Uhr das Lokal.

Der kurze Weg zu unseren Wohnungen, es dürften wohl nur 300 Meter gewesen sein, dauerte etwas. Einige Laternenpfähle und die eine oder andere Hecke mussten begossen werden, was seine Zeit benötigte. Dann sahen wir plötzlich den Dienstwagen des von allen so geschätzten Kollegen Tegtmeier, der damals in Hannover den »Stay Behind«-Mann Roland Urban in Schwierigkeiten gebracht hatte. Zu meiner Schande muss ich gestehen, dass ich mich ab und zu an dem nun folgenden Ritual beteiligte. Alle wirkten plötzlich stocknüchtern.

Einer aus der Gruppe sagte: »Schöner Wagen!« Ein anderer darauf: »Ein Opel, sind die denn zuverlässig?« Der

Nächste: »Nein, nein, die haben oft Startschwierigkeiten. Vor allem halten die Reifen die Luft nicht.« Dann sagte irgendwer: »Ich wette, dass Tegtmeier morgen nicht pünktlich ist.« Darauf ein weiterer »Tegtmeierfreund«: »Ich halte nicht dagegen.« In Windeseile waren alle Reifen ohne Luft. Lachend, kichernd und zufrieden verschwanden alle im Wohnblock Nummer zwei. Dieses »Ritual« hatte ich schon mehrfach miterlebt. Jedem der 12YA-Bewohner aus der Ringslebenstrasse war der Text geläufig.

In diesem Zusammenhang erinnere ich mich an einen Abend im Herbst 1992. Wir waren wieder einmal auf dem Heimweg vom »Mauerblümchen«. Voller Vorfreude wurde Tegtmeiers Dienstwagen aufgespürt. Er hatte sein Auto mittlerweile immer in einer der Nebenstraßen versteckt abgestellt. Das änderte natürlich nichts an der Tatsache, dass ihn der Rest der Truppe regelmäßig fand. Als wir das Gefährt diesmal genauer betrachteten, mussten wir feststellen, dass es bereits von einer anderen Mannschaft tiefer gelegt worden war. Einer der Kollegen war richtig enttäuscht: »So ein verpatzter Abend, das nächste Mal gehen wir eher nach Hause.«

Warten auf »Münchhausen«

Am nächsten Morgen unterrichtete ich Gert bei einem gemeinsamen Kaffee in unserer Wohnung über den Sachstand in der Operation »Münchhausen«. Er teilte meinen Pessimismus nicht. »Warte ab, Norbert, der kommt schon noch. In Wünsdorf ist doch gerade die Hölle los. Also wird ihm sicherlich etwas dazwischengekommen sein.« Als wir im Föhrenweg eintrafen, wartete bereits die Sekretärin auf uns: »Mark Handridge und Hans Diethard wollen euch sprechen. Sie befinden sich in deinem Zimmer, Norbert.« Wir gingen gemeinsam in das Obergeschoss. Dort warteten die beiden amerikanischen Kollegen in einem völlig leeren Büro.

Die Möbel waren uralt und stammten eindeutig aus einer Kasernenauflösung. Einige Stühle waren nicht mehr sicher, und so lehnten die Besucher an Tischen und Fensterbänken. Mit einem provozierenden Blick und einem wissenden Grinsen betrachtete Mark den leeren Raum. Gert schmunzelte: »Sehr ordentlich aufgeräumt, Norbert, sehr akkurat! Respekt!« Es war schon ein bizarres Bild, das sich den beiden Amerikanern bot. Während bei allen anderen Verbindungsführern die Tische mit Unterlagen überquollen, war bei mir kein Fetzen Papier zu sehen. Nicht einmal ein Bleistift lag auf dem Schreibtisch. Alle Türen und Schubladen waren weit geöffnet und gähnend leer. Kein Kalender an der Wand, kein Notizblock, nichts. Es muss auf die beiden DIA-Männer wie eine Demonstration des puren Misstrauens gewirkt haben.

Mark wählte den Weg nach vorn: »Wir wollten eigentlich nur mal hören, was du so treibst. Wie läuft es mit ›Münchhausen‹? Habt ihr heute Mittag Zeit? Wir laden euch zum Essen ein. Dann können wir ja vielleicht etwas entspannter reden.« Wie eine Fata Morgana waren sie wieder verschwunden. »Saubande«, sagte ich zu Gert, »die werden nicht locker lassen.« Wir beschlossen, die Esseneinladung anzunehmen, um die Amerikaner besser einschätzen zu können. Trotzdem musste dieses Problem unbedingt einmal ausführlich mit unserer Zentrale erörtert werden. Die Partner waren uns zu aufdringlich.

Beim Mittagessen wurde weitgehend Smalltalk betrieben. Mark und Hans vermieden es tunlichst, konkrete Fragen zu stellen. Mehrfach boten sie Geld und sonstige Unterstützung an. Sie hatten inzwischen auch mitbekommen, dass meine Aktivitäten zur Quellenwerbung eine breitere Perspektive boten als das allgemeine Müllsammeln von 12YA.

Eigentlich kamen wir alle gut miteinander aus. Die beiden Amerikaner waren ziemlich sympathisch. Aber ihr Wissensdrang und die dreiste Vorgehensweise ließen eher Distanz entstehen. Vielleicht ahnten die Partner bereits, was sich hier später entwickeln sollte. Dass »Münchhausen« eine der besten Quellen des BND werden würde, konnte aber zu diesem Zeitpunkt niemand voraussehen.

Am Montag, dem 18. Mai 1992, stand der letzte Versuch an, »Münchhausen« ins Boot zu holen. Wenn er beim dritten Mal auch nicht käme, würde ich das Unternehmen abhaken. Immerhin bearbeitete ich inzwischen eine ganze Reihe anderer aussichtsreicher Tipps. Wenn nicht er, dann ein anderer, dachte ich pragmatisch.

Um 18 Uhr kam ich in Bad Freienwalde an. »Münchhausen« traf zehn Minuten vor der vereinbarten Zeit ein. An diesem Maitag war es bereits erstaunlich warm, so dass wir uns in kurzärmeligen Hemden am Bahnhof gegenüberstanden. Der gesamte Vorplatz war menschenleer. Den Schutzobservanten hätte ich mir sparen können. Während ich wegen der unsicheren Verkehrslage in jenen Tagen direkt aus Hannover kam, war mein Kollege, den ich schon zum Europa-Center mitgenommen hatte, aus Berlin angereist und fotografierte die Szene.

»Münchhausen« lächelte freundlich, als er auf mich zukam. Zunächst entschuldigte er sich für die beiden geplatzten Treffs: »Der Oberkommandierende hatte wichtige Termine vorzubereiten. Da brauchte er mich fast Tag und Nacht.« Der Bahnhof war ungünstig für diskrete Gespräche, also schlug ich einen Ortswechsel vor. Er hatte keine Einwände.

Wir stiegen in meinen Wagen und kamen durch eine wunderschöne Landschaft. Über weite Strecken war der Fahrweg lediglich eine befestigte Sandpiste. Ich musste also vorsichtig und langsam fahren. Dadurch hatten wir schon einmal Zeit zum Reden. Mein Begleiter klammerte sich zunächst an sein Herrenhandtäschchen, das er auf seinem Schoß liegen hatte. Dann wurde er zunehmend gelöster. In dieser Umgebung, weitab von seinem Wünsdorfer Standort, fühlte er sich sicher. Als uns kurz vor Bralitz beinahe ein Rehbock ins Auto gesprungen wäre und wir uns von dem Schreck erholt hatten, lachten wir erstmals.

Der Abend verlief harmonisch. Wir wurden uns schnell über das große Ganze einig. Also konnten wir uns auch zu vielen Einzelheiten verständigen. Über allem stand mein Versprechen, für »Münchhausens« Sicherheit zu sorgen und ihm jederzeit die Option offen zu halten, den Kontakt ohne Angabe von Gründen zu beenden. Im Werbungsbericht für den BND hieß es später: »Hauptmotiv sind finanzielle Überlegungen und die Sorge um die eigene Familie. Zitat: ›Die Erfolge sagen alles über euer System aus.‹«

Die eher spartanisch ausgefallene Aktennotiz entstand erst viele Monate nach dem Treffen. In der Zwischenzeit lieferte »Münchhausen« eine Menge erstklassiger Informationen und erhielt dafür rund 10 000 Mark Agentenlohn. Es gab bis zum damaligen Zeitpunkt nicht einmal eine formale Überprüfung der neuen Quelle. Wichtige persönliche Details musste ich ohnehin weglassen, damit es im Föhrenweg – insbesondere bei den Amerikanern – unmöglich war, die Identität von »Münchhausen« aufzuklären. Das war zwar formal unkorrekt, aber – wie die weitere Geschichte zeigen wird – durchaus vertretbar. Auch der Gigl-Nachfolger Tawe riet mir in einem späteren Gespräch, die Klaridentitäten von Quellen und Beschaffungshelfern zu verschleiern.

Ich wusste damals nicht, dass es einen Vorgang 1/11/A mit dem Aktenzeichen 80–38/45–27–01 vom 22. April 1991 gab. Er stammte vom damaligen Abteilungsleiter 1 (Beschaffung), Volker Foertsch, und betraf die »nachrichtendienstliche Nutzung von Staatsbürgern osteuropäischer Länder und von Deutschen in den neuen Bundesländern«. Foertsch ordnete an, dass Klaransprachen in diesem Bereich »weiterhin meiner vorherigen Zustimmung« bedürfen. In den Jahren 1992 und 1993, als ich zusammen mit meinem Partner Freddy ein halbes Dutzend Quellen aus dem alten Sowjetbereich warb, wusste ich von dieser Vorschrift nichts. Auch die anderen Verbindungsführer unserer Dienststelle waren nicht informiert.

Hätten wir tatsächlich für jede Werbung die Zustimmung des Abteilungsleiters einholen müssen, dann wäre dies ein eklatanter Sicherheitsverstoß gewesen. Der BND nahm damit billigend in Kauf, dass die Klardaten jeder einzelnen Innenquelle noch vor der eigentlichen Werbung auf dem Dienstweg durch die Abteilung 1 vagabundiert wären. Ein Graus.

Anfang Juni kam Freddy aus dem Urlaub zurück. Wir planten die weitere Strategie. Es war uns schnell klar, dass uns gute Ergebnisse von »Münchhausen« den Rücken für weitere Quellenwerbungen offen halten würden. Wir hatten eine Reihe von Zielpersonen im Visier. Es gab noch viel zu tun.

Am 8. Juni 1992 traf ich »Münchhausen« erneut. Wir waren so verblieben, dass er sich mein Ansinnen noch einmal in Ruhe überlegen sollte. Diesmal hoffte ich auf eine feste Zusage. Er hatte an einem Standort bei Wriezen zu tun, und somit trafen wir uns dort in der Nähe des Orts. Wir saßen fast den ganzen Abend in einem Gasthaus und unterhielten uns sehr angeregt. An einem entfernten Tisch beobachtete uns Freddy, um sich einen ersten Eindruck von »Münchhausen« zu verschaffen.

Es war mein Glückstag. »Münchhausen« sagte nicht nur zu, er hatte auch schon Unterlagen mitgebracht. Nach etwa einer Stunde holte er einen Ordner aus seiner Tasche. »Hier, nimm das«, sagte er mit fester Stimme, »ich muss es aber nachher wiederhaben. Vielleicht kannst du es kopieren.« Beim Durchblättern sah ich bereits, dass der gesamte Vorgang streng geheim eingestuft war.

»Münchhausen« lächelte: »Ich liefere dir eine vollständige und zudem aktuelle Bestandsliste aller Flugzeuge und Helikopter der gesamten ehemaligen Sowjetarmee, also nicht nur die in der DDR stationierten. Komplett mit allen Registriernummern, Zuordnungen zu den Einheiten und so weiter.« Ich war sprachlos. »Kann ich damit kurz weg?«, fragte ich ihn. »Nur wenn du mich mit der Rechnung nicht allein lässt«, war die launige Antwort. Ich verstaute den Ordner in einer großen Plastiktüte und verließ das Lokal.

In einer Nebenstraße saß Freddy inzwischen wieder in seinem Wagen und wartete. »Wir müssen das hier fotografieren«, sagte ich ihm und hielt die Tasche in die Luft. »Aber wir können hier im Auto nicht umherblitzen. Das würde möglicherweise jemandem auffallen«, war Freddys Einwand. »Also, dann ab in den Kofferraum«, grinste ich ihn an. Widerwillig verschwand er in dem unbequemen Kabinett. Einige Male reichte er mir die Kamera heraus, damit ich einen neuen Film einlegen konnte. Nach fünfzehn Minuten war alles erledigt. Freddy verabschiedete mich in tiefstem Fränkischund witzelte: »Das wenn ich bei mir zu Hause in Aurich erzähle, das glaubt mir kein Mensch.« »Deine Enkel werden einmal stolz auf dich sein«, lautete meine Antwort im Weggehen.

Diese Liste schlug in Pullach wie eine Bombe ein. Noch nie zuvor war es möglich gewesen, an derart geheime Dokumente zu kommen. Entsprechend gut war auch die Stimmung im Föhrenweg. Die Amerikaner flippten richtig aus. Unser hochintelligenter russischer Stabsoffizier, der nicht nur fünf Fremdsprachen beherrschte, sondern auch ein geschultes fotografisches Auge hatte, versorgte uns regelmäßig mit sensationellen Informationen. »Münchhausen« entwickelte sich zu einer Spitzenquelle.

Im Juni folgten noch mehrere Treffen. Wir bekamen von ihm Originaldokumente, Fotos und Tonbandaufzeichnungen. Besonders begehrt waren die Tonkassetten. Er zeichnete den Inhalt der Dokumente auf, die er nicht anders besorgen konnte. Auf diese Weise wurde von »Münchhausen« eine illustre Liste von streng geheimen Papieren geliefert. Alle Namen der russischen Militärführung fanden sich hier, wie in einem Who's who der Generalität.

Schon damals warnte uns »Münchhausen« vor seinen eigenen Leuten. Der KGB, sagte er mit Nachdruck, sei sehr aktiv und verfüge über wichtige Zugänge zum BND. Das bereitete ihm Sorgen. Er bat um größtmögliche Vorsicht, was seine Identität betraf. Ich hielt ihn damals noch für überempfindlich. Wir vermuteten, dass es sich bei dem BND-Gerücht um eine Taktik des KGB handeln könnte, um dem Nachrichtenabfluss prophylaktisch entgegenzuwirken. Aber gut, wir notierten alle Informationen und sammelten sie, ohne weiter darauf einzugehen.

Es kam wie erwartet. Die erfolgreiche Anwerbung der Quelle »Münchhausen« brachte uns erhebliche Anerkennung ein. Nun erhielten wir genug Spielraum, um auf dieser Schiene weiterzufahren. Zunehmend bereiteten uns jedoch die amerikanischen Kollegen von CAD-B (»Combined Analysis Detachment Berlin«), so bezeichneten sie sich selbst, ernsthafte Sorgen. Die eine oder andere, von »Münchhausen« besprochene Kassette ging bei ihnen verloren.

Der »Lackmus-Test« in Hannover

Erneut fiel uns auf, dass der Rücklauf an Meldungen von der amerikanischen zur deutschen Seite in keinem Verhältnis zu unserem Zulauf an die Amerikaner stand. Am Ende hatten wir immer zu wenig Material für die eigene Auswertung in München.

Ich schlug Freddy eine so genannte Neunerprobe vor, eine Art Lackmus-Test. Das ging so: Zuerst mussten wir einen »Münchhausen«-Text kopieren und übersetzen lassen. Dann sollte er an unsere eigene Auswertung in Pullach gehen, das Original wie üblich an die Amerikaner. Nur so konnten wir feststellen, was die DIA mit unseren Informationen anstellte. Etwas ratlos waren wir bei der Frage, wer unsere russischen Texte risikolos übertragen konnte. Die Zentrale kam nicht in Frage, weil dort Übersetzungsarbeiten bis zu einem Jahr dauerten.

Da fiel mir Peter Pilar ein, der ehemalige Kollege aus der Postkontrolle in Hannover, der mit dem Pflanzen- und Gartentick. Er war damals unser Russisch-Übersetzer gewesen und gehörte auch heute – nach dreißig Jahren – noch zum BND. Ihm konnten wir so eine spezielle Arbeit anvertrauen. Freddy überließ mir die Entscheidung: »Wenn du sicher bist, dass er dicht hält, dann ruf ihn an und mach einen Termin.«

Am nächsten Tag fuhren wir nach Hannover. Pünktlich um 12.30 Uhr stand Peter Pilar vor uns. Er umarmte mich herzlich. Nachdem ich ihm Freddy vorgestellt hatte, schlenderten wir zum Stadtpark. Peter wollte uns das alte Gelände der Bundesgartenschau vorführen. Dort setzten wir uns auf eine Parkbank, und ich begann von unserer chaotischen Situation in Berlin zu erzählen, von der Misere mit den Meldungen und den ungleichen amerikanischen Partnern. Am Ende versicherte er uns seiner Hilfe, auch wenn er noch nicht so genau wusste, worauf wir hinauswollten.

Wir zeigten ihm ein streng geheimes Papier, das von »Münchhausen« stammte. Fünfzehn Seiten, zu denen unser Lieferant gesagt hatte, dass es um die weitere Nutzung von taktischen und strategischen Nuklearwaffen ging. Ich drückte Pilar das Dokument in die Hand und fragte neugierig: »Es soll sich um Atomraketen handeln. Stimmt das?« Er blätterte die erste Seite um, und seine Hände begannen zu zittern. »Wo, verdammt, habt ihr das her? Wisst ihr überhaupt, was ihr da in der Gegend herumfahrt?« Peter drückte mir den kleinen Papierstapel wieder in die Hand, als ob er sich von einer Last befreien wollte.

Nun stand er auf und ging ein paar Schritte, blickte nach links und nach rechts. Er durchbohrte uns mit seinem Blick. Dann holte er tief Luft. »Ihr verarscht mich doch nicht, oder? Das kommt direkt aus dem Generalstab des russischen Verteidigungsministeriums. In diesem Papier steht eine Fülle von Details, zum Beispiel genaue Koordinaten von Standorten, Angaben zu den Einheiten. Es listet auch die weitere Einsatzplanung für diese Waffen auf. Hört zu, dieses Ding ist unbezahlbar. Habt ihr öfter so was? Ich werde es euch übersetzen. Aber das muss absolut unter uns bleiben.«

Peter kam wieder näher. Griff nach den Fotokopien und hielt sie in die Luft. Sein Tonfall wurde jetzt richtig konspirativ. »Ihr habt solche Sachen? Ihr geht mit dem Eingemachten der russischen Streitkräfte hausieren, und die da unten sind nicht in der Lage, euch einen Dolmetscher an die Hand zu geben? Ich bin Dolmetscher. Wisst ihr, was die mich machen lassen? Ich muss die aktuellen Lebensmittelpreise aus Wladiwostok übersetzen. Warum habe ich mich nur an diesen kaputten Laden verkauft? Warum nur?«

Er drückte mir die Papiere wieder in die Hand: »Wartet hier, ich mache jetzt Dienstschluss. Ich will diese Dokumente nicht mit in die Dienststelle nehmen. In zwanzig Minuten bin ich zurück. Dann gehe ich in meine Datscha, und morgen früh könnt ihr die komplette Übersetzung haben.« Peter schien ganz schön frustriert zu sein. Aus allem, was er sagte, sprach die Überzeugung, dass wenig funktionierte, eigentlich aber nur das, was man in eigener Verantwortung durchzog.

Nach Dienstschluss kam Peter noch einmal zurück. Mittlerweile hatte er sich wieder beruhigt und entschuldigte sich für seinen emotionalen Auftritt. Am nächsten Morgen, noch vor Dienstbeginn, sahen wir uns wieder. Peter hatte alles sorgfältig übersetzt und abgetippt. Wir versprachen uns gegenseitiges Stillschweigen, und dass wir in Kontakt bleiben wollten, um seine Hilfe gelegentlich in Anspruch nehmen zu können.

Freddy reiste mit dem deutschen Text direkt nach München. Dort hatte er ein weiteres Problem zu meistern. Bekanntlich war uns untersagt worden, direkte Kontakte zur Zentrale, und speziell zur Auswertung, zu unterhalten. Die »Großkopferten« aus der Abteilung 1 hatten sich das einfallen lassen. Unserer Meinung nach konnte das kaum im Sinne der Abteilung 3 (Auswertung) sein, in diesem Falle der 33H. Also nahm ich Kontakt zu einem ehemaligen Kollegen aus der Postüberwachung auf, der inzwischen zur Münchner Auswertung versetzt worden war. Horst Elkenbach war ein kerniger, dunkelhaariger Typ, den ich bei einem Stabslehrgang der Bundeswehr in Sonthofen kennen gelernt und dann beim BND wieder getroffen hatte. Für unser Vorhaben war er der Richtige. Ihm konnte ich blind vertrauen.

Die »Bypass-Operation«

Horst ließ sich nichts gefallen und vertrat stets konsequent seine Überzeugung. Dabei nahm er auch etwaige persönliche Nachteile in Kauf. Ein kritischer, konsequenter Offizier, wie es nur wenige gab. Sein damaliger Chef bei 33H hielt sehr viel von ihm. Zufällig traf es sich, dass er der Hauptabnehmer unserer nachrichtendienstlichen Erkenntnisse war. Und so starteten wir unsere Operation »Bypass«. Nachdem ich Horst am Telefon unterrichtet hatte, brachte er Freddy und den Chef der militärischen Auswertung zusammen.

Da mein Partner unter seinem Decknamen Teubner keine Zutrittserlaubnis zur Zentrale hatte, gab er an der Wache einfach seinen Deckpersonalausweis mit dem Arbeitsnamen Franke ab. Elkenbach geleitete ihn zum Büro seines Chefs. Dort war eine kleine Gruppe von Auswertern versammelt. Sie staunten, als Freddy ihnen die Situation in unserer Dienststelle und das Versickern der Informationen auf der amerikanischen Seite beschrieb. Dann legte er die übersetzten Dokumente auf den Tisch.

Freddy beschrieb den Moment später wie folgt: »Ruhe, absolute Ruhe. Ein Kollege durchbrach als Erster das Schweigen. ›Das haut mich um‹, sagte er. Dann wurden die Blätter herumgereicht. Wieder war es mäuschenstill. ›Hammer‹, sagte dann einer. ›Hammermäßig!‹«

Es war Montag, und wir standen auf dem Bahnhof in Berlin-Wannsee. Ich hatte Freddy, wie üblich, von seinem Zug abgeholt. Auf dem Weg zum Auto schilderte er mir ausführlich sein Erlebnis bei 33H in Pullach. »Dann haben sie gesagt, wir bekommen von ihnen eine exakte Bewertung der Einzelmeldungen. Das läuft alles informell über deinen Kumpel. Wir sollten jetzt möglichst schnell die neuen Infos an die Amerikaner geben, damit wir bald einen Rücklauf haben und erkennen können, was CAD-B alles weggelassen hat. Mann, Norbert, bei denen stehen wir super da.«

Als wir in unserer Dienststelle ankamen, empfing mich Gassing ziemlich mürrisch. Die Abteilung 3 in München hatte bereits reagiert. »Das Referat 33H hat Sie nach München gebeten. Die denken da unten wohl, wir hätten hier Langeweile. Es geht wohl um Auftragssteuerung und ein paar gezielte Fragen. Am besten, Sie machen einen Termin mit denen für Anfang der kommenden Woche. Da bin ich auch unten, dann können wir zusammen hingehen.«

Den Rest der Woche verbrachten wir damit, unsere Bundesvermögensämter abzugrasen und dort entsprechende Kontakte zu knüpfen. Die Anreise nach München legten wir auf den Sonntag, weil wir wussten, dass unser Chef erst am Montag Nachmittag eintreffen würde. Er sollte keine Gelegenheit haben, an den Gesprächen teilzunehmen und die Amerikaner danach mit unbedachten Indiskretionen zu versorgen.

Am Montag meldeten wir uns gleich morgens bei 33H. Zunächst erfuhren wir, dass unsere Einladung in die Auswertung beim Abteilungsleiter 1 auf Missbilligung gestoßen war. Er hatte angeblich bis zuletzt versucht, über seine Unterabteilung 12, zu der unsere Dienststelle in Berlin gehörte, den Besuch zu verhindern. Die 33H hatte sich aber dann mit dem Hinweis auf die besonderen Umstände sowie auf die Meldungsdichte durchgesetzt. Das, so ließen die Gegner wissen, sei aber eine einmalige Ausnahme.

Die Auswerter zeigten uns stolz ihre Ergebnisse. Zu dem von Peter Pilar übersetzten Dokument hatten die Amerikaner nur Textauszüge übermittelt und zwölf Einzelmeldungen von mittlerer Qualität angefertigt. Die BND-Auswerter hatten dagegen aus dem Originalmaterial ganze 80 Meldungen verfasst. Ein Großteil davon war als »hervorragend« eingestuft worden.

Nur am Rande: Das Bewertungssystem ordnete die Zuverlässigkeit einer Quelle von A bis F ein. A bedeutete unumstritten »zuverlässig«. Die Meldungen wurden von 1 bis 6 gewertet. Wie in der Schule, war auch hier die Eins das Bestmögliche.

Unser Testergebnis war also eindeutig. Um trotzdem absolut sicher zu gehen, starteten wir einen neuen Versuch. Diesmal verwendeten wir viel mehr Unterlagen, und doch war am Ende das Ergebnis ähnlich katastrophal. Nach drei Monaten stand fest, dass in den Untiefen der Kooperation mit dem amerikanischen Militärgeheimdienst DIA 70 bis 80 Prozent aller von uns beschafften Informationen auf der Strecke blieben – ganz zu schweigen von den qualitativen Verlusten.

Fortan lief die Meldungsbearbeitung im Team Dannau/Teubner nach einem klaren Schema ab. Das Material wurde von uns im »Bypass-Verfahren« an die Auswertung in München gegeben. Ein Großteil davon lief wieder an uns zurück, damit wir es den US-Partnern weiterreichen konnten. Bis dahin war lediglich dass, was von den Amerikanern zurückkam, bewertet und in der Quellenakte festgehalten worden. Das war manchmal recht wenig. Trotzdem hatte es dem BND ausgereicht, um »Münchhausen« als Topquelle einzustufen.

Die Quelle »Münchhausen« sprudelte also, und alle waren zufrieden. Das änderte aber nichts an einem grundlegenden Problem. Eine Innenquelle dieser Art benötigte eine Infrastruktur, um reibungslos arbeiten zu können. Ein Melde- und Führungsweg musste geschaffen werden. Das benötigt im BND normalerweise mehrere Jahre. Über so viel Zeit verfügten wir nicht. Also gingen wir in unserer Buckower Wohnung wieder einmal in Klausur. Es bewährte sich, weitab vom Trubel der Dienststelle in Ruhe nachzudenken und zu planen. Unser Teamwork klappte bestens, und Freddy war auch deshalb in Hochform, weil sich sein Nervenkostüm wieder beruhigt hatte. Er schimpfte zwar immer noch auf den »Saftladen«, ging aber alles ausgeruhter an, sehr zuverlässig und fleißig.

»Stay Behind« wird reaktiviert

In diese scheinbare Idylle platzte im Spätsommer 1992 »Münchhausens« Mitteilung, er werde Anfang 1993 nach Hause geholt. Nun mussten wir in Windeseile eine Struktur mit Kurieren, Kontaktpersonen, Deckadressen, Telefonnummern und so weiter schaffen. Wieder einmal scheiterte eine Anfrage in Pullach. Wir wollten praktische Hinweise zur Vorbereitung einer Quelle dieser Größenordnung, zu den Geschäften unseres neuen Mitarbeiters, zum Umgang mit ihm. Ein altgedienter Verbindungsführer raunte uns zu: »Da kann euch keiner helfen, wir hatten hier noch keine Innenquellen dieses Kalibers.«

Auf der Fahrt zum Bahnhof Wannsee an der Raststätte Ziesar hatte ich eine blitzartige Idee, die ich Freddy so schnell wie möglich mitteilen musste. »Ich habe die Lösung. Wir mobilisieren alle unsere ›Stay Behind‹-Quellen und machen daraus Beschaffungshelfer für ›Münchi‹ und alle, die noch folgen werden. Sie sind in der letzten Phase von ›Stay Behind‹ geworben worden, also mit großer Wahrscheinlichkeit noch nicht verbrannt.«

Ich fuhr fort: »Normalen Beschaffungshelfern haben sie einiges voraus, weil sie sogar ND-mäßig ausgebildet worden sind. Wir bräuchten nur alle zu besuchen und ihnen die neue Aufgabe mitzuteilen, fertig ist der gesamte Quellenunterbau. Außerdem hätten wir dann noch ein Polster für mindestens drei weitere Innenquellen.« Freddy war wie üblich skeptisch, wollte der Idee aber eine Chance geben. Er glaubte, dass wir wieder einmal an den verkrusteten Strukturen des Hauses scheitern würden.

Wir legten los, malten Kreise und Verbindungslinien. Wir notierten alles, was zur Führung einer derart exponierten Quelle notwendig war. Bald hatten wir ein System auf dem Papier, das als Diskussionsgrundlage dienen konnte. Wir formulierten auch noch zusätzlich ein Strategiepapier. Am nächsten Morgen waren fast alle anwesend. Die gesamte Dienststelle stand auf dem Flur und genehmigte sich, unter den Augen der Vorgesetzten, ein erstes Gläschen. Irgendetwas wurde gefeiert. Ich ging darüber hinweg und erbat bei Gassing ganz förmlich einen Gesprächstermin. Huldvoll gewährte er ihn für 13 Uhr. Der Chef war bester Stimmung. Er genoss sein hohes Ansehen, schwelgte gern in seinem Ruhm.

Mit einer gewissen Anspannung, weil wir nicht wussten, wie er auf unsere Vorschläge reagieren würde, trafen wir in Gassings Büro ein. Einige kleine Schachteln lagen auf seinem Schreibtisch. Er hatte gerade ein paar neue Modellautos ausgepackt. Die Vitrine mit seinen nostalgischen Pkw-Modellen war weit geöffnet. Gassing saß hinter seinem Schreibtisch und hielt ein blaues Spielzeug-Gefährt mit beiden Händen in die Höhe. Nun folgte einer der aberwitzigsten Dialoge, den ich je erlebt habe.

»Hallo Chef, wir melden uns, wie befürchtet!«, versuchte ich das Gespräch aufzulockern.

»Kommen Sie herein und setzen Sie sich. Na, ist das nicht ein Juwel von Nachbildung?«

»Wir haben ein Konzept für ›Münchhausen‹, für seine künftige Führung«, stolperte ich durch meinen Text.

»Ja – interessant. Schauen Sie mal, ein Düsenberg von 1933. Genial, was?«

»Wir dachten, dass möglicherweise unsere alten ›Stay Behind‹-Quellen als Beschaffungshelfer …«

»Jetzt sehen Sie sich das an, einzeln aufgehängte Federn.« Der Alte drückte immer wieder auf unterschiedliche Ecken des Fahrzeuges, ließ es auf und ab wippen. Ich saß direkt neben der Vitrine, und Freddy fläzte sich in die schwarze Ledergarnitur. Ich zuckte ihm gegenüber mit den Schultern. Freddy antwortete mit einer Handbewegung, die mich anfeuern sollte.

»Also, Herr Gassing, das wäre doch ideal, haben wir uns gedacht. Wir könnten die Leute schnell reaktivieren. Ich glaube, die meisten von ihnen werden …«

Er unterbrach mich wieder: »Schauen Sie sich das an, sogar das Lenkgestänge funktioniert.« Er drehte am Lenkrad des Düsenberg.

Als Freddy merkte, dass ich zu kochen begann, setzte er mit einem launigen »Donnerwetter, starkes Auto« noch eins drauf. Ich deutete zum Chef und nuschelte zu Freddy: »Er freut sich, dass sich die Räder bewegen.« – »Ja«, antwortete der hochinteressiert, »ist doch fantastisch. Die Räder müssen sich bewegen, nicht wahr, Herr Gassing? Wenn die sich nicht bewegen würden, wäre es ja kein gutes Modell!«, fügte er altklug hinzu. Ich fühlte mich mittlerweile von beiden verarscht. »Was halten Sie nun davon? Das wäre doch eine ideale Lösung, ›Stay Behind‹ zu aktivieren, meinen Sie nicht auch?«

Endlich kam eine erkennbare Reaktion von Gassing: »Ja, machen Sie das doch. Schauen Sie mal her. Motorhaube auf, und der gesamte Motorblock ist original nachgebildet. Kann ich Ihnen auch besorgen. Unter Ladenpreis, versteht sich.« Dann sinnierte er einen Moment, und entschied ad hoc: »Lassen Sie sich das von Rosipol absegnen.«

Wir gehen bereits, da dreht Freddy sich noch einmal um und fragt rotzfrech: »Sind die Reifen aus Vollgummi oder aufgepumpt?« Ich versetze ihm einen heftigen Stoß in die Rippen und drücke ihn aus der Tür. Da höre ich noch Gassings Worte: »Keine Ahnung mit den Reifen, mal sehen. Aber hier, der Kofferraumdeckel …«

Das war es schließlich. Die Tür hatte sich hinter uns geschlossen. Freddy prustete und kicherte. Schnell passierten wir das Vorzimmer und das Foyer. Mit Blick auf den Föhrenweg löste sich so etwas wie ein Urschrei. Einen solchen Auftritt hatten wir noch nirgendwo erlebt.

Ich telefonierte sofort mit Rosipol von der Sicherheit. Er war verantwortlich, wenn es um die Freigabe von Quellen und Beschaffungshelfern ging. Da bei der Berliner Dienststelle kaum etwas seinen geregelten Gang hatte, war er ziemlich genervt, wenn 12YA bei ihm anrief. Seine Reaktion war also bezeichnend: »Wenn Sie unbedingt wollen und wenn es der Chef abgesegnet hat, dann soll es so sein. Schicken Sie mir die Decknamen. Ich aktiviere sie alle. Meinetwegen auch den Papst.«

Und so aktivierten wir guten Glaubens und mit den besten Vorsätzen unseren »Stay Behind«-Quellenstamm.

Erst viele Jahre später habe ich erfahren, dass die gesamte Mannschaft längst an die DDR-Staatssicherheit verraten worden war. Es darf angenommen werden, dass auch der KGB über diese Informationen verfügte. Als wir um die erneute Freigabe dieser Leute baten, war der Verrat dem BND bereits bekannt. Mir ist schleierhaft, warum sich diese Tatsache nicht zu den verantwortlichen Entscheidungsträgern herumgesprochen hatte. In der Konsequenz ließen uns die Chefs in Pullach Beschaffungshelfer führen, die dem nachrichtendienstlichen Gegner bekannt waren. An die Risiken für unsere Quellen darf ich gar nicht erst denken.

Das G-Verfahren

Die »Profis« aus Pullach leisteten sich noch eine weitere ernsthafte Sicherheitspanne. Damit »Münchhausen« nach seiner Heimkehr weiter mit uns in Kontakt bleiben konnte, musste er mit einem so genannten G- oder Geheimschriftverfahren ausgestattet und geschult werden. Dazu reisten wir wieder einmal nach Pullach, zur Dienststelle 63 BC. Bei der Begrüßung entschlüpfte mir der Satz: »Hier wird also gezinkt, gefälscht und getäuscht.« Der freundliche Herr mit den etwas provozierenden Ärmelschonern schien Humor zu haben. Er schüttelte nämlich schmunzelnd den Kopf und meinte: »Nein, nein, meine Herren. Wir fälschen hier nicht. Wir empfinden nur nach. Andere fälschen Geldscheine oder Ausweise. Wir nicht! Wir empfinden nach.«

Dann wurden wir recht zügig in das Geheimschriftverfahren CP 430–0 eingewiesen. Es besteht aus zwei Komponenten. Die eine davon ist recht einfach. Eine Chemikalie, verstaut in einem Rasierwasserflakon, mit deren Hilfe man die Schrift lesbar machen kann. Dazu taucht man lediglich ein Wattestäbchen in die Flüssigkeit und benetzt damit das Papier mit der Geheimschrift. Das zweite Verfahren zum Anfertigen eines Geheimschriftbriefes war komplizierter und musste geübt werden. Dazu beschrieb die Quelle zunächst ein Blatt Papier mit einem unverfänglichen Tarntext. Dann wurde ein Blatt Spezialpapier auf das Schriftstück gelegt und darauf der Geheimtext verfasst. Es funktionierte im Prinzip wie Blaupapier, nur dass man die Durchschrift nicht ohne spezielle Hilfsmittel lesen konnte.

Bewaffnet mit unserem CP 430–0 fuhren wir stolz zurück nach Berlin. Wir begannen damit, die Quelle »Münchhausen« zu schulen. An einem ruhigen Ort außerhalb der Stadt trainierten wir immer wieder das Anfertigen von G-Briefen. Als »Münchhausen« zurück nach Russland versetzt wurde, war er mit allem ausgestattet, was er als funktionierende Quelle brauchte. Er hatte einen Meldeweg, einen Führungsweg, etwas Bargeld und verschiedene Möglichkeiten der Kontaktaufnahme.

Wir wussten leider nicht, dass unser G-Verfahren einen Schönheitsfehler hatte. Es war, wie man im Milieu sagt, seit vielen Jahren »verbrannt«, also dem Gegner bekannt. Wenn unser Mann in seiner Heimat ins Visier der Abwehr geraten wäre, hätten die KGB-Nachfolger seine Post entschlüsseln und »Münchhausens« nachrichtendienstliche Arbeit für uns beweisen können.

Ich erfuhr von dieser unsicheren Situation von einem altgedienten BND-Mitarbeiter, der mich unter dem Siegel der Verschwiegenheit aufklärte. Zu diesem Zeitpunkt waren aus »Münchhausens« Feder bereits vier G-Briefe eingetroffen. Von uns hatte er zudem mehrere Führungsanweisungen erhalten. Nach etwa einem Jahr stellten wir die Pullacher Insider zur Rede. Sie antworteten uns sehr einsilbig: »Wir hatten Anweisung, so zu handeln.« Wer dies angeordnet hatte, konnten wir nicht in Erfahrung bringen. Es war aber sicher niemand aus der Kleiderkammer oder vom Wachdienst.

An einem der letzten Abende, bevor »Münchhausen« zurück in die Heimat ging, trafen wir ihn, um vorübergehend Abschied zu nehmen. Das Verhältnis unter uns dreien war mittlerweile recht herzlich geworden. Also war diese Trennung mit einer gewissen Wehmut verbunden. Als unser russischer Freund im Taxi Richtung Wünsdorf davonfuhr, blickte mich Freddy ernst an: »Und du glaubst, wir haben alles richtig gemacht? Machst auch du dir Sorgen? Sag, stehen wir das durch? Eine ganz schöne Verantwortung, die wir uns da aufgehalst haben.«

»Ja, Freddy, das stimmt! Wir stehen das auch durch. Wir schon!« Meine Antwort kam leise rüber. Ob sie überzeugend war, das weiß ich nicht.

Nach einigen Wochen lieferten wir dem BND die ersten Dokumente, die nicht mehr aus der WGT stammten, sondern direkt aus Russland kamen. Sie sorgten in Pullach für helle Begeisterung. So erhielt der BND zum Beispiel eine Dokumentation über das neue Waffensystem »Buratino«. »Münchhausen« avancierte zu einer der Topquellen des deutschen Auslandsnachrichtendienstes, die stets erstklassiges Material lieferte.

»Eulenspiegel«

Ein eiskalter Wintertag war es, als wir Anfang 1993 in Richtung Neubrandenburg fuhren. Nun »grasten« wir schon beinahe ein Jahr lang die Bundesvermögensämter ab und sammelten Tipps auf deutschsprachige Russen. Wir hatten alle unsere früheren »Stay Behind«-Quellen reaktiviert und damit bei den »Verwaisten« echte Freude ausgelöst. Die meisten Treffen mit den Untergrundlern fanden abends und am Wochenende statt, eine zusätzliche Belastung. Ganz nebenbei holten wir uns Begehungsgenehmigungen für alle Liegenschaften der WGT, die in absehbarer Zeit an den Bund übergeben werden sollten. 12YA hatte dadurch die Möglichkeit, nach Abzug der WGT als Erste diese Gebäude zu besichtigen.

Was gab es sonst noch Neues? Gert und Udo lebten schon seit einem halben Jahr als zufriedene Pensionäre. Den Geländewagen hatten wir firmenintern bei einer passenden Gelegenheit in einen neuen Opel Vectra umgetauscht. Diese Maßnahme linderte unsere Rückenschmerzen, denn immerhin fuhren wir in neun Monaten nicht weniger als 100 000 Kilometer. Unser Glücksfall »Münchhausen« arbeitete wie ein Uhrwerk. Wir wünschten uns mehr von seiner Sorte.

Nun rollten wir wieder durch Oranienburg, auf der B 96 in Richtung Norden. Wir hatten über einen Mittelsmann Kontakt zu einem perfekt deutsch sprechenden russischen General aufgenommen. Unter dem Vorwand, mit gebrauchten Pkw zu handeln, wollten wir ihn persönlich sprechen.

Punkt 19 Uhr sollte er zu zwei bestimmten Telefonzellen kommen. Das Thermometer zeigte minus acht Grad, als wir den Wagen abstellten. Wir parkten hinter einem Buswartehäuschen, auf halber Strecke zwischen Bundesstraße und Marktplatz. Von dort konnten wir die beiden Telefonzellen und auch den Eingang des gegenüberliegenden Hotels »Zur Post« beobachten. Es blieben noch zwanzig Minuten.

Wir wollten mit ihm in das Hotel gehen, weil das zu jener Zeit die einzig annehmbare Gaststätte im Ort war. Die Vorgehensweise war schon besprochen, nur nicht, wer den Erstkontakt machen sollte. Sicher war, dass der eine ihn ansprechen, der andere das Umfeld beobachten und den Treff sichern sollte. Als ich den Motor abstellte, atmete Freddy tief durch: »Und wer stellt sich jetzt in die Kälte?« Ich zuckte mit den Schultern: »Wir können Streichhölzer ziehen!«

Freddy kannte das Ritual und wirkte darüber keineswegs glücklich. Er reichte mir die Streichholzschachtel. Ich nahm wie immer zwei Hölzer heraus und brach mit den Worten »Wer das kürzere zieht« von einem ein Stück ab. Dann legte ich beide zwischen Daumen und Zeigefinger, so dass nur die beiden Köpfe zu sehen waren. Daraufhin zog ich mit der anderen Hand das kurze Streichholzstück heraus und gab es Freddy. Der nahm den Stummel, wie gewohnt, senkrecht zwischen Daumen und Zeigefinger, hielt ihn auf Augenhöhe und murmelte »Na ja … Wenigstens fair!«

Er zog seinen dünnen grauen Regenmantel über, nahm eine Plastiktüte und wollte gerade weggehen, als ich die Seitenscheibe herunterließ und ihm noch einen guten Rat gab: »Hier, pack was in die Tüte, sieht ja sonst nach nichts aus.« Dabei reichte ich ihm eine Stange Marlboro aus den Beständen unserer amerikanischen Freunde. Freddy schlotterte und grummelte etwas von »Saukälte«. »Ich finde, es geht«, war meine Antwort. Ich drehte die Standheizung etwas höher und ließ das Fenster nach oben gleiten. Etwas gebückt, rauchend und zitternd, stand er etwa eine Stunde an der Hauswand hinter den Telefonzellen. Dann kam jemand, der ihn ansprach. Nach einem kurzen Wortwechsel gingen sie über die Straße und verschwanden im Hotel.

Draußen war es ruhig, ja beinahe totenstill. Keine Autos auf der Straße, keine Fußgänger unterwegs. Zwischendurch warteten einige Leute im Bushäuschen. Diese verschwanden aber auch mit dem öffentlichen Verkehrsmittel. Langsam wirkte die Situation gespenstisch. Zwanzig Minuten, nachdem Freddy mit dem dunkelhaarigen, hochgewachsenen Typ im Gasthaus verschwunden war, folgte ich den beiden.

Die Inneneinrichtung war mehr als ernüchternd. Sie verbreitete den Charme einer volkseigenen Kombinatsküche. Die Stahlrohrstühle sahen schon ziemlich mitgenommen aus. Der Deckenkronleuchter passte überhaupt nicht zur übrigen Einrichtung, er hätte jedem Jugendstilhaus zur Ehre gereicht. Hinten rechts saßen vier Arbeiter, die – ihrem Gespräch nach – wohl aus dem Westen stammten. Sie sollten irgendwelche Telefoneinrichtungen reparieren. Ganz hinten links sah ich Freddy mit unserem General. Sie orderten gerade zwei große Gläser Wodka. An der Mimik der beiden konnte ich erkennen, dass es schon passiert war. Ich setzte mich an den Tresen, um beide eine Weile zu beobachten.

Wir hatten uns angewöhnt, bei unseren Anbahnungstouren nicht lange zu fackeln. Im Fachjargon nennt man das wohl »cold approach«. Das bedeutete in unserem Fall Folgendes: Einer von uns ging an die Zielperson unter einer Legende heran. Meistens erzählten wir, dass wir für eine Investorengruppe geeignete Flächen für neue Golfplätze erkunden wollten. Damit begründeten wir nicht nur unsere Aktivitäten abseits von befestigten Straßen und Wegen, sondern auch das notwendige Fotografieren. Leute, die Kontakte zu Investoren, also zu kapitalkräftigen Menschen haben, interessieren sich auch für andere Geschäfte. Jedenfalls verfügen sie über die entsprechenden Beziehungen. So sah jedenfalls das Grobraster unserer Legenden aus. Die Filigranarbeit der jeweiligen Legende musste dann mit viel Liebe zum Detail der individuellen Situation angepasst werden. Schon beim ersten Gespräch erkannten wir ziemlich schnell, ob die entsprechende Person für uns geeignet war oder nicht. Die meisten unserer Zielpersonen wollten mit Autos, Möbeln, Haushaltsgeräten und so weiter handeln. Nicht deutsch sprechende Russen baten ihre sprachbegabten Freunde und Bekannten um Hilfe beim Kauf des einen oder anderen Konsumartikels.

Schocktherapie bei der Anbahnung

Die versierten Mittelsmänner kassierten dafür eine entsprechende Provision. Je höher der Dienstgrad war, desto lukrativer waren auch die Aufträge und die entsprechenden finanziellen Beteiligungen. Wenn das Gespräch einen positiven Verlauf nahm, kamen wir irgendwann zum Verkauf von Informationen. Wir taten so, als hätten wir bei unseren weitreichenden Kontakten auch Verbindungen, die uns Informationen abkaufen würden.

Reagierte die Person neugierig oder interessiert, dann organisierten wir einen Folgetreff. Passte sie nicht in unser Bild, war sie zu ängstlich oder lehnte gleich ab, dann würgten wir das Gespräch ganz schnell ab. Auf diese Weise trafen wir viele WGT-Offiziere nur ein- oder zweimal. Bei der großen Menge an Personenhinweisen konnten wir gar nicht anders vorgehen. Die Münchner Zentrale war nur sehr mäßig interessiert, weil sich niemand der Mühe unterziehen wollte, wochenlang durch den »wilden Osten« zu reisen. Also blieb uns nichts anderes übrig, als selbst die Spreu vom Weizen zu trennen.

In diesem Stil hatten wir bis zum Frühjahr 1993 rund dreißig »Einzelgespräche« erledigt. Deshalb war ich mir im vorliegenden Fall auch ziemlich sicher, dass Freddy die Katze bereits aus dem Sack gelassen hatte. Die Frage nach einem eventuellen Nachrichtendeal musste ganz bestimmt schon gefallen sein. Der Große war nämlich kreidebleich und zitterte. Er kippte gerade seinen dritten doppelten Wodka. Der Mann hatte beide Hände hinter dem Kopf verschränkt, seine Ellenbogen auf die Tischplatte gestützt. Mit dem Gesicht knapp über der Tischplatte, blickte er starr nach unten. Freddys Gesten waren beschwichtigend. Er schien beruhigend auf ihn einzureden. Na dann, dachte ich mir, da hat wieder mal jemanden der Blitz getroffen. Ich leerte zügig mein Bier und verließ das Lokal.

Der Russe befand sich nun in einer Zwickmühle. Deshalb war die Reaktion auch typisch. Wenn er den Vorfall meldete, dann würde er massiven Ärger bekommen und peinliche Fragen auf sich ziehen. Allein der Kontakt mit einem Unbekannten, noch dazu aus dem Westen, war ihm verboten. Schon durch das Treffen hatte er sich ins Unrecht gesetzt. Dabei war ja noch gar nichts gelaufen. Würde er »petzen«, dann wären seine Geschäfte für alle Zeiten kaputt. Auf der anderen Seite stand das Angebot, ganz schnell und unkonventionell Geld zu verdienen. Diese vertrackte Situation warf die meisten erst einmal zu Boden. Das war die genaue Situation von ZP12YA 000100393, wie wir den Mann bereits bezeichneten.

Draußen ging ich nicht direkt zum Wagen, sondern drehte eine Runde um die Marktkirche. Von weitem konnte ich sehen, wie Freddy und sein neuer Schützling das Lokal verließen. Der Russe ging fort. Freddy stand im Wartehäuschen und rauchte. Fünfzehn Minuten später waren wir schon wieder auf der Strecke. Ich saß am Steuer, und Freddy erzählte: »Macht einen guten Eindruck, der Mann. War aber ziemlich platt, als ich ihm sagte, wie er am meisten Geld verdienen könnte.«

»Kommt er nochmals, oder war es das?« – »Der kommt! Ganz sicher! Was daraus wird, kann ich noch nicht einschätzen. Ist ein hochintelligenter Typ. Schaun wir mal.« Freddy war auffallend zuversichtlich. »Du bist doch sonst skeptischer. Was macht dich so optimistisch?«, hakte ich nach. Er griff in die Jackentasche und holte einen Notizzettel hervor. Mit dem wedelte er vor meiner Nase herum: »Deshalb! Seine dienstlichen Telefonnummern und eine private Kontaktadresse in Neustrelitz, über die er am Wochenende immer zu erreichen ist. Macht das jemand, der nie wiederkommen wird?«

Mein Puls ging schneller. »Mensch, Freddy, der ist General. Seine Zugänge sind fantastisch! Junge, wenn das was wird!« Im Autoradio lief eine Kassette, die ein Kollege dort hinterlassen hatte. Da gab es ein Duett von Hans Albers und Heinz Rühmann: »Wer hinterm Ofen sitzt und die Zeit wenig nützt, schont zwar seine Kraft, aber wird auch nichts erreichen …« Wir sangen laut grölend mit.

Im Hotel »Goldener Stern« kamen wir an diesem Abend noch unter. Ein graues, unscheinbares Gebäude mit schlichten, aber sauberen Zimmern. Es lag zentral und hatte einen kleinen Parkplatz, der unseren Bedürfnissen sehr entgegen kam. Das Hotel war in eine Häuserfront eingebettet, bei der es nur eine schmale Durchfahrt zum Hinterhof gab. Dort befanden sich einige Parkplätze und vier Garagen. Das zweiflügelige Holztor an der Straßenseite wurde abends verschlossen.

Wir nutzten das Hotel in den nächsten Monaten regelmäßig. Wenn unser Dienstwagen auf dem Hinterhof in einer Garage stand, dann waren wir förmlich von der Bildfläche verschwunden. Außerdem hatte das Haus einen Hintereingang, der von nirgends her einsehbar war. Und es war recht preiswert, was uns entgegen kam. Viele Nächte lang haben wir dort regelmäßig russische Geheimdokumente fotografiert, die anderntags wieder in ihrem angestammten Panzerschrank liegen mussten.

An diesem Abend kamen wir also zum ersten Mal in unser Rheinsberger Domizil. Wir waren dankbar, dass uns der Chef des Hauses, ein sympathischer Herr in den Fünfzigern, noch so spät bekochte. Am nächsten Morgen gingen wir erst einmal auf Erkundungstour. Wir spazierten durch den Park von Schloss Rheinsberg. Das einst edle Gemäuer vermittelte damals noch einen verwahrlosten Eindruck. Erste Restaurateure verloren sich auf ein paar kleineren Gerüsten, aber das stimmte noch nicht optimistisch.

Am nächsten Tag fuhren wir in Richtung Warenthin. Der Ort liegt zwei Kilometer westlich von Rheinsberg. Nur dort gab es eine Stelle, wo unser neues Funktelefon seinen Dienst tat. Rheinsberg und Umgebung waren in jenen Tagen ein einziges Funkloch. Kurz vor Warenthin zweigte ein schnurgerader Weg nach Südwesten ab. Er ist in den Landkarten mit der Nummer K6812 gekennzeichnet. Von dort ging es ein paar Meter bergauf, und schon hatten wir unser Funknetz. Später stellte sich heraus, dass dies wirklich die einzige Stelle im Umkreis von zehn Kilometern war, von wo aus man telefonieren konnte. Das haben wir 1993 und 1994 ausgiebig genutzt.

Das Gespräch lief an diesem Vormittag recht einförmig. »Ich möchte nur kurz melden, dass bei uns alles nach Plan läuft. Wir machen hier gute Geschäfte und kommen voraussichtlich am nächsten Montag wieder ins Büro.« Am Apparat war die Sekretärin unserer Dienststelle. Der Alte war wieder einmal in München. »Der ist beim Schaulaufen«, sagte sie und wünschte uns alles Gute. »Tja, Freddy«, sinnierte ich laut, »vermissen tut uns niemand in Berlin. Wenn wir hier in der Versenkung verschwinden, dann merkt das auch keine Sau.«

Klaransprache im Plattenbau

Wir fuhren langsam zurück und weiter durch Warenthin in Richtung Norden. Die Ortsschilder wiesen nach Zechliner Hütte. Etwa drei Kilometer außerhalb führte eine Stichstraße nach Westen. Sie endete auf einem Hotelparkplatz, direkt am Rheinsberger See. Das »Hotel am See« war ein zehnstöckiger Klotz, der uns an die Plattenbauten in Berlin-Marzahn erinnerte. »Hier muss derselbe Architekt am Werk gewesen sein«, sinnierte Freddy. Zwischen See und Haupthaus lag ein großer Flachbau, der zum Wasser hin verglast war. Hier waren nicht nur ein paar kleine Läden untergebracht, sondern auch ein Bistro, ein Lokal, die Hotelrezeption und im Untergeschoss eine Diskothek.

Hinter diesen Hauptgebäuden standen einige mehrgeschossige Wohnblocks sowie ein Heizkraftwerk, das die gesamte Anlage mit Energie versorgte. Genau hier wollten wir am Abend eine neue Quelle werben. Den Platz hatten wir schon vor Wochen erkundet. Da wir immer nur zu zweit unterwegs waren, bereitete uns die Überwachung der Treffs manchmal richtig Mühe. Gerade bei ersten Kontakten war es uns besonders wichtig, »sauber zu bleiben«, wie wir es nannten. Dieses Gelände erschien uns geeignet. Es gab nur eine Zufahrt, und diese war gut zu überschauen. Wenn unsere Zielperson also jemanden im »Schlepptau« hatte, dann konnten wir das in einem solchen Umfeld viel besser erkennen als anderswo. Plattenbau hin, Plattenbau her.

Um 18 Uhr nahmen wir unsere Positionen ein. Eine Stunde später sollte die Zielperson kommen. Im Foyer war reger Betrieb, das Restaurant dagegen fast leer. Ich hatte unseren Wagen zwischen anderen Fahrzeugen so abgestellt, dass ich die Zufahrt und den ganzen Eingangsbereich überblicken konnte. Als sich um 19.45 Uhr noch immer nichts getan hatte, ging ich in das Bistro am Eingang und trank einen Kaffee. Freddy, der im Foyer saß, tat so, als würde er eine Zeitung lesen. Er schaute fragend zu mir herüber. Ich zuckte mit den Schultern und ging wieder nach draußen, um ihm zu signalisieren, dass ich noch warten wollte. Ziemlich missmutig verkroch ich mich wieder im Auto.

Gegen 20 Uhr regte sich kaum mehr etwas außerhalb des Hotels. Freddy sah ich ab und zu mit seiner dunkelbraunen Leinenjacke durch das Foyer schlendern. Plötzlich bog, aus Rheinsberg kommend, ein Pkw langsam in die Stichstraße ein. Es war ein Taxi, das an mir vorbeirollte und vor der großen Freitreppe stoppte. Erst als der Insasse die Treppe emporstieg, konnte ich ihn richtig erkennen. Er war es – unser Mann von gestern Abend. Er war wirklich gekommen. Ich atmete tief durch.

Nach einer Viertelstunde verließ ich den Wagen und ging in das Restaurant. Nur wenige Gäste verteilten sich in dem großen Raum. Ich suchte mir einen separaten Fensterplatz und bestellte eine Kleinigkeit. Mit Blick auf den vom Vollmond beschienenen Rheinsberger See wartete ich auf ein Signal von meinem Partner. Freddy ließ nicht lange auf sich warten. Mit freundlicher Miene kam er auf mich zu und setzte sich. »So, Herr Doktor, nun bist du dran«, sagte er siegessicher.

Wir gingen gemeinsam in das Untergeschoss, direkt in die rot und blau beleuchtete Diskothek. In einer schummrigen Ecke saß unser Mann an einem kleinen, quadratischen Tisch. »Guten Abend. Ich freue mich, Ihre Bekanntschaft zu machen«, begrüßte ich ihn betont nonchalant. »Ich freue mich auch«, kam es zurück. Das klang keineswegs dialektfrei, wie mir angekündigt worden war. Unser Gast sprach tiefstes Sächsisch!

»Verzeihen Sie, wenn ich etwas verwundert bin, aber ich hatte einen russischen Staatsbürger erwartet«, versuchte ich ihm zu schmeicheln. Er lächelte. »Wollen Sie meinen Pass sehen? Ich habe mir diesen Dialekt ein wenig angeeignet. Wenn ich mir aber Mühe gebe, dann geht es auch hochdeutsch.« – »Das wird nicht unser Problem werden«, entgegnete ich und setzte mich zu ihm. Als mein Blick durch den Raum schweifte, merkte ich, dass wir völlig allein waren. Lediglich eine junge Bedienung stand hinter der Bar und putzte Gläser.

Er war mir auf Anhieb sympathisch. Nervös drehte er an seinem Bierglas. In Freddys Augen las ich, was er dachte: »Nun bin ich mal gespannt, wie du das stemmst.« Ich konnte förmlich spüren, wie er sich innerlich zurückgelehnt hatte. Also begann ich mit den üblichen Argumenten: »Mein Partner hat Ihnen ja bereits erklärt, dass wir eine interessante Möglichkeit haben, für gute Informationen Geld zu bezahlen. Ich will aber gleich ganz ehrlich zu Ihnen sein. Wir sind keine Nachrichtenhändler. Wir kommen vom Bundesnachrichtendienst. Ich will Sie nicht anlügen. Wenn Sie mit uns ins Geschäft kommen, dann haben Sie ein Anrecht darauf, zu wissen, dass Sie sich in guten Händen befinden. Wenn Sie mit uns nichts zu tun haben wollen, dann schafft Ihnen das keine Probleme. Wir bekommen für jede Absage zwei neue Zusagen. Ich sichere Ihnen zu, dass in diesem Fall keiner von unserem Gespräch erfahren würde. Wenn Sie ›Njet‹ sagen, dann trinken wir zwei Bier miteinander und vergessen wieder alles. Nicht einmal meine Führung weiß von unserem Kontakt und wird es dann auch nie erfahren.«

Er drückte sich gegen die mit Teppich verkleidete Rückwand und stieß einen gedämpften Laut aus, der sich ungefähr so anhörte: »Uhaaaahh!!« Dann blies er die Luft durch den gespitzten Mund. Freddy realisierte die gespannte Situation und wirkte sofort deeskalierend: »Ich bestelle uns allen ein Bier auf den Schreck!« Der Russe schaute ihn an, legte den Kopf leicht zur Seite, nickte, zog dabei die Schultern nach oben und fügte hinzu: »Und einen Wodka! Wenn das geht! Bitte!« Dann redete ich weiter über unsere Möglichkeiten, über Sicherheiten, Geld und so weiter.

Ob das wirklich professionell war, darf man getrost anzweifeln. Darüber, was in unserem Metier profihaft ist und was nicht, scheiden sich die Geister. Uns schien das damals die einzig vernünftige Vorgehensweise. Heute weiß ich, dass diese ungenierte Methode zumindest in dem konkreten Fall die einzige Chance war. Viele Jahre später schilderte mir unser Mann, der von jenem Tag an »Eulenspiegel« hieß, seinen Eindruck. Er sei wie vom Schlag getroffen gewesen: Erst die Einladung eines Nachrichtenhändlers zu einem gemeinsamen Treffen. Das sei schon ziemlich heftig gewesen. Er habe in der Nacht zuvor kein Auge zugetan. Und dann dieser arrogante Pinkel, der sich als BND-Mann vorstellt.

»Ich habe gedacht, so macht man das doch nicht. Das geht doch auch feinfühliger. Dieser Typ hat anscheinend noch keinen Spionageroman gelesen. Setzt sich hin und sagte einfach: ›Ich bin der Agentenführer und du der Spion!‹ Auf der anderen Seite: Wenn ich erst später gemerkt hätte, worauf das hinausläuft, dann wäre ich in der Versenkung verschwunden. Nur wegen dieser dummdreisten Art habe ich Ja gesagt. Zu Hause sah ich deinen Auftritt plötzlich anders. Ich dachte mir, der mag sein, wie er will. Aber er war schonungslos ehrlich. Ich denke, dass es in Wahrheit der einzige Weg war, um mich rumzukriegen.«

»Eulenspiegel« beruhigte sich langsam wieder. Nachdem er meinen Redeschwall in sich aufgenommen hatte, war er nun selbst am Zug. Recht zögerlich berichtete er über seine Tätigkeit in der Armee, seine Zukunftspläne und die Familie. Im Laufe des Abends taute er langsam auf und war am Ende ziemlich redselig. Wir verabredeten uns erneut für einen Termin vier Tage später. So hatte er noch einmal Bedenkzeit. Selbst für den Fall, dass er uns dann einen Korb geben würde, sicherte er uns zu, dass dies nicht ohne Begründung laufen sollte. Das ließ bei uns die Hoffnung keimen, er würde eher zu- als absagen.

Als wir gegen 23.30 Uhr bei Familie Lucega im »Goldenen Stern« saßen, herrschte noch reger Betrieb. Ein paar Fischer vom Grienericksee hatten sich festgesetzt und begossen ihren Fang. Die Gespräche über Reusen, Netze und die aktuelle Zander-Population lenkte uns rasch ab. Das war auch besser so. Man soll nicht alles zerreden, sondern auch im eigenen Interesse Optimismus verbreiten.

48 Stunden später begannen die Vorbereitungen für den nächsten Treff mit »Eulenspiegel«. Am Sonntag, um zwölf Uhr mittags, sollte der General beim Obelisken stehen, gegenüber vom Rheinsberger Schloss. Da nicht auszuschließen war, dass er mit »Gefolge« erscheinen könnte, wollten wir nicht blauäugig sein. In eine Falle durften wir nicht tappen, das war für uns ein ungeschriebenes Gesetz. Jedenfalls war es unser Ehrgeiz, die Treffen so sicher wie möglich abzuwickeln.

Samstag saßen wir spätabends wieder in der drögen Gaststube vom »Goldenen Anker«. Wir hatten alles durchgesprochen, alle Eventualitäten diskutiert, waren jeden Weg abgelaufen. Nun war es wieder einmal an der Zeit, über Sinn und Unsinn des Lebens und unserer Einsätze zu philosophieren. Wir dachten an die Menschen, mit denen wir es zu tun hatten, und in dieser Hinsicht fanden wir alles rundherum in Ordnung. Wir hielten uns für hoch motiviert, selbstsicher und voller Tatendrang.

Sobald aber auch nur ein Gedanke den schwerfälligen

Apparat BND sowie das Chaos seiner Führungs- und Konzeptionslosigkeit streifte, wurden wir still und nachdenklich. Ein solches Wechselbad der Gefühle sollten wir in den nächsten Jahren noch häufig durchmachen. Wir lebten ständig unter dem Eindruck, dass man uns in der Zentrale die gebührende Fürsorge verweigerte. Wir waren völlig allein gelassen mit unseren Problemen.

Die Operateure der Abteilung 1 belächelten unsere »Eskapaden«, während die Auswerter der Abteilung 3 uns eher anfeuerten und motivierten. Unsere Streifzüge wurden von der hilflosen Berliner Dienststelle wohlwollend begleitet, von den amerikanischen Partnern argwöhnisch beäugt. Und trotzdem hofierten uns alle irgendwie. Den einzigen Halt fanden wir aber schließlich bei uns selbst. Das Jagdfieber trieb uns voran, ebenso der Gedanke, eine historische Chance wahrzunehmen. Und natürlich auch die Tatsache, dass wir uns aufeinander verlassen konnten. Darauf waren wir stolz.

Am Sonntagmittag erwarteten wir »Eulenspiegel«. Von meinem Hotelzimmer aus konnte ich die Straße überblicken und auch den Obelisken sehen. Wir gingen nicht nach draußen. Freddy hatte einen Fotoapparat mit Teleobjektiv aufgestellt. Misstrauisch wie wir waren, wollten wir zuerst ein bisschen beobachten. Diesmal sollte die künftige Quelle auf uns warten. Wir wollten sehen, ob es in der Umgebung des Obelisken auffällige Veränderungen geben würde. Als »Eulenspiegel« kam, war schon wieder eine Stunde vergangen. Er ließ sich mit einem Taxi direkt zum vereinbarten Treff chauffieren. Nun stand er dort mit einer Plastiktüte und wartete.

Als es uns sicher erschien, dass er allein gekommen war, ging ich zu ihm, um ihn zu begrüßen. Wir begaben uns in das nahe gelegene Lokal »Deutsches Haus«. Es lief besser, als wir erwartet hatten. Wir hatten die neue Quelle gebeten, beim nächsten Treffen möglichst schon etwas Material zu liefern, hatten aber nicht wirklich damit gerechnet. Nun befanden sich in der Plastiktasche 80 Blatt an geheimen Dokumenten. Ein gelungener Einstand.

Alltagsstress im Föhrenweg

Die kalte Dusche sollte am nächsten Tag in der Berliner Dienststelle folgen. Gassing war nicht da. Er hatte das Wochenende in Bayern verbracht und wollte den Montag zu einem Besuch in Pullach nutzen. Dafür lauerte aber sein neuer Stellvertreter auf uns: Tempo! Mehrere Monate, nachdem Gert gegangen war, hatten die Münchner einen geeigneten Nachfolger für ihn gesucht. Unter welchem Aktenberg der BND auf Tempo stieß, ist mir bis heute unklar.

Der etwa fünfzig Jahre alte »wahre Führer der Dienststelle« (so seine eigene Einschätzung) hatte das dünne, graublonde Haupthaar akkurat drapiert. Sein Gesicht kennzeichneten zwei Hauptmerkmale. Zum einen die Tränensäcke unter den Augen, die tiefschwarze Ränder hatten. Zum anderen ein kunstvoll an den Seiten gezwirbelter Schnauzbart, der ihm den Spitznamen »Schnauzer« einbrachte. Er sprach bayerisch, das heißt, er tat so. Geboren und aufgewachsen war er irgendwo im Ruhrpott. Jedenfalls hörte es sich so an, als würde der Fernsehmoderator Jochen Busse versuchen, das Fußballidol Franz Beckenbauer zu imitieren.

Seine persönliche Mitarbeiterin, die erst Wochen vorher in der Dienststelle begonnen hatte, um Op-Akten einzurichten und zu pflegen, brachte es auf den Punkt. Ich fragte sie, ob sie den neuen OpSi für normal hielte. Darauf schob sie mich in sein Dienstzimmer und zeigte auf die Fotowand:

»Wer in seinem Büro so viele Fotos von sich selbst aufhängt, der kann nicht ganz dicht sein.« Ich sah Tempo beim Skilaufen, Tempo am Meer. Tempo beim Kochen, Tempo beim Wandern. Eine Wand mit einem Motiv: Tempo.

Als er mir an jenem Montagmorgen gegenüberstand, sah er verkatert aus und war mies gelaunt. »Wo kommt ihr denn her?«, maulte er uns an. Schnaufend ging er in sein Zimmer und kam mit einem Formblatt zurück. »Ab sofort weht hier ein anderer Wind!« Er polterte weiter. »So läuft das hier nicht mehr. Jetzt wird alles ganz genau eingetragen.« Ich traute meinen Augen nicht. Er wedelte mit einem Formular herum, das die Amerikaner erstellt hatten. Es nannte sich »Meldungsvorblatt« und wurde oben und unten von dicken Lettern eingerahmt: »Confidential«. Darauf sollte der Klarname der Quelle vermerkt werden, der Deckname oder die Operationsbezeichnung, die V-Nummer oder PA-Kennung, Treffdaten ebenso wie genaue Angaben zur Übergabe des Materials. Künftig sollte dieses Formblatt an jede Einzelmeldung geheftet werden. In Kenntnis unseres Meldungsaufkommens hatten die Amerikaner allein für unser Team vorsorglich 500 Blatt vorbereitet. Freddy starrte auf das Blatt: »Jetzt sind alle verrückt geworden. Der Schnauzer findet das auch noch klasse. Wenn wir das ausfüllen, können wir unsere Quellen gleich beim Erschießungskommando anmelden.« Dann öffnete er das Fenster und flüsterte: »Wenn der Schnauzer wüsste, dass das Material, das er bekommt, schon in München war, bevor wir es ihm geben, bekäme er einen Herzkasper.«

Die Amerikaner hatten diese Maßnahme clever begründet. Sie sagten, wenn sie alles komplett ausgefüllt bekommen würden, könnten sie sich an der Finanzierung der nachrichtendienstlichen Verbindungen beteiligen. Sie müssten natürlich in jedem Fall wissen, wer das Geld bekomme oder wem es zustehe.

Das stellte natürlich nicht nur eine Gefährdung unserer Verbindungen dar, wir riskierten damit auch eine mögliche Überwerbung durch die amerikanischen Freunde. Unsere Quellen wären für den US-Dienst erpressbar geworden. Der hätte dann nämlich ganz genau gewusst, wer was geliefert hat. Ich konnte über eine solche Dreistigkeit nur den Kopf schütteln. Noch mehr regte mich aber unser OpSi auf, der eigentlich wegen der Quellensicherheit aus München eingeflogen worden war.

»Nichts«, schärfte ich Freddy ein, »kein Klarname geht hier über den Tresen, nicht für das Meldungsvorblatt und für keine Op-Akte. Ich werde mich nicht zum Mörder machen lassen. Wir werben da draußen Leute, die uns ihr Vertrauen schenken. Unsere Ergebnisse sind außergewöhnlich. Wir geben weit weniger Geld aus als all die anderen. Deshalb kriegen sie von uns erst dann Klarnamen, wenn ich der Überzeugung bin, sie können damit auch umgehen. Punkt, aus, Schluss!«

Freddy hatte noch zehn Einzelmeldungen von »Münchhausen« zu »verwursten«, wie er sagte. Sie waren bereits in München gesichtet worden und durften nun in den allgemeinen Dienstweg und zu den Amerikanern weitergegeben werden. Also diktierte ich Freddy ein paar Angaben für die Meldungsvorblätter. Alles, was es an klangvollen russischen Namen gab, musste herhalten. Was mir gerade in den Sinn kam, ließ ich in die Formulare eintragen, von Gorbatschow über Schewardnadse bis zu Tolstoi und Pasternak. Ich war so sauer, dass ich sogar einen Josef Stalin und einen gewissen Grigori Rasputin bemühte. Bei Letzterem fragte Freddy ungläubig: »Soll ich wirklich Rasputin schreiben?« – »Schreib das hin. Die wollen es gar nicht anders. Keine Angst, ich gebe die Meldungen dem Schnauzer persönlich in die Hand.«

Nach fünfzehn Minuten verließen wir unser Büro. Freddy ging zur Kasse und ich zum OpSi. Ich warf ihm einen Packen Meldungen auf den Tisch. Er blätterte den Wust kurz durch und blickte dann triumphierend hoch: »Na also. Geht doch. Treffer!« »Treffer« sagte er immer, wenn er der Meinung war, ein besonders schlagendes Argument gebracht zu haben. Manchmal benutzte er das Wort auch, ohne dass wir anderen dann wussten, was er gerade meinte. Das führte regelmäßig zu Irritationen, auf die wir mit Achselzucken reagierten.

Schnauzer liebte es, über seine Quellen im Ostblock zu schwadronieren. Spätestens, wenn dieses Thema kam, wurde es höchste Zeit, abzuhauen. Uns war inzwischen zu Ohren gekommen – beim BND bleibt eben nichts geheim –, dass er Anfang der achtziger Jahre eine Quelle geführt haben sollte. Angeblich handelte es sich um einen Postboten aus Budapest, der einmal im Jahr über die aktuelle Wirtschaftslage in Ungarn informierte. Das kann natürlich auch eine gezielte Desinformation aus der Zentrale gewesen sein.

Von »Eulenspiegel« berichteten wir jedenfalls an diesem Morgen mit keiner Silbe. Das sollte erst Wochen später passieren. Das von ihm übergebene Material nahm Freddy mit nach München. Nur einen Tag später rief mich einer der Auswerter an. Er konnte die Superlative kaum in Worte fassen. Die Unterlagen seien einfach sensationell. Wenn das so weiterlaufe, dann werde man die Partnerdienste in diesem Bereich glatt abhängen. Das tat gut. Balsam für die Seele.

Im Laufe des Frühjahrs trafen wir dann »Eulenspiegel« einige Male, um möglichst viele Informationen zu sammeln und das persönliche Verhältnis zu ihm zu festigen. Damit er beweglich war, kauften wir ihm ein Auto. An seinem Potsdamer Standort parkten wir es in einer Seitenstraße. Es diente als toter Briefkasten, aber auch für seine Anreisen zu unseren Treffen. Der rote Golf wurde von uns nirgendwo erwähnt, in keinem Bericht und in keinem Gespräch.

Wir hatten Angst, die Amerikaner könnten »Eulenspiegels« wahre Identität auf dem Umweg über das Auto in Erfahrung bringen. Es war schon auffällig, dass uns Mark und Hans nicht mehr von der Seite wichen, wenn wir uns im Föhrenweg aufhielten. Wir registrierten auch, dass sie uns immer genau dann anriefen, wenn wir auf dem Weg zu einer unserer Quellen waren. Das beunruhigte uns und bewirkte, dass wir mehr und mehr unsere Quellen und Treffdaten verschleierten.

Auch andere Dinge bereiteten uns Sorgen. Sowohl »Eulenspiegel« als auch »Münchhausen« hatten von Anfang an vage Andeutungen über eine mögliche Quelle des KGB beim Bundesnachrichtendienst gemacht. Gerade »Eule« bat uns immer wieder eindringlich, besonders vorsichtig mit seinen persönlichen Daten umzugehen, da sie beim BND nicht sicher seien. Was war nun wirklich an der Sache dran? Wir sammelten akribisch jede Anmerkung, jeden Hinweis, alles, was diesen Verdacht stützen konnte. Dazu hatte Freddy extra einen Schreibblock gekauft, in dem wir nach den Treffen alles eintrugen. Wir notierten, was uns die Quellen bewusst und auf Nachfrage sagten, aber auch scheinbar nebensächliche Bemerkungen und gedankliche Fußnoten.

Eines wurde im Laufe der Zeit deutlich: »Eulenspiegel« musste irgendwo Zugang zu diesem sehr sensiblen Bereich haben, wenn nicht direkt, dann mittelbar. Damit hielt er auch nicht lange hinterm Berg. Er nannte uns den Namen eines Offiziers, der, so viel gab er uns zu verstehen, zum russischen Nachrichtendienst Zugang hatte. War diese Person nun selbst KGB-Offizier oder Angehöriger des militärischen Dienstes GRU? Handelte der Genannte nur mit Informationen, oder sollten wir gezielt auf eine falsche Fährte geführt werden? Das blieb bis auf weiteres im Nebel. Für uns war es eine Herausforderung. Wir wollten genau an dieses Bindeglied zu den russischen Diensten ran.

»Eulenspiegel« half uns schließlich dabei, auch wenn der Weg mit Hindernissen gespickt war.

Die Quelle »Eulenspiegel« entwickelte sich prächtig. Nach einem halben Jahr interessierten sich nicht nur die Auswerter der Abteilung 3 für ihn, sondern auch die Spürnasen bei der Beschaffung (Abteilung 1). Schon die Existenz von »Münchhausen« hatten sie bestaunt. Nun gab es also einen zweiten »Kracher« dieser Art, wie es einer der Chefs in München ausdrückte.

Plötzlich waren wir doch gern gesehene Gäste in Pullach. Neugierig wurden wir von Zuständigen und anderen, eigentlich gänzlich Unbeteiligten, ausgefragt. Eine kleine chronologische Auswahl der Kommentare der Verantwortlichen in der Abteilung 1, vermerkt an den Begründungen für operative Ausgaben sowie an den Kontakt- und Treffenberichten:

14. Dezember 1993: »Erstklassige Innenquelle mit besten Zugängen.«

17. November 1994: »Ein überdurchschnittliches Meldungsaufkommen.«

4. April 1995: »Das Beste zur aktuellen Krisenlage.«

22. April 1995: »33HB ist mehr als zufrieden.«

20. Dezember 1995: »Zurzeit das Beste, was wir haben.«

8. Januar 1996: »Er ist eine unserer besten Quellen.«

29. Januar 1996: »Wir müssen im Dienst einen Übersetzer einstellen, der ausschließlich für ›Eulenspiegel‹ arbeitet.«

2. Februar 1996: »›Eulenspiegel‹ ist unschätzbar, eine dermaßen wichtige und sensitive Quelle.«

Wir hatten nicht im Traum damit gerechnet, dass wir einen Informanten werben würden, der unseren »Münchhausen« noch überflügeln würde. »Eulenspiegel«, V-Nummer 077834, übertraf alles, was es vorher gegeben hatte.

Die Legendenfirma

Im Herbst 1993 trennten uns nur noch wenige Monate vom Ende des Abzugs der WGT. Freddy und ich hatten in einem eineinhalbjährigen Kraftakt sechs Innenquellen geworben, von denen jede Einzelne über dem Leistungsdurchschnitt des BND lag. Fast alle operierten inzwischen aus ihren Heimatländern, in die sie zurückgekehrt waren. Das Berliner Büro – wir mieden es mittlerweile wie die Pest – war uns ein Dorn im Auge. Wir mussten eine Alternative finden, die dem Anspruch unserer Verbindungen im Osten gerecht wurde. In der Münchner Zentrale leistete sich jeder Verbindungsführer, der auch nur eine einigermaßen funktionierende Quelle betreute, ein so genanntes Legendenbüro. Unsere Kollegen unterhielten Reisebüros, Versicherungen, Makleragenturen, journalistische Abdeckungen und so weiter. Wir grübelten, wie wir ohne den üblichen Riesenaufwand des Dienstes dasselbe Ziel erreichen konnten. Auch wir brauchten eine Legendenfirma.

Da kam mir eine Idee. Meine Schwiegereltern waren seit Jahren mit einem Hamburger Kaufmann befreundet. Er hieß Friedrich, und sein Name war schon häufig in Gesprächen gefallen. Ich hatte aber nie weiter nachgefragt. Nun war aber plötzlich die Erinnerung da. Vielleicht könnte er unser Problem lösen helfen. Meine Frau, die nach ihrem Abitur eine Weile in Friedrichs New Yorker Büro gearbeitet hatte, schilderte mir diesen Mann in den schönsten Farben.

Friedrich war früher Topmanager bei einem Ölkonzern gewesen. Dort hatte er sich im Mineralölbereich einen Namen gemacht. Nach der Ölkrise in den frühen siebziger Jahren pflegte Friedrich vor allem seine Kontakte in die arabische Welt. Bald danach gründete er in Hamburg seine eigene Firma. Der Zufall wollte es, dass eben dieser Friedrich am folgenden Wochenende in den Wohnort meiner Schwiegereltern kommen würde, um an einem Tennisturnier teilzunehmen. Das war eine Chance, ihn kennen zu lernen. Ich nutzte sie.

Nachdem man uns vorgestellt hatte, vertieften wir uns gleich in ein anregendes Gespräch. Ich war sehr beeindruckt von diesem Mann, der anscheinend ziemlich wohlhabend war und dennoch die Bodenhaftung nicht verloren hatte. Ich berichtete ihm natürlich nichts von meiner Tätigkeit, ließ aber an der richtigen Stelle den Hinweis fallen, dass ich plante, ein Büro einzurichten. In ausgeprägtem norddeutschem Dialekt antwortete er mir: »Das sollten wir doch irgendwie hinkriegen. Komm man nach Hamburg in mein Büro. Das gibt immer einen guten Kaffee bei mir und was zu schmauchen. Dann erzählst du mir mal genau, was du vorhast, und dann sehen wir weiter.«

Gesagt, getan. Wenige Tage später begab ich mich in die Hansestadt. Das Büro lag 200 Meter von der Binnenalster in einer der besten Lagen der Stadt. Reedereien, Banken, alles was Rang und Namen hatte, war dort versammelt. »Na, mein Jung', hast hergefunden?«, begrüßte er mich betont freundlich. Während seine Sekretärin Kaffee kochte, musterte ich die Chefetage. Die edlen Holzmöbel in Friedrichs Büro erinnerten mich an die Innenausstattung einer noblen Yacht. Einige gerahmte Fotos zeigten die Kontakte des Hausherrn in den Nahen Osten sowie auch in den ehemaligen Ostblock. Man spürte die Freude am Detail und auch eine gewisse Perfektion. In diesem Raum schien alles mit Bedacht ausgewählt zu sein. Und nichts davon kam protzig rüber.

Friedrich selbst hatte viel Ähnlichkeit mit dem damaligen Außenminister Genscher. War es seine Statur oder die Frisur, vielleicht die große Brille, möglicherweise aber der gelbe Pullover? Wahrscheinlich war es eine Mischung von allem. Wenn es ein Klischee vom klassischen Hamburger Kaufmann gab, dann steckte es eindeutig in Friedrich. Ein echter Hanseat, der Hamburger würde sagen, der anständige Geschäfte tätigt. In einem seiner Musterverträge fand ich später den Satz, der ihn auch heute noch charakterisiert: »Die Vertragspartner sind gehalten, den Vertrag loyal und nach den Grundsätzen verständiger Kaufleute zu erfüllen.« Das war er, unverkennbar.

Da saß mir ein Mann gegenüber, dem ein Versprechen, verbunden mit einem Handschlag, noch etwas bedeutete. Einer, der auch die anderen leben ließ und an den man sich stets hilfesuchend wenden konnte. Ich wusste, ich konnte ihm unser Problem anvertrauen. Friedrich lehnte sich in seinen Sessel zurück, schmauchte am Zigarillo, nippte an seinem Kaffee und hörte mir aufmerksam zu. Gelegentlich nickte er verständnisvoll.

Er berichtete auch von seiner Arbeit. Besonders interessant war für mich die Tatsache, dass er als Energieberater an diversen Nato-Übungen teilgenommen hatte. In diesem Zusammenhang musste er sich auch regelmäßigen Sicherheitsüberprüfungen unterziehen. Anscheinend wollte er mir durch die Blume versichern, dass er mit sensiblen Informationen vertraulich umgehen konnte.

Nach einer guten halben Stunde stand er auf und sagte: »Dann komm man mit.« Wir gingen gemeinsam in ein Nebenzimmer. Es war kleiner als sein eigenes Büro, aber ebenso nobel ausgestattet. Offensichtlich wurde es nicht genutzt, denn die Schränke standen offen. An den Wänden fehlten die Bilder. »Hier kannste meinetwegen einziehen, wenn du willst!«, hörte ich ihn sagen. Ich war sprachlos. Um dieses Office würde mich sogar mein Unterabteilungsleiter beneiden, dachte ich. Von hier könnten wir, ungestört durch neugierige amerikanische ND-Partner, arbeiten. Ich vereinbarte einen weiteren Termin, um ihm Freddy vorstellen zu können.

In der Zwischenzeit wollte ich mich darum bemühen, eine Freigabe des Dienstes für dieses Büro zu bekommen. Auf dem Weg zum Auto kam mir alles wie ein Märchen vor. Die Lage und die Ausstattung unserer ganz persönlichen Dienststelle waren erstklassig. Der geschäftliche Hintergrund passte zu uns und unseren Quellen. Aber ein Haken kam mir in den Sinn. Friedrich kannte mich nur unter meiner Klaridentität. Dieser Stolperstein musste noch aus dem Weg geräumt werden.

Freddy war ähnlich begeistert, aber nun musste Gassing überzeugt werden. Die Voraussetzungen waren günstig. Die Anlaufphase der ersten Monate war vorbei, der Erfolg unserer unkonventionellen Arbeitsweise unbestreitbar. Deshalb hatte er sich auch daran gewöhnt. Wir trafen uns noch am selben Abend in einem Café unweit des Kurfürstendamms.

Ich schilderte ihm so plastisch wie möglich die Notwendigkeit eines Büros in Hamburg. Besonders das Problem, dass Friedrich und ich uns nicht fremd waren, sprach ich an. Hier sah unser Chef kein echtes Problem. Erstens, sagte er, sei das gar nicht so selten im Dienst, dass nachrichtendienstliche Verbindungen die wahre Identität eines Verbindungsführers kennen, und außerdem könnten wir ja diesmal nicht mich, sondern Freddy offiziell als Verbindungsführer einsetzen. Das würde zwar nichts an den tatsächlichen Fakten ändern, aber für die Aktenlage besser aussehen.

Der Kurier der Quellen

Wir hatten noch ein zweites Problem zu erörtern. Zahlreiche Fotografien von Geheimdokumenten, die noch unentwickelt in Russland lagerten, mussten dringend abgeholt werden. Zunächst hatten wir gehofft, der BND habe für diese Zwecke jemanden, den wir einsetzen könnten. Das war aber nicht der Fall. In Wahrheit waren wir deshalb auch nicht traurig. Nach der Panne mit dem Geheimschrift-Verfahren konnten wir die Sicherheitsrisiken nicht mehr einschätzen. Wir warben lieber selbst jemanden an, der uns direkt verpflichtet war.

Im Übrigen kam hinzu, dass uns die recht konkreten Hinweise unserer Quellen immer mehr verunsicherten. Irgendwie hatte der SWR, eine der Nachfolgeorganisationen des alten KGB, möglicherweise direkten Zugang zu unseren Pullacher Dateien. Angesichts der persönlichen Lage und der Brisanz unserer Quellen für die russische Seite mussten wir vom Schlimmsten ausgehen. Deshalb wollten wir um jeden Preis verhindern, dass die Klardaten unseres Kuriers, der bei seiner Arbeit nicht nur sich, sondern im Falle einer Enttarnung auch die von ihm besuchten Quellen in Gefahr bringen würde, in die Operativakten gelangten.

Unser Vorschlag für Gassing lautete: Eine real existierende Person, die in Wirklichkeit aber gar nicht fahren würde, sollte für die eigene Aktenlage als Dummy eingesetzt werden. Damit würde die größtmögliche Sicherheit für den eigenen Kurier entstehen. Finanziell sei das unkompliziert, denn der Dummykurier würde die Gelder für seine nicht angetretenen Reisen quittieren und der eigentliche Kurier bekäme sie ausbezahlt. Beide, das »Double« und der echte Übermittler, wüssten von dem Verwirrspiel, sie würden sich aber selbst niemals kennen lernen.

»Herr Gassing, ich sage Ihnen ganz ehrlich, wenn da in Pullach etwas faul ist, und es gibt ganz klare Anzeichen dafür, dann wäre es mehr als fahrlässig, jemanden unter den üblichen Voraussetzungen reisen zu lassen. Wir haben uns das lange überlegt. Entweder der echte Kurier wird hundertprozentig gedeckelt, oder wir lehnen seinen Einsatz ab. Dann muss das anders abgewickelt werden. Wir verantworten das nicht.« Gassing nahm alles ziemlich locker: »Machen Sie doch! Sie wissen ja, dass wir – schon wegen CAD-B –, nicht so großzügig mit den Klardaten umgehen sollten.« Damit war das Thema durch. Es lohnte sich also doch, den Alten außerhalb seines Büros und in einem völlig anderen Milieu zu treffen.

Wir konnten die Erfolge des Tages kaum fassen. Das Hamburger Büro genehmigt, der Op-Kurier auch, jetzt musste nur noch ein Dummy gefunden werden. Es konnte doch nicht so schwer sein, jemanden für eine Arbeit zu gewinnen, bei der er versprechen musste, sie in Wirklichkeit zu vermeiden.

Am nächsten Morgen waren wir schon sehr früh auf dem Weg nach Hamburg. Wir sahen sehr ungewöhnlich aus. Legten wir normalerweise Wert auf eher rustikales Outfit mit Jeans und Rollkragen, so kamen wir uns diesmal richtig verkleidet vor. Freddy trug einen dunklen Anzug mit Weste und blauem Hemd. Ich hatte meine graue Flanellhose gewählt, dazu ein dunkelblaues Sakko und ein weißes Hemd. Jeder von uns hatte eine dezente Krawatte um den Hals gebunden. Erstens wollten wir bei Friedrich den bestmöglichen Eindruck hinterlassen, und zweitens trafen wir am Abend eine unserer Quellen im Hotel »Vier Jahreszeiten«. Trotzdem konnte sich Freddy einen seiner üblichen Kommentare nicht verkneifen: »Jetzt sehen wir auch schon aus wie diese Dampfplauderer aus Pullach.«

Friedrich verstand sich mit meinem Partner auf Anhieb. Sie fanden auch gleich ein gemeinsames Thema, das Segeln. Freddy, stolzer Besitzer eines gültigen Segelscheins, interessierte sich voller Bewunderung für das Schiff des Kaufmanns. Der hatte in Kiel eine imposante Yacht liegen. So brachten wir rasch die Förmlichkeiten hinter uns. Im Übrigen behandelte mich Friedrich wie einen langjährigen Freund, und das schuf eine ungezwungene Atmosphäre.

Tarnfirma »Handelskontor Hamburg«

Wir kamen auf die Details unserer Legendenfirma zu sprechen. Friedrich stellte uns alles zur Verfügung, was wir für ein existentes Unternehmen brauchten. Von der Handelsregisternummer über den Telefonanschluss bis zum Firmenkonto. Dafür wollte er lediglich die anteiligen Betriebskosten erstattet haben, also Heizung, Reinigung und Strom. Das war mehr als großzügig, denn die gesamten Telefonkosten übernahm er. Wir konnten auch über Büromaterial frei verfügen und hatten die eine oder andere Vergünstigung.

Am Ende diskutierten wir über den Namen der künftigen Firma. Ich schlug spontan vor: Handelskontor Hamburg. Und siehe da, in der Hansestadt waren schon mehrere »Handelskontore« registriert, aber noch keines mit dieser Wortkombination. Eine Woche später standen wir erneut vor unserem Hamburger Bürogebäude, da gab mir Freddy einen Stoß in die Rippen. Er lachte laut auf. Im Foyer hing, mitten unter den Glasscheiben mit den im Haus ansässigen Unternehmen, eine neue Tafel: HANDELSKONTOR HAMBURG. Als Logo diente eine Weltkugel, auf der Hamburg rot eingezeichnet war. Von diesem Punkt aus wiesen vier Pfeile in alle Himmelsrichtungen.

Im Fahrstuhl entdeckten wir eine kleine Plakette und im

Flur der zweiten Etage ebenfalls so eine Glastafel wie im Foyer. Das Staunen sollte uns so schnell nicht vergehen. Friedrich war verreist, aber seine Sekretärin führte uns sozusagen ein. Sie deutete auf eine Wand: »Ein Geschenk von Friedrich!« Dort hing in einem gediegenen Messingrahmen ein sicherlich hundert mal hundert Zentimeter großes Foto des Kreml. Wenn das kein Omen war!

Auf dem Schreibtisch lag geprägtes Briefpapier mit farbigem Firmenlogo. Visitenkarten mit unseren Decknamen und der neuen Firmenbezeichnung waren ebenfalls vorhanden. Eine russische und eine deutsche Fahne steckten neben dem Fenster in einem Bodensockel aus Edelholz. »Wenn Sie noch irgendetwas brauchen, dann sagen Sie es mir bitte«, verabschiedete sich die sympathische Sekretärin. Wir waren völlig durcheinander. »Norbert, das glaubt uns kein Mensch da unten – und du meinst, das stehen wir durch?« – »Warum nicht?«, fragte ich dagegen und ließ mich in den großen Sessel fallen. Dann krempelten wir die Ärmel hoch und gingen an die Arbeit.

Bis unser echter Kurier, eine junge, hübsche und sehr gut deutsch sprechende Ukrainerin, endlich an die Arbeit gehen konnte, musste auch die »Papierlage« so weit sein. Also planten wir ihren Einsatz und die Funktion des Dummy. Den Segen des Chefs hatten wir ja.

Wir hatten eine Idee für unseren Kurierdummy. Seit vielen Jahren kannte ich einen jungen Mann aus einem Hannoveraner Vorort. Er war gebildet, ledig, zuverlässig und stammte aus einem beinahe schon vorbildlichen Elternhaus. Mein junger Bekannter hatte mich Wochen zuvor gerade erst angerufen, weil er seinen Musterungsbescheid erhalten hatte. Nichts zog ihn zur Bundeswehr, denn er hatte längst Karriereweichen gestellt. Nach der Ausbildung bei einem deutschen Großunternehmen sollte er sofort in eine gut dotierte Position übernommen werden. Nun hatte er mich angerufen und um meinen Rat gebeten.

Wir begaben uns also zu meinem Bekannten nach Hannover und berichteten ihm von unserem Vorhaben in Sachen Kurier. Er war sehr zurückhaltend und brauchte mehrere Wochen, bis er uns erhörte. Er hatte Zweifel an der Seriosität des BND und unserer Arbeit. Als Gegenleistung verschafften wir ihm, solange er bei uns mitarbeitete, die Freistellung von der Bundeswehr. Langsam gerieten wir in Panik, was die Bergung des russischen Materials betraf. Deshalb waren wir heilfroh, als uns einige Wochen später der erste Transport aus Georgien erreichte.

Ab sofort operierten wir beide hauptsächlich von Hamburg aus. Berlin besuchten wir nur sporadisch und galten dort bald als Exoten. Einigen Kollegen waren wir längst suspekt geworden. Nicht zu greifen, immer unterwegs, außergewöhnliche Erfolge. Besonders jene, mit denen wir keinen persönlichen Kontakt pflegten, beäugten uns argwöhnisch. Aber Gassing, den wir ständig über den Stand der Dinge auf dem Laufenden hielten und der deshalb unseren Arbeitseinsatz auch beurteilen konnte, tolerierte unser Verhalten.

Mittlerweile versuchte ich Gassings Vertreter Tempo möglichst aus dem Weg zu gehen. Wenn der Chef abwesend war, dann mied ich die Dienststelle und schickte lieber Freddy vor. Unterschriften holten wir uns mit dem Verantwortungstrick. Freddy hatte dafür immer dieselbe Formel parat: »Norbert hat gesagt, er braucht das unbedingt. Mehr weiß ich auch nicht. Aber wenn Sie anderer Meinung sind, hat er gesagt, dann sollten Sie es einfach schriftlich ablehnen, damit Norbert von der Verantwortung entbunden ist.« Unglaublich, wie schnell wir unsere Signatur hatten. So konnten wir stressfrei weitermachen. Im Laufe der Jahre wurde nicht ein einziger Antrag, sei es für die Beschaffung eines Geräts oder für die Bezahlung einer Quelle, abgelehnt. Es lief so gut bei uns, dass sich niemand traute, irgendwo Nein zu sagen und damit eventuell einen Fehler zu riskieren.

Es ging uns natürlich nicht darum, irgendwelche unsinnigen Dinge durchzudrücken. Die üblichen einfältigen Diskussionen waren uns einfach zu aufreibend und vor allem zu zeitraubend. Das schlaue Geschwätz von Leuten, die selbst nie richtige Quellen geführt hatten, bedrückte uns, und besonders die arrogante Art gegenüber den Informanten erschreckte uns zunehmend. Wir gingen mehr und mehr eigene Wege, um alles, was man von uns erwartete, gewissenhaft vertreten zu können.

MAD

Langsam drohte uns die mühsam organisierte Vollbeschäftigung über den Kopf zu wachsen. Wir mussten unseren Quellenstamm betreuen, aber auch die Beschaffungshelfer und Kuriere. Sogar die Büroarbeit im Handelskontor nahm immer stärker zu. Wir behielten Pullach im Auge, durften aber auch die Belieferung der Amerikaner nicht vernachlässigen.

Interessanterweise entkrampfte sich das Verhältnis zu den DIA-Kollegen zunehmend. Da wir den Unfug mit den Meldevorblättern nicht ernst genommen hatten, verschwanden diese sang- und klanglos wieder in der Versenkung. Die Zusammenarbeit mit Hans Diethard verbesserte sich. Mitte 1993 wurde ganz augenfällig, dass man uns wichtiger nahm. Wir bemühten uns ja auch, mit den Amerikanern auf Augenhöhe und zudem fair umzugehen.

Nun begann die DIA, unsere Quellen auch finanziell zu unterstützen. Das war nicht ganz unproblematisch. Immer wieder wurden für uns Umschläge mit Geld hinterlegt. Die Amerikaner erhielten beispielsweise von uns einen Schwung Meldungen, und Tage später lag ein Kuvert mit 10 000 Dollar bereit. Auf dem Umschlag stand der Name des Informanten, an den das Geld ausbezahlt werden sollte. Es gab keinerlei Regeln für den Umgang mit solchen Agentenlöhnen, und Anweisungen aus Pullach blieben aus, obwohl Gassing und ich wiederholt nachgefragt hatten, wie wir die Gelder verbuchen und handhaben sollten. Zu unserem großen Erstaunen kam dann die Weisung aus der Zentrale, die Geldbündel müssten an die Quellen ausbezahlt werden, dürften aber in keinem Bericht und in keiner Abrechnung erscheinen. Das lehnten wir kategorisch ab. Eine solche Praxis hätte der Manipulation durch die Verbindungsführer Tür und Tor geöffnet. Das wäre nur durch eine heimliche Buchführung auszugleichen gewesen.

Das zweite Problem war gravierender. Eine Spitzenquelle wie »Münchhausen« hätte beispielsweise pro Jahr 100 000 Mark erhalten, die eine Hälfte von uns und die andere von den Amerikanern. In den Op-Akten hätten wir nur 50 000 Mark vermerkt, also lediglich unseren Anteil. Wenn nun die Amerikaner eines Tages als Teilhaber weggefallen wären, hätten wir große Schwierigkeiten mit den Finanzen bekommen. Wir hätten dann nämlich auch die zweite Hälfte übernehmen müssen. Ein Rattenschwanz von Fragen wäre aufgetaucht, und das wollten wir um jeden Preis vermeiden. Wir buchten also, trotz gegenteiliger Weisung, beide Hälften in unseren Akten.

Es gab noch ein weiteres Problem: Die Geldbriefe der Amerikaner waren namentlich gekennzeichnet. Da stand dann zum Beispiel »Für Norbert/Freddy in Sachen Münchhausen«. Eine Summe war nicht vermerkt. Anfangs kam es zu fragwürdigem Umgang mit diesen Geldern, die in der Regel bei Tempo gelagert waren. Einmal entschieden wir uns, »Eulenspiegel« seinen amerikanischen Anteil auszuzahlen. Zum einen stand ihm das Geld zu, zum anderen entlasteten wir damit den eigenen Quellenetat. Als wir die Mittel abholen wollten, waren sie bereits für eine andere Quelle eines Kollegen ausgegeben worden. Häufig erfuhren wir nur zufällig von den Amerikanern, dass ein Umschlag für uns bereit lag. Das Ganze war wirklich eine dubiose Verfahrensweise.

Die Hinweise auf Nachrichtenabflüsse aus dem BND an den russischen FSB rissen nicht ab. Freddy hatte bereits ein gutes Dutzend Seiten seines »ND-Schreibblocks«, wie ich es nannte, mit Indizien und Andeutungen, konkreten Namen und Fakten beschrieben. Er fragte mich, wie wir damit umgehen wollten. Meine Antwort lautete: »Wir sollten es eintüten und an die Führungsstelle in Pullach schicken. Das muss ausgewertet werden. In München können sie bestimmt etwas damit anfangen.« Also gaben wir alles an die für das Meldungswesen verantwortliche Kollegin im Föhrenweg. Die schickte das Päckchen nach Pullach. Kopien gab es nicht, auch nicht für die Amerikaner.

Dann geschah das absolut Erstaunliche. Eine Woche war vergangen, und Freddys Seiten lagen wieder in unserem Fach in der Berliner Dienststelle. Daran hing ein gelber Notizzettel mit dieser Nachricht: »An Norbert und Freddy in Sachen Fremde Dienste. Die Meldungen sind nicht verwertbar. Es handelt sich ausschließlich um presseöffentliche Informationen. Kein Interesse. Gruß Herle.«

Wir waren sehr erstaunt. So wurde also in Pullach mit konkreten Spionagehinweisen umgegangen. Möglicherweise war das eine oder andere schon durch die Medien bekannt. Es gab in den Notizen aber auch exakte Namen und Personenbeschreibungen, von denen wir wussten, dass sie mit höchster Wahrscheinlichkeit nicht öffentlich sein konnten. Außerdem wunderte uns, wie schnell diese Papiere zurückgekommen waren. Da hatte keiner analysiert oder gar weiter recherchiert. Diese Hinweise hatten auch die Abteilung 1 nicht verlassen. Aber warum?

Warum hatte dieser Dr. Herle, der völlig unbemerkt von uns den Führungsstellenleiter Tawe abgelöst hatte und nun Herr über 12YA war, so sonderbar reagiert? Das löste bei uns erst einmal nur Achselzucken und Kopfschütteln aus. Wenn wir den Herrschaften zu viel Arbeit bereiten sollten, dann könnten wir das auch lassen. Wir würden uns vielleicht nicht für den neuen Chef quer legen, ganz sicher aber für unsere Quellen. Ihnen galt unsere ganze Sorge. Nun begann ich in den Papieren zu blättern. Es fand sich keine Randnotiz, keine Schlussbemerkung, keine Stellungnahme, einfach nichts. Das war ziemlich ungewöhnlich.

Wir konnten damals nicht ahnen, was dahinter steckte. Und wir konnten beide nicht wissen, dass weder Faulheit noch Dummheit beim eigenartigen Umgang mit unseren Infos am Werk waren. Erst Jahre später würde uns klar sein, dass hier mit eiskaltem Kalkül operiert worden war.

Beim Durchlesen unserer »presseöffentlichen Informationen« fielen mir einige Passagen auf, die für den Militärischen Abschirmdienst, kurz MAD, von Bedeutung sein konnten. »Freddy, wir fahren zum MAD. Stell doch bitte mal fest, wo die hier in Berlin sitzen«, stellte ich entschlossen fest. »Und du meinst, das ist korrekt, wenn wir da so einfach hingehen?«, lautete die Gegenfrage. Ich wackelte mit dem Kopf, als würde ich gleich in Ohnmacht fallen, und konterte: »Korrekt – welch ein großes Wort in Zusammenhang mit dem BND. Was ist hier korrekt? Korrekt ist nur, wenn unsere Quellen am Leben bleiben. Denen in Pullach ist das ja offensichtlich schnurz. Außerdem bin ich der Meinung, dass ich als Soldat, wenn ich ein Sicherheitsproblem habe, mich durchaus an meinen zuständigen MAD wenden kann.«

Es dauerte keine zehn Minuten, dann hatte Freddy nicht nur die Adresse des Militärischen Abschirmdienstes erfragt, sondern bereits einen Termin beim Chef der Außenstelle in Potsdam vereinbart, für denselben Tag um 15 Uhr. Nun grinste er über das ganze Gesicht. »Oh nein, nicht schon wieder!« Ich wehrte mit beiden Händen ab. Potsdam hatten wir nämlich noch in ganz frischer Erinnerung. Der Name der brandenburgischen Metropole erheiterte uns seit Wochen. Das Wort war sozusagen zum »Running Gag« geworden.

Als Brandstifter unter Verdacht

Es war bereits ein paar Wochen her, als wir auf unserer Tour zu den Bundesvermögensämtern der neuen Länder auch dasjenige in Potsdam besuchten. An der uns bekannten Adresse fanden wir nur ein bis auf die Grundmauern niedergebranntes Gebäude vor. Nach einigem Herumfragen entdeckten wir dann die Behörde in einem neuen, provisorischen Domizil. Bei der telefonischen Terminabsprache war uns bereits aufgefallen, dass sie uns schroff und unfreundlich behandelten. Das waren wir nicht gewöhnt.

In allen Ämtern der Vermögensverwaltung sprachen wir mit dem Dienststellenleiter und wiesen uns als BND-Mitarbeiter unter Decknamen aus. So auch hier. Wir traten in das sehr spartanisch wirkende Büro des Chefs. Ich begrüßte ihn und streckte meine Hand aus. Er ging jedoch an mir vorbei, um unsere beiden Dienstausweise zu begutachten, die Freddy rechts von mir in der Hand hielt. Dann umkreiste er uns beide in Form einer großen Acht und fixierte uns sehr genau. Ich hielt meine Hand immer noch ausgestreckt, aber er reagierte nicht darauf.

Er blickte uns an, als wollte er uns jeden Moment umbringen. So kam es mir fast wie eine Ewigkeit vor, als er endlich etwas sagte: »Warum haben Sie das gemacht?« Freddy guckte mich fragend an und schien an des Amtsleiters geistigen Fähigkeiten zu zweifeln. »Nun reden Sie schon«, herrschte er uns noch einmal an, »warum haben Sie das getan?« Mit heruntergezogenen Mundwinkeln fragte ich zurück: »Was? Bitte, was? Was haben wir gemacht?« Der Chef tobte nun: »Sie fragen, was? Sie wissen doch genau, was! Sie haben mein Amt angezündet!«

Ich blickte zu Freddy und fragte spontan: »Hast du?« Der schüttelte seinen Kopf und wehrte mit den Händen ab. Wir konnten uns das Lachen kaum noch verkneifen.

Was lief hier nur ab? »Machen Sie sich nur noch lustig über mich!«, wetterte der Amtschef weiter. »Wer war es? Der da?« Er zeigte auf Freddy. »Wer hat meine Bundesvermögensverwaltung angezündet?« Alle unsere Beteuerungen, nichts mit dem Feuer zu tun gehabt zu haben, halfen nichts. Es war wie ein Witz, er glaubte uns kein Wort. Der Mann war zutiefst davon überzeugt, die Brandstifter vor sich zu haben.

Nach wenigen Minuten warf uns der erboste Amtsleiter kurzerhand wieder aus seiner Notunterkunft hinaus. Erst unsere Recherchen lösten das Rätsel. Die Bundesvermögensverwaltung Potsdam war wenige Tage vorher einem Pyromanen zum Opfer gefallen. Sofort hatte es Gerüchte gegeben, die den Bundesnachrichtendienst als Schuldigen identifizierten. Genau als diese Parole in Umlauf kam, meldeten wir uns und baten um einen Termin mit dem Amtschef. Für ihn schien das ein weiterer Beweis für die Richtigkeit der abstrusen These zu sein. Beim Verlassen des Hauses bemerkte Freddy trocken: »Müssen wir jetzt noch warten, bis Kurt Felix kommt?«

Am Ende hatten wir, anstelle von Zugangsgenehmigungen für Objekte der Westgruppe, ein offizielles Hausverbot des Bundesvermögensamtes Potsdam. Der Bescheid wurde nach einigem Hin und Her von der vorgesetzten Dienststelle, dem Bundesvermögensamt Cottbus, wieder aufgehoben. Es gelang uns jedoch nicht mehr, unser Verhältnis mit dem Chef der Postdamer Bundesvermögensverwaltung in Ordnung zu bringen. Jedenfalls hatte Potsdam für uns seitdem etwas ganz Besonderes. Daher hoffte ich, dass unser erster Kontakt mit dem MAD in Potsdam etwas angenehmer verlaufen würde.

Kooperation mit den Militäragenten

Der Militärische Abschirmdienst (MAD) ist das Gegenstück zum zivilen Verfassungsschutz im Bereich der Bundeswehr. Er sammelt Informationen über extremistische Bestrebungen innerhalb der Streitkräfte und zu geheimdienstlicher Tätigkeit gegen sie. Im Bereich der Spionageabwehr ermitteln die MAD-Offiziere sowohl in öffentlich zugänglichen Quellen als auch mit nachrichtendienstlichen Mitteln. Sie unterhalten jedoch kein Informantennetz innerhalb der Bundeswehr. Während der BND dem Bundeskanzleramt untersteht, kommen die Befehle für den Dienst der Truppe vom Verteidigungsminister.

Die Potsdamer MAD-Dienststelle war in der Havelland-Kaserne untergebracht. Ein Mitarbeiter vom »Trachtenverein«, so nannten wir die MAD-Leute beim BND in Anspielung auf ihre Uniformen, holte uns bei der Wache ab. Er brachte uns zum Dienstgebäude. Im Chefzimmer empfingen uns Oberstleutnant Wojatzki und sein Stellvertreter, Hauptmann Jendritzky. Wojatzki stieg gleich locker ein: »Aha, da sind ja die beiden Herren von der Südfruchtfirma!« – »Schön, mal jemanden vom Trachtenverein kennen zu lernen«, schoss ich zurück. Wir beschnupperten uns und blieben in Deckung, bis wir mehr voneinander wussten.

Wojatzki, der aus der Oberpfalz kam, bemerkte rasch den fränkischen Dialekt meines Partners, und mit Jendritzky verband mich das norddeutsche Element. Mit diesen Hilfskonstruktionen fanden wir rasch einen Draht zueinander. Unsere Kaffee- und Teerunde dauerte schließlich zwei Stunden. Hier war alles anders als am Föhrenweg. Woja, wie in seine Mitarbeiter vertraut nannten, stellte sich rasch als Autorität heraus, der sich nicht an viele Worte klammern musste. Überhaupt schien diese Dienststelle nicht auf Trommeln und Schaulaufen aufgebaut zu sein. Der Laden war erkennbar klein, aber fein.

Ich fackelte also nicht lange und klagte den beiden »Trachtlern« mein Leid. Dann legte ich die Unterlagen auf den Tisch. »Es wäre toll, wenn Sie sich das mal anschauen könnten. In Pullach hatte man dafür keine Verwendung.« Woja blätterte interessiert und reichte dann ein paar Blätter an seinen Stellvertreter weiter. Dabei tippte er auf bestimmte Passagen im Text. »Alles Quellenaufkommen?«, fragte er. »Ja, wir führen das unter unserer eigenen Bezeichnung ›Sorbas-Material‹.« Ein Augenaufschlag vom Chef reichte und Jendritzky verschwand mit dem Spruch: »Weiß schon, hole ich …« Minuten später kam er mit einem Ordner zurück.

Der MAD-Chef spazierte zum Fenster und schaute lange nach draußen. »Wisst ihr, Männer, ich will euch ja nicht zu nahe treten. Aber …«. Es folgte eine ausführliche und eindeutige Analyse des BND, die keineswegs positiv ausfiel. Woja führte zahlreiche Beispiele an, die seine Aussagen belegten, zugleich aber auch bewiesen, dass er Ahnung von der Materie hatte. Um ihm im Nachhinein keine Schwierigkeiten zu bereiten, verzichte ich auf die Wiedergabe seiner Ausführungen. Ich kann nur so viel sagen, dass ich diese Beurteilung heute in vollem Umfang unterschreiben würde.

Dann verglichen die beiden Offiziere einige Daten aus ihrem Ordner mit unseren Memos. Einiges passte haargenau in die bisherigen Ermittlungen, anderes bedurfte der Überprüfung. Manches konnten die MAD-Kollegen noch nicht bewerten. »Eines ist sicher«, fasste Wojatzky zum Schluss zusammen, »das hier hat mit Presseveröffentlichungen nichts zu tun.« Nach dieser Besprechung waren wir froh, den Weg nicht gescheut zu haben. Wir hatten nicht nur einen Abnehmer gefunden, was unser sensitives »Sorbas-Material« betraf, sondern auch endlich jemanden kennen gelernt, der für uns so etwas wie eine fachliche Autorität sein konnte. Endlich mal ein bisschen Orientierung, ein nachrichtendienstlicher Gradmesser.

Uns war klar, dass wir den Kontakt unbedingt halten

wollten. Wenn wir uns mit dem MAD aber regelmäßig trafen, dann mussten wir das legalisieren. Also schlug ich Gassing vor, diesen fachlichen Austausch unbedingt zu nutzen. Zweifelsohne hatten die »Trachtler« auch einiges an Erkenntnissen zur WGT, was unsere Arbeit ganz sicher fördern würde. Ohne Umschweife erteilte uns der Alte den Auftrag, den Draht zum MAD am Glühen zu halten. Berichte brauchten wir darüber nicht zu schreiben, denn dafür hätten wir sowieso keine Zeit gehabt. Wir sollten aber eine Treffliste führen, aus denen die Termine unserer Begegnungen hervorgingen.

Diese Liste habe ich heute noch, aber sie ist leer. Wir müssen wohl vergessen haben, die Daten einzutragen. Allerdings hat mich auch nie mehr jemand danach gefragt. Jedenfalls entstand ein reger und für beide Seiten fruchtbarer Kontakt zum MAD, der erst lange nach meinem Ausscheiden aus dem geheimen Geschäft enden sollte.

In den sehr aktiven frühen neunziger Jahren besuchten wir regelmäßig die Havelland-Kaserne, um unsere neuesten Erkenntnisse in Sachen »Sorbas-Material« und auch einschlägige andere Informationen weiterzugeben. Eines Tages tauchte eine hausinterne Studie zu Abwehrmaßnahmen, Verdachtsfällen und ähnlichen Hintergründen in unserer Berliner Dienststelle auf. Da der MAD teilweise involviert war und zahlreiche Passagen für die militärische Abwehr wichtig zu sein schienen, ließ ich mir die Weitergabe des sensiblen Papiers genehmigen. Das sollte aber rasch und diskret ablaufen, damit die Information über unseren Freundschaftsdienst nicht in die Pullacher Chefetage dringen würde.

Als Wojatzky von dem ganz speziellen Geschenk hörte, organisierte er in Windeseile ein Kopierkommando. Ein Dutzend MAD-Leute rückte mit vier Kopierern an und füllte unsere kleine Buckower Wohnung bis zum letzten Zentimeter aus.

Fortan hatten wir ein offenes und ehrliches Verhältnis zu den militärischen Abwehrleuten. Wir gingen respektvoll, aber auch unkompliziert miteinander um. Die Nachrichtenleute der Bundeswehr, oft belächelt und als inkompetent dargestellt, zeigten uns ihre ganze Leistungsfähigkeit. Beide Seiten profitierten davon.

Operation »Spielball«

Ab Mitte 1993 hieß es wiederholt, unsere Dienststelle 12YA würde verlegt, vermutlich sogar nach Nürnberg. Ob es stimmte oder nicht – der mögliche Umzugstermin verzögerte sich immer weiter. Bis Mitte 1994 änderte sich noch nichts, außer dass wir in 12AF umgetauft wurden. Auch unsere Nähe zu den Amerikanern blieb bestehen, doch das war wohl ausgemachte Sache.

Über unser Arbeitspensum konnten wir uns nicht beklagen. Das Meldungsaufkommen wuchs unaufhörlich. Die Dankschreiben der Auswertung und das üppige Lob der Vorgesetzten wurden zur täglichen Normalität. Freddy und ich dachten über einen neuen Schachzug nach, der unsere Arbeit ganz sicher effektiver machen würde. Wir wollten das Tagesgeschehen noch stärker rationalisieren. Gerade die Quellen und der eigene Führungsapparat nahmen ungeheuer viel Zeit in Anspruch. Dadurch litten auch die Meldungsbearbeitung und die Berichterstattung. Wir wollten dieses Manko schrittweise ausgleichen. Dafür war es unserer Ansicht nach auch höchste Zeit.

Den eigenen Leuten gegenüber wurden wir immer misstrauischer. Wir glaubten, unsere Quellen besser schützen zu können, je weniger wir schrieben und je stärker wir das Verwirrspiel mit der Identität der Quellen und dem Inhalt von Sachverhalten betrieben. Das »Sorbas-Material« wuchs ständig und beunruhigte uns zunehmend. Wir vermuteten stark, dass es im Dienst einen gut platzierten Informanten gab, der für die andere Seite arbeitete.

Also widmeten wir uns diesem Meldungsaufkommen. An der Tatsache, dass nur ein Teil unserer Informationen von der Abteilung 3 bewertet wurde, wollten wir nichts ändern. Wenn wir die nachrichtendienstlichen Verbindungen meldungstechnisch klein hielten, konnte dies unsere Quellen zusätzlich schützen. Uns genügte die Benotung der Meldungen, denn das reichte aus, um die Quellen anständig entlohnen zu können. An der Gesamtausbeute und der Qualität konnte man sicherlich noch etwas verbessern. Deshalb boten wir den Auswertern an, unsere Quellen persönlich befragen zu können. Eine kleine Revolution für die Arbeitsmethoden des Bundesnachrichtendienstes.

Die Auswerter wollten sich diese Gelegenheit nicht entgehen lassen. Sie reisten für zwei Tage an und schöpften unsere Quellen selbst ab. Das erhöhte die Ausbeute und entlastete uns, weil die Spezialisten von der 3 selbst ihre Meldungsprotokolle schrieben. Damit waren wir für unsere Fachbefrager die Größten, gleichzeitig aber der Führungsstelle 12 A immer mehr ein Dorn im Auge. Wir gingen wieder einen neuen Weg, misstrauisch beäugt von Dr. Herle, dem Leiter des Referats 12 A.

Wir waren immer noch Exoten, obwohl wir zusammen mit dem Team Wulf/Ernst das Zehnfache der geheimen Meldungen der gesamten restlichen Dienststelle beschafften. Und dort waren immerhin 65 Mitarbeiter beschäftigt, gut zwei Drittel davon Verbindungsführer. Ein gewisser Neidfaktor begleitete uns auf allen Wegen. So gerieten wir langsam, ohne es noch selbst zu merken, in die Schusslinie. Im Frühjahr 1995 nahm ein verhängnisvolles Geschehen seinen Lauf, das auch unser weiteres Leben entscheidend beeinflussen sollte.

Alles begann ganz harmlos. Wir saßen üblicherweise einmal im Monat mit unseren Kollegen Wulf und Ernst zusammen, um den Umgang mit gemeinsamen Problemen zu erörtern. Normalerweise lag reichlich Gesprächsstoff vor, den wir bei einem Abendessen oder einigen Gläsern Bier abarbeiteten. Eines Tage kam auch unser Hamburger Legendenbüro zur Sprache. Das Tarndomizil von der Alster war inzwischen zum musterhaften Vorzeigeobjekt avanciert und dadurch intern in aller Munde. Wir sollten diese Art von Legendenfirma sogar in nächster Zeit bei der BND-Schule vorstellen.

So kam es, dass Wulf eines Tages im Frühjahr 1995 unser Hamburger Handelskontor besuchte. Wir redeten über vieles, unter anderem auch über die Höhe und Qualität unseres Meldungsaufkommens. Da platzte es aus Wulf heraus: »Bei der Menge könntet ihr auch ein wenig abzweigen. Wir haben da einen polnischen Nachrichtenhändler, der uns hin und wieder was abkauft. Wenn ihr wollt, dann kann ich für euch etwas vermarkten. Das lohnt sich wirklich.«

Wir stutzten, und ich fragte nach: »Ihr verhökert Material von euren Russen an Dritte?« – »Ja, warum nicht. Es reicht doch immer noch, was wir da unten abliefern. Manches kann man auch doppelt verkaufen. An den Dienst und an die Tommys, zum Beispiel.« – »Nee, ich glaube, das ist nichts für uns«, wiegelte ich ab. Dann wechselte ich das Thema. In der Vergangenheit war so etwas schon mal angedeutet worden, aber noch nie so klar und so eindeutig. Nachdem uns Wulf wieder verlassen hatte, saßen wir beide wie begossene Pudel da. Warum hatte er das erzählt? Wer war der polnische Händler? War das unser Leck im Dienst? Wulf hatte uns in eine missliche Lage gebracht.

Freddy regte sich ziemlich auf. Kreidebleich fing er zu schimpfen an: »Warum zieht der uns da mit hinein? Was machen wir jetzt bloß?« – »Ich habe keine Ahnung. Wenn das stimmt, dann können wir einpacken. Wer weiß, was die alles verhökert haben.« Ich stutzte für einen Moment. »Könnte es nicht auch sein, dass jemand versucht, uns ganz clever auf die Probe zu stellen? Stell dir mal vor, die wollen uns testen, wollen unsere Reaktion sehen. Wenn wir beim Besuch von Wulf nur gezuckt hätten, möglicherweise wären wir dann über Nacht draußen, und ein anderer Südfruchtvertreter würde mit Freude unsere Quellen übernehmen. Ist das so abwegig? Du weißt, dass wir da unten nicht viele Freunde haben. Aber würde Wulf sich für so eine Falle benutzen lassen?«

Wir wälzten das Problem hin und her. Nichts machte so richtig Sinn. Was wäre, wenn die beiden bei einem ihrer Deals hochgingen und plötzlich bekannt würde, dass wir über ihre Machenschaften Bescheid wussten? Dann wären wir mit ihnen zusammen fällig. Wie sollten wir nur aus dieser Situation wieder herauskommen? Wir drehten uns permanent im Kreis. Ist es wahr, ist es ein Bluff, sind unsere Quellen gefährdet oder nur wir, wer steckt dahinter, warum erzählt er uns das, warum, warum? Wie sollten wir nur reagieren? Nichts zu tun wäre ein Fehler und wirklich nicht unsere Art gewesen. Was dann? Wir wollten Klarheit. Wenn es bloß ein Spielchen war, würden wir das schon herausbekommen. Also bereiteten wir einen kleinen Fragenkatalog vor und beschlossen, Wulf noch einmal auf den Zahn zu fühlen. Bis dahin wollten wir alles für uns behalten.

Will man uns eine Falle stellen?

Es vergingen nur einige Tage, und wir saßen wieder zusammen. Wir ließen ein Tonband mitlaufen, weil wir hinterher analysieren wollten, ob Wulf uns möglicherweise angelogen hatte. Zum Schein zeigten wir gesteigertes Interesse und ließen uns von ihm noch einmal alles erläutern. Wir wollten sozusagen unser Risiko abwägen. Nach dem Gespräch lauschten wir dem Band und versuchten aus jeder Wortfärbung, aus jeder Redewendung Erkenntnisse zu ziehen. Nun waren wir uns sicher. Das musste eine getürkte Sache sein. Irgendjemand wollte uns auf die Probe stellen. Was nun?

Ein paar Tage später saßen wir wieder in der Wirtsstube des Hotels Buchenhain. Unsere Gedanken schweiften zurück. Wir hatten uns noch nicht entschieden, wie wir mit Wulfs möglicherweise gefälschtem Angebot umgehen sollten. Nach einem langen Palaver war uns schließlich nachts um zwei Uhr klar, dass wir die Sache melden mussten. Freundschaft zu Wulf hin, Freundschaft her. Es ging nicht anders. Und wenn er uns nur testen wollte, könnte es doch nicht so schlimm sein, ihn anzuschwärzen. Dann würde ja letzten Endes nichts weiter passieren.

Trotzdem fühlten wir uns so unwohl wie nie zuvor. Als wir am nächsten Morgen durch das Tor fuhren, zeterte Freddy erneut: »Er hat uns keine Wahl gelassen, dieser Idiot. Egal, was wir jetzt zusammen mit Wulf machen würden, es wäre immer falsch. Das müssen wir melden. Wir haben doch überhaupt keine andere Chance.«

Wir hielten vor Haus 109. Von unten konnten wir sehen, dass Mödling da war, der OpSi unseres Führungsstellenleiters. Im obersten Geschoss, zur Straße hin, da lag sein Büro. Er hatte eine charakteristische Angewohnheit. Wenn er in seinem Büro war, dann zog er die Vorhänge zur Seite, kippte das Fenster und hängte seine Jacke an die Fensterklinke. Heute war er mit dem schwarzweiß gemusterten Wollsakko gekommen. Mödling war einer der wenigen alten und wirklich erfahrenen Operateure im Dienst. Er war nicht gerade stattlich, schleppte einen Bauchansatz mit sich herum, und sein markanter Schädel wies eine grau umrahmte Glatze auf. Mödling war ein umgänglicher Mann, dem wir vertrauten. Einer der wenigen.

Strahlend, mit vielen Lachfalten im Gesicht, bot er uns in seinem Büro Sitzplätze an. Wir besprachen zunächst unsere Pläne. Dienstreisen, Abrechnungen, operative Gelder, Kuriereinsätze und so weiter. Dann kam er ganz von sich auf Wulfs Team zu sprechen. »Was da läuft, ist nicht koscher. Die ganze Arbeitsweise entspricht nicht dem, was hier üblich ist. Außerdem haben wir, sagen wir einmal, diverse Unregelmäßigkeiten festgestellt. Aber bald kriegen wir sie. Dauert nicht mehr lange. Das ist nur eine Frage der Zeit.«

Ich gab Freddy ein Zeichen, das so viel wie Rückzug bedeutete. Ohne auf Mödlings lockeres Gerede einzugehen, kehrten wir ihm den Rücken, um administrative Dinge zu erledigen. Jedenfalls hatten wir ihm das so dargestellt. Ruckzuck verließen wir das Gebäude wieder. Das Wetter war fantastisch, und so schlenderten wir durch das Camp. Am Schwimmbad und an den Tennisplätzen vorbei, bis wir keine Menschenseele mehr sahen und die mit Stacheldraht gesicherte Außenmauer erreicht hatten. Erst dort diskutierten wir nochmals die ganze Situation.

Mödlings Anmerkungen konnten kein Zufall sein. Er wusste doch genau, dass wir mit den beiden anderen befreundet waren. Warum zog er uns so demonstrativ ins Vertrauen? Wollte er uns einen Wink geben? War vielleicht schon alles aufgeflogen? Was lief hier eigentlich? Wir waren völlig verunsichert.

Ein Gefühl breitete sich aus, das uns nie mehr verlassen sollte: Draußen, wenn wir beide uns selbst überlassen waren, lief alles perfekt. Da herrschte absolutes Vertrauen. Ein fast blindes gegenseitiges Einverständnis. Dass wir uns hundertprozentig aufeinander verlassen konnten, gab uns Sicherheit. Hier drinnen dagegen, im BND-Camp, fühlten wir uns eingesperrt, weggeschlossen, unfrei, fanden uns nicht mehr zurecht. Wem konnte man hier eigentlich vertrauen? Wem durfte man was erzählen? Die Kommunikation war mehr von Gesprächstaktik geprägt als von sachlichen Inhalten. Dieser ganze Laden schien uns völlig abgehoben zu sein. Eine eigene Welt für sich, lebensfern und nicht zu greifen.

Ab einer bestimmten Führungsebene ging es hier nicht mehr vorrangig um die Sache, sondern nur noch um den persönlichen Vorteil. Ein derartiges Klima konnte nur Misstrauen erzeugen. Wenn wir hier noch eine Weile arbeiten wollten, musste das unter höchster Vorsicht geschehen. Wir durften absolut keine Fehler machen und nur so wenig wie möglich preisgeben. Allein dadurch konnten wir die Sicherheit unserer Quellen garantieren und auch weiter erfolgreich sein.

Uns war klar, wir mussten jetzt schnellstens handeln. Also spazierten wir zurück. Freddy stoppte an der großen Treppe vor Haus 109 und blickte nach oben. Mödling stand am Fenster und winkte uns zu. »Norbert, halten wir das durch?«, wollte Freddy leise wissen. Meine Antwort ließ keinen Spielraum: »Ja, natürlich. Warum denn nicht? Wir melden diese Scheiße jetzt, und dann sollen sie doch sehen, was sie machen. Das ist nicht unser Bier.«

Wenige Minuten später berichtete ich dem Mann von der Operativen Sicherheit über Wulfs Ansinnen. Mödling holte sofort den Führungsstellenleiter Herle. Wir gaben uns so zurückhaltend wie möglich. Mit vorsichtigen Worten berichteten wir von einem Gefühl der Unsicherheit und des Unwohlseins. Das wiederholten wir mehrfach. Es verging keine Stunde, und wir saßen im Arbeitszimmer des Unterabteilungsleiters Wolbert Smidt. Wieder schilderten wir das Gespräch mit Wulf, inzwischen zum dritten Mal. Gerade waren wir wieder durch, da erschienen zwei Mitarbeiter, die ich zuvor noch nie gesehen hatte. Es waren der UAL 52, Wilhelm, der Sicherheitsbeauftragte des BND, und der Sachgebietsleiter des Untersuchungsreferats, Ulbauer. Nun durften wir unsere Geschichte ein viertes Mal referieren. Freddy und ich wechselten uns ab. Wir versuchten uns gegenseitig zu ergänzen oder zu korrigieren.

Wilhelm und Ulbauer begannen, Fragen zu stellen. Eine bizarre Situation entstand. Als die Rede auf die Situation im Berliner Föhrenweg kam, antworteten wir kurz und wahrheitsgemäß. Unseren direkten Vorgesetzten, Herle und Smidt, schienen diese Zustände nicht unbekannt zu sein. Deshalb reagierten sie auf unsere Schilderungen sehr unleidlich. Wilhelm und Ulbauer spürten das offenbar und waren nun ganz besonders interessiert. Also gingen wir stärker in die Details. Die Mienen von Herle und Smidt verfinsterten sich endgültig.

Unser Unterabteilungsleiter Smidt wirkte nach einer Weile wie ein Reiter, dem das Pferd weggelaufen war. Er stellte seltsame Fragen, zum Beispiel, ob er selbst in irgendeiner Weise mit disziplinarischen Maßnahmen zu rechnen habe. Dann gab er wieder den Ahnungslosen, der ja eigentlich nicht zuständig sei. Am Ende entschuldigte er sich ständig, ohne gefragt worden zu sein. Als wir den Raum verließen, verabschiedete er sich übertrieben freundlich mit Schulterklopfen und lobte unsere Aufrichtigkeit. Es war so peinlich.

Ulbauer fuhr mit uns wieder nach unten. Dort wechselten wir in den anderen Flügel des Gebäudes. Er führte uns in sein Büro, das sich ebenerdig in der äußersten hinteren Ecke befand. Sein Arbeitszimmer und jenes von Dr. Herle lagen in Haus 109 diametral entgegengesetzt. Dieser Umstand war zwar ein reiner Zufall, sollte jedoch bald einen symbolischen Charakter bekommen.

Ulbauers Büro war spartanisch eingerichtet. Auf der Fensterbank standen jedoch mehrere Grünpflanzen, und dadurch wirkte der Raum nicht so trostlos, wie wir es von den anderen Büros gewohnt waren. Ulbauer bot uns Kaffee an, und seine Sekretärin trat sofort in Aktion. Sie war eine beachtliche Erscheinung mit einem freundlichen, offenen

Gesicht und einem starken bayerischen Akzent. »Ich bin die Ria«, stellte sie sich vor und schwebte lächelnd aus dem Raum. Ein Rasseweib, im positivsten Sinne des Wortes. Uns blieb die Spucke weg. »Hast du Miss Moneypenny gesehen?«, fragte Freddy später in seiner üblichen Art und traf damit den Nagel auf den Kopf.

Wie wir bald feststellen konnten, waren die Arbeitsabläufe im Untersuchungsreferat anders organisiert als im übrigen Dienst. Während ansonsten ein riesiger Verwaltungsapparat für Dienstreisen, operative Ausgaben und interne Kommunikation zuständig war, tickten hier die Uhren alternativ. Die Organisationsstrukturen waren enger und abgeschotteter. Wenn es sich nicht gerade um geschlossene Operationen handelte, liefen alle Verwaltungsangelegenheiten über Rias Tisch. Sie rechnete Gelder ab, führte Anwesenheitslisten und erledigte jeglichen Schreibkram. Ria war die gute Seele des Ulbauer-Ladens und irgendwie auch Mädchen für alles. Außerdem fehlte es ihr nicht an Courage, wie sie uns später beweisen sollte.

Ulbauer hatte wieder hinter seinem Schreibtisch Platz genommen. Er befragte uns weiter nach der Berliner Dienststelle und der Kooperation mit den Amerikanern, nach den Treffen mit Wulf und nach allem, was mit der Pullacher Unterabteilung 12 zu tun hatte. Seine Art war angenehm und ruhig. Das Gespräch hatte nichts von einer Vernehmung oder einem Verhör. Uns tat es gut, nach langer Zeit wieder einmal alle Probleme anzusprechen, die uns bedrückten. Ulbauer redete leise und notierte sich das eine oder andere. Der Mann strahlte Vertrauen aus. Seine stahlblauen Augen wirkten verbindlich, leuchteten hin und wieder aber auch verschmitzt.

Nach einer Weile kam einer seiner Mitarbeiter hinzu. Er wurde uns als ein Herr Gaisbauer vorgestellt. Er sollte den Fall mitbearbeiten und uns betreuen. Gaisbauer ähnelte seinem Chef. Auch er sprach besonnen und zurückhaltend, war aber genauso verbindlich. Im Gegensatz zu Ulbauer kommentierte Gaisbauer von Zeit zu Zeit das Gehörte. Zu den Berliner Arbeitsumständen hatte er bald eine klare Auffassung: »Mein Gott, was bauen die da oben für einen Mist. Da müssen wir ran. Das dürfen wir nicht alles auf sich beruhen lassen.«

Ein Wechselbad der Gefühle

Gaisbauer und Ulbauer kannten den Laden in- und auswendig. Natürlich war ihre Sichtweise geprägt von den vielen kleinen und großen Pannen, die sie in ihrem Bereich zu bearbeiten hatten. Das hinderte sie aber nicht, deutlich zu machen, wie loyal sie dem System »Bundesnachrichtendienst« gegenüberstanden. Bei aller Kritik an der eigenen Behörde ackerten sie förmlich daran, Schaden von ihr fern zu halten oder ihn zumindest zu begrenzen. Die beiden arbeiteten noch für das große Ganze und nicht ausschließlich für sich selbst. Das unterschied sie von unseren Chefs, und das bereitete uns ein Wechselbad der Gefühle.

Wir waren plötzlich von einer Welt in die andere getaucht. Dort oben, in Haus 109, Abteilung 1, Unterabteilung 12, trafen wir auf eine Herde von Egozentrikern, die wir immer als »Dampfplauderer« bezeichneten. Für mich ein selbstgefälliger Laden, angefüllt mit Spezialisten im nachrichtendienstlichen Geschäft. Trotzdem war nie jemand in der Lage, uns praktische Ratschläge zu geben oder uns sinnvoll zu unterstützen. Anspruch und Wirklichkeit klafften hier so weit auseinander.

Gelegentlich sahen wir, was dort produziert wurde. Einige Verbindungsführer zeigten uns stolz ihre Treffberichte. Die Inhalte waren zwar dünn, die sie umgebenden Berichte aber wahre Juwelen der Erzählkunst. Ich werde mich immer an den Bericht eines früheren Stellvertreters von Dr. Herle erinnern. Dieser Agentenlyriker hatte einen Lokführer aus dem südafrikanischen Kimberley geworben. So beschrieb er den entscheidenden Moment der Anbahnung: »Er wollte partout nicht für einen ausländischen Dienst arbeiten. Da setzte ich plötzlich und für ihn völlig unerwartet meinen stechenden Blick ein. Lange Zeit bedrängten meine Augen dieses nachrichtendienstliche Opfer. Wie ein waidwund geschossenes Tier versuchte er meinem durchdringenden Blick zu entkommen. Dann war er nicht mehr in der Lage, meinem Scharfblick zu widerstehen. Er war geschlagen und willigte zu einer Mitarbeit ein …«

Diese und ähnliche »Spitzelprosa« war im oberen Stockwerk gang und gäbe. Das passte zum alltäglichen Klima der Selbstbeweihräucherung und Geheimniskrämerei. Wer hier arbeitete, in der operativen Beschaffung einer der sensibelsten Aufklärungsbereiche, der trug dies auch zur Schau. Ausgestattet mit einem bescheidenen Herrschaftswissen, gab man sich selbstgefällig und zufrieden. Bei der 12 zu sein, das war wichtig, aber nicht das Arbeitsergebnis.

Wir verbrachten den gesamten restlichen Tag mit den beiden Leuten von der Sicherheit. Am Ende wurde eine telefonische Erreichbarkeit vereinbart, die nicht über normale Dienstkanäle lief. Ulbauer verpflichtete uns zur absoluten Verschwiegenheit. Das galt auch für den Umgang mit unseren Vorgesetzten im oberen Teil des Hauses. Als wir gingen, wurde in einigen Zimmern im Erdgeschoss noch gearbeitet. Draußen aber standen kaum noch Fahrzeuge, denn bei der Abteilung 1 hatte der Letzte bereits vor Stunden, pünktlich zum Feierabend, das Licht gelöscht.

Die Untersuchung beginnt

Wir wussten, dass wir eine Maschinerie in Gang gesetzt hatten, die uns jetzt schon unheimlich erschien. Viel mehr als das konnten wir zu diesem Zeitpunkt nicht erahnen. Und das war auch besser so.

Wenige Tage später wurden wir erneut zu den Sicherheitsleuten zitiert. Niemand durfte von diesem Treffen erfahren, nicht einmal unser Führungsstellenleiter Dr. Herle. Also parkten wir sogar unser Auto außerhalb des Haupteingangs und kamen – kurz nach dem morgendlichen Berufsverkehr – zu Fuß an die Pforte. Wie zwei Strauchdiebe schlichen wir durch das Gelände, passierten den Fußgängertunnel, das neu erbaute Lagezentrum und bewegten uns an Hecken und Büschen vorbei, bis wir Haus 109 erreichten. Wir waren ganz schön nervös, weil wir auf den letzten Metern nicht noch von den 12ern gesehen werden wollten. »Keine Angst«, beruhigte mich Freddy, »die sind jetzt beim Kaffeetrinken.« Es war kurz vor zehn Uhr.

An jenem Tag wurde die Operation »Spielball« geboren. Ulbauer und sein Team wollten herausfinden, ob es Unregelmäßigkeiten bei Wulf und seinem Partner gab, aber sie wollten auch inoffizielle Aktivitäten unserer amerikanischen Partner aufklären. Keiner unserer Vorgesetzten durfte davon erfahren, lediglich der Führungsstellenleiter von 12 A. Freddy und mir waren unterschiedliche Rollen zugedacht. Ich sollte den Kontakt zu Wulf intensivieren, gleichzeitig aber auch meine Beziehungen zu unserem US-Kollegen Hans Diethard verstärken. Das war nicht schwierig, weil sich die Amerikaner aufgrund unseres hohen Meldungsaufkommens ohnehin für mich interessierten.

Freddy, der mit dem ersten der beiden Betroffenen eng befreundet war und deshalb unter der Situation stärker litt als ich, sollte sich aus dem aktiven Geschehen weitestgehend heraushalten, mich aber administrativ unterstützen. Ich ahnte gleich, dass eine Menge zusätzlicher Arbeit auf uns zukommen würde, denn das operative Tagesgeschäft lief ja ungebremst weiter. Nachdem wir alle Einzelheiten kannten, baten wir um Bedenkzeit und verließen das Camp. Abends spazierten wir von unserem Hotel über einen kleinen Waldpfad zur Isar. Da waren wir ungestört und konnten unser Elend von allen Seiten betrachten.

»Es ist doch zum Kotzen«, entfuhr es mir, »reicht es denn nicht, dass wir alles gemeldet haben? Jetzt sollen wir für die Herren auch noch die heißen Kartoffeln aus dem Feuer holen.« Was wäre, wenn sich nun herausstellen würde, dass an der Sache nichts dran ist? Dann wären wir beide am Ende die Denunzianten und Verräter. Ich fühlte mich äußerst unwohl und mochte unseren Laden weniger denn je. Was hatten wir aber für eine Chance, aus der Sache völlig unbeteiligt herauszukommen? Konnten wir überhaupt die Zusammenarbeit mit dem Untersuchungsreferat 52 ablehnen?

Am Ende saßen wir im Biergarten und beschrieben ein leeres Blatt Papier. Wir formulierten Voraussetzungen, unter denen wir bereit waren, bei der Aktion »Spielball« mitzumachen. Verdeckte Ermittlungen, so unsere These, könnten nur funktionieren, wenn wir auch völlig geheim agierten. Also standen auf unserer Liste viele kleine Maßnahmen. Wir wollten beispielsweise keine Abrechnungen mehr über die Zahlstelle laufen lassen und unsere Tätigkeitsberichte nur einem kleinen Kreis zugänglich machen. Ganz oben stand die Forderung, dass wir nach dem Ende der Aktion unerkannt bleiben wollten.

Keine 24 Stunden später waren wir weichgeklopft. Ich weiß nicht mehr wie, aber es war so. Nach einem herzzerreißenden Appell an unsere Loyalität und unser Pflichtbewusstsein hatten sie versprochen, unsere Forderungen weitgehend zu erfüllen, da sie zum Großteil auch im Interesse der Sicherheitsabteilung lagen. Hatten wir uns so täuschen können? Sogar unserer Hauptforderung, die Operation in absolutes Stillschweigen zu hüllen, war man nachgekommen,. Wir sollten völlig »gedeckelt« bleiben, so die klare Zusicherung. Freddy bestand sogar auf einer entsprechenden schriftlichen Erklärung. Er bekam sie postwendend von UAL 52 Wilhelm überreicht, der völlig konsterniert darüber war, dass wir seinem Wort nicht trauten. Wir konnten losziehen.

In den nächsten Wochen befanden wir uns quasi auf einem Horrortrip. Im Sommer 1995 häuften sich die Quellentreffs. Besonders »Rübezahl«, der uns seit Wochen mit höchst geheimen Informationen förmlich traktierte, nahm viel von unserer Zeit in Anspruch. Hinzu kam der Umzug von der deutsch-amerikanischen Dienststelle 12AF in die Nürnberger Infanteriekaserne an der Tillystraße. Wir sollten die am Zehlendorfer Föhrenweg begonnene Zusammenarbeit mit den Amerikanern an neuer Wirkungsstätte (Deckadresse »Koordinierungsstelle für Wehrtechnik«) fortsetzen. Und neben all diesen Anstrengungen musste ich nun auch noch konspirative Treffen mit Wulf und Hans Diethard wahrnehmen.

Für den neuen Standort unserer Dienststelle hatte die Zentrale auch schon einen Chef bestimmt. Es war der Sachgebietsleiter Schöner, der Gassing ablösen sollte. Schöner erwartete uns bereits in Nürnberg, wo er mit den Amerikanern das neue Büro einrichtete. Er war ein Vertrauter des Führungsstellenleiters Dr. Herle, und er ging mit großer Begeisterung an die Arbeit. Für ihn war die Aufgabe so etwas wie ein Lottogewinn. Er übernahm mit 12AF den hochwertigsten Quellenstamm, über den der BND verfügen konnte. Außerdem hatte dieser »Laden« wegen der Nähe zu den DIA-Kollegen innerhalb des Dienstes einen besonderen Stellenwert. Alle Voraussetzungen für Schöners Erfolg waren vorprogrammiert. Deshalb verhielt er sich in der Übernahmephase sehr umgänglich und verständnisvoll. Freddy und ich hatten sofort den Eindruck, nun bekämen wir einen Chef, der die Anforderungen an unsere Quellenführung und unsere persönlichen Bedürfnisse erkennen und unterstützen würde.

Von Anfang an versuchten wir, ihm die Problematik der Kooperation mit den Amerikanern zu verdeutlichen. Schöner gab sich ausgesprochen verständnisvoll. Den Partnern blieb das nicht verborgen, und so dauerte es nicht lange, bis Mark Handridge und Hans Diethard bei mir auftauchten. Es begann recht harmlos. Kleine Einladungen zum Essen, großzügige Zuschüsse für unsere Quellen. Bald waren die Angebote eindeutiger. Die Amerikaner schlugen vor, bestimmte Informationen am BND vorbei und nur mit ihnen umzusetzen. Sie köderten uns dabei mit dem Angebot kostenloser Reisen in die USA, selbstverständlich in Begleitung unserer Ehefrauen.

Freddy und mir wurde sehr schnell klar, dass wir hier höllisch aufpassen mussten, um nicht in ein trübes Fahrwasser zu geraten. Auf der einen Seite waren wir gehalten, mit den Amerikanern zusammenzuarbeiten, und viele Informationen konnten letztlich nur sie beurteilen. Auf der anderen Seite wollten wir unsere Quellen nicht durch Unachtsamkeit an die US-Partner verlieren. Wenn sie die Identität unserer Russen erführen, dann hätten sie bestimmt keine Skrupel, uns zu überbieten.

Wir befanden uns ohnehin gerade in einer Phase wachsenden Misstrauens gegenüber den Amerikanern. Dabei bereitete uns ein bestimmter Umstand Kopfzerbrechen. Immer wenn wir eine unserer Quellen trafen, klingelte wenig später das Handy. Dann war Hans am Apparat und fragte mit gewisser Anteilnahme, wie es denn beim Treff so liefe. Er war informiert, obwohl wir unsere Trefftermine sogar in der eigenen Dienststelle geheim hielten. Lediglich der Chef oder sein Stellvertreter wussten in der Regel Bescheid. Ihnen war aber auch bekannt, dass wir im Vorfeld unsere Aktivitäten aus Sicherheitsgründen besonders stark abschotteten. Die Anrufe der Amerikaner waren uns deshalb unangenehm, ja sogar unheimlich, weil wir nicht wussten, wo die undichte Stelle war. Wer erzählte ihnen von unseren Treffen?

Die Amerikaner spielen nach eigenen Regeln

Mitte September lud mich Hans Diethard zu einem Gespräch ein, bei dem er mit mir einige grundsätzliche Aspekte unserer Zusammenarbeit besprechen wollte. Mir war klar, dass er wieder eindeutige Absichten hatte, weil er mich nicht in der Dienststelle treffen wollte. Er habe Angebote und Vorschläge, so sagte er mir, die nur für mich bestimmt seien.

Einige Tage zuvor hatte er mich bereits am Münchner Flughafen getroffen und dabei mit der Tatsache konfrontiert, dass wir ihm und seinen Leuten seit einiger Zeit wichtige Informationen vorenthalten würden. Unter anderem belegte er das mit der Existenz eines umfangreichen Strategiepapiers aus dem russischen FSB, das von der Umstrukturierung des Dienstes handelte. In der Tat hatten wir das Dokument einige Wochen vorher beschafft. Aber woher wussten die Amerikaner von seiner Existenz? Es war zum Verrücktwerden.

Bei dieser Gelegenheit machte mir Hans das Angebot, alle Papiere, die bisher an den Amerikanern vorbei an unsere eigene Auswertung gegangen waren, besonders zu behandeln und »separat« abzurechnen. Dabei legte er großen Wert auf das FSB-Dokument sowie eine Liste von russischem Wehrmaterial, das an Serbien geliefert worden war. Auch diese Unterlage befand sich in unseren Händen. Über die Entlohnung sollten wir, wie er erklärte, noch einmal getrennt verhandeln.

Vom Flughafen fuhren wir in unser Domizil im Süden Münchens, zum Hotel Buchenhain. Freddy und ich versuchten dort die Situation zu analysieren. Eines war klar, irgendwer aus der Chefetage musste die Amerikaner informiert haben. Dafür kamen aber nur sehr wenige in Frage. In unsere spezielle Verfahrensweise mit dem Meldungsaufkommen war nur ein kleiner Personenkreis eingeweiht. Das waren Gassing, sein Nachfolger Schöner und die Pullacher Vorgesetzten Herle und Smidt. Der OpSi Mödling wusste auch davon, unterhielt aber keine Kontakte zu unseren Partnern.

Noch am selben Tag gaben wir unsere neuen Überlegungen und Erkenntnisse an die Sicherheit weiter. Die dortigen Mitarbeiter der Unterabteilung 52 waren gerade dabei, die Zusammenarbeit mit den Partnern aus Übersee zu durchleuchten. Unsere bisherigen Schilderungen über die Vorgänge in der Berliner Außenstelle hatten zu weiteren Befragungen Berliner Mitarbeiter geführt. Am Ende unserer Besprechung baten mich die Vertreter der Unterabteilung 52, den neuen Treff mit den Amerikanern wahrzunehmen, um deren Vorgehen besser einschätzen zu können.

Außerdem erwog man, Schöner in die laufenden Ermittlungen zum Komplex Wulf und gegen die DIA einzuweihen. Das geschah einige Tage später in meiner Anwesenheit. Es beruhigte mich sehr, denn nun musste ich meinem Chef gegenüber nicht mehr mit Halbwahrheiten operieren und konnte mit den heiklen Vorgängen offen umgehen. Dieses Gefühl sollte schnell wieder schwinden.

Hans Diethard drängte erneut auf einen Treff. Am 5. Oktober sahen wir uns bei einem gemeinsamen Betriebsausflug, der uns in die Nähe von Nürnberg-Feucht führte. Wir vereinbarten einen vertraulichen und inoffiziellen

Kontakt eine Woche später in Buchschwabach, fünfzehn Kilometer westlich von Nürnberg an der Bundesstraße 14. Schon während des Betriebsausflugs deuteten Hans und Mark vorsichtig an, dass es sich um Anregungen für eine »engere« Zusammenarbeit handeln würde. Dazu erbaten sie absolute Diskretion.

Zur Vorbereitung der Begegnung wurde ich ein weiteres Mal nach München zitiert. Damit es nicht auffiel, sollte ich den Tag bei der Abteilung 1 in Haus 109 verbringen und administrative Dinge erledigen. Jeder erkennbare Kontakt in den Ulbauer-Bereich musste vermieden werden. Am späten Nachmittag fuhr ich zum Hotel Buchenhain, wo Freddy auf mich wartete. In einem Zimmer entwarfen wir die Reiseplanung der nächsten Wochen. Einige Quellentreffs waren angedacht, und Beschaffungshelfer mussten besucht werden. Jede Menge an Formalitäten war zu erledigen. Freddy füllte einen Stapel Formblätter aus, und ich ordnete den Terminkalender immer wieder neu.

Er schimpfte vor sich hin: »Wenn ich mir vorstelle, dass wir hier in unserer Freizeit, denn eigentlich ist ja für uns Feierabend, die Arbeiten erledigen, die andere in aller Ruhe während der Dienstzeit in ihren Büros machen, kriege ich das Würgen. Das ist doch ein verrückter Laden. Da drinnen kannst du keinem trauen. Deshalb sitzen wir in unserer Bude und machen alles heimlich, damit es keiner mitbekommt. Wenn uns aber einer von denen mit der höher bezahlten Einsicht hier mit all diesen Unterlagen erwischen würde, dann wäre der Teufel los.«

Nach einigen Stunden, es war mittlerweile 23 Uhr, machte ich mich auf den Weg. Ich ging Richtung Süden, auf einem Pfad, der nach einer Weile im Wald verschwindet. Er verläuft oberhalb der Isar und mündet in die Hermann-Roth-Straße. Sie gehört zum Nachbarort Baierbrunn. Dort lag zum wiederholten Mal mein nächtliches Ziel. Ich hatte mich bereits an diese seltsamen Treffen zu später Stunde gewöhnt. Auch an diesem Abend war ich froh, als ich den Wald hinter mir hatte und mich dem Hotel »Zur Post« näherte. Das mulmige Gefühl ließ langsam nach.

Die Mitternachtskonferenz in der Kegelbahn

Wie üblich, betrat ich den Gasthof durch einen Nebeneingang. Vor der Kegelbahn stand ein junger Mann mit schwarzer Lederjacke. Er sicherte unsere Verabredung vor ungebetenen Zaungästen, nickte freundlich, als ich kam und öffnete die Tür. »Na, Meister«, begrüßte mich Olgauer salopp, »war auf dem Weg etwas Besonderes? Sie sind ja überpünktlich.« Die übliche Prozedur begann. Ich berichtete über alle Kontakte zu den Amerikanern seit unserem letzten Treffen. Dann folgten die Neuigkeiten in Sachen Wulf. Die Männer von der Sicherheit schrieben eifrig mit und stellten gezielte Fragen. Schließlich wollten sie noch die aktuelle Lage in der Berliner Dienststelle und den Inhalt meiner Gespräche mit der Unterabteilung 12 erfahren.

Unser wichtigstes Thema war mein geplantes Treffen mit Hans Diethard. Frank Offenbach, der Leiter des dienstinternen, geheimen Observationskommandos QB 30, strahlte mich an: »Jetzt werde ich dich mal richtig verdrahten.« Den kernigen Offenbach hatte ich erst kürzlich kennen gelernt. Er leitete die streng geheime Außenstelle der Sicherheit in der Schubertstraße direkt an der Theresienwiese. Dort arbeitete eine halbe Hundertschaft an Observanten und Abhörspezialisten.

Der in Ostdeutschland geborene Cheffahnder des BND, dem man seinen leichten sächsischen Dialekt trotz vieler

Jahre im Münchner Kulturkreis noch deutlich anmerkte, war ein aufrechter und erfahrener Praktiker. Trotz des schwierigen Arbeitsfeldes hatte er sich seinen Humor bewahrt. Offenbach war eine Institution innerhalb der Sicherheit, kompetent, bescheiden, zielstrebig. Ich hatte sofort einen Draht zu ihm gefunden. Nicht zuletzt, weil sein Stellvertreter mit mir zusammen die Schulbank bei der Bundeswehr gedrückt hatte. Beim BND hatten wir uns nun wiedergetroffen, so klein ist die Welt. Mein alter Kamerad hatte mich seinem Chef vorgestellt, und dieser hatte sofort erkannt, was Freddy und ich leisteten.

Nun installierte er an mir eine komplette Aufzeichnungsanlage. Ein Bild für die Götter. Da stand ich mit freiem Oberkörper in der Kegelbahn des Hotels »Zur Post« und trainierte unter der Aufsicht meiner Sicherheitschefs das korrekte An- und Ablegen von Wanzen und den dazugehörigen Apparaturen. Als »Hintergrundmusik« ließ Frank Offenbach einige seiner Leute kegeln. »Aus Legendengründen, damit wir draußen im Lokal nicht auffallen«, griente er mich an.

Es muss kurz vor zwei Uhr morgens gewesen sein, als ich das Hotel wieder verließ. Im Weggehen hatte Ulbauer mir noch eingeschärft: »Und kein Sterbenswort, zu niemandem! Auch nicht zu Freddy. Jedenfalls keine Details!« Dann trottete ich im strömenden Regen denselben Waldweg zurück. Es kam mir alles wie ein Spuk vor. So eine Scheiße, dachte ich bei mir, als ich nass wie ein begossener Pudel in meinem Zimmer stand. Ich fühlte mich wie gerädert, und mein inneres Gefühl entsprach meinem äußeren Zustand. Lange würde ich diesen Arbeitsrhythmus nicht mehr durchhalten können. Mit unruhigen Gedanken schlief ich ein.

Freddy weckte mich bereits dreieinhalb Stunden später und begrüßte mich im Frühstücksraum mit der aufbauenden Bemerkung: »Siehst heute wieder aus wie ein gut erhaltener Endsiebziger.« So fühlte ich mich auch. Er wollte alle Details der vorausgegangenen Nacht wissen. Etwas genervt berichtete ich ihm den Ablauf des Treffens und wies dabei besonders auf die Passagen hin, die er eigentlich nicht wissen durfte.

Dann begaben wir uns zum Routinebesuch in die Zentrale. Gespräche mit Mödling, Herle, Schöner folgten. Wir erläuterten die weitere Quellenführung und holten uns die Genehmigung für Kurierreisen und andere Aktivitäten. Dann brachte ich Freddy zum Münchner Hauptbahnhof und setzte meinen Weg nach Nürnberg fort. Um 15 Uhr sollte der Treff mit dem DIA-Kollegen in Buchschwabach stattfinden. In der Raststätte Feucht stoppte ich kurz, um mein Wanzengeschirr anzulegen.

Wider Erwarten schaffte ich es, diese Prozedur bis zehn vor drei zu bewältigen. Direkt am Ortseingang, vor dem Landgasthof »Rotes Ross«, parkte ich meinen Wagen. Hier waren wir auch verabredet. Voller Spannung wartete ich auf meinen amerikanischen Freund. Kurz vor 15 Uhr lief der Countdown an. Ich begab mich nochmals zur Toilette, um meine Geräte zu aktivieren. Es war ein warmer Tag. Trotzdem musste ich meine Jacke anbehalten, damit die Verkabelung nicht auffiel. Nach einigen langen Warteminuten fuhr schließlich ein amerikanischer Straßenkreuzer vor. Durch das Fenster konnte ich sehen, wie Hans aus dem Auto kletterte. Obwohl ich ihn erwartete, löste sein Erscheinen bei mir große Verwunderung aus.

Dazu muss ich eines erklären: Hans, wie auch alle anderen DIA-Mitarbeiter, kam immer ausgesprochen locker daher. Jeans, Boots und Poloshirt, zuweilen ein leichtes Hawaii-Hemd reichten ihm und seinen Kollegen als Outfit vollkommen aus. Selbst bei offiziellen Anlässen unterschieden sie sich deutlich von allen anderen Gästen. Krawatten hatte ich an ihnen noch so gut wie nie gesehen, und Anzüge oder Kombinationen waren weitgehend verpönt.

Die DIA-Leute kokettierten mit ihrem legeren Auftreten. Mehr Sein als Schein, lautete die Devise. Kamen die Deutschen wie wandelnde Hugo-Boss-Werbeträger zu einer Besprechung, so war es nicht ungewöhnlich, dass ihnen Mark Handridge in einer alten Jeans, einem derben Farmerhemd und breiten Hosenträgern gegenübersaß.

Und nun erschien Hans zu einem Treffen, das einen sehr persönlichen Charakter haben und sehr konspirativ sein sollte, wie ich ihn noch nie gesehen hatte. Er trug einen hellen, eierschalenfarbenen Sommeranzug, dazu ein weißes Button-Down-Hemd und eine schmale, dunkle Krawatte, die oben fest verknotet war und den geschlossenen Kragen verschnürte. Die Außentemperatur von nahezu 30 Grad, ungewöhnlich für diese Jahreszeit schien ihm nichts auszumachen. Hans hatte seinen übergroßen Schlitten mit den getönten Scheiben auffällig direkt neben dem Gasthaus geparkt. Als er ins Haus trat, nahm er seine dunkle Sonnenbrille ab und steckte sie in die äußere Brusttasche des Jacketts. Alles in allem wirkte er wie James Bond.

So unwirklich und gestelzt sein Aussehen war, so künstlich verlief unser kurzes Gespräch. Gegen alle Gewohnheiten begrüßte er mich formelhaft und siezte mich. Mir wurde sofort klar, dass im Vorfeld etwas passiert sein musste. Sein Benehmen war dermaßen gekünstelt, dass es schon wieder komisch wirkte. Der Originalton klang dann so: »Ich freue mich außerordentlich, Sie hier antreffen zu können. Wir, das heißt der amerikanische Teil der bilateralen Dienststelle, sind stets bemüht, den positiven Fortgang der gemeinsamen Unternehmungen aktiv zu unterstützen. Die bisher so erfolgreiche Kooperation sollte in beiderseitigem Interesse unter Wahrung aller Grundprinzipien eines offenen und ehrlichen Umgangs miteinander fortgesetzt werden. Hierzu möchte ich nochmals verdeutlichen …« Und so weiter, und so weiter. So dozierte er eine ganze Weile.

Ich kochte innerlich. Alles deutete darauf hin, dass die

Amerikaner von unserer Aktion Wind bekommen hatten. Als Hans sein Kurzreferat über die deutsch-amerikanische Freundschaft schließlich beendet hatte, sagte ich nur: »O. k., o. k., ich habe verstanden.« Wir rundeten unseren Dialog mit einigen Anmerkungen zum Wetter und zum bevorstehenden Bundesligaspieltag vom Wochenende ab. Weshalb wir uns getroffen hatten, war dem Gespräch ganz sicher nicht zu entnehmen. Nachdem jeder sein Glas Wasser geleert hatte, verließen wir gemeinsam das Gasthaus. An der Tür fragte ich ihn: »Hans – und was sollte das jetzt?« Er lächelte mich an, zuckte mit den Schultern, streichelte mir kameradschaftlich über den Kopf und erwiderte: »Ging nicht anders, Alter, leider!«

Hans Diethard entfernte sich in Richtung Nürnberg. Es war das letzte Mal, dass ich ihn gesehen habe.

Rasend vor Wut jagte ich mit meinem Wagen über die Autobahn. Über Heilbronn und die Auffahrt Aich steuerte ich die Raststätte Frankenhöhe Nord an. Dort wartete Frank Offenbach mit seinem Truppführer, um seine Technik wieder in Empfang zu nehmen. Es war Freitag, und deshalb herrschte reger Betrieb. Mit quietschenden Reifen kam ich neben dem grauen E-Mercedes der beiden Observanten zum Stehen. Ich war mit den Nerven völlig fertig. Alles belastete mich: die tagelangen Versteckspiele mit den Kollegen, die nächtlichen Treffen mit der Sicherheit, unendliche Grundsatzdiskussionen über den Dienst mit Freddy, die Sicherheitslage unserer Quellen, die Geschichte mit Wulf – und nun das!

Jetzt kam mir Frank Offenbach gerade recht. Noch ehe er auch nur ein Wort sagen konnte, legte ich los: »Seid ihr denn eigentlich alle besoffen? Wisst ihr überhaupt, was ihr hier treibt?« Ich zog mitten auf dem Parkplatz meine Jacke aus und warf sie zu Boden. Dabei schimpfte ich weiter: »Die haben alles gewusst, alles! Und ich habe mich bis auf die Knochen blamiert. Der Diethard kam wie Roger Moore daher und hat mich verarscht. Da habt ihr euer Scheißgerät zurück.« Ich warf es mit einem Knall auf das Pflaster, so dass es in mehrere Stücke zerbrach.

Der Truppführer ging in Deckung, und Offenbach, der ängstlich um sich blickte, weil mein Wutausbruch auch anderen auffiel, versuchte mich zu beruhigen. »Norbert, die Leute kriegen alles mit. Jetzt lass uns doch in Ruhe reden. Was war denn los?« Ich tobte weiter. »Was los war? Ich geistere für euch Tag und Nacht herum, und du fragst mich, was los war. Ich habe die Schnauze voll!«

Mittlerweile hatte ich auch mein Poloshirt ausgezogen und mit Wucht auf die Rückbank meines Wagens geschleudert. »Das sind alles Gipsköpfe, da unten. Das kannst du denen von mir ausrichten. Schicken mich in einen derart beschissenen Treff.« Ich riss meine gesamte, mit Heftpflastern befestigte Verdrahtung vom Körper und warf das Knäuel Kabel in die Büsche. Offenbach versuchte weiter mich zu beschwichtigen: Er sagte, dass ihm alles sehr Leid tue, aber die Informationen seien aus Schöners Umfeld durchgesickert und er habe mich auch nicht warnen können.

»Was?« Nun hatte er genau das Gegenteil von dem erreicht, was er eigentlich wollte. »Schöner, dieser Scheißschleimer, bläst das durch. Ja, seid ihr denn total zugekifft? Warum wusste der überhaupt davon?« Ich trommelte mit beiden Fäusten dermaßen auf den Kofferraum, dass es schmerzte. »Warum wusste der davon? Warum nur? Ich werde ständig vergattert, die Schnauze zu halten, und nun so was. Schluss, aus und vorbei. Sag denen da unten, die können mich mal. Und dem Schöner kannst du schon einen schönen Gruß bestellen. Wenn ich den zu fassen kriege, dann werde ich ein intensives Gespräch mit ihm führen. Ein sehr intensives. Der kann sich warm anziehen. Wenn du weißt, was ich meine!«

Dann angelte ich mir meine Jacke, stieg in den Wagen

und rauschte davon. Mein Auftritt hatte die beiden Leute aus der QB30 überfordert. Völlig verdattert blickten sie mir hinterher. Offenbach erzählte mir jedenfalls später einmal, dass dies von allen »konspirativen« Treffen seines Lebens das eindrucksvollste gewesen sei.

Die Panne mit Hans Diethard hatte ein weiteres Mal mein Vertrauen in den Dienst erschüttert. Natürlich konnte ich das Verhalten des neuen Nürnberger Chefs irgendwo nachvollziehen. Noch ehe es richtig losging, war die Sicherheitsabteilung quasi dabei, seine schöne neue Dienststelle zu demontieren. Gerade durch die deutsch-amerikanische Komponente hatte er sich einen besonderen persönlichen Erfolg ausgerechnet. Nun versuchte er eben zu retten, was zu retten war. Aber dass er so dämlich war, anzunehmen, seine neuen Diensträume seien noch nicht verwanzt, das schockierte mich einmal mehr. Mein Eindruck vom Dienst wurde immer klarer: Nichts und niemandem etwas erzählen! Alles konnte man sich leisten, nur eines nicht – Offenheit!

Der Ausraster auf der Autobahn hatte übrigens keinerlei Nachspiel. Im Gegenteil, es ging alles so weiter wie bisher. Beim nächsten Kegelbahntreff vergatterte mich Uli, wie wir Ulbauer mittlerweile nannten, erneut zu absolutem Stillschweigen. Über die Erkenntnisse der dienstinternen Abhöraktionen wurde ich nicht informiert. Langsam kristallisierte sich aber heraus, dass der ultimative Knall kurz bevorstand.

Das Doppelspiel mit MI 6

Meine Gespräche mit Wulf brachten auch keine Entspannung. In der Zwischenzeit hatte ich ihn mehrmals getroffen. Im Auftrag der Gaisbauer-Truppe offerierte ich ihm ein hochgeheimes Papier, das er weiterleiten sollte. Es handelte sich um eine Materialliste, auf der verschiedene Dokumente aufgeführt waren.

Wulf wollte mich mit den Abnehmern direkt zusammenbringen – dem britischen Auslandsnachrichtendienst MI 6. Begeistert erzählte er mir, dass er bereits einige Deals mit den britischen Kollegen abgewickelt hatte. Auch denen waren die Erfolge unserer Berliner Dienststelle nicht verborgen geblieben, und deshalb hatten sie zunehmend Interesse an unseren Erkenntnissen entwickelt.

Ich sollte also eine englische Agentin namens Rosemary Shaver treffen. Wulf hatte den Treff für den 12. August 1995 am Flughafen Hannover-Langenhagen organisiert und mir als Erkennungsmerkmal lediglich gesagt, dass die Dame ein Pferdegebiss hätte. Ich sollte ein weißes Oberhemd mit roter Krawatte tragen. Am späten Nachmittag fuhr ich nach Langenhagen. Die – in meinen Augen mittelmäßige – Liste beförderte ich in einem braunen Kuvert. Ich parkte meinen Leihwagen direkt vor der Abflugebene im Bereich A. Da ich etwas zu früh war, schlenderte ich durch das Gebäude.

Mir fiel sofort auf, dass vor der Lufthansa-Lounge ausnahmsweise Sicherheitspersonal postiert war. Nachdem ich das Geschehen eine Weile beobachtet hatte, erkannte ich den Grund des Aufgebots. Der damalige niedersächsische Ministerpräsident Gerhard Schröder war mit großem Gefolge gekommen, ebenso VW-Chef Ferdinand Piech. Entweder hatten sie etwas zu besprechen, oder sie wollten eine gemeinsame Reise antreten. Schröder, dem ich noch in Erinnerung war, winkte mir im Vorbeigehen kurz zu.

Zuletzt hatte ich als Wahlkampfhelfer für Monika Ganseforth, Schröders Nachfolgerin in seinem Bundestagswahlkreis, mit ihm Kontakt gehabt. Einen Augenblick sinnierte ich über diesen Zufall nach. Ich war seit 1974 im gleichen

SPD-Bezirk wie Schröder gewesen, und hin und wieder war man sich über den Weg gelaufen. Seit einigen Jahren kletterte er auf der Karriereleiter steil nach oben. Das verfolgte ich mit gewissem Stolz, denn schließlich gehörte ich zu seinen frühesten Anhängern. Und nun wickelte ich direkt unter seinen Augen einen konspirativen Treff mit dem MI 6 ab. Es war irgendwie unwirklich.

Als sich die Türen der Lufthansa-Lounge schlossen und ich immer noch geistesabwesend hinter der Delegation herblickte, wurde ich plötzlich angesprochen. »Ich glaube, Sie warten auf mich«, sagte eine Dame mittleren Alters und lächelte mich an. Mein Gott, dachte ich, was für ein Gebiss. Sie was es, sie musste es sein. Wir gingen in eines der Flughafencafés und unterhielten uns eine Weile. Zu meiner großen Verblüffung hielt sie weder mit ihrer Herkunft noch ihrem Ansinnen hinter dem Berg. Sie kam vom MI 6 und wollte von mir Material kaufen. Basta. Nach kurzer Sichtung der Liste stellte sie sinngemäß fest: »Das sind ja hervorragende Aussichten. Ich muss das von unseren Spezialisten prüfen lassen. Im Übrigen liegt das weit jenseits meiner Befugnisse. Bis 50 000 Mark hätte ich selbst entscheiden können. Aber das hier ist ja ein Vielfaches wert.« Ich war erstaunt. Was würden die Engländer wohl zahlen, wenn sie die richtig guten Sachen bekommen könnten? Innerlich schüttelte ich den Kopf.

Wenig später fuhr ich an meinen Wohnort zurück, und Rosemary Shaver trat die Rückreise nach Berlin an. Dabei wurde sie von einem Dutzend Offenbach-Observanten begleitet. Sie hatten den ganzen Treff überwacht und dokumentiert. In Berlin-Charlottenburg endete die Reise, als die Dame in einem Objekt des britischen Dienstes verschwand.

Nun wurde ich von den Sicherheitsleuten förmlich auf den Fall gehetzt. Zwischen dem 12. August und dem 30. Oktober 1995 musste ich Wulf neunzehn Mal kontaktieren. Das bedeutete für mich eine ungeheure Anspannung, aber auch für meinen Partner. Freddy musste mir den normalen dienstlichen Kram aus dem Weg räumen. An diesen konspirativen Treffen mit Wulf hing ja ein ganzer Rattenschwanz von Vorgängen. Die Sicherheitsabteilung musste mich zuerst einweisen, und danach folgten wieder langatmige Besprechungen. Das alles lief meistens am späten Abend oder in den Nachtstunden ab. Ganz nebenbei galt es, unser normales Tagesgeschäft abzuwickeln. Niemand durfte die ganz geheimen Aktivitäten mitbekommen. Und die wenigen, die eingewiesen waren, sollten keine Details erfahren.

Bis Ende Oktober trugen die Leute von der Sicherheit eine Flut von Erkenntnissen zusammen. Nach diesen Informationen standen sowohl Wulf selbst als auch sein Partner Ernst und unser ehemaliger Berliner Chef Gassing unter dem Verdacht des schweren Landesverrats. Inwieweit ein östlicher Nachrichtendienst in diese Geschäfte verwickelt war, blieb bis heute unbekannt. Das spielte auch keine wesentliche Rolle, weil die unerlaubten Geschäfte mit den Engländern bereits kriminell genug waren.

Für den 30. Oktober organisierte Wulf ein weiteres Treffen mit den Briten. Einen Tag zuvor holte er mich vom Münchner Flughafen ab. Das Meeting sollte in Schwabing stattfinden, also direkt vor der Haustür des BND. Wir fuhren in das Hotel Marriott und reservierten einen Tisch. Ich verbrachte die Nacht wie üblich in Buchenhain und traf die Leute von der Sicherheit an der Kegelbahn in Baierbrunn.

Am nächsten Vormittag brachte mich Wulf zum Schwabinger In-Café »Monopteros«. Dort überreichte ich ihm einen Umschlag mit einer »Warenprobe« für die Engländer. Das Dokument stammte aus meinem Quellenaufkommen und war von der Sicherheitsabteilung ausgewählt worden. Um nicht das gesamte Papier vorab aus der

Hand zu geben, hatte ich es halbiert. Die zweite Hälfte sollte über den Tisch gehen, wenn die Kunden sich zum Kaufen entschlossen hätten. Wir fuhren weiter zum Marriott, und Wulf begab sich allein in das Restaurant.

Wulf und seine Engländer waren dort nicht allein. An einem großen Nachbartisch fand eine lautstarke Geburtstagsfeier statt. Acht Mitarbeiter der Firma »Schmidt Elektrotechnik München« begossen den runden Geburtstag einer Mitarbeiterin. In Wirklichkeit verbarg sich dahinter ein Sonderkommando der Offenbach-Truppe. Die Spezialisten filmten, knipsten und lauschten, was das Zeug hielt. Draußen in der Schinkelstraße, direkt vor Wulfs Auto, stand ein geschlossener Kastenwagen, das Ü-Mobil von QB 30. Hier liefen alle Informationen zusammen und wurden gespeichert.

Ich wartete zwischenzeitlich im Wagen oder ging rauchend auf und ab. Nach langen zweieinhalb Stunden kam Wulf zurück. »Tja, war wohl nichts«, berichtete er mit einem bedauernden Achselzucken, »die hatten das Material schon. Deshalb wollten sie auch nur 10 000 Dollar dafür bezahlen. Das ist zu wenig. Da mache ich mir die Preise kaputt.« In meinem Kopf begann es zu arbeiten. Irgendetwas schien faul zu sein. Wenn die Engländer das Material schon hatten, warum wollten sie dann überhaupt etwas zahlen?

Beim Aussteigen am Odeonsplatz dämmerte es mir. »Am besten, du gibst mir jetzt gleich die zweite Hälfte, dann verbrenne ich das Zeug zu Hause«, versuchte er mich zu überrumpeln. »Nein, Wulf, ich nehme alles wieder mit«, antwortete ich. Er wirkte verwirrt und wollte mir seinen Umschlag nicht ohne weiteres aushändigen. Ich musste ihm das Kuvert buchstäblich entwinden. Er bog in die Brienner Straße ab und verschwand.

Mit einem Taxi fuhr ich zum Goetheplatz, wo mich Frank bereits erwartete. Dann ging es in die Schubertstraße zur

Nachbearbeitung. Als ich ankam, wurden gerade die Videoaufzeichnungen gesichtet. Die QB-30-Leute hatten ganz offensichtlich gute Arbeit geleistet. Nicht nur die Tischgespräche waren aufgezeichnet worden, sondern auch alles, was sich im Fahrstuhl und in den Zimmern der Engländer abgespielt hatte. Zwei von ihnen hatten nämlich wiederholt das Mittagessen verlassen, um von ihren Zimmern aus zu telefonieren. Was die Leute vom Partnerdienst mit Wulf vereinbart hatten, wurde mir nicht gesagt. Frank Offenbach nahm mich nach meiner Schilderung beiseite und sagte: »Die Geschichte, die er dir aufgetischt hat, ist schlichtweg gelogen. Wenn du mich fragst, der wollte dich auch einfach nur bescheißen.«

Ende 1995 erstattete der Bundesnachrichtendienst wegen der regen Geschäfte mit dem britischen Geheimdienst Strafanzeige gegen die drei Verdächtigen. Die Bundesanwaltschaft nahm Ermittlungen auf. Das Trio mit den Decknamen Gassing, Wulf und Ernst wurde aus dem Dienst entlassen beziehungsweise suspendiert. BND-Präsident Konrad Porzner versuchte die Gunst der Stunde zu nutzen, um bei dieser Gelegenheit auch zwei weitere Führungskräfte loszuwerden: Volker Foertsch, bislang Chef der Beschaffungsabteilung 1, aber inzwischen Leiter der Sicherheitsabteilung 5 sowie Unterabteilungsleiter Wolbert Smidt. Der Präsident verlangte vom Kanzleramt, die beiden in den einstweiligen Ruhestand zu versetzen. Bonn spielte nicht mit. Daraufhin warf er das Handtuch.

Gassing, Wulf und Ernst wurden Ende 1997 von der Staatsanwaltschaft München I wegen Betruges, Unterschlagung und Bestechlichkeit angeklagt. Im Sommer 1998 endete die Schlapphut-Klamotte mit einer echten Überraschung. Die 5. Strafkammer des Landgerichts München entkräftete die Vorwürfe gegen das geschäftstüchtige Trio. Das Gericht erklärte, keiner der Angeklagten habe Geld eingesteckt. Einer der Beamten wurde wegen gefälschter Quittungen zu sieben Monaten Haft auf Bewährung sowie einer Geldbuße von 25 000 Mark, ein zweiter zu 36 000 Mark Geldbuße verurteilt, der dritte freigesprochen. Das Gericht stellte fest, die BND-Mitarbeiter seien von ihrer Aufgabe überfordert gewesen und ihre Sondereinheit in Berlin sei aus der Zentrale unzureichend beaufsichtigt worden.

Die Jagd beginnt

Als der Skandal um Wulf und seine beiden Freunde vorbei war, tappten wir ziemlich im Dunkeln, was die Ermittlungen betraf. Wir wussten nicht, wie weit sich unsere Berliner Kollegen tatsächlich in schmutzige Geschäfte verstrickt hatten. Aber wir waren froh, von UAL Wilhelm eine schriftliche Zusage bekommen zu haben, dass die Pullacher uns nicht als Zeugen in das Verfahren holen würden.

Nun war es für uns endlich wieder an der Zeit, sich mit voller Kraft der Quellenführung und damit der Beschaffung zu widmen. Nach der Auflösung der Nürnberger Außenstelle planten wir einfach wie bisher alle Aktivitäten aus unserem Hamburger Deckbüro – zum Beispiel die Reise nach Rumänien.

Einmal Karpaten und zurück

Am Morgen des 17. November 1995 flogen wir von München nach Bukarest. Es sollte eine Abenteuertour ohnegleichen werden. Unser Mann aus Kiew wartete 400 Kilometer entfernt von der Hauptstadt, in Iasi, direkt an der Grenze zu Moldawien. Wir wollten den Weg mit einem Inlandsflug bewältigen. Also wechselten wir in Bukarest die Flughäfen, von Otopeni nach Baneasa. Es schien alles in bester Ordnung zu sein. Durch das Fenster sahen wir eine Tupolew, die gerade zum Start vorbereitet wurde. Nach gut zwei Stunden leerte sich der Wartesaal schlagartig. Irgendwann saßen wir zu dritt da – Freddy und ich, dazu eine Frau aus Paris, die immer nervöser wurde.

Nach einer Durchsage auf Rumänisch schickte ich Freddy los, um herauszufinden, wo es hakte. Zehn Minuten später kam er grinsend zurück: »Die haben alles für den Flug vorbereitet. Nur eine Kleinigkeit ist momentan wohl aus, das Flugbenzin!« Die Dame aus Paris, eine eher unscheinbare Erscheinung, der ich die aktuelle Lage zu übersetzen versuchte, wurde kreidebleich. »Ich fahre nicht mit der Bahn quer durch Rumänien«, verweigerte sich Freddy meinen ersten Überlegungen, »und dann vielleicht auch noch nachts, oder was? Da können wir unsere Klamotten ja gleich am Bahnhof verschenken.«

Nun war die Dame weiß geworden wie eine Wand und stand wie angewurzelt da, als wir uns artig verabschiedeten. Draußen vor dem Gebäude reihten sich einige bunt zusammengewürfelte Autos aneinander. Das waren wohl die Taxen. Alles alte Škoda, Lada, alle mehr oder weniger schrottreif. Mitten unter ihnen befand sich ein altes deutsches Mercedes-Taxi, das jedem Verkehrsmuseum zur Zierde gereicht hätte. »Mit dem fahren wir nach Iasi«, erklärte ich kurz und knapp. Freddy war verdutzt: »Du willst mit dem Taxi nach Iasi fahren? Na, da freue ich mich jetzt schon auf die Abrechnung. Das ist ja wohl dann wieder mein Part, oder?«

Mit dem Fahrer wurden wir uns rasch handelseinig. Er war bereit, uns für 200 Dollar plus Übernachtungskosten von Bukarest nach Iasi und am nächsten Tag wieder zurückzubringen. Der Mann sprach leidlich Englisch und schien auch sonst ganz umgänglich zu sein. Wir verstauten unsere Koffer und nahmen Platz auf den durchgesessenen Polstern der Rückbank. Freddy blickte mich an. Ich ahnte, was er dachte. »Das können wir doch nicht verantworten, oder«, eröffnete ich den wortkargen Dialog. »Mmmmmh«, war seine Antwort. »Also, geh schon und beeile dich.« Nach drei Minuten kehrte er mit der Französin und ihren drei großen Gepäckstücken zurück. Schmunzelnd raunte er mir zu: »Die stand immer noch so hilflos da, wie wir sie vorher verlassen haben.«

Trotz aller professionellen Bedenken nahmen wir also eine Frau mit, die unter solchen Umständen absolut lebensuntauglich war. Sicherlich hätten wir dafür von unseren Chefs einen ordentlichen Anschiss bekommen. Aber in diesem Sonderfall brachten wir es einfach nicht übers Herz, eine gestrandete Mitreisende im Stich zu lassen. Wer weiß, was ihr am Ende zugestoßen wäre.

Dann ging es endlich los. Die Pariserin nahm neben dem Fahrer Platz und schien richtig erleichtert und ausgesprochen dankbar zu sein. Das sollte sich allerdings bald ändern. Als der Chauffeur realisiert hatte, dass er am Zielort einmal übernachten würde, wollte er sich wenigstens zu Hause abmelden. Dazu fuhr er mit seinem Taxi über einen Fußweg zu einer Telefonzelle, vor der eine Reihe Menschen wartete. Sie liefen schimpfend auseinander. Bei laufendem Motor sprang unser Fahrer nach draußen und zerrte einen jungen Mann, der gerade am Telefonieren war, aus der Zelle. Die Leute wetterten und tobten. Wir drückten verstohlen die Türknöpfe nach unten. Nach zehn Sekunden war alles erledigt, und wir durchquerten die dunklen Vororte der arg heruntergekommenen Metropole. »Bis jetzt«, knurrte ich, »ging es ja sehr unauffällig und konspirativ zu.«

Nach wenigen Kilometern mündete die breite, gut ausgebaute Überlandstraße in eine befestigte Schotterpiste, und unser Chauffeur – den wir fortan Fangio nannten, nach dem legendären Rennfahrer –, war plötzlich in seinem Element. Die Französin hatte gerade ihre normale

Gesichtsfarbe zurückerhalten, da begann eine Autofahrt, wie ich sie niemals zuvor erlebt hatte und hoffentlich auch niemals mehr erleiden werde. Fangio war Mercedesliebhaber durch und durch. Er verehrte seinen Untersatz und war offensichtlich der Meinung, alle anderen Verkehrsteilnehmer müssten es ihm gleichtun.

Die Staatsstraße A1 führte uns direkt nach Norden bis Ploiesti. Dann ging es in östlicher Richtung nach Buzâu, und von da wieder nach Norden über Focsani, Tecuci und Vaslui an den Ostkarpaten entlang bis nach Iasi an der moldawischen Grenze. Unser Fahrer hatte eine Angewohnheit, die uns den Angstschweiß auf die Stirn trieb: Trotz des dichten Verkehrs überholte er unentwegt und gnadenlos. Er setzte vorschriftsmäßig den Blinker und betätigte seine Dauerhupe, um den zu Überholenden zu warnen. Mit der Lichthupe alarmierte er den Gegenverkehr. Dann überholte er, egal ob uns jemand entgegenkam oder nicht. Wenn der hoch riskante Vorgang beendet war, bekreuzigte er sich jedes Mal an Stirn, Mund und Brust.

Die Pariserin quittierte die Aktion jedes Mal mit einem langen, quietschenden Schrei, der erst endete, wenn Fangio weiter vorne wieder eingeschert war. Seine Strategie führte immer zu brisanten Situationen, weil die entgegenkommenden Lkw stets Vollbremsungen hinlegen mussten, um in letzter Sekunde einen Unfall zu vermeiden. Einige von ihnen landeten beinahe im Straßengraben. Freddy, dem sonst nie der Witz fehlte, brachte nur noch einzelne Sätze raus: »Sorge für meine Familie, denn vielleicht überlebst wenigstens du.« Dann folgte schon wieder das Kreischen und Hupen von vorne. Es war die Hölle.

Auch als der starke Nebel in den Karpaten die Dunkelheit noch undurchdringlicher werden ließ, änderte sich nichts an der Überholtechnik unseres Fahrers. Das hatten wir nun davon. Ein lebensmüder Fahrer und eine total hysterische Beifahrerin hielten uns permanent in Aufregung. Erst nach der Hälfte der Strecke nahmen die Schreie der Französin ab. Dann lärmte sie nur noch, wenn uns ein Lkw entgegenkam. Außerdem gönnte sie sich immer wieder einen Schluck Cognac, den sie in einem Flachmann herumreichte. Das schien ihr Gemüt zu besänftigen und die größte Todesangst zu lindern.

Am späten Abend erreichten wir jedenfalls unser Ziel. Aber Fangio brachte uns nicht direkt in ein Hotel, sondern hielt an einer wunderschönen, alten Backsteinkirche. »Ich muss eine Kerze anzünden, weil die Fahrt so gut verlaufen ist«, erklärte er in salbungsvollem Englisch. Freddy und ich schlossen uns wortlos an, während unsere Mitfahrerin dankend ablehnte und lieber noch einen kleinen Schluck aus ihrer Flasche nahm. Als wir zu dritt vor dem kleinen Altar standen, seufzte Freddy anerkennend: »Na ja, der Erfolg gibt ihm ja recht.«

Dann fuhren wir zum Hotel »Traian«, das zentral gelegen war. Die Pariserin bedankte sich für die Fahrt und ließ sich von einem Fahrer abholen, der sie zu ihrem Ziel brachte. Sie war von Beruf Ärztin und sollte in Iasi für sechs Wochen in einem Austauschprogramm arbeiten. Mit einem eher unspektakulären Abendessen – die Pommes frites waren immerhin mit Käse überbacken – und einem kleinen Verdauungsspaziergang neigte sich der aufregende Tag offiziell dem Ende zu.

Nachts um ein Uhr rückten wir aber schon wieder aus, um unsere Quelle zu treffen. Wir hatten die Grenzstadt Iasi als Treffort gewählt, weil es in der Nähe einen unbewachten Grenzübergang gab, über den unser Mann sein Material sicher transportieren konnte. Zuerst übernahmen wir die Filmrollen und verstauten sie, so gut es ging, in einem speziell dafür hergestellten »Container« des BND. Der Informant hatte mehr Material gebracht, als wir erwarteten, und deshalb mussten wir einen Teil ganz einfach in den Koffer packen.

Am nächsten Morgen ging es zusammen mit dem Informanten zurück nach Bukarest. »Wer sitzt vorn?«, fragte Freddy scheinheilig, wohl wissend, dass wir erneut eine Höllenfahrt vor uns hatten. Ich holte zwei Streichhölzer aus der Manteltasche, ein kurzes und ein langes. Dann gab ich ihm, wie gewohnt, das kürzere von beiden, und lächelte ihn provokativ an. Freddy warf sich todesmutig in den Wagen und wandte sich zu unserem Freund, der schon auf dem Rücksitz Platz genommen hatte: »Ist er nicht nett?« Die Tour verlief genauso wild, wie wir sie schon kannten. Auf halber Strecke tranken wir diesmal einen Kaffee, weil uns eine Unfallstelle auf den Magen schlug. Ein Lkw mit großen Stahlrohren als Ladung hatte ein Pferdefuhrwerk gerammt. Mehrere Männer bemühten sich darum, die Tiere zu schlachten, um wenigstens noch das Pferdefleisch verwerten zu können.

Auch unser Kaffee ist eine Fußnote im Reisebericht wert. Neben einer Autowerkstatt hatten wir ein kleines, spartanisch eingerichtetes Lokal entdeckt, dessen einzige Zierde ein Glas Nescafè war. Die freundliche Bedienung nahm vier Tassen und füllte in jede einen halben Teelöffel des Instantpulvers. Dann goss sie mit kaltem Wasser auf und stellte alles vor uns hin. Wir schauten uns fragend an. Der Taxifahrer fragte in unserem Auftrag, ob es sich um eine regionale Spezialität der Ostkarpaten handeln würde, den Kaffee kalt zu nehmen. Er übersetzte sofort ihre Antwort. Sie habe derzeit kein warmes Wasser, weil der Strom in der Werkstatt beim Schweißen gebraucht würde.

Vor dem Lokal stand auch tatsächlich der Schweißer. Er trug weder Schutzbrille noch Handschuhe. Die Funken flogen. Um sich zu schützen, hielt er seine Hand mit etwas Abstand vor das Gesicht. Sein Handrücken war durch den Funkenbeschuss schon ganz schwarz. Freddy schüttelte den Kopf: »Ich glaube, Rumänien ist doch nichts für uns.« Noch nach Kilometern knirschte das Kaffeepulver, das sich in dem kalten Wasser nicht gelöst hatte, zwischen meinen Zähnen.

Bevor uns Fangio am Hotel absetzte, sollte er uns noch ein Lokal mit echt rumänischer Küche empfehlen. In einem Vorort von Bukarest stießen wir auf einen Wochenmarkt. Dahinter befand sich ein Restaurant. Es war menschenleer, und deshalb wurde bereits nach wenigen Minuten das vom Fahrer bestellte Essen aufgetischt. Als die Suppenteller vor uns standen, sprang unser russischer Freund auf und verschwand in Richtung Toilette. Ihm war ganz offensichtlich übel geworden. Fangio dagegen fing unter lautem Schlürfen an, die gelblich-wässerige Brühe zu verspeisen.

Ich tauchte meinen Löffel mit der Spitze vorsichtig in die Suppe. Dann leckte ich ihn ab. Es war grauenhaft. Der Fahrer schmatzte und war so sehr in seine Mahlzeit vertieft, dass er nichts mitbekam. Nachdem Freddy seinen ersten Löffel mit dieser undefinierbaren Brühe runtergewürgt und Fangio einen Fettklumpen geschluckt hatte, der in der Brühe schwamm, war es aus. Unter lautem Würgen rannte ich vor die Tür und übergab mich. Dort stand unser Informant mit einer Zigarette und grinste: »Ich kenne das, man kann es nicht essen.« Freddy kam auch vor die Tür. Er hatte im Gesicht mittlerweile die gelbgrüne Farbe angenommen, mit der uns der Eintopf erschreckt hatte.

Am Abend versuchte ich meine Frau in Deutschland anzurufen. Als sich auch nach Stunden noch niemand meldete, kontaktierte ich die Nachbarn und bat sie, nach dem Rechten zu sehen. Dann versuchte ich es erneut und hatte sie am Telefon. Sie wirkte völlig verstört und bat mich, so schnell wie möglich wieder nach Hause zu kommen. Weiter wollte sie nichts sagen. Was war passiert?

Trotz meiner Beunruhigung mussten wir uns erst einmal um unsere Quelle kümmern. Am nächsten Tag klebten wir ein neues Visum für die Bundesrepublik in den Pass des Mannes und versahen es mit einem ganz speziellen Stempel. Dann vernichteten wir den Stempel. Würde trotzdem alles gut laufen? Schon einmal hatte es mit den selbst gefertigten Visa des BND Probleme gegeben. Ein bestimmtes Sicherheitsmerkmal hatte gefehlt, was wir aber noch rechtzeitig entdeckt hatten. Wir begaben uns nun getrennt zum internationalen Flughafen Otopeni. Unsere Taschen waren voll mit geheimdienstlichem Material. Da wollten wir kein Risiko eingehen. Letztlich ging alles glatt, und wir gönnten uns nach dem Abflug ein Glas Sekt, um den Stress der vergangenen Tage abzulegen.

Normalerweise vermieden wir es, mit unseren Quellen nach München zu reisen. In diesem Fall machten wir aber eine Ausnahme, denn es handelte sich um die einzige gute Flugverbindung nach Deutschland. Außerdem hatten wir in Erinnerung, dass der Führungsstellenleiter Dr. Herle im Laufe der Zeit einmal alle unsere Quellen treffen wollte. Also, dachten wir, wäre das eine günstige Gelegenheit, unseren Topmann vorzustellen. Deshalb planten wir eine Nacht in München ein. Aber wieder einmal sollte alles völlig anders kommen.

In Gedanken war ich bei meiner Frau, deren Verhalten ich nicht einordnen konnte. Sie hatte auf mir unbekannte Weise abweisend und frostig reagiert. Nach der Landung in München schaltete ich reflexartig das Handy ein, um neue Nachrichten abzuhören. Die Mailbox war voll. Im Wechsel hatten mir Gaisbauer, Ulbauer und meine Frau mitgeteilt, dass ich sofort nach der Rückkehr bei ihnen anrufen sollte.

Böse Überraschung in München

»Hallo, mein Schatz, ich bin es«, säuselte ich in das mobile Telefon, »wir sind wieder heil zurück.« Noch ehe ich weiterreden konnte, fuhr sie dazwischen: »Das wurde aber auch Zeit! Sieh zu, dass das alles wieder in Ordnung kommt! Hörst du?« – »Ich habe keine Ahnung, was du meinst, was ist denn los?«, fragte ich leicht säuerlich zurück. »Frag deine dämlichen Chefs, diese geistigen Tiefflieger!«, klang es aus dem Hörer, und dann legte sie auf.

Auf der Autobahn erreichte ich endlich Ulbauer. Er wollte uns dringend wegen einer wichtigen Sache sprechen. Wir verabredeten uns für 19 Uhr im Holiday Inn an der Leopoldstraße. »Da ist doch etwas oberfaul, wenn der Uli extra raus nach Schwabing fährt«, gab Freddy zu bedenken. Und er sollte Recht behalten. Wir hatten noch etwas Zeit und gingen erst einmal zur Rezeption.

Ich füllte brav meinen Meldezettel aus. Horst Herzig, Husum, Straßenname, Hausnummer, Geburtsdatum. In Gedanken war ich weit weg. Also unterschrieb ich den Zettel am Ende mit meinem richtigen Namen. Eine kurze Schrecksekunde, und ich knüllte ihn zusammen, steckte ihn blitzschnell in meine Manteltasche. Die Dame an der Rezeption war gerade mit einem anderen Hotelgast beschäftigt gewesen und hatte es gottlob nicht bemerkt.

Nun wandte sie sich mir wieder zu. Ich lächelte sie an. Sie schaute verdutzt. Ihre Blicke wanderten zuerst auf dem Tresen nach links und nach rechts, dann vor sich auf den Fußboden, leicht über die Theke hinweg vor meine Füße. »Hatte ich nicht eben …?«, fragte sie und tippte mit dem Zeigefinger auf die Schreibunterlage. Ich schüttelte leicht den Kopf. »Wirklich nicht?«, hakte sie nach. Ich schüttelte wieder den Kopf. »Ich bin mir ganz sicher«, setzte sie noch eins drauf. Nun zog ich die Schultern hoch. Dann gab sie mir ein neues Meldeformular, verschränkte die Arme und beobachtete mich beim Ausfüllen wie eine strenge Gouvernante. Auch so etwas kann gelegentlich passieren.

Auf dem Weg zum Fahrstuhl meldete sich unser Mann aus Kiew mit ernster Stimme: »Leute, ich brauche jetzt eine Frau!« Da ich das im ersten Moment für einen Scherz hielt, schlug ich ihm auf die Schulter und antwortete: »Klar doch, wir auch! Wann wollen wir uns zum Essen treffen?« Er blickte finster: »Nein – du hast mich falsch verstanden. Ich meine das ernst. Könnt ihr mir eine Prostituierte beschaffen?« Er nannte seine Zimmernummer und verschwand mit dem Fahrstuhl.

Ich wandte mich an meinen Partner: »Also, wie jetzt? Der will jetzt hier, hier im Hotel. Das musst du organisieren, Freddy. Das kann ich nicht.« Genervt trotteten wir zurück an die Rezeption. Ich stellte unsere Koffer zur Seite und versank in einer Sitzgruppe, um das weitere Geschehen zu beobachten. Als mein Partner beim Concierge an der Reihe war, stellte er seine Frage: »Können Sie mir eine Prostituierte beschaffen? Aber möglichst schnell, es eilt!«

Hinter ihm wurde es mucksmäuschenstill. Eine Dame, die mit ihrem Gatten gerade auf dem Weg zum Lift war, hielt ihn dezent am Ärmel fest und blieb stehen. Es war offensichtlich, dass sie Freddys Anliegen weiter miterleben wollte. Ich rutschte in meinem Polster weiter nach unten. Dieser Himmelhund, dachte ich, der traut sich was. Freddy fragte weiter: »Was hätten Sie denn so im Angebot?« Der freundliche junge Hausdiener beschrieb eine Reihe von Damen anhand ihrer Größe, des Gewichts und der Haarfarbe.

»Welche kann am schnellsten hier sein?«, bohrte Freddy weiter, ohne auch nur im Geringsten seine Stimme zu senken. »Da wäre eine nette Asiatin mit schwarzen Haaren und zierlicher Statur«, lautete die prompte Antwort. »Was kostet sie und wie schnell geht das?«, hörte ich Freddy nachfragen. Dann wurde Freddy ein Telefon gereicht. Er sprach mit unserem Gast. Dabei stellte er sich mit dem Rücken zum Tresen, um mich sehen zu können, und nickte dabei immer zustimmend. Nun konnten alle noch besser zuhören.

»Also, sie wäre wohl in fünfzehn Minuten hier. Geht auch eine Schwarzhaarige? Klein, Asiatin. Zierliche Statur. Oberweite? Nein, dazu können wir hier nichts sagen. Das weiß ich nicht. Ja. O. k.? Also bis später und viel Spaß!« Nun kam er zu mir: »Ich warte hier und mache die Finanzen. Dann treffen wir uns in der Bar.« Ich verschwand mit den Worten: »Das habe ich doch jetzt alles nur geträumt, oder?«

Uli und Gaisbauer kamen pünktlich. Wir nahmen in einer stillen Sitzecke Platz. »Wo habt ihr euren Mann?«, fragte mich der Sicherheitschef. Freddy grinste, und ich stammelte: »Der ist oben auf seinem Zimmer, der äh – also der, tja der, der ist noch, der muss noch, also der arbeitet gerade noch etwas durch!« Mein Partner prustete ins Bierglas. »Guter Mann, wie ich gehört habe, jetzt noch fleißig?!«, lobte uns Uli. »Ja, doch, äh – wir können uns nicht beklagen. Ist gut bei der Sache«, bestätigte ich ihm und verband das mit einem deutlichen Räuspern. Dann mussten wir laut lachen. Die beiden aus dem U-Referat guckten verwirrt. Nun musste ich den Fall aufklären. Ich betonte, dass es sich hier um einen absoluten Ausnahme- und Notfall gehandelt habe.

Danach blieb uns allerdings das Lachen förmlich im Hals stecken. Uli teilte uns mit großem Bedauern mit, dass man im Fall Wulf und Komplizen bei der Vernehmung der Beschuldigten vor Gericht unsere Namen und Aktivitäten offen gelegt hatte. Es traf uns beide wie einen Blitzschlag. Schließlich hatte uns der BND die absolute Vertraulichkeit unserer verdeckten Ermittlungen nicht nur mündlich, sondern auch schriftlich zugesagt. Nur unter dieser Voraussetzung hatten wir uns zu Beginn der Aktion mit einer Mitarbeit einverstanden erklärt. Freddy schwieg. Sein Gesicht jedoch sprach Bände.

Dann tischten uns die beiden unwissentlich ein Märchen auf. Der Führungsstellenleiter von 52D, Tomberg, habe unsere Namen versehentlich ausgeplaudert. Diese Version wurde einige Tage später durch eine weitere Variante korrigiert. Der Richter habe Tomberg gefragt, ob er aus vernehmungstaktischen Gründen unsere Namen erfahren könne, um die Beschuldigten damit zu konfrontieren. Erst daraufhin habe Tomberg unsere Namen genannt. Im Herbst 1998 hörte ich, dass auch das wohl nicht stimmte. Frank Offenbach schüttete mir damals sein Herz aus und ging in die Details dieses Verfahrens. Abteilungsleiter 5, Volker Foertsch, habe gegenüber dem Gericht nicht dicht gehalten.

Es war nicht das einzige Debakel, das uns die 52er mitzuteilen hatten. Während unserer Abwesenheit waren zu Hause ganz dubiose Dinge passiert. Aus Rücksichtnahme auf meinen damaligen Partner beziehe ich mich nur auf die Zwischenfälle, die meine eigene Familie betrafen. Zunächst wurde meine Frau mehrmals telefonisch bedroht. Sie möge mich endlich zur Räson bringen, sonst würde ihr und den Kindern Schreckliches passieren. Anscheinend um den Ernst der Lage zu demonstrieren, vergifteten Unbekannte unseren Jagdhund. Meine Frau entdeckte das arme Tier röchelnd in seinem Zwinger. Nur ihrer Entschlossenheit und der engagierten Hilfe eines befreundeten Tierarztes war es letztlich zu verdanken, dass der Hund überlebte. Die Unterabteilung stellte sofort Bewachungspersonal zum Schutz meiner Familie ab.

Jetzt war das Maß endgültig voll. Der letzte Funke Vertrauen in diesen morbiden Apparat war dahin. Als besonderes i-Tüpfelchen teilte uns Uli abschließend mit, dass Dr. Herle am nächsten Tag keine Zeit für uns habe. Die russische Quelle wolle er auch nicht sehen. Angeblich wollte er mit seiner Gattin am Viktualienmarkt einkaufen gehen. Wir konnten es nicht fassen. Der zuständige Führungsstellenleiter hatte keine Zeit für die ergiebigste nachrichtendienstliche Verbindung des BND.

Das Einzige, was uns bewegte, überhaupt noch einen Finger für diese »Firma« krumm zu machen, war unser Mann aus dem Osten, der sich inzwischen am Tresen niedergelassen und ein Bier bestellt hatte. Den durften wir auf keinen Fall enttäuschen oder gar im Stich lassen. Außerdem mussten wir den Treff auf alle Fälle durchziehen, weil wir bereits bei der Auswertung avisiert waren. Ein Fachbefrager stand auf Abruf bereit.

Bis spät in die Nacht diskutierte ich mit Freddy die neue Situation. Wir änderten unsere Pläne. Für die nächsten Tage wählten wir als Unterkunft eine Jagdhütte in der Nähe meines Hauses, damit ich wenigstens die Nächte daheim verbringen konnte. Dort hatte sich seit meiner Abreise nach Rumänien einiges getan. Die Polizei fuhr regelmäßig Streife, und meine Kinder wurden zur Schule gebracht, wieder abgeholt und in den großen Pausen bewacht. Zeitweise tummelten sich bis zu acht Personenschützer in unserem kleinen Heimatort, um meine Familie abzuschirmen. Viele Wochen lang durften meine Frau und die Kinder keinen Fuß ohne Leibwächter vor die Tür setzen. Unsere Lebensumstände verschlechterten sich drastisch, so auch unser psychischer Zustand.

Nachdem wir den Treff abgewickelt hatten, zitierte uns Dr. Herle nach München. Als Leiter von 12A war er weiter unser Chef, obwohl wir nach der Auflösung der Außenstelle Nürnberg innerhalb unserer Führungsstelle neu platziert worden waren. Dr. Herle wollte Einzelgespräche mit Freddy und mir führen. Das lehnten wir ab. Wir spürten den eisigen Wind, der uns in München von Anfang an umfing. Das stimmte uns misstrauisch. Unser erstes Gespräch in der Zentrale wird uns unvergesslich bleiben.

Unverzüglich ließ Herle die Katze aus dem Sack, ordnete unsere Versetzung nach München und eine ständige Präsenz in der Zentrale an. Die Tatsache, dass unsere Familien bedroht wurden und unter ständigem Schutz standen, zählte nicht. Die nächste Anweisung betraf unseren Quellenstamm. Wir sollten alle Berichte der letzten fünf Jahre nacharbeiten. Herle wollte die persönlichen Daten unserer Informanten in transparenter Form präsentiert haben. Die Quellenakten, das warf er uns vor, gäben in dieser Hinsicht nicht genug her. Um sein Ansinnen abzusichern, verschanzte er sich hinter Vorschriften und Formalien.

Wir sahen das als Teil einer Strafaktion. Man nahm uns offensichtlich übel, dass wir für die Sicherheit gearbeitet hatten. Herle lieferte uns selbst die Auflösung. Als er mit seiner Litanei an Maßnahmen und Anordnungen fertig war, gefror sein Grinsen. Herle wandte sich mit Blickkontakt an mich: »Herr Dannau, ich hoffe, Sie verstehen das alles. Wir mögen hier einfach keine Nestbeschmutzer. Don't fight against the system. Fight with it! Warum machen wir uns hier eigentlich alle das Leben schwer? Ich bin Ihnen sehr dankbar für Ihre Arbeit. Warum müssen Sie aber immer gegen den Strom schwimmen? Denken Sie mal darüber nach.«

Meine Antwort war kurz und unmissverständlich: »Nur ein toter Fisch schwimmt mit dem Strom!« Herle wurde knallrot und schlug mit der flachen Hand auf den Tisch: »So, wie ich es gesagt habe, wird es jetzt gemacht. Wenn nicht, dann können Sie etwas erleben.« Ich griff nach Freddy, der kurz vor der Explosion stand, und zog ihn aus dem Zimmer. Wütend fuhren wir im Haus 109 mit dem Fahrstuhl nach unten.

Freddy begab sich zur Sicherheit, ich zum UAL 12, Wolbert Smidt. Der hagere Agentenführer mit der Aura eines

Politkommissars empfing mich mit gequälter Freundlichkeit. Dann legte auch er los. Zuerst bedankte er sich für meine aufopferungsvolle Arbeit. Er lobte das Engagement des Teams und würdigte unsere Erfolge. Ich fragte mich andauernd, worauf will er hinaus? Wann kommt er zum Punkt? Sinnbildlich gesprochen, schwebte über ihm ein Fragezeichen. Dann platzte endlich die Bombe. Ich hatte mit vielem gerechnet, aber nicht damit.

»Landesverrat« soll vertuscht werden

In der Küchensprache würde man sagen: Herle hatte uns weich geklopft, und Smidt wollte uns nun den Rest geben, uns in die Pfanne hauen. Meine persönlichen Probleme, die Bedrohung am Wohnort, das bedauere er, aber leider könne er da auch nichts machen. Da wäre man ja machtlos. »Aber wissen Sie, was mich bedrückt, Herr Dannau?«, fragte er scheinheilig, »der Fall Nürnberg [Prozess Gassing, Wulf, Ernst – Anm. d. Autors] und der damit verbundene Stress hat uns doch allen nur Ärger und Sorge bereitet. Wissen Sie, Sie sollten sich mal Gedanken über Ihre Aussage in Karlsruhe machen. Das bringt Ihnen doch auch nur Probleme. Verstehen Sie? Es ist doch alles immer nur eine Frage der Darstellung. Könnten Sie sich vorstellen, von Ihren bisherigen Schilderungen abzuweichen und ein etwas milderes Bild zu zeichnen?«

Ich schwieg, und das veranlasste ihn zu einem Satz, den ich nie vergessen werde: »Sie sollten Ihre Aussage beim Ermittlungsrichter in Karlsruhe so herunterfahren, dass wir von einer Anklage in Sachen Landesverrat wegkommen!« Wir hatten den Tiefpunkt der Unterhaltung erreicht. Ich stand auf und ging zur Tür. Smidt blickte mir verwundert nach. Dann antworte ich ihm. »Herr Smidt, Sie können hier alles machen, was Sie wollen. Sie können drehen und türken und weiß der Teufel was. Aber ich mache das nicht mit. Ich nicht.«

Jetzt war es so weit. Ich spürte, ich hatte meinen letzten Tag beim BND erreicht. Nun wollte ich nur noch meine Kündigung einreichen, und zwar an der richtigen Stelle. Alles fiel von mir ab. Während ich nach unten fuhr, fühlte ich mich erleichtert. Auf einem Zettel notierte ich die letzten Worte des UAL Smidt. Mit wehendem Mantel stürmte ich in Ulbauers Büro. Ria kam mir entgegen: »Ja mei, was machen die denn mit euch?« Ich klopfte ihr freundschaftlich auf die Schulter und beruhigte sie: »Jetzt ist alles vorbei. Keine Angst.« Sie runzelte die Stirn, weil sie natürlich nicht verstehen konnte, was in mir vorging.

Freddy war schon bei Ulbauer und berichtete von dem Gespräch. Aus heiterem Himmel erteilte ich ihm das erste und einzige Mal während unserer Zusammenarbeit eine Anweisung in barschem Befehlston: »Du holst jetzt sofort den Wagen und fährst mich zum Präsidenten!« Ulbauer ging dazwischen: »Was wollen Sie denn beim Präsidenten? Sie haben doch gar keinen Termin!« Ich fauchte ihn an: »Dann sagen Sie denen da oben Bescheid, dass ich komme! Es wird nicht lange dauern.«

Wieder schnauzte ich Freddy an, der noch neben mir stand. »Hol die Kiste vor die Tür, mach endlich!« Nun ahnte er wohl, was die Stunde geschlagen hatte, und verschwand mit einem ernsten Seitenblick: »Bring jetzt nur keinen Fehler rein.« Ich nahm mir wortlos eine von Ulbauers Zigaretten und zündete sie an. Ulbauer telefonierte mit dem Referenten des Präsidenten. Ich wartete das Ende des Gesprächs gar nicht erst ab, sondern ging.

Mein Partner chauffierte mich zum Haus, in dem sich das Büro des BND-Präsidenten Konrad Porzner befand. Vor der Tür traf ich mehrere Personenschützer. Sie begrüßten mich freundlich. Ich kannte mittlerweile die meisten von ihnen, denn sie hatten wechselweise meine Familie beschützt. Die Männer fragten nach meinen Kindern und ob die Gefahr schon gebannt sei. Es war ein aufrichtiges Interesse, das mir irgendwie gut tat. Herle hatte sich nach meiner privaten Situation nicht einmal erkundigt.

Ich ging ins Haus und gab meinen Mantel an der Garderobe ab. Dann meldete ich mich beim Empfang. Noch ehe ich etwas erklären konnte, sprach mich eine junge Dame mit einem Klemmbrett an: »Die Herren warten schon am Kamin, es wird wohl noch etwas dauern.« Ich blickte in einen Vorraum, wo ein paar Leute standen. Das Kaminfeuer brannte, und sie sammelten sich dort in kleinen Grüppchen, waren in Gespräche vertieft. Alle waren ausgesprochen elegant gekleidet, die meisten in dunklen Anzügen mit auffälligen Einstecktüchern an den Sakkos.

»Ich habe einen Termin beim Präsidenten«, erklärte ich der Empfangsdame. Sie konzentrierte sich auf ihr Klemmbrett und antwortete etwas verlegen: »Oh Verzeihung, ich dachte, Sie nehmen auch an der Abteilungsleiterbesprechung teil. Aber Sie müssen sich irren, der Präsident hat keine Zeit. Und ein Termin ist hier auch nicht vorgemerkt.« – »Ich habe aber einen«, log ich sie an. Da hörte ich von drinnen jemanden rufen: »Dannau, ist hier ein Herr Dannau?« Darauf ließ ich die Dame vom Empfang einfach stehen und ging in das Kaminzimmer. Dort verstummten die Gespräche, als ich eintrat. Ein freundlicher, grauhaariger Lockenkopf kam die Treppe runter und rief nochmals: »Dannau?« Ich antwortete mit einem kleinlauten: »Ja, hier, das bin ich!«

Der Lockenkopf fixierte mich: »Kommen Sie bitte, es geht hier herauf.« Die Herrschaften in den dunklen Anzügen begannen zu murmeln. Mein Abholer wandte sich zu ihnen: »Meine Herren, der Präsident bittet Sie noch um etwas Geduld. Die Besprechung verschiebt sich um wenige

Minuten.« Dann drückte er mir die Hand und stellte sich vor, während wir nach oben gingen: »Zausinger ist mein Name. Ich bin der persönliche Referent des Herrn Präsidenten.«

Aufklärung für den Präsidenten

Auf dem kurzen Weg nach oben ging mir nochmals alles durch den Kopf. Meine größte Wut war jetzt verraucht, denn die Tatsache, dass mich der Chef des BND empfing, beeindruckte mich. Aber das änderte nichts an meiner grundsätzlichen Einstellung. Im Gegenteil, ich hatte jetzt die notwendige innere Ruhe, um meinem obersten Chef das zu sagen, was ich für notwendig hielt.

Konrad Porzner trat aus der Tür seines Arbeitszimmers. Er begrüßte mich mit ruhiger, fast sanfter Stimme und bat mich herein. Als wir vor seinem Schreibtisch standen, fragte er mich: »Herr Dannau, was kann ich für Sie tun? Was haben Sie auf dem Herzen?«

Ich antwortete ruhig und bestimmt: »Ich möchte zunächst etwas Grundsätzliches sagen. Ich bin kein Berufsnörgler. Seit fast 22 Jahren gehöre ich der Bundeswehr an, zwölf Jahre davon hier im Dienst. Zu Beginn habe ich einen Treueeid geschworen. Das habe ich damals sehr ernst genommen, und das tue ich heute noch. Dieser Schwur bezog sich unter anderem auf Menschenwürde, Demokratie und Rechtsstaatlichkeit. Nun bin ich aber in einer Situation, in der ich den BND verlassen werde, weil ich hier weder dieses Menschenbild noch demokratische und rechtsstaatliche Strukturen finde, für die ich eigentlich eintreten soll. Ich denke, Sie, Herr Präsident, haben ein Anrecht darauf, das Warum zu erfahren.«

»Kommen Sie«, sagte er und führte mich zu einer mit schwarzem Leder bezogenen Sitzgruppe, »nehmen Sie Platz.« Er setzte sich an die Stirnseite des Tisches, Zausinger auf das Sofa an der Wand und ich auf einen Sessel gegenüber. »Was ist passiert?«, fragte Porzner. Ich erzählte der Reihe nach von den Vorgängen der letzten Wochen, besonders nachdrücklich von den letzten Gesprächen mit Herle und Smidt. Der Präsident blickte finster zu seinem Referenten: »Sagen Sie den Herren da unten, das wird hier noch etwas dauern. Sie möchten bitte warten, bis ich komme.« Der Assistent stand auf und ging. Porzner stand auch auf: »Moment, ich will mir etwas notieren.« Von seinem Schreibtisch holte er sich einen großen weißen Block.

Dann begann ich erneut zu erzählen. Er hinterfragte viele Details und schrieb und schrieb. Zausinger, der sich nach seiner Rückkehr ebenfalls einen Schreibblock geholt hatte, schüttelte hin und wieder den Kopf. Der Präsident gab sich nach außen hin ruhig und gefasst, aber ich merkte, wie ihn die Informationen innerlich immer stärker aufwühlten. Er forderte mich unter anderem auf, ihm die Bedingungen der Zusammenarbeit mit den Amerikanern zu schildern. Ich holte weit aus und verschwieg keines der Probleme.

Mit einem ernsten Blick fasste er seinen Adlatus ins Auge: »Wieso betreiben eigentlich einige Leute hier ihre private Dienstpolitik?« Konrad Porzner lehnte sich zurück und atmete schwer. Die Tür öffnete sich. Eine Frau trat herein und wies in entschuldigendem Ton darauf hin, dass unten einige Herren ungeduldig würden. Da blaffte der Präsident sie an: »Wenn ich so weit bin, werde ich schon kommen! Die Besprechung findet auf jeden Fall statt. Sagen Sie das da unten.« Die Sekretärin zog den Kopf ein und verschwand so schnell, wie sie erschienen war.

In der Zwischenzeit waren immerhin beinahe zwei Stunden vergangen. Porzner, der Seiteneinsteiger aus der SPD-

Bundestagsfraktion, verabschiedete mich mit knappen Worten: »Herr Dannau, es gibt keinerlei Veranlassung für Sie, den Dienst zu verlassen. Ich bin Ihnen sehr dankbar dafür, dass Sie zu mir gekommen sind. Natürlich muss ich alles, was Sie mir erzählt haben, erst noch eingehend überprüfen. Aber schon jetzt kann ich Ihnen sagen, dass das Konsequenzen haben wird.« Dann erteilte er zwei Weisungen: Aufgrund meiner vagen Sicherheitslage wurde mein Wohnort zum Dienstort erklärt. Alles, was an administrativen Dingen zu erledigen war, durfte ich von zu Hause aus regeln. Diese Regelung galt auch für meinen Vertreter.

Sollte es Probleme geben, dann dürfte ich mich selbstverständlich über Herrn Ulbauer an seinen Referenten wenden. Für die Stunden außerhalb der Dienstzeit sollte ich die Privatnummer seines Referenten erhalten. Der diktierte sie mir sofort. Dann trennten wir uns. Im Gehen vereinbarte ich mit Zausinger eine weitere Begegnung für den nächsten Tag, bei der alles Schriftliche erledigt werden sollte. Im Erdgeschoss war es ziemlich laut, als ich die Treppe herunterkam. Mittlerweile befanden sich fünfzehn bis zwanzig Personen im Kaminzimmer. Als ich die letzte Stufe genommen hatte, wurde es auffällig still.

Wortlos ging ich durch ein Spalier der wichtigsten BND-Ober- und Unterchefs, und es kam mir wie Spießrutenlaufen vor. Wieder war sie da, diese Kälte. Mein Freddy hätte an dieser Stelle gesagt: »Alles Papiertiger für die Cocktailfront und sonst zu nichts zu gebrauchen!« Als ich die »Meute« hinter mir gelassen hatte, dachte ich spontan, alles geschafft. Aber da hatte ich mich gründlich getäuscht. Diese Tage waren erst der Anfang.

Draußen wartete Freddy und blickte mich fragend an: »Ich habe schon gedacht, ich muss dich rausholen. Was hast du denn jetzt wieder gemacht?« – »Tja, Freddy – wo soll ich anfangen? Reinen Tisch habe ich gemacht. Reinen

Tisch.« – »Und du meinst, das stehen wir durch?«, kartete er nach. Und wie immer antwortete ich: »Ja, Freddy, das stehen wir durch!«

Innerlich gestärkt und zuversichtlich, dass jetzt alles ins Reine käme, meldeten wir uns bei der Sicherheit zurück. Ulbauer wartete schon gespannt auf unseren Bericht. Alles, was ich erzählte, nahm man bei der 52 mit Genugtuung auf. Trotzdem änderte sich wenig an unserer Situation. Wir mussten weiterhin geschützt werden, unter anderem auch wegen des »Sorbas-Materials«, unserer Sammlung über mögliche »Abflüsse« aus dem Dienst. Die Sicherheit wollte über unsere Quellen noch mehr Informationen in dieser Richtung erhalten. Wir liefen also weiterhin zweigleisig, dienten zwei Herren in einem Haus.

Am nächsten Tag trafen wir erstmals unseren neuen direkten Chef bei der Abteilung 1, Dr. Karberg. Seine Büros befanden sich gegenüber von Haus 109, in einer der oberen Etagen. Er empfing uns ausgesprochen nett. Der große und schlank wirkende Brillenträger war völlig anders, als wir bisher unsere Vorgesetzten erlebt hatten. Hier saß uns einer gegenüber, der einen sehr engagierten Eindruck vermittelte, dem aber Erfolg und Arbeit nicht alles zu sein schienen.

Obwohl er nichts von meinem Vorstoß beim Präsidenten wusste und sein Verhalten davon nicht beeinflusst sein konnte, fragte er zunächst nach unseren Sorgen und Nöten. Sein Interesse schien aus echter und wirklicher Fürsorge geboren zu sein. Die angenehme und verbindliche Art erleichterte es uns, ihm offen und ehrlich alle Probleme zu schildern. Über mehrere Stunden hatten wir so ausreichend Zeit, uns gegenseitig auszutauschen. Besonders beeindruckte uns seine ehrliche Selbsteinschätzung, was Quellenführung betraf. Dr. Karberg war lange Zeit in einer Residentur des BND in London gewesen und hatte dort wertvolle Erfahrungen gesammelt. Aber mit unserer praktischen Routine war das natürlich nicht zu vergleichen.

Der Neue sah ebenfalls die Notwendigkeit, bestimmte Gespenster der Vergangenheit aufzuarbeiten. In der Hauptsache interessierte ihn aber die Zukunft. Der gelernte Geologe schien auch ein Planer zu sein. Dr. Karberg war Herles Stellvertreter, hatte aber nichts mit ihm gemeinsam. Er stellte den Menschen in den Vordergrund, die Mitarbeiter, ihre Familien, die Quellen. Wir teilten die Auffassung, dass man mit einem besseren Menschenbild auch im Dienst gute Erfolge erzielen könne. Gerade im Umgang mit Menschen konnte man Karberg und Herle gut unterscheiden. Wir bezeichneten nun Karberg als »großen Doktor«, seinen Vorgesetzten als »kleinen Doktor«. Mit diesen neuen Perspektiven schauten wir wieder etwas optimistischer in die Zukunft.

Knüppel zwischen den Beinen

Dr. Herle ließ die Weisung des Präsidenten zunächst nicht gelten, sondern ordnete an, dass wir so lange in München bleiben mussten, bis diese schriftlich bei ihnen vorliege. Sage und schreibe sechs Wochen dauerte das Hin und Her, bis er es akzeptiert hatte. Sechs Wochen lang wurden wir massiv mit Disziplinarstrafen bedroht, wenn wir nicht die ganze Woche in München Dienst verrichteten. Zwei Versetzungsschreiben gingen auf dem Dienstweg, wie es hieß, angeblich verloren. Es war eine irre Situation. Alle wussten, was los war, nur Herle beharrte weiter auf unserer Anwesenheit. Ich fertigte wöchentlich exakte Tätigkeitsberichte an, die über das normale Maß hinausgingen. Jedes Telefonat, jede andere dienstliche Verrichtung wurde von mir in einer Übersicht festgehalten. Dr. Karberg, der natürlich seinem Chef gegenüber auch zur Loyalität verpflichtet war, quittierte das mit den Worten: »Ich verstehe ihn auch nicht, keiner versteht das. Aber was soll ich machen? Ich habe ihm mitgeteilt, dass hier alles perfekt läuft.«

Als dann das Versetzungsschreiben endlich persönlich an Herle übergeben wurde, akzeptierte er widerwillig unsere Situation. »Wenn Sie glauben, dass das von langer Dauer ist«, herrschte er uns an, »dann haben Sie sich getäuscht.« Die Situation wurde für uns immer schwieriger. Herle entwickelte Meisterschaft in der einzigen Tätigkeit, die er wirklich beherrschte – dem Intrigenspinnen. Er initiierte hinter unserem Rücken Untersuchungen, weil er angeblich Unregelmäßigkeiten festgestellt hatte.

Unter anderem leitete er Teile aus der Op-Akte eines unserer Top-Informanten an das Bayerische Landeskriminalamt weiter. Hier handelte es sich nicht um irgendwas, sondern ausgerechnet um die Klardaten der Quelle. Herle zweifelte beispielsweise die Unterschriften der Quelle an. Dabei war für jeden deutlich zu erkennen, dass die Signaturen auf den Belegen mit der Schrift im Pass des Informanten identisch waren. So kam aus dieser Aktion bis auf eine erhebliche Gefährdung der Quelle nichts heraus.

Natürlich sprach ich ihn auf diese unnötige Aktion an und wies ihn darauf hin, in welche Gefahr er unsere Quellen mit solchen Aktivitäten bringen würde. Da entschlüpfte ihm ein Satz, der seine ganze Einstellung dokumentierte: »Was wollen Sie eigentlich? Das sind doch sowieso nur Verbrecher: Spione, die ihr eigenes Land verraten.« Herle löste in den Jahren 1996 und 1997 drei große Überprüfungen aus. Allem voran wurde die Quellenführung gecheckt und dabei bevorzugt das Abrechnungswesen. Dazu kamen das private Umfeld und die persönlichen Kontakte. Alle Personaltests gingen positiv aus. Nichts war an uns hängen geblieben.

Der kleine Doktor machte uns die Hölle heiß. Aber woher kam das alles? Was hatte er für einen Grund, seine beiden erfolgreichsten Verhandlungsführer so niederzubügeln? Herles Kommentare im Berichtswesen waren plötzlich ellenlang. Er versuchte, uns in einen regen Schriftwechsel zu verwickeln, den man schon fast als Brieffreundschaft hätte auslegen können – wenn es nicht von ihm gekommen wäre. In einer der umfangreichen zusammenfassenden Beurteilungen, die damals unter Federführung des BND-Sicherheitsbeauftragten Wilhelm über Freddy und mich entstanden, findet sich die folgende Passage:

»Tatsächlich gab es in der Vergangenheit eine Vielzahl von Verdächtigungen durch die ehemalige Dienststelle der VF. Sie reichten von Fälschung der Unterschriften bis zur Unterschlagung von Quellengeldern und vielem mehr. Alle diese Vorwürfe wurden hier im Haus eingehend geprüft und konnten als falsch festgestellt werden. Trotzdem hörten die Anschuldigungen nicht auf. Es war so, als wolle man die Verbindungsführer für alle Zeiten unglaubwürdig machen.«

Gleichzeitig begann Herle hinter unserem Rücken, die von uns geführten Quellen zu kontaktieren. Der erste Versuch lief recht plump. Während wir eine Quelle namens »Lilienthal« trafen, schickte er plötzlich einen anderen Verbindungsführer namens Schubeck und ordnete kurzerhand die Übergabe von »Lilienthal« an. Wir fügten uns der Weisung, obwohl es nicht den Regeln des Gewerbes entsprach, derart tief greifende Änderungen ohne ausreichende Vorbereitung durchzuziehen.

Bei der Quelle »Eulenspiegel« ging Herle subtiler vor. Auf seinen Wunsch hin nahmen wir unseren ehemaligen Nürnberger Chef Schöner zu einem Treff mit »Eule« mit. Dann passierte Folgendes: Schöner reiste vorzeitig ab. Unmittelbar bevor er zum Bahnhof fuhr, sprach er mit »Eulenspiegel« unter vier Augen. Er fragte ihn, ob er exklusiv mit ihm zusammenarbeiten wolle. Freddy und ich würden sowieso bald große Probleme bekommen, und dann seien wir nicht mehr in der Firma. Außerdem könne er von ihm, Schöner, mehr Geld erhalten. »Eulenspiegel« war stocksauer und beklagte sich bitterlich. Das sei kein Stil, sagte er, und für Spielchen sei er sich zu schade.

Die dritte »Bypassoperation« des Dr. Herle missglückte ebenfalls. Karberg rief uns zu sich. Herle, so sagte er, habe angeordnet, dass er unsere Quelle »Münchhausen« handstreichartig übernehmen solle. Karberg plädierte aber für eine saubere Übergabe, ohne einen der Beteiligten zu verärgern. Begeistert waren wir nicht. Wer gibt schon gern und freiwillig eine so ergiebige Quelle ab? Wir organisierten schließlich den Transfer, weil wir Karberg als seriös einstuften.

Der vierte Fall betraf die Quelle »Rübezahl«. Seine Geschichte spricht für sich. Bekanntlich waren nicht nur die Sicherheitsleute an unserem Sonderaufkommen »Sorbas« interessiert, also an den Informationen über einen möglichen Maulwurf der Russen im BND. Herle hatte unsere ersten Erkenntnisse zu Berliner Zeiten noch als »wertloses Zeug« abgetan, aber nun wollte er es ganz genau wissen. Hinweise auf das Leck im Dienst kamen vor allem von der Quelle »Rübezahl«. Der Wissensdurst von Dr. Herle, was »Rübezahls« Berichte betraf, wurde grenzenlos. Dabei war er für Abwehroperationen gar nicht zuständig.

Die Quelle und das ganze Drumherum lagen in Herles Aufgabenbereich. Die Meldungsinhalte aber gingen grundsätzlich nur die Auswerter an, die Hinweise auf eine undichte Stelle allein die Haussicherheit. Herle verhielt sich überhaupt recht eigenartig, als er erfuhr, dass »Rübezahl« Zugang zu ganz speziellen Informationen hatte. War er in der Vergangenheit mit operativen Geldern recht knauserig umgegangen, entdeckte er bei »Rübezahl« plötzlich seine großzügige Ader. Er wollte jeden Betrag zahlen und übertraf sich mit Superlativen.

Am 16. April 1996 forderte Herle blind die Summe von 100 000 US-Dollar bei der zentralen Zahlstelle 90FY ab, ohne zu wissen, ob »Rübezahl« überhaupt verwertbare Informationen liefern würde. Darüber hinaus ließ er durch seinen OpSi Mödling zusätzliche Haushaltsmittel in Höhe von 500 000 Dollar bereitstellen. Das erfuhren wir aber erst lange nach dem Treff und kamen richtig ins Staunen.

Was geschah beim »Londontreff« wirklich?

So lief die Geschichte ab: Bei einem routinemäßigen Termin im Londoner Hotel »The Hampshire« hatte es »Rübezahl« am 7. März 1996 abgelehnt, sich mit ihm unbekannten BND-Mitarbeitern zu treffen. Gerade weil er von undichten Stellen im Dienst wusste, war er hypervorsichtig geworden. Nun stand am 17. April 1996 ein neuer Treff mit ihm an, wieder in der britischen Hauptstadt. Als unsere Abreise unmittelbar bevorstand, erklärte Dr. Herle, er wolle uns begleiten, um »Rübezahl« kennen zu lernen. Das bereitete uns keineswegs Freude.

Eine Diskussion über Sinn und Unsinn entflammte. Im Haus 109 gingen die Wogen hoch. Nach allem, was schon passiert war, trauten wir dem Chef von 12 A nicht mehr. Wir bangten um unsere Quelle. Außerdem, so warfen wir ein, sei es ein ungeschriebenes Gesetz, gegen den Willen des Informanten keinen Unbekannten zum Treff mitzubringen. An der Runde nahmen nicht nur Herle, Mödling, Freddy und ich teil, sondern auch Wilhelm, Ulbauer und drei weitere Mitarbeiter der Sicherheit. Es war eine Riege von Bedenkenträgern; mit allen Mitteln versuchten sie, Dr. Herle von der Reise nach London abzuhalten.

Als Wilhelm am Ende noch einmal nachfasste und ihn

fragte, was seine Teilnahme an dem Treffen für einen Vorteil bringen würde, reagierte Herle beleidigt und berief sich auf seinen Vorgesetztenstatus. Immerhin brachte die Besprechung ein positives Ergebnis. Ich sollte zuerst mit »Rübezahl« unter vier Augen reden, um ihn auf die Begegnung mit unserem Chef vorzubereiten. Das wurde sogar in einem schriftlichen Protokoll festgehalten.

Am Nachmittag holten wir Dr. Herle von seiner Wohnung in Taufkirchen ab und fuhren gemeinsam zum Flughafen. Gegen 19.30 Uhr kamen wir in London an und fuhren ins Hotel »Berkshire«. Wir waren schon gespannt, wie sich der nachrichtendienstliche Profi Herle »im Gelände« bewegen würde. Es war ein Desaster. Ohne Gespür für Diskretion und Zurückhaltung trampelte er durch London. Wir versuchten dagegen, konspirativ und unauffällig zu sein.

Am nächsten Tag, genau um zwölf Uhr mittags, rief mich »Rübezahl« an. Er sei bereits in London und würde im Zimmer 506 im Hotel »Mountbatten« auf uns warten. Wir verließen unser Hotel und steuerten die Monmouth Street unweit vom Covent Garden an. Am Leicester Square trennten wir uns. Dr. Herle blieb in einem Café zurück. Am U-Bahnhof Leicester Square nahm Freddy den kürzeren Weg über die Monmouth Street direkt zum Hotel »Mountbatten«, während ich mich nach links wandte und den Umweg über die Charing Cross Road und die Shaftesbury Avenue wählte. Ich gelangte also aus nördlicher Richtung, Freddy entgegengesetzt, zum Hotel der Quelle. Es war ein gewohntes und eingespieltes Prozedere.

Gegen 14 Uhr saß ich bei »Rübezahl«, der gerade vom Essen gekommen war. Eine gute Stunde redeten wir miteinander und besprachen den Treff mit Dr. Herle, der unter dem Arbeitsnamen Berg vorgestellt werden sollte. »Rübezahl« war erneut sehr skeptisch, willigte dann aber ein.

Freddy hatte ungefähr eine halbe Stunde lang draußen

gewartet. Als alles ruhig und unauffällig geblieben war, hatte er sich zu Dr. Herle begeben. Ich erreichte die beiden etwa um 15.30 Uhr. Nachdem ich von meinem Gespräch berichtet hatte, besprachen wir die weitere Vorgehensweise. Um 19 Uhr sollte ich »Rübezahl« erneut treffen, um dann kurze Zeit später den Chef dazuzuholen. Freddy schlug einen gemeinsamen Spaziergang in der Stadt vor. Der »kleine Doktor« lehnte dankend ab. »Gehen Sie ruhig allein«, sagte er, »ich möchte noch ein bisschen an der Themse herumspazieren. Wir treffen uns um 18 Uhr in unserem Hotel.« Uns war das auch recht, und so trennten wir uns um 16 Uhr am Leicester Square.

Um Punkt 19 Uhr starteten wir von einem Pub, schräg gegenüber dem Hotel »Mountbatten«. Dr. Herle/Berg blieb noch in der Warteschleife. Er sollte erst zehn Minuten später in das Foyer folgen und dort auf unser vereinbartes Zeichen warten. »Rübezahl« war nicht in seinem Zimmer zu erreichen. Also fragte ich an der Rezeption nach dem Herrn von Zimmer 506. »Sorry«, sagten sie, der sei bereits seit 17 Uhr abgereist. Wir waren völlig vor den Kopf gestoßen. Stinksauer kehrten wir zu Dr. Herle zurück. Mir war klar, dass wir nun eine heftige Debatte zu erwarten hatten. Niemand konnte sich über einen Fehltreff amüsieren.

Weit gefehlt. Die Reaktion unseres Vorgesetzten fiel ganz unerwartet aus, und wir konnten sie uns lange nicht erklären. Ich war wütend über »Rübezahl« und spekulierte, was das wohl zu bedeuten hätte. Herle dagegen blickte uns beide gelassen an und zuckte mit den Schultern: »Machen Sie sich nichts draus. Das kommt schon mal vor. Ich übernehme die ganze Verantwortung.« Dann drehte er sich um und bestellte drei Guinness für uns. Ich fragte Freddy: »Was für eine Verantwortung? Was ist denn nun los?« – »Ich begreife gar nichts mehr«, war die Antwort, »ich möchte nur wissen, warum ›Rübe‹ abgehauen ist.« Der Rest der Reise verlief recht unspektakulär.

Während ich mir wie ein Idiot vorkam, machte Herle auf cool, als wären wir lediglich zum Sightseeing unterwegs gewesen.

Ein Rätsel löst sich auf

Aufgelöst wurde dieses Rätsel fast vier Monate später. Beim nächsten Treff, am 8. August in Lausanne, erklärte uns »Rübezahl« den Grund seiner überhasteten Abreise. Nachdem wir uns im »Mountbatten« getroffen hatten, war er noch zu einer Shopping-Tour aufgebrochen und um 16.15 Uhr wieder in sein Zimmer zurückgekehrt. Eine halbe Stunde später läutete sein Telefon. Es meldete sich eine männliche Stimme und begrüßte ihn auf Russisch mit »Guten Tag, Herr … Wie geht es Ihnen?« Dann fügte der Anrufer auf Deutsch hinzu: »Könnte ich Sie kurz sprechen?« »Rübezahl« fragte ihn, wer er sei. Daraufhin habe er geantwortet, er sei ein Freund. Nun geriet unser Informant in Panik, packte seine Sachen und verschwand.

Ob Herle »Rübezahl« angerufen hatte, blieb im Dunkeln. Er stritt es jedenfalls vehement ab. Gegen seine Version spricht, dass er allein unterwegs war, als »Rübe« angerufen wurde. Neben Freddy und mir wusste nur noch Herle, wo und unter welchem Namen unsere Quelle abgestiegen war. Wenn er es gewesen wäre, der angerufen hatte, dann würde das auch sein unerwartet gelassenes Verhalten und das Gerede von der Verantwortung erklären. Hinzu kommt, dass er für den Treff in London ohne unser Wissen die besagten 100 000 Dollar angefordert hatte. Die Auszahlungsanordnung – basierend auf dem Schreiben Pr 0147/96 – liegt uns vor.

Einige Wochen nach dem London-Debakel sollte es zum

absoluten Gipfelpunkt unserer Rivalitäten kommen. »Rübezahl«, der uns später von dem seltsamen Anruf berichten würde, meldete sich wieder aus London, erstmals seit seiner überhasteten Abreise aus dem Hotel. In England lief die Fußball-Europameisterschaft, und unser Mann schien ohne Material angereist zu sein. Er müsse mit uns über grundsätzliche Dinge reden, auch über den missglückten letzten Treff. Von Seiten der Quelle wollte ich mir keinen Termin diktieren lassen. Eine neue Verabredung nach der letzten Panne brauchte außerdem eine besonders gute Vorbereitung. Darüber hinaus hätten wir in London wegen der Fußballspiele ein Problem mit Flügen und Hotels gehabt. Also war diesmal keine Eile geboten, und ich bot »Rübezahl« an, uns in der Zeit vom 16. bis 23. August zu treffen, sowie eine neue telefonische Kontaktaufnahme Mitte Juli.

Freddy und ich gingen pflichtgemäß zu Dr. Herle, um ihm von »Rübezahls« Anruf zu berichten. Seine erste Reaktion verblüffte mich: Er wurde kreidebleich und stand langsam auf. Ich stockte für einen Moment und schaute zu meinem Partner. Der zog leicht die Augenbrauen hoch. Mit leicht geöffnetem Mund und weißen Lippen sagte Herle leise »Ja«, dann folgte eine Pause, »und?« Nun berichtete ich ausführlich über das Telefonat und über meine Pläne. Unser Gegenüber bekam wieder Farbe. Wir hatten das deutliche Gefühl, dass ihm die Nachricht irgendwie nicht in den Kram passte.

Konsterniert und leicht stotternd ordnete er an: »Rufen Sie ihn zurück. Sofort. Wir fliegen gleich nach London. Heute. Oder morgen. Egal. Machen Sie schon.« Ich fragte ihn, ob er das wirklich für richtig hielte. Außerdem käme noch dazu, dass ich nicht wüsste, wo »Rübezahl« zu erreichen sei. Ich hätte keine Ahnung, in welchem Hotel er wohne. Herles Gesicht färbte sich von weiß nach rot. Er schrie: »Rufen Sie an! Fragen Sie in den einschlägigen

Londoner Hotels nach! Telefonieren Sie mit allen Hotels, in denen er schon einmal übernachtet hat. Wir fliegen nach London.« – »Das sind vielleicht ein paar Dutzend oder noch mehr, die hier in Frage kämen«, wandte ich ein. Herle war völlig hysterisch. »Ja, meinetwegen in hundert Hotels.« Freddy und ich schüttelten den Kopf, ließen den schimpfenden Herle stehen und gingen.

Erneut begaben wir uns in das unterste Geschoss, zu den Leuten von der Sicherheit. Auf dem Weg zum Fahrstuhl sagte Freddy: »Jetzt ist er ganz verrückt geworden. Das ist doch ein Irrenhaus hier. Wirft uns ständig vor, dass wir keine Profis sind, und will dann mit uns die Hotels auf der Insel nach unserer Quelle abklappern. Norbert, verstehst du das noch?«

Ulbauer hörte uns geduldig zu. Er war derselben Meinung. »Rübe« konnte in irgendeinem Hotel sein. Wegen der Fußball-Meisterschaft war alles möglich. In London war die Hölle los. Der Sicherheitschef trommelte einige Leute zusammen und schilderte ihnen das Problem. Frank Offenbach, der gerade im Haus war, schimpfte: »Wenn in meinem Laden auch nur einer so etwas ansatzweise versuchen würde, könnte er sich sofort verabschieden. Was ist das nur für ein Saftladen?« Keiner konnte sich für die Idee von Herle erwärmen. Für den Nachmittag wurde eine Besprechung anberaumt. Teilnehmer waren wieder einmal Herle und Mödling, deren Führungsstelle inzwischen nicht mehr mit 12A, sondern mit 13A bezeichnet wurde, Tomberg, Ulbauer und Gaisbauer von 52D sowie der UAL 52 Wilhelm. Der Fall wurde erörtert, ohne dass man sich einigen konnte. Deshalb ergriff Wilhelm am Ende die Initiative. Als Ranghöchster in der Runde erteilte er folgende schriftliche Weisung: »Herrn Dannau wird nach Rücksprache mit UAL 52 aus sicherheitlichen Gründen untersagt, nach der NDV in Londoner Hotels zu suchen.«

Herle war wütend, dass seine Weisung widerrufen worden war. Er wandte sich an den damaligen Abteilungsleiter 5, Foertsch, und bat um unsere Versetzung. Außerdem ließ er uns ausrichten, dass er uns nicht mehr sehen wolle. Am 1. August 1996 kamen wir dann formal zu 52DB, also zu Ulbauer. Zu diesem Zeitpunkt erhielten Freddy und ich neue Dienstnamen. Aus Dannau wurde Busemann, und aus Teubner wurde Frasing.

In der folgenden Zeit wurden wir hinter unserem Rücken der Unterschlagung und anderer Dienstvergehen beschuldigt. Das führte zu zwei weiteren großen Untersuchungen und Sicherheitsüberprüfungen, von denen wir – die Betroffenen – freilich nichts erfuhren. Auf uns lastete ein Druck, der bald nicht mehr auszuhalten war.

Trotz wochenlanger Schnüffeleien in unser beider Privatleben und den dienstlichen Aktivitäten der Vergangenheit ergaben die Nachforschungen jedes Mal ein positives Ergebnis zu unseren Gunsten.

»Kosak 3« – Der Fall Foertsch

In der Folgezeit sammelten wir bei unseren Quellen weiterhin Informationen, die auf einen Spion im BND hindeuteten. Dabei stellte sich heraus, dass unser »Rübezahl« offensichtlich über die besten Zugänge verfügte. Nach der nächsten Reise in die Schweiz – wir trafen »Rübezahl« Anfang August in Lausanne – kam es deshalb zum endgültigen Eklat mit dem Chef der neu benannten Führungsstelle 13 A, Dr. Herle. Wir hatten vom OpSi Mödling die Order erhalten, das »Sorbas«-Aufkommen auf den neuesten Stand zu bringen. »Rübezahl« versorgte uns am Genfer See mit neuem, sehr gutem Material aus dem russischen Dienst. Einige der Informationen gaben Aufschluss über Strukturveränderungen bei unseren östlichen Geheimdienst-Rivalen. »Rübezahl« wirkte sehr angespannt und übervorsichtig. Er wollte weiter mit uns arbeiten, wies aber auch auf die schwierige Sicherheitslage hin. Die Tatsache, dass er den mysteriösen Anrufer von London für einen Deutschen mittleren Alters hielt, beruhigte uns nicht. Im Gegenteil. Wenn es wirklich Herle gewesen sein sollte, was hatte er damit erreichen wollen? Warum verhielt er sich so?

Noch vor unserer Rückreise löste ich unbeabsichtigt Turbulenzen aus. Ich rief den OpSi Mödling an und teilte ihm mit, dass der Treff erfolgreich abgeschlossen sei. Ganz ungeduldig fragte er nach dem neuen »Sorbas«-Material. Wie immer antwortete ich verklausuliert: »Wir haben die bestellte Lieferung und aus dem Sonderbereich eine Vielzahl von sehr guten Einzelexponaten.« Mödling gratulierte und wünschte uns eine gute Heimreise.

Telefonterror

Eine knappe halbe Stunde später, als wir gerade bei Villars Saint-Croix auf die Autobahn A9 in Richtung Montreux gekommen waren, rief der »kleine Doktor« auf meinem Handy an. Auch er ließ sich berichten, wie alles gelaufen war. Dann bat er uns, auf direktem Weg zurückzukehren und noch am selben Tag das neue Material bei ihm persönlich abzuliefern. Er werde auf uns warten, egal wie lange es dauere. Seine abschließenden Worte sind mir noch heute im Ohr: »Und wie ich Ihnen bereits sagte: Alles kommt zu mir. Zu mir persönlich. Auch nicht zu Mödling oder einem anderen. Ich warte auf Sie.«

»Freddy, was hältst du davon«, fragte ich den vor sich hin sinnierenden Beifahrer. »Irgendetwas stimmt hier nicht«, war seine Schlussfolgerung, »was haben wir alles an Informationen geliefert, ohne dass sich jemand dafür interessiert hat. Wann und wo und wie wir es nach Pullach transportieren. Und nun macht der so eine Staatsaffäre draus. Was hat der eigentlich?« – »Mir kommt das auch sehr dubios vor«, warf ich ein, »was will er vor allem mit dem ›Sorbas‹-Material? Das ist doch für die Unterabteilung 52 bestimmt. Wenn wir Material für die normale Auswertung beschaffen, dann schaut er es sich ja auch nicht an. Aber egal, soll er doch machen, was er will. Hauptsache, er lässt uns in Ruhe weiterarbeiten.«

Eine Weile später befanden wir uns gerade in der Nähe von Fribourg, da klingelte das Mobiltelefon erneut. Ulbauer war am anderen Ende: »Na, Meister, wie war's? Ist alles gut gelaufen? Wie geht es euch?« Ihm berichtete ich dasselbe, was ich schon Mödling und Herle gesagt hatte. Daraufhin gratulierte auch er uns beiden. Am nächsten Tag, so sagte er, sollten wir bei ihm vorbeikommen, um seinen Anteil an den russischen Unterlagen bei ihm abzugeben.

Ich erzählte ihm von der gegensätzlichen Order. Seine Antwort: »Sie werden die Papiere auf keinen Fall woanders abliefern. Ich melde mich in einer halben Stunde noch einmal bei Ihnen.« Sein zweiter Anruf kam prompt. Erneut erhielten wir von ihm die Anweisung, von dem neuen Material – ob schriftlich oder mündlich – nichts an die Abteilung 1 abzugeben. Seine Vorgesetzten, so sagte Ulbauer, würden das genauso sehen.

Nun wurde es immer spannender. Über Zürich und St. Gallen näherten wir uns der deutschen Grenze. Auf bayerischem Boden klingelte das Handy erneut. Jetzt war Dr. Herle dran. Wie weit wir gekommen seien und wie lange wir noch bräuchten. Ich erzählte ihm von dem Telefonat mit Ulbauer und dessen Anweisung. Dr. Herle schrie durch das Telefon, dass er der Chef sei. Sollte ich seiner Anweisung nicht Folge leisten, dann könnten wir beide mit einem Disziplinarverfahren rechnen.

Wir stoppten an einer Raststätte und tranken einen Kaffee. Als wir wieder im Wagen saßen, hatten wir bereits mehrere neue Anrufe der Herren aus den Abteilungen 1 und 5 auf der Mailbox, jeweils verbunden mit der Bitte um Rückruf. Noch während ich den Meldungsstau abhörte, klopfte es schon wieder in der Leitung. Ulbauer war dran: »Ich habe mit den Einsern gesprochen. Die Unterlagen kommen zu mir. Basta!« Sollten wir der Weisung nicht folgen, habe das disziplinarische Folgen. Und wieder meldete sich Herle auf dem Mobiltelefon: »Das Material kommt zu mir!«

Der BND mutierte zum Komödienstadel. »Was machen

wir nun, Freddy?«, fragte ich meinen Fahrer, der nur noch eine Hand vor die Stirn hielt und seinen Kopf voller Resignation schüttelte. »Schmeiß doch den ganzen Scheiß aus dem Fenster«, zürnte er. Er kurbelte die Scheibe runter, so dass es im Wagen laut rauschte. »Gib her, wenn du dich nicht traust. Ich hau das jetzt weg. Dann ist endgültig Ruhe«, wetterte er. Meine Antwort: »Dann prügeln uns nachher zwei Stellen. Aber was machen wir wirklich? Jetzt kannst du dir noch in Ruhe aussuchen, bei wem du nachher ein Disziplinarverfahren holen willst. Ist das nicht richtig toll? Wir haben die Wahl zwischen zwei schicken Fettnäpfchen. Na, Compañero, hätten wir gerne das Fünfer- oder das Einsernäpfchen?«

Es klingelte wieder. Nun schaltete ich schnell das Telefon ab. »Scheißladen«, brüllte ich an Freddy gewandt, »fahr bitte rechts ran.« – »Hier? Auf freier Strecke? Da kommt jetzt gleich das Autobahnkreuz Memmingen. Soll ich nicht besser dort runter?« – »Nein, halt an. Ich weiß, was wir machen. Hier, direkt auf dem Standstreifen.« Freddy maulte: »Bitte, wenn du mitten auf der Autobahn halten willst, das erledige ich doch gerne. Wenn du es möchtest, dann mache ich dir auch noch den Geisterfahrer.« Er fuhr auf den Standstreifen, schaltete die Warnleuchten ein und hielt an. Es goss in Strömen. »Soll ich jetzt wenden und zurückfahren?« witzelte er. »Nein, das mit der Geisterfahrt lassen wir lieber«, antwortete ich. »Wir wollen doch den Herren in Pullach nicht zu ähnlich werden, oder?«

Ich rief Ulbauer an: »So geht das nicht. Der eine sagt ›hü‹, und der andere sagt ›hott‹. Wir stehen jetzt auf dem Standstreifen der Autobahn 96, kurz vor der Abfahrt zur A 7 in Richtung Kempten. Was ich jetzt sage, das meine ich wirklich ernst. Wer zuerst kommt, der kriegt den ganzen Scheiß. Das ist doch hier zum Verrücktwerden.« Nach einer kleinen Pause fragte er: »Wo wollen Sie von heute auf morgen übernachten?« – »Am Starnberger See«, erwiderte ich, im

»Hotel am See«. »Gut, dann bringt eure privaten Sachen erst dorthin, bevor ihr ins Camp kommt. Alles andere mache ich. Wenn der Doktor wieder anruft, dann sagt, dass Ihr die Unterlagen gleich bei ihm vorbeibringen werdet. So, nun fahrt vorsichtig weiter. Bis später, Jungs. Ärgert euch nicht, es wird euch nichts passieren.«

Der Aktenkoffer wird beschlagnahmt

Gegen 20 Uhr trafen wir in unserem Hotel ein. Nachdem wir uns angemeldet hatten, trugen wir unsere Koffer in die Zimmer und gingen wieder zum Wagen. Da stand plötzlich Gaisbauer vor dem Hoteleingang und grinste uns an: »So ein Theater, was? Die machen mit euch aber auch Sachen. Nun regeln wir das ganz elegant.« Dann zog er seinen Dienstausweis und eine schriftliche Ermächtigung aus der Tasche. In feierlichem Ton informierte er uns: »Ich habe vom Sicherheitsbeauftragten des BND den Auftrag, alle in Ihrem Besitz befindlichen dienstlichen Unterlagen an mich zu nehmen. Ich fordere Sie auf, alles herauszugeben.« Meine Antwort war knapp: »Aber gerne doch.« Dann überreichte ich ihm den Aktenkoffer.

»So«, verabschiedete er sich von uns, »nun ist das nicht mehr euer Problem. Ich werde Herle sagen, dass ihr euch lange gewehrt habt und die Unterlagen nicht herausgeben wolltet. Zwecklos, ihr hattet keine Chance, dem Befehl eures Chefs Folge zu leisten. Nun rufen Sie ihn bitte an und sagen ihm, was passiert ist.« Ich atmete kurz durch und fragte Freddy, ob er das übernehmen würde. »Nein«, lehnte er eisern ab, »auch keine Streichhölzer ziehen.« Herle meldete sich mit: »Ja, bitte?« Als er mich hörte, fragte er sofort: »Wo bleiben Sie denn? Ich warte hier auf Sie!« Schnell erzählte ich ihm, was passiert war, und hielt dann mit verzogener Miene den Hörer etwas weiter vom Ohr weg. Herle schrie in einzelnen Worten: »Bis – morgen – Herr – Dannau!« Dann knallte er den Hörer auf.

Nach dieser Aktion spielte sich das Leben mit Herle nur noch in Form gegenseitigen Misstrauens ab. Er forderte, dass wir unsere gesamte Arbeit in Berlin bürokratisch aufarbeiten sollten, also Berichte schreiben über etwa 850 Treffen mit Quellen, Beschaffungshelfern und Informanten. Wie bereits geschildert, war in Berlin nicht alles so akkurat erfasst worden wie in München. Angesichts der Aussichtslosigkeit, dies nachträglich in einem vernünftigen Rahmen zu bewerkstelligen, unternahm ich noch einen Vorstoß, um die Dokumentation auf einen einigermaßen aktuellen Stand zu bringen.

Ich schlug Dr. Karberg umfangreiche Quellenbesprechungen vor. Dabei könnte Herle, er leitete nun 13A (das frühere 12A) gezielte Fragen stellen, die wir beantworten würden, soweit es noch alles nachvollziehbar war. Anschließend, so schlug ich weiter vor, könnte man entsprechende Protokolle erstellen, die wir an den erforderlichen Stellen ergänzen würden. Karberg war einverstanden. Ziemlich frustriert kam er aber wieder von Herle zurück. »Es tut mir außerordentlich leid«, teilte er uns mit, »aber der Chef hat das abgelehnt. Sie sollen alles formal so nacharbeiten, wie es die Verbindungsführer hier auch tun müssten. Ich will ganz ehrlich sein, ich verstehe ihn auch nicht. Auf der einen Seite bemängelt er fehlende Berichterstattung, und auf der anderen Seite fordert er eine rationelle und vernünftige Aufarbeitung.«

Was wollte der Mann eigentlich? Wir hatten große Erfolge gehabt. Unsere Einsätze waren überdurchschnittlich gut beurteilt worden. Freddy galt als einer der Bestbeurteilten seiner Dienstgradgruppe. Wir hatten Überstunden angehäuft, die uns – wenn wir sie beansprucht hätten – ein ganzes Jahr Urlaub beschert hätten. Was wollte Dr. Herle erreichen? Warum bestand er permanent auf persönlichem Einblick in das »Sorbas«-Material? Warum klopfte er jede unserer Quellen danach ab, ob sie über Informationen des gegnerischen Dienstes verfügte, um sie dann blitzschnell abzuschalten?

Kurz nach dem Treffen in Lausanne Anfang August folgte ein weiterer Kontakt mit »Rübezahl«. Er stimmte einem so genannten Spezialistengespräch zu und kam dazu nach Frankfurt. Das Treffen fand am 19. August 1996 im Airport Sheraton statt. Ulbauer reiste mit großem Team an, und die Observanten von QB30 installierten in Zimmer 7034 ein so genanntes Schnellbahnsystem. Das war ein verschlüsselter Kommunikationsweg nach Pullach, über den die Angaben der Quelle während des Gesprächs überprüft werden konnten.

An der eigentlichen Runde in Zimmer 7048 nahmen »Rübezahl«, Ulbauer, Freddy und ich teil. Die Quelle sprudelte und lieferte auch viele personenbezogene Daten, die wir über unsere »Schnellbahn« prüfen ließen. Die Angaben stellten sich als korrekt heraus. »Rübezahl« wies erneut auf einen ernsten Verratsfall im BND hin. Daraus sollte sich ab 19. August 1996 die interne Abwehroperation »Kosak 2« entwickeln. Sie richtete sich gegen einen BND-Mitarbeiter des gehobenen Dienstes. Der verdächtigen Person konnte zwar später kein direkter Kontakt mit einem russischen Nachrichtendienst nachgewiesen werden, aber dennoch ergaben sich Zusammenhänge, die den Verdacht gegen ihn begründeten. Unter anderem wurden in der Wohnung Disketten mit vertraulichen, dienstinternen Unterlagen gefunden. Außerdem hatte er, obwohl verheiratet, ein intimes Verhältnis mit einer Mitarbeiterin aus dem Stab des BND-Präsidenten.

Während der Ermittlungen kam übrigens der Verdacht auf, diese Person sei gewarnt worden. Bei 52 gingen auch immer wieder Hinweise auf eine weitere Innenquelle der Russen im BND ein. Dabei stützten sich die Ermittler auf die Quelle »Rübezahl« und auf eigene Informationen. Dass »Kosak 2« offenbar verraten wurde, stellte für die Aufklärer ein großes Problem dar. Der Sicherheitsbeauftragte Wilhelm hat, mit zeitlichem Abstand, die Situation von damals so charakterisiert: »Dieser Bundesnachrichtendienst war zu jener Zeit löchrig wie ein Schweizer Käse.« Mit neuen Erkenntnissen lief deshalb ab Dezember 1996 zusätzlich eine Abwehroperation »Kosak 3« an.

Schwere Vorwürfe gegen Volker Foertsch

Zur gleichen Zeit geschah noch etwas anderes. Freddy und ich nahmen es zunächst kommentarlos zur Kenntnis, weil wir die Hintergründe bis auf weiteres noch nicht kannten. Tomberg, der damalige Chef des Untersuchungsreferats, wurde bereits nach kurzer Zeit auf einen neuen Dienstposten in der BND-Verwaltung versetzt. Dem Vernehmen nach hatte der Volljurist schon kurz nach seinem Dienstantritt im Untersuchungsreferat eine umfangreiche Studie über die Pannenfälle der vergangenen Jahre angefertigt. Als Fazit sollen einige Führungskräfte des BND als potenzielle Verräter in Betracht gekommen sein. An erster Stelle sei der Name Foertsch aufgelistet gewesen.

Mit diesem Wissen und dem Gutachten sei der mutige Tomberg zu seinem Abteilungsleiter Foertsch gegangen und habe ihm die Ergebnisse vorgelegt. Die graue Eminenz des Dienstes habe ungewöhnlich schroff reagiert und die Ablösung des unbequemen Tomberg verlangt. Das sei ihm auch gewährt worden. Keiner der Insider verstand die Reaktion von Foertsch, denn dieser war kein jugendlicher

Heißsporn, sondern immerhin seit Dezember 1957 Angehöriger des BND. Wenn Foertsch ein reines Gewissen gehabt hätte, wäre es dann nicht sinnvoller gewesen, eine Untersuchung einzuleiten, um alle Vorwürfe aufzuklären? Stattdessen wurde Tomberg versetzt – eine beliebte Methode, mit hausinternen Kritikern umzugehen.

Was wir von diesen Ereignissen erfuhren, konnte ich nachvollziehen, weil Freddy und ich selbst erlebt hatten, dass Foertsch die fachliche Auseinandersetzung scheute. Er setzte in heiklen Situationen auf seinen Einfluss und seine Kontakte im Apparat. Er hatte ein weit verzweigtes Netz von Beziehungen im Dienst. Bei einer Besprechung im Untersuchungsreferat entglitt einem Teilnehmer der Satz: »Da war wohl wieder der Schwager am Werk!« Auf meine Frage nach dem Sinn dieser Worte offenbarte man mir, was alle anderen offenbar schon seit langem wussten: Dr. Herle war mit Foertsch verwandt.

Nach meinem Ausscheiden aus dem Dienst fand ich einen Aktenvermerk des OpSi Mödling. Darin hieß es handschriftlich: »*Herr Ulbauer, 52D, hat sich am Abend des 12. 03. 96 mit Dannau/Teubner getroffen und den Treffbericht nach dem letzten Treffen mit Rübezahl ›kassiert‹… Seitdem hat FüStl Dr. Herle mehrere Gespräche mit der Abteilung 5, auch mit Ulbauer und AL 5 geführt, weil dieses Vorgehen nicht hinnehmbar ist. UAL 12 ist eingeschaltet. AL 5 (Foertsch) hat entschieden, dass der FüStl Dr. Herle voll informiert wird und auch die vollen Treffberichte bekommt.*«

Mein Partner und ich entwickelten nach unserem Ausscheiden deshalb folgende These: Hinter den Anfeindungen von Herle stand womöglich ein ganz anderer, nämlich Foertsch. Um die Jahreswende 1995/96 hatten wir einen Wandel im Verhalten von Herle uns gegenüber feststellen können. Das begann kurz nach meiner Beschwerde beim Präsidenten Porzner. Zur gleichen Zeit waren die Informationen über einen Verräter im BND immer konkreter geworden. Foertsch hatte aber wohl nicht genau lokalisieren können, woher sie kamen. Herle schaltete eine Topquelle nach der anderen ab. In Einzelfällen ließ er auch die Treffen platzen. Wenn das nicht gelang, dann versuchte er Quellen hinter unserem Rücken abzuwerben.

Wir, die beiden »freischaffenden Künstler aus Berlin«, verfügten plötzlich über brisante Informationen, die womöglich dem Verräter schaden konnten. Wir hatten auch kaum noch eine Motivation, jemandem im Dienst zu vertrauen. Der Quellenschutz ging uns über alles. Dazu kam die Tatsache, dass sich die Hinweise auf einen Spion im Dienst häuften. Zu dieser Zeit wiederholten sich zunehmend Herles Anwürfe über angebliche Unregelmäßigkeiten in unserem Team. Wir hatten den Verdacht, dass uns jemand unglaubwürdig machen wollte.

Zeitgleich mit dem Beginn der Operation »Kosak 3« erreichte uns die so genannte Fünfermeldung. Eine Quelle berichtete, *»dass dem FSB alles bekannt sei, nachdem der letzte der fünf Stellvertreter des BND, der mit dem 1. Stellvertreter des FSB gut bekannt sei, alles weitergegeben habe«*. Diese Meldung schlug ein wie eine Bombe. Wer sie im Original liest, muss wissen, dass bei den Russen Abteilungsleiter immer zugleich als Stellvertreter des Leiters fungieren, und zwar in der numerischen Reihenfolge der Abteilungen. Im vorliegenden Fall wäre also der »5. Stellvertreter« mit dem Abteilungsleiter 5 des BND gleichzusetzen.

Ein schwerwiegender Verdacht stand im Raum. UAL 52 Wilhelm informierte deshalb am 13. März 1997 den Präsidenten des BND, Geiger. Er bat ihn um ein Gespräch unter vier Augen. Durch Indiskretionen im Umfeld des Präsidenten erfuhr Foertsch noch am gleichen Tag über die neue Entwicklung. Am nächsten Morgen stellte Foertsch seinen Unterabteilungsleiter Wilhelm zur Rede. Die Frage lautete, ob er etwas wisse, was er (Foertsch) nicht wisse. Daraufhin berichtete Wilhelm von der »Stellvertreter-Meldung« und seiner Vorsprache beim Präsidenten.

Foertsch reagierte ungehalten und beantragte die sofortige Ablösung seines Untergebenen Wilhelm. Er begründete es mit einem gestörten Vertrauensverhältnis. Dem Anliegen wurde nicht stattgegeben. Danach kursierten Gerüchte, die geeignet waren, Wilhelms Glaubwürdigkeit und Fachkompetenz in Frage zu stellen.

Von diesem Zeitpunkt an, so eine Mitarbeiterin aus dem Umfeld des Abteilungsleiters 5, veränderte Foertsch sich zusehends. Leute, die ihn lange Jahre kannten, berichteten über eine auffallende Nervosität. Er ließ sich mehrfach die Operationsakte »Rübezahl« vorlegen, arbeitete sie durch und kopierte bestimmte Meldungsinhalte, darunter auch die »Stellvertreter-Information«. Dieses Papier zeigte er, nach eigenen Angaben, im Kanzleramt herum. Damit habe er einen großen Lacherfolg erzielt. Die Handlungen dieses Führungsmannes wurden zunehmend ungewöhnlicher.

Es wurde immer dramatischer, denn kurze Zeit später bestätigten sich Quellenhinweise über ein Durchsickern der BND-internen Abwehroperation nach Moskau. Bereits am 28. Februar 1997 hatte der Präsident des BND in Bern mitgeteilt, den dortigen Partnern beim SND lägen Erkenntnisse vor, dass in Moskau eine geplante Operation des BND mit den Schweizer Staatsschützern bekannt geworden sei. Dabei konnte es sich nur um zwei Operationen handeln. Eine davon war eine Anbahnungsoperation in der Anfangsphase.

Die zweite war ein Treffen mit »Rübezahl«, das demnächst in der Schweiz stattfinden sollte. Im Vorfeld hatte die Truppe um Ulbauer ein Amtshilfeersuchen in Sachen »Kosak 2« an die Schweizer gestellt. Nun reagierten die Eidgenossen sehr irritiert, weil Moskau anscheinend schon über alles Bescheid wusste. Als Foertsch am 17. März 1997 darüber informiert wurde, handelte er sofort. Er ordnete an, beim Schweizerischen Dienst nähere Einzelheiten zu der Moskauer Quelle zu erfragen. Das löste bei unseren Sicherheitsleuten Unverständnis und zugleich Rätselraten aus.

Der falsche »Rübezahl« wird verhaftet

Am 25. März 1997 fuhren Freddy und ich nach Emden in Ostfriesland, um eine alte »Stay Behind«-Quelle aufzusuchen. Es war ein kalter, aber trotzdem klarer Tag. Während eines Spaziergangs am Hafen klingelte plötzlich mein Handy. »Rübezahl« war am Apparat. Er befand sich gerade außerhalb von Russland und konnte deshalb einigermaßen ungehindert telefonieren. Was er mir erzählte, war so unfassbar, dass mir der Atem stockte. Da die Verbindung nicht sonderlich gut war, bat ich ihn dringend, mich nochmals anzurufen, weil ich alles erst mit meinem Partner besprechen musste. Freddy hatte bereits an meinen Reaktionen erkannt, dass etwas Einschneidendes passiert sein musste.

Ich kam gleich zur Sache: »›Rübezahl‹ wurde von den Russen verhaftet!« Freddy blieb wie angewurzelt stehen. »Verhaftet??? Du hast doch gerade mit ihm telefoniert. Sie haben ihn verhaftet, und dann lassen sie ihn aus dem Knast telefonieren. Machst du Witze?« – »Ja, weißt du, um es genau zu sagen, sie haben nicht den richtigen ›Rübezahl‹, sondern unseren Papierrübezahl. Sie haben Larry verhaftet und vernommen.« Freddy wurde kreidebleich. »Jetzt schlägt es dreizehn! Das ist ja wohl der Oberhammer. Sie haben den Falschen gepackt. Ich werde verrückt. Hat unser ›Rübezahl‹ ein Schwein.«

Folgendes war passiert: Als wir unsere Quelle beim BND registrierten, schrieben wir einen falschen Namen in die Operativakte. Wegen der neugierigen US-Partner in Berlin waren wir so oder auch ähnlich mit allen unseren Verbindungen verfahren. Als wir später nach Nürnberg und München wechselten, änderten wir daran nichts, weil sich die Informationen über die undichte Stelle im BND bereits mehrten. Zahlreiche WGT-Quellen anderer Verbindungsführer waren in der Zwischenzeit festgenommen worden, das Schicksal einiger von ihnen ungewiss.

Da gab es zum Beispiel die Pannenfälle »Ladoga« V-076970 und »Alf« V-078176 (beides WGT-Quellen). Die Russen verhafteten die BND-Quellen »Küstennebel« V-077848 und »Ameisenbär« V-076072, Anfang 1997 auch die Top-Quelle »Basar« V-078178. Dazu kamen mindestens zehn weitere Quellen, die alle vorschriftsmäßig mit ihrer Klaridentität in den Operationsakten geführt wurden.

Unsere Informanten hingegen erfreuten sich bester Gesundheit, wahrscheinlich, weil wir ihre Identitäten so verschleiert hatten, dass sie nur schwer zu lokalisieren waren. »Rübezahl« hatten wir den Namen Wassili Larinowsky (kurz Larry) verpasst. Dabei handelte es sich zwar um eine reale Person, die in Moskau lebte, die aber zu uns oder dem BND niemals Kontakt gehabt hatte. Auf nachrichtendienstlichem Weg war ich an seinen Ausweis gekommen, hatte ihn fotokopiert und dann in der Operativakte »Rübezahl« als Klardaten eingetragen.

Nun war also dieser bedauerliche Fall eingetreten und der wahre Wassili Larinowsky wegen des dringenden Verdachts der Agententätigkeit verhaftet worden. Das konnte nur geschehen, weil jemand beim BND Zugang zu den Operativakten und den falschen Klarnamen an die Russen weitergegeben hatte.

Wir fuhren zu einem Parkplatz, wo das Funknetz stärker war. Als »Rübezahl« nochmals anrief, musste er die Geschichte ein zweites Mal erzählen, damit Freddy mithören konnte. Wir waren ziemlich geschockt und uns wurde schnell bewusst, dass wir nun die falsche Klaridentität unbedingt melden mussten. Das bedeutete für uns möglicherweise disziplinarische Konsequenzen, aber das durfte kein Beweggrund sein, weiter zu schweigen. Schließlich hatten wir die Namen zum Schutz der Quellen und zum Wohle des Dienstes verfälscht. Genau besehen, gab uns der Erfolg Recht. Aber jetzt hatte es einen Unschuldigen getroffen.

Wem sollten wir uns nun anvertrauen? Wir waren inzwischen überfordert und am Ende, ohne dass wir es uns eingestehen wollten. Vorwürfe und Anfeindungen aus dem Obergeschoss von Haus 109 hatten uns mürbe gemacht. Eigentlich vertrauten wir keinem mehr, nur noch uns selbst. Auf der Weiterfahrt fragte Freddy kleinlaut: »Und du meinst, das stehen wir durch?« Ich antwortete ohne zu zögern: »Natürlich stehen wir das durch!« Lange überlegten wir, mit wem wir nun sprechen sollten. Es musste jemand sein, der keinen Einblick in die Operativakte hatte. Offenbach! Im gleichen Moment kam uns beiden dieser Name über die Lippen.

Der Mann stand voll im Stoff und war erfahren, was das ND-Geschäft betrifft. Wir mochten ihn wegen seiner menschlichen und fürsorglichen Art. Das war der Richtige. Ich versuchte, ihn zu erreichen. Leider gelang es erst am nächsten Abend, weil er sich bis dahin auf Dienstreise befand. Tage später kamen Freddy und ich nach München. Wir trafen uns mit der Fallführerin »Kosak 2« und mit Frank Offenbach in unserem üblichen Hotel Buchenhain. Beide drängten mich, den Sachgebietsleiter Ulbauer einzuweihen. Schließlich willigte ich ein.

Am 10. April 1997 wurde die Sicherheit von mir offiziell über die falsche Namensgebung und die Hintergründe der

Festnahme des falschen »Rübezahls« informiert. Ulbauer bat mich, den Vorgang schriftlich zu fixieren. Der Chef im U-Referat 52D und dessen direkter Vorgesetzter UAL Wilhelm zermarterten sich mit diesem neuen Vorgang weniger das Hirn, als ich es getan hatte. Sie wiesen prompt und ohne Verzug den unter Verdacht stehenden Foertsch in die Sache ein. Das geschah am 16. April 1997. Ulbauer und Wilhelm befanden sich, zusammen mit ihrem Abteilungsleiter, bei der Einweihungsfeier der neuen Diensträume von QB30.

Während der Rückfahrt nach Pullach erzählten sie Foertsch von Larrys Verhaftung und der falschen Identität von »Rübezahl«. Danach fertigten sie unabhängig voneinander jeweils ein Protokoll des Gesprächs an. Zitat:

»Wir ... setzten AL 5 während der Autofahrt von der Verhaftung des falschen Rübezahl in Kenntnis ... Ulbauer fuhr, und AL 5 saß auf dem Beifahrersitz, UAL 52 hinter dem Fahrer auf der Rückbank. Die erste Reaktion von Foertsch war beinahe panisch. Er wurde bleich und geriet sichtbar außer Kontrolle. Das zeigte sich in Schweißausbrüchen und Zittern am ganzen Körper. Er reagierte sehr ungehalten darüber, dass er erst jetzt davon in Kenntnis gesetzt wurde und zeigte sich nicht interessiert an der Erörterung der Bedeutung dieser Information ...«

Unmittelbar darauf lief das Foertsch'sche Verhaltensmuster ab. Er zweifelte offen meine Fachkompetenz an und zog meine Glaubwürdigkeit in Zweifel. Darüber hinaus stellte er den Wahrheitsgehalt der »Kosak«-Operation an sich in Frage. Weder er noch ich wussten in jener Phase, dass die Sicherheit außer der Quelle »Rübezahl« über weitere Informanten verfügte, die das Lagebild abrundeten. Jedenfalls wurde Foertsch ab sofort über Informationslieferungen nicht mehr in Kenntnis gesetzt. Das Untersuchungsreferat präparierte eine Quellenakte speziell für den Abteilungsleiter 5, um ihm gegenüber den weiteren Ablauf verborgen zu halten. Diesen präparierten Ordner forderte er auch mehrmals an. Immer wieder arbeitete er die Akte akribisch durch.

Bemerkenswert ist, dass die Anfeindungen und Vorwürfe des Referatsleiters 13A in zeitlicher Nähe zu den aktuellen Abläufen im Fall Foertsch ihren Höhepunkt fanden. Das hinterließ Spuren bei der Zusammenarbeit mit Freddy wie auch der Arbeit für den Dienst. Warum sollten wir für Informationen verantwortlich gemacht werden, die von unseren Quellen stammten? Der BND arbeitete im Prinzip nach altertümlichen Mustern. Schon damals wurde der Überbringer schlechter Nachrichten gehängt oder geköpft. Ähnliche Erfahrungen hatten wir bereits im Zusammenhang mit der Operation »Spielball« sammeln können. Und nun war es wieder so.

Eines Vormittags ging ich durch das Pullacher Camp. Ich kam vom Truppenarzt und näherte mich, an der Ostmauer entlang schlendernd, der Rückseite des Hauses 109. Mein Blick fiel auf die Fensterfront. Einige der Kollegen wollten anscheinend eine Brise der frischen Frühlingsluft in ihre Zimmer strömen lassen. Das Gebäude wurde von der Sonne angestrahlt, die durch eine sich bereits grün färbende Front von Bäumen lugte. Das Wetter war so herrlich, dass ich trotz der relativ kühlen Temperaturen für einen Augenblick meine Sorgen vergaß.

Kurz bevor ich das Haus erreichte, schaute ich nochmals zu den Fenstern. Da sah ich einen Mann stehen, der mich beobachtete. Er hatte die Fäuste in die Hüften gestemmt und bewegte sich nicht. Sein Blick folgte mir, bis ich um die Ecke in Richtung Haupteingang verschwand. Ich passierte das alte Wachpostenzimmer, das schon seit Jahren nicht mehr besetzt war. Dann ging ich durch den langen Gang, am Ende nach rechts. Nun stand ich vor der Glastür, durch die man in den Zwischenflur und ins Treppenhaus gelangte. Hier befand sich der Bereich von Ulbauer, der aber dahinter noch durch eine weitere Glastür versperrt war. Im Treppenhaus gelangte man außerdem weiter nach oben in die anderen Unterabteilungen und Referate der Abteilung 5.

Vor der ersten Tür blieb ich stehen und klingelte, wie gewohnt. Es dauerte eine Weile, bis jemand den langen Weg zur Glastür geschafft hatte, um dann den Türöffner zu betätigen. Während ich wartete und ins Innere des Hauses blickte, sah ich hinter der Mauerecke des Treppenaufgangs zwei Fußspitzen über die unterste Stufe ragen. Dort stand also jemand. Ich konnte den Bereich nicht einsehen. Wenn die Tür summte und ich eintrat, würde ich die Person, zu der die Fußspitzen gehörten, erkennen können. Wer stand da? Und warum bewegte sich diese Person nicht? Mein Herz begann zu pochen. Keine Menschenseele war zu sehen. Nach einer Weile, die mir wie eine Ewigkeit vorgekommen war, drückte endlich eine Mitarbeiterin auf den Türöffner.

Dann schaute sie nach rechts zum Treppenaufgang und sah dort die Person stehen, von der ich bislang lediglich wusste, dass sie schwarze Herrenschuhe trug. Die Frau zuckte vor Schreck regelrecht zusammen, lächelte dann etwas gequält und nickte leicht, als wollte sie jemanden begrüßen. Ich trat ein. Als ich mich der zweiten Glastür näherte, kam die mysteriöse Person einen Schritt nach unten. Ich erschrak.

Foertsch stand vor mir. Er trug ein dunkelblaues Hemd, hatte die Hemdsärmel umgeschlagen, die Krawatte gelöst, den oberen Hemdknopf geöffnet. Er atmete tief und schwer und schnaubte fast. Die dunklen Flecken unter den Achseln reichten beinahe bis zum Gürtel. Beide Hände waren leicht zur Faust geballt. Schweiß stand ihm auf der Stirn. Er durchbohrte mich mit einem finsteren Blick.

Einen kurzen Augenblick verharrte ich und quälte mir ein leises »Guten Tag« heraus. Er blieb zunächst regungslos stehen. Als die Kollegin die zweite Tür geöffnet hatte, zog sie mich förmlich herein und schloss hinter mir wieder ab. Da drehte sich Foertsch um und ging wortlos wieder nach oben. Mein Herz raste. »Um Gottes willen, was war das denn? Das sah ja beängstigend aus«, entfuhr es der Kollegin, »der sah ja aus wie sein eigener Geist. Hat er etwas zu Ihnen gesagt?«

Kündigungsschreiben an den BND

Sofort erzählte ich Ulbauer von diesem Vorfall. Plötzlich war mir auch klar geworden, dass ich hier nichts mehr verloren hatte. Gegen diesen Apparat würde ich den Kürzeren ziehen. Nach einem langen, bierseligen Abend beschlossen Freddy und ich, unsere Teamarbeit zu beenden. Am darauf folgenden Sonntag schrieb ich einen langen Brief an Ulbauer und Wilhelm. Wenn ich ihn heute wieder lese, wird mir die psychische Lage erst richtig klar, in die uns einige Herren des BND gebracht hatten.

Ein Auszug aus dem Schreiben soll das verdeutlichen:

20. April 1997

»Sehr geehrter Herr Wilhelm, sehr geehrter Herr Ulbauer,
heute schreibe ich Ihnen nach der Parole:
›Sie werden lachen – ich meine es ernst‹[…]
Deshalb muss ich Ihnen zu meinem Bedauern mitteilen, dass ich beabsichtige, zunächst eine Urlaubspause von sechs Wochen einzulegen, mit dem Ziel, meine Arbeit für den Bundesnachrichtendienst gänzlich zu beenden.
Wie Sie wissen, bin ich Bundeswehroffizier und auf freiwilliger Basis in meiner derzeitigen Tätigkeit. Diese Tätigkeit werde ich unter den jetzigen Umständen nicht weiterführen.

[...]die Angriffe auf mich nehmen kein Ende und verstärken sich sogar noch. Und der Rufmord, der gegen mich betrieben wird, zeigt seine Wirkung. Mit dem, was Herr Foertsch und seine verwandtschaftliche Gefolgschaft betreiben, will ich nichts mehr zu tun haben.
Ich spüre das tiefe Misstrauen, das auf Grund [der] Kampagne gegen mich entstanden ist. Und ich kann das sogar verstehen. Aber ich werde dem einen Riegel vorschieben, indem ich den BND verlasse und mich damit der Einflussnahme einiger Herren entziehe.
1. *Trage ich Verantwortung gegenüber meiner Familie[...]*
2. *Trage ich Verantwortung gegenüber meinem Kollegen Freddy, der auf Grund der letzten Ereignisse, die ebenfalls im Zusammenhang mit AL 5 stehen, mittlerweile schon gesundheitlich angeschlagen ist. Ich muss verhindern, dass ein derart anständiger und fleißiger Mitarbeiter, der sich mehr als bewährt hat, langsam zerstört wird.*
3. *Und nicht zuletzt trage ich natürlich Verantwortung für meine Quellen und Beschaffungshelfer, die mir unglaubliches Vertrauen entgegenbringen. Das Vertrauen ist größtenteils nicht mehr gerechtfertigt, denn der Umgang zum Beispiel mit den Klardaten der NDV »Eulenspiegel« durch AL 5 und FüStl 13A ist einzigartig verantwortungslos.*

Aber im Einzelnen[...]
[...]insbesondere bei zeitlichen Abläufen habe ich Treffen und Kontakte häufig viel später dokumentiert und in ein passendes Bild gebracht. Zwischen 1991 und 1995 habe ich ungefähr 850 Treffen durchgeführt.
[...] Ich werde mich für nichts aus dieser Zeit rechtfertigen[...] Ich habe nie die Ziele und Belange des eigenen Dienstes aus den Augen verloren und nur den Erfolg im Visier gehabt.
[...]Durch diese Materialien wurde der Bundesnachrich-

tendienst nach eigener Einschätzung, was die militärische Aufklärung der GUS-Staaten anbelangt, zum bestinformierten Dienst der Welt.

Nürnberg – Operation ›Spielball‹:
Ich habe durch mein pflichtgemäßes Verhalten zwar die Operation ›Spielball‹ mit ausgelöst, aber natürlich nicht verursacht. Das scheinen einige Verantwortliche verwechselt zu haben ... Denn das war und ist meine Interpretation von Loyalität, und wie ich weiß, teilen Sie dieses Verständnis. Bedauerlicherweise haben meine Vorgesetzten von damals eine andere Einstellung zu den Dingen. Natürlich war es für die betroffenen Chefs eine unangenehme Situation. Aber anstatt sich der Verantwortung zu stellen, passierte [...] wurde vernebelt, vertuscht [...]
[...] Der FüStl 13A gab mir schon damals Ratschläge wie ›Sie dürfen nicht immer gegen den Strom schwimmen‹ oder ›Don't fight against the system‹. Diese perverse Einstellung zu Loyalität und Verantwortung werde ich mir nie zu Eigen machen. Alle, die mich kennen und mir unvoreingenommen gegenübertreten, wissen, dass ich dem Ganzen gegenüber loyal bin. Und zwar leidenschaftlich und engagiert.
Aber mit diesem Engagement ist jetzt Schluss. Ich lasse mich nicht als ›Nestbeschmutzer‹ abstempeln. Es steht mir vielleicht nicht zu, eine bestimmte Führungsebene des Dienstes zu kritisieren. Ich werde aber nie die Wahrheit verschweigen, nur aus einem unkritischen Opportunismus heraus. Das mache ich nicht mit[...]

Grundsätzlich:
Es ist meine Überzeugung, dass es saubere ND-Arbeit gibt. Entscheidend dafür ist der Umgang mit Menschen, und damit meine ich sowohl uns Mitarbeiter als auch die Quellen selbst.

Ich habe mir selbst bewiesen, dass das geht. Inwieweit unsere Zuträger sauber und ehrlich sind, bleibt immer eine spannende Frage ... Es war vielmehr die Arbeit bei 13A, die sich für mich in weiten Teilen als schmutzig und intrigant erwiesen hat ... Ich will hier nur meinen Nürnberger Chef zitieren, der vorschlug, einen Op-Kurier, der die Absicht hatte aufzuhören, bei der Polizei zwangsweise vorführen zu lassen. Sei's drum.
Mir ist klar, dass ich Unruhe gestiftet habe. Aber ich musste die Dinge so nehmen, wie sie kamen. Das hatte ich von meiner Führung auch erwartet. Dem war leider nicht so ... [...] Man kann natürlich über meine Vorgehensweise streiten. Die allgemeine Situation und alle Angriffe der bekannten Personen haben mich verunsichert. Aber ich musste das Gespräch suchen, weil ich die Fakten als sehr wichtig einschätze. Die Reaktionen darauf wundern mich indes gar nicht mehr. Dennoch werden diese Personen akzeptieren müssen, dass ich nicht wie das Kaninchen vor der Schlange sitzend abwarte.

Mit freundlichen Grüßen
und bleiben Sie heiter auf verlorenem Posten

Kritischer Gesundheitszustand

Unser nächster Schritt war ein gemeinsamer Besuch beim Arzt. Dabei handelte es sich beileibe nicht um irgendeinen Mediziner, sondern um den ehemaligen Oberfeldarzt im Pullacher BND-Camp. Auch er war vor einiger Zeit bei den Dienstoberen in Ungnade gefallen und hatte sich in seine kleine Praxis im Süden von München zurückgezogen. Die Ursache waren tief greifende Meinungsverschiedenheiten gewesen. Für den Doc kam eben zuerst der Mensch und dann die Arbeit. Beim BND lief es häufig umgekehrt. Bestimmten Führungskräften war der Mensch völlig unwichtig und nur Mittel zum Zweck. Man liebte den Verrat, aber hasste den Verräter. Man schätzte die Mitarbeit, aber verachtete die Mitarbeiter.

Hier war also schon der erste grundsätzliche Webfehler zu erkennen. Der zweite bestand darin, dass die Interessen des Dienstes und die Verschwiegenheit und Fürsorge des Arztes nicht miteinander vereinbar waren. Der BND erwartete hier etwas ganz anderes, nämlich Indiskretion und Instrumentalisierung. Dazu war unser Oberfeldarzt nie bereit gewesen. Er ließ seine Arbeit keineswegs missbrauchen. Aufopferungsvoll kümmerte er sich um die Mitarbeiter des Dienstes und ihre Angehörigen. Die Patienten konnten offen mit ihm sprechen und brauchten dabei nicht um die eigenen Beschäftigungsverhältnisse oder die des Ehepartners herumeiern. Außerdem blieben Krankheitsursachen, die nicht selten auf dienstinterne Probleme zurückzuführen waren, sozusagen in der Familie.

Über die Jahre hinweg hatte er sich immer wieder beharrlich geweigert, kleinere und größere Schweinereien mitzumachen. Also wurde er gemobbt, was das Zeug hielt. Man überzog den weithin geachteten Mediziner mit einer Flut von Disziplinarverfahren und lancierte sogar ein Ermittlungsverfahren der Staatsanwaltschaft. Selbstverständlich endete immer alles zu seinen Gunsten.

Als der Doc uns sah, gefror sein Lachen zu Eis: »Mein Gott, wie schauen Sie denn aus? Wer hat Sie denn so zugerichtet?« Gemeinsam berichteten wir über die vergangenen Jahre und das Erlebte. Dann begann eine intensive medizinische Untersuchung, die alles umfasste, was in einer guten Arztpraxis möglich ist. Es stellte sich heraus, dass der Gesamtzustand sowohl bei Freddy als auch bei mir wesentlich schlechter war, als wir es uns selbst eingestanden hatten.

Beim Abschlussgespräch war der Doc sehr ernst, aber zugleich freundschaftlich verbindlich: »Also Norbert, seien Sie mir nicht böse, wenn ich es Ihnen so salopp sage, aber Sie sind völlig fertig. Da müssen wir jetzt was machen. So geht das nicht weiter. Jetzt ist wirklich Schluss. Sie haben Familie, und dafür tragen Sie auch Verantwortung. Ich sage das jetzt als alter Stabsarzt zu Ihnen. Dieser Verantwortung müssen Sie gerecht werden. Wenn Sie beide so weitermachen, dann leben Sie nicht mehr lange.«

Der Doc riet mir dringend zu psychologischer und psychotherapeutischer Behandlung. Er füllte sofort eine Überweisung zu einem renommierten Professor aus und telefonierte mit ihm, um für den nächsten Morgen einen Termin zu vereinbaren. »Wir kriegen das alles wieder in den Griff«, versicherte er mir und drückte kräftig meine Hand. Plötzlich fiel die ganze Last von mir ab. Ich fing an, bitterlich zu weinen. Endlich war da jemand, der sich um mich kümmerte, ohne etwas von mir zu wollen. Ulbauer und seine Leute von der Sicherheit behandelten uns keinesfalls schlecht. Aber sie brauchten mich und die Quellen, und so war immer ein gewisser Druck zu spüren.

Wir fuhren zurück zum Waldhotel Buchenhain, um einen langen, ärztlich verordneten Isarspaziergang anzutreten. Ein letztes Mal trällerten Heinz Rühmann und Hans Albers von der Tonkonserve: »Wer hinterm Ofen sitzt und die Zeit wenig nützt …« Mitten im Lied drückte Freddy, der am Steuer saß, den Knopf und holte die Kassette heraus. Er gab sie mir. Auf der hohen Isarbrücke bei Höllriegelskreuth fuhr er rechts ran und stieg aus. Wir stellten uns beide an das Brückengeländer und blickten nach unten auf den Fluss. Dann warf ich die Kassette in hohem Bogen in die Isar. Wir beobachteten das Plastikteil, das wie ein Herbstblatt im Wind langsam nach unten segelte, bis es verschwunden war.

Show-down im Bundeskanzleramt

Beim BND war in der Zwischenzeit mein Kündigungsschreiben eingegangen. Ulbauer hatte den Ernst der Lage erkannt und Olgauer eingeschaltet, der zu dieser Zeit dessen direkter Vorgesetzter in der Sicherheit war. Der kam dann – nachdem wir uns strikt geweigert hatten, das Pullacher Camp zu betreten – zusammen mit dem UAL 52 Wilhelm in den Landgasthof Buchenhain. Bei einem gemeinsamen Spaziergang gingen wir alle Punkte noch einmal durch. Am Ende glich es mehr einem Verhör als einer Plauderstunde.

Eines wurde ganz schnell deutlich. Unsere Vorgesetzten wollten Klarheit über den Quellenhintergrund von »Rübezahl«. Wir standen unter erheblichem Druck. Natürlich hatten wir personelle Details, Treffdaten und so weiter verdreht, doch die Motive dafür lagen ganz klar auf der Hand. Nun war der Moment gekommen, an dem alle Fakten auf den Tisch gelegt werden mussten. Ich schilderte Olgauer und dem Sicherheitsbeauftragten des BND, an welchen Stellen wir die Identität der Quellen verschleiert hatten. Was ich aber auch bei dieser Gelegenheit nicht verriet, waren die Klarnamen.

Am Ende des Rundgangs legte mir Olgauer seine Hand auf die Schulter und sprach die »Absolution«: »Jetzt haben Sie gewonnen. Ich vertraue Ihnen.« Anscheinend hatte er vorher schon Bruchstücke erfahren und mich damit getestet. Nun gab es aber keinen Grund mehr, etwas zu verschweigen, denn wir hatten die Endphase unserer Zusammenarbeit erreicht. »Herr Oberst«, sagte ich zu ihm, »wenn wir nicht so gehandelt hätten, dann säßen unsere Leute längst im Bau.«

Im Gegenzug bat er mich weiterzumachen. Um der Sache willen. Mir kam das alles sehr bekannt vor, und Olgauer merkte rasch, dass seine Argumente nicht zogen. Also bediente er sich einer Schwachstelle von mir, die er besser unbeachtet gelassen hätte. Er lenkte das Gespräch auf meine Bundeswehrzeit und auf die Fallschirmjägerausbildung. »Bei wem haben Sie Ihre Luftlandeausbildung gemacht?« – »Bei Major Morscheid«, antwortete ich knapp. Olgauer, der selbst Luftlandeoffizier mit umfangreicher Sprungausbildung war, kannte den Major von früher und erzählte ein wenig von dieser Zeit. Wieder legte er eine Hand auf meine Schulter: »Mann! Wir haben da mindestens einen Verräter in Pullach. Wer es ist, wissen wir nicht. Aber wir müssen es verdammt noch mal herausbekommen. Dazu brauchen wir Sie und die Quellen. Wir beiden alten Luftlander werden doch wohl herauskriegen, wer das Schwein ist.«

Jetzt hatte er mich bei meiner Fallschirmjägerehre gepackt. Es ist ein ungeschriebenes Gesetz, dass ein Fallschirmjäger den anderen nicht hängen lässt. Dieser Ehrenkodex wird zumindest von den »Alten« noch sehr ernst genommen. Was tun? Ich bat um Bedenkzeit bis zum nächsten Morgen. Dann wollte ich ihn meine Entscheidung durch Ulbauer wissen lassen. Es wurde ein langer Abend im Buchenhain, bis die endgültige Entscheidung fiel. Was immer ich noch unternahm, es sollte ohne Freddy sein. Allerdings wollte er mir bei meinem Schreibkram helfen.

Wir beschlossen, weiter in engem Kontakt zu bleiben, um jeden Schritt gemeinsam überlegen zu können. Eines mussten wir auf alle Fälle noch gemeinsam tun, nämlich unsere Quellen eindringlich warnen. Wie lange unser papierenes Schutzschild noch Bestand haben würde, das konnten wir nämlich nicht voraussagen. Wir mussten sie alle treffen, und zwar schnell. Dafür waren einige außerplanmäßige Reisen erforderlich, von denen im Camp niemand etwas erfahren durfte. Die erforderlichen Maßnahmen mussten also auf eigene Kosten geschehen.

Mit »Eulenspiegel« gab es ohnehin schon ernste Probleme. Er hatte sich Hilfe suchend an mich gewandt. Dabei ging es keineswegs um seine Situation zu Hause, sondern um Schwierigkeiten mit seinen neuen Verbindungsführern.

Trauerspiel um »Eulenspiegel«

Zwei Monate vorher hatte alles begonnen. Im Februar 1997 sollte »Eule« an einen anderen Betreuer abgegeben werden. Nach der Pleite mit Schöner, unserem ehemaligen Nürnberger Chef, der jetzt Sachgebietsleiter von 13 A war und der versucht hatte, »Eulenspiegel« hinter unserem Rücken abzuwerben, brachte Herle nun den Verbindungsführer Detlev Schuster ins Spiel, der bereits »Lilienthal« übernommen hatte. Schuster war nach Berlin gereist, um »Eulenspiegel« zu treffen. Diesmal wollten wir uns aber nicht wieder über den Tisch ziehen lassen. Also organisierten wir zuerst eine intensive Vorbesprechung mit »Eulenspiegel«.

Ich war grundsätzlich bereit, diese Quelle zu übergeben, aber nur, wenn sie weiterhin unter anständigen Voraussetzungen geführt würde. Nach der ersten Runde mit »Eule« trafen wir Schuster. Der Kollege nahm den Mund ordentlich voll, sprach von seinen großen Erfahrungen. Diese Art von Selbstbeweihräucherung kam mir irgendwie bekannt vor. Schuster war ein Paradeexemplar des klassischen BND-Verbindungsführer, wie man sie öfter in Herles Umfeld traf. Der Kabarettist Werner Finck hat mal einen Satz geprägt, der mir immer einfällt, wenn ich auf ähnlich strukturierte Menschen treffe: »*Gedanken! Wir machen uns keine Gedanken! Und wenn uns welche kommen, dann finden wir uns damit ab! Aber dass wir uns welche machen sollten, welch ein Gedanke!*«

Mit Schuster saßen wir im Hotel Schweizerhof, gegenüber vom Berliner Zoo. Freddy rollte mit den Augen, als er das Profigeschwätz von Schuster hörte. Diesem Hobbyagenten versuchte ich nun meine Philosophie von der Führung einer menschlichen Quelle näher zu bringen. Er verstand alles und bejahte alles, und dabei nickte er fortwährend. Wir hatten sehr schnell den Eindruck, dass sein zustimmendes Gehabe nur dem Zweck diente, uns ruhig zu stellen. Ein Idiot, dachte ich mir. Wenn »Eule« mit ihm arbeiten wollte, meinetwegen. Diese Quelle war einfach zu wertvoll, um sie gedankenlos abzuschalten.

Wir vereinbarten einen gemeinsamen Treff und begaben uns – ein Observationsteam aus München im Schlepptau – zum mehrere Straßen entfernten Hotel Sylter Hof. Zuvor hatten wir Schuster erzählt, »Eule« würde hier wohnen, so dass es dem neuen Verbindungsführer selbstverständlich erscheinen musste, die Quelle hier zu treffen. Nach dem ersten Gespräch mit Schuster bat sich der russische Informant einige Stunden Bedenkzeit aus. Ich schleuste ihn wieder durch den Hinterausgang aus dem Sylter Hof und wir gingen dann in sein Hotel.

Freddy beschäftigte inzwischen die Observation, was ihm große Freude bereitete. Erst schleifte er sie durch das KaDeWe und andere Kaufhäuser am Kudamm, um dann in einer öffentlichen Toilette so lange zu warten, bis von außen eine Stimme zu hören war, die jemand anderen fragte, ob »er« noch drinnen sei. Mein Partner spazierte zum Händewaschen und teilte es den Observationsleuten direkt mit:

»Ja, der Freddy ist noch drin.« Lachend verließ er die Toilette.

Nachdenklich blickte mich »Eule« an: »Was denkst du?« Ich zuckte mit den Schultern. »Überleg dir, was du machen willst. Bisher weiß keiner, wer du wirklich bist. Also kann dich auch niemand unter Druck setzen. Du kannst also jederzeit aufhören, wenn du willst. Aber es wäre schade. Vielleicht versuchst du es trotzdem mal.« Er seufzte tief: »Oh ha! Das ist ein Spaß! Hast du gesehen, da war noch einer in der Lobby. Was sind das für Leute, fangen gleich beim ersten Mal mit Indianerspielen an?« Ich hatte dem nichts entgegenzusetzen, konnte mich nur für meine Kollegen entschuldigen.

Am Abend trafen wir uns im »Bacco«, einem italienischen Restaurant in der Marburger Straße. »Eule« hatte sich das gewünscht, weil wir dort schon häufig gewesen waren. Uns war das recht. Das »Bacco« lag zentral und war auch immer ausgebucht. So konnten wir uns vor dem »Schuster-Anhang« sicher fühlen und in Ruhe essen. Schuster selbst sagten wir erst fünf Minuten vorher, wohin wir gehen würden. Als wir das Lokal betraten, fiel ihm ein, dass er noch ein wichtiges Telefonat vergessen hatte, und er ging kurz raus, um es nachzuholen. Der Mann war sichtlich deplaziert. Zwei Jahre später sollte er beim LKA München folgenden Eindruck von diesem Treff zu Protokoll geben:

»*Es kam dann am Abend zur endgültigen Übergabe in einem Speiserestaurant in Berlin. Dieses von den alten VF ausgewählte Restaurant war nach den Grundsätzen einer Übergabe denkbar ungeeignet (sehr klein, geringe Tischabstände, Tischnachbarn konnten jedes Gespräch mithören). Ich nahm diese Konstellation als Hintergrund, um die Quelle am Morgen des nächsten Tages noch einmal alleine treffen zu können und ihm dann gewisse Details (Telefonverbindungen) mitteilen zu können und auch seine fi-*

nanziellen Forderungen zu diesem Zeitpunkt zu begleichen.

Bei dem Zusammentreffen am nächsten Morgen erschien mir ›Eulenspiegel‹ sehr müde. Auf mein Nachfragen hin gab er an, nach unserer Trennung am Abend vorher noch mit den alten VF Abschied gefeiert zu haben. Das war nach meinem Dafürhalten entgegen den Grundsätzen nachrichtendienstlicher Arbeit. Ich übergab ›Eulenspiegel‹ sein Geld und meine telefonische Erreichbarkeit.«

Heute bin ich sehr dankbar für Schusters Ausführungen. Sie zeigen bildhaft, dass sich meine Arbeitsphilosophie von der allzuoft vom BND praktizierten grundsätzlich unterschied. Schon dieser kurze Auszug belegt den überheblichen und herablassenden Umgang mit Quellen. Natürlich hatten wir uns am Abend zuvor mit »Eule« zusammengesetzt. Er war allein in Berlin und mittlerweile ein guter Freund geworden. Wir unterhielten uns über die Kinder, deren Wehwehchen und darüber, wie es so in der Schule lief. Das persönliche Verhältnis zu »Eule« hatte Schuster bereits beim Essen gestört, und er machte nicht den Eindruck, dass er sich wohlfühlte. Offensichtlich hatte er sich auf ein rhetorisches Feuerwerk eingestellt, in dessen Verlauf er »Eulenspiegel« über seine eigenen Fähigkeiten als Verbindungsführer und alle seine Verdienste aufklären wollte.

Daraus war nun nichts geworden. Nicht einmal ein kleines Tischfeuerwerk hatten wir zugelassen. Schuster musste brav sein Carpaccio runterlöffeln. Dabei war er nicht in der Lage, sich wie ein normaler Mensch mit diesem Russen zu unterhalten. Keiner an unserem Tisch brauchte diese Protzerei. »Eule« war die beste Quelle des ganzen Dienstes – nicht zuletzt, weil wir so natürlich miteinander umgingen. »Eule« wusste selbst, was er wert war. Er benötigte kein salbungsvolles Gelaber. Für ihn war es wichtiger, dass wir ganz kurzfristig eine Duplo-Eisenbahn für seinen Sohn beschafften, weil er sie ihm versprochen hatte.

Er wollte mit Freunden sitzen, Wein trinken, Witze erzählen und der einen oder anderen schönen Frau hinterherschauen. Manchmal hatte er sogar Lust, sich zu betrinken.

Schuster wollte auftragsgemäß eine »Sache« übernehmen. Uns ging es darum, einen »Menschen«, der unserem Land diente, in vertrauensvolle Hände zu geben. Gerade weil er sich so bemühte, weil er sein Leben aufs Spiel setzte, hatte er Anspruch auf besondere Umsicht und Fürsorge. Aus seinem Selbstverständnis heraus hatte Schuster schon Recht mit seiner Anmerkung, unser Verhalten widerspreche den Grundsätzen nachrichtendienstlicher Arbeit.

Schuster schien tatsächlich der Meinung zu sein, er hätte »Eule« mit 20 000 Mark gekauft. In der Tat stimmte der Informant am nächsten Morgen einer weiteren Mitarbeit zu, knüpfte das aber an die Bedingung, dass ich beim nächsten Treff noch einmal dabei sein würde, um möglicherweise offene Fragen zu klären. Gesagt, getan. Der Folgetreff wurde für April 1997 vereinbart. Schuster versprach, Freddy und mich zu benachrichtigen, sobald sich »Eulenspiegel« meldete.

Im April rief mich »Eule« an. Er sei in Berlin, und ob ich für ihn Zeit hätte. Ich machte mich sofort auf den Weg zu ihm. Wir trafen uns in der Nähe von Neuruppin. Am Abend teilte er mir mit, dass er sich wegen »Günther« (so hatte sich Schuster vorgestellt) den Kopf zerbrechen würde. Ich riet ihm, es mit dem neuen Verbindungsführer wenigstens zu versuchen. Zu dem Treffen in Hamburg würde ich ihn auch begleiten.

Am nächsten Montag saßen »Eule« und ich in meinem Dienstwagen. Wir rollten auf der Autobahn in Richtung Wittstock. Bei Herzsprung fuhren wir auf einen Parkplatz. Mein Gast nahm das Handy und wählte die Nummer von »Günther«. Der Mann war sofort am Apparat. »Eulenspiegel« meldete sich artig und sagte, er sei auf dem Weg nach Hamburg. Schuster, hocherfreut, nannte ihm sein Hotel. »Eulenspiegel« fragte nach: »Was ist mit Horst?« Darauf Schuster: »Ach, den brauchen wir doch nicht. Wir kommen doch auch alleine gut aus.« »Eule« hakte nach und wurde laut: »Wir haben eine Vereinbarung. Horst hat noch nie sein Versprechen gebrochen. Wann kommt er zu unserem Treffen?«

»Naja, da ist ein Problem«, hörte ich Schuster stottern, »der ist krank, kann nicht, hat Schwierigkeiten zu kommen.« »Eule« wollte es genau wissen: »Wie krank? Was heißt krank? Was ist mit ihm?« Schuster kam ins Schwimmen: »Er liegt im Bett. Unmöglich, dass er kommt. Aber ich soll Sie von ihm schön grüßen.« »Eulenspiegel« schaltete das Handy ab und warf es in hohem Bogen nach hinten, so dass es auf die Hutablage knallte. Dann raunzte er mich an: »Na los, leg dich hin, du bist krank.«

Er zog meinen Tränensack leicht nach unten. »Aha, halb tot dieser Mensch. Eine Langspielplatte würde ich mir an deiner Stelle nicht mehr kaufen, und eine Monatskarte schon gar nicht.« Dann stieg er aus, verschränkte seine Hände auf dem Dach meines Opel Vectra, stützte sein Kinn darauf und schimpfte. »Was sind das nur für kopflose Menschen. Sag mir das bitte! In Berlin beginnt er unsere Zusammenarbeit mit einer Observation, und jetzt lügt er mich an. Los, lass uns nach Hamburg fahren, dann hau ich ihm eine auf die Schnauze. Danach lade ich dich in die Schifferbörse ein, und nachher wollen wir von diesen Hohlköpfen nichts mehr sehen und hören.«

Als er sich wieder beruhigt hatte, besprachen wir das weitere Vorgehen. Immerhin wollten wir wissen, was Schuster im Schilde führte. Ich hatte noch etwa 100 Geheimdokumente auf dem Film, die ein Kurier geliefert hatte. Sie waren von der Auswertung als herausragend begutachtet worden. Wir hatten dieses Material aber noch nicht in Umlauf geben können, weil die Übersetzerkapazitäten bei weitem nicht reichten. Die Auswerter in Pullach hatten sich zwar

Notizen gemacht, warteten aber noch auf den kompletten Schwung an Dokumenten. Nun gab ich »Eule« das gesamte Filmpaket zurück und sagte, er solle es abgeben. Das bringe ihm wenigstens noch etwas Geld.

Um es vorwegzunehmen: »Eule« überreichte das Material an Schuster. Als dieser später vom LKA Bayern vernommen wurde, fällte er ein vernichtendes Urteil: *»Gemeinsam führten wir dann zum ersten Mal Gespräche mit nachrichtendienstlichen Inhalten, deren Ergebnisse jedoch relativ dürftig waren. Immerhin war diese Quelle als hochrangig eingestuft worden.«* Relativ dürftig? Waren das nicht entlarvende Worte, die in einer gewissen Tradition standen? Herle hatte von »abgeschriebenen Zeitungsartikeln« gesprochen. Zufall? Für mich hatte das Methode. Nur warum, das blieb im Unklaren.

Aber weiter in der Chronologie: Ich war natürlich neugierig zu sehen, wie die wahren Profis arbeiteten. Deshalb sah ich mir das aus der Nähe an. Ich hatte »Eule« versprochen, in Reichweite zu bleiben. Was ich dann erlebte, war eine echte 007-Nummer. Die Herren aus Pullach gaben sich extrem konspirativ. Mit fliederfarbenen, neuen 7er BMWs holten sie den Informanten von der Raststätte »Harburger Berge« ab. Dort hatte er mit dem Taxi anreisen müssen. Dann ging es erst einmal einige Zeit über die Autobahn.

Schuster war nicht allein mit einem Stellvertreter, sondern gleich mit einem ganzen Observationsstab auf Tour. Ein Treff mit der Topquelle durfte richtig etwas kosten. Sie »schüttelten«, wie es in der ND-Sprache heißt, wie der Teufel. Dafür fuhren sie so lange im Kreis herum, bis sie fast wieder dort angekommen waren, wo die Reise begonnen hatte. Sie scheuten keine »special effects« und bauten sogar eine Fähre in ihr Programm ein. Dass »Eule« bei der Rundreise stinksauer wurde, störte nicht weiter, um ihn ging es nur am Rande.

»Eulenspiegel« war von dem ganzen Zinnober nur mäßig beeindruckt. Das Imponiergehabe schreckte ihn ab. Als die Beschützer vom BND dann seine Sachen durchstöberten, während er im Hotelpool einige Runden schwamm, war seine Geduld endgültig aufgebraucht. Er rief mich an und berichtete empört, dass meine Nachfolger versucht hätten, ihn heimlich im Hallenbad zu filmen und dass sie seine Sachen durchwühlt hätten. Dann wollte er wissen, wie er am schnellsten unbemerkt wegkäme. Ich versuchte, ihn zu beruhigen. Am nächsten Tag packte »Eulenspiegel« seine Sachen und setzte sich in einen Zug Richtung Hannover. Er befand sich regelrecht auf der Flucht. Am Telefon berichtete er von einem ganzen Tross Observanten, den er in seinem Schlepptau hatte.

Mit lautem Quietschen hielt der Zug im Hauptbahnhof von Hannover. Die Türen öffneten sich, Menschen stiegen ein und aus. »Eule« wartete noch einen Augenblick. Bevor der Zug sich wieder in Bewegung setzte, nahm er sein Gepäck unter den Arm und sprang auf den Bahnsteig. Nur ein Teil der Observationstruppe konnte noch reagieren. Die meisten seiner Verfolger mussten hilflos zusehen, wie er zurückblieb.

»Eule« folgte meiner Anweisung. Er verstaute seine Taschen in einem Schließfach. Dann ging er in die »Galerie Luise«, eine Nobeleinkaufspassage im Zentrum der Stadt, die nur einen Steinwurf vom Bahnhof entfernt war. Dort traf ich ihn im »Mövenpick«-Restaurant. Er kannte es bereits von einem früheren Treffen. Wir tauschten Schließfachschlüssel gegen Autoschlüssel. »Eule« setzte sich in den Leihwagen, der im Untergeschoss auf ihn wartete, und fuhr zu einem Hotel außerhalb von Hannover. Ich folgte mit seinem Gepäck.

Als wir uns am Abend trafen, war er immer noch aufgebracht. Es dauerte eine ganze Weile, bis ich ihn beruhigt hatte. Wir konnten uns beide keinen Reim darauf machen, was die anderen mit diesem Geheimdienst-Zirkus bezweckt hatten, und gaben es irgendwann auf, darüber zu spekulieren. Dann verbrachten wir einige gemeinsame Tage.

Mit Freddy besprach ich den weiteren Umgang mit »Eulenspiegel«. Wir konnten nicht erkennen, dass die Weiterführung der Quelle durch Schuster eine echte Perspektive bot, und trotzdem sollte der Neue noch einmal eine Chance erhalten. »Eule« traf Schuster bei zwei weiteren Gelegenheiten, einmal in Ungarn und einmal in der Türkei. Sein Frust steigerte sich zunehmend. Also beschlossen wir, die Quelle abzuschalten. Bei seiner Werbung hatte sich keiner um uns gekümmert, also war uns auch jetzt das Interesse des Dienstes egal. Als Mensch war uns »Eule« wichtiger. Ende 1997 kappten wir die Leine.

Bei 13A hingegen spekulierten die Fachleute wild über eine mögliche Übersteuerung und Fremdlenkung unserer Quelle durch den russischen Geheimdienst. Sie analysierten und mutmaßten wilde nachrichtendienstliche Verstrickungen und konnten einfach nicht verstehen, dass dieser Mann eine von Misstrauen beherrschte Arbeitsbasis nicht vertrug. In Wahrheit wäre die Sache wirklich ganz einfach gewesen.

Ein Abteilungsleiter unter schwerstem Verdacht

Im Sommer 1997 kam es zu einem erneuten Treffen mit »Rübezahl« in Warschau. Zu diesem Zeitpunkt hatten sich die Verdachtsmomente gegen den Abteilungsleiter Foertsch bereits so weit erhärtet, dass mir angst und bange wurde. Bereits einige Zeit zuvor war sein Name im Zusammenhang mit einer möglichen Quelle für einen russischen Nachrichtendienst gefallen. Was sollte ich aber mit so einer brisanten Information ohne stichhaltige Beweise anfangen? Ich ging damit viele Wochen schwanger und war einigermaßen ratlos. Nun kam die Information aber auch von der Topquelle »Rübezahl«, die bisher immer ausgezeichnet und wahrheitsgemäß gearbeitet hatte. Zudem merkte ich, dass »Rübe« langsam in Deckung ging, weil ihm sein eigener Erkenntnisstand tiefste Sorgen bereitete.

Von ihm war ja unter anderem auch die so genannte Stellvertretermeldung gekommen. Er hatte erzählt, dass der erste Vertreter des FSB vom fünften Stellvertreter des BND Informationen erhalten würde. In langen Diskussionen mit Freddy versuchte ich zu ergründen, was – außer Landesverrat – möglicherweise dahinter stecken könnte. Wir entwickelten mehrere Ideen. Das eine oder andere wirkte vielleicht sehr konstruiert und phantasievoll, aber eigentlich suchten wir eine möglichst harmlose Begründung für diese Vorwürfe.

Foertsch hatte, nach unseren Informationen, ganz offizielle Kontakte zum FSB. Daher fragten wir uns: Könnte es sein, dass sich der Moskauer Gesprächspartner mit seinem deutschen Kollegen gebrüstet und aus offiziellen Gesprächen eine Quellenführung konstruiert hat?

Vielleicht gab es in den Verträgen zur deutschen Wiedervereinigung geheime Vereinbarungen, wonach man sich gegenseitig nicht mehr wehtun wollte und sich deshalb austauschte. Foertsch, als Freund des BND-Aufsehers und Staatsministers im Bundeskanzleramt, Bernd Schmidbauer, wäre in so einem Fall sicherlich die erste Adresse gewesen.

Gegen diese beiden Denkmodelle sprachen manche Hinweise und Erkenntnisse. Vor allem wirkte Foertsch auf uns wie jemand, der versuchte, das Geschehene zu vertuschen.

Wir zogen auch eine dritte Variante in Betracht – eine gezielte Desinformation durch den FSB, um Foertsch zu belasten. Auch in dieser Hinsicht gab es wieder zwei Möglichkeiten. Entweder man belastete ihn, weil man ihm und dem BND schaden wollte. Schließlich hatten wir dem Osten durch Maulwürfe wie »Münchhausen« oder »Eulenspiegel« auch schwer geschadet. Oder der FSB befürchtete die Enttarnung des eigenen Agenten Foertsch und wollte dieser mit konstruierten Beschuldigungen zuvorkommen, die sich später als falsch herausstellen würden. Ein Verfahren, dass der russische ND in der Vergangenheit schon mit Erfolg angewandt hatte.

Wir wälzten das Problem hin und her. Was sollten wir tun? Einfach weghören? Nichts sagen? Ich wollte nicht noch einmal der Überbringer der schlechten Nachricht sein. Da kam mir eine Idee: Beim nächsten Treffen sollte mir »Rübezahl« einfach seine Informationen auf Band sprechen.

Am 29. Juni 1997 flog ich deshalb nach Warschau. Da ich meine Zusammenarbeit mit Freddy beendet hatte, gaben mir meine Chefs einen Mitarbeiter der Unterabteilung Sicherheit zur Unterstützung mit auf die Reise. Mit ihm traf ich mich in Frankfurt. Von dort flogen wir dann mit der Lufthansa. Wir hatten beschlossen, vorerst getrennt aufzutreten, um uns gegenseitig besser helfen zu können. Bereits bei der Ankunft in Warschau vermisste ich den Kollegen. Nachdem ich im Hotel eingecheckt hatte, setzte ich mich in die Halle und wartete auf ihn.

Mein neuer Partner kam auch bald und ging zur Rezeption. Dort entstand Unruhe und sogar Aufregung. Er rannte von einem Hotelbediensteten zum anderen und gestikulierte wie wild umher. Dann verließ er das Hotel, nahm ein Taxi und fuhr weg. Nach einer Stunde tauchte er wieder auf, offensichtlich ohne mich wahrzunehmen. Als er allein in den Fahrstuhl stieg, ging ich hinterher. »Was ist los?«, fragte ich ihn. »Ich musste erst einmal ins Krankenhaus fahren.« Ich erschrak. »Was, um Gottes willen, ist passiert?«

»Ich habe Ohrensausen«, sagte er knapp. Vermutlich sah

ich jetzt wie jemand aus, dem man einen Genickschlag verpasst hatte. »Ohrensausen, du hattest Ohrensausen? Und deshalb bist du ins Krankenhaus? Klar, logisch. Würde ich auch machen. Ich gehe immer ins Krankenhaus, wenn ich Ohrensausen habe.« Die Tür öffnete sich, und er entschwand mit dem Hinweis auf seine Zimmernummer. Wie angewurzelt stand ich im Aufzug. Ich war so verdattert, dass ich einfach vergaß, auszusteigen. Ohrensausen, Ohrensausen hatte er gesagt.

In meinem Zimmer ließ ich mich in einen Sessel fallen. Anschließend öffnete ich eine Flasche Bier und nippte daran. Nie zuvor hatte ich während des Tages Alkohol getrunken. Aber das war zu viel. Wo ist Freddy, dachte ich, ich will sofort Freddy zurückhaben. Wie sich später herausstellte, hatte mein Begleiter bei der Landung in Warschau Probleme mit dem Druckausgleich gehabt. Das hatte ihn so beunruhigt, dass es ihn nach ärztlicher Hilfe drängte. Zum Vergleich: Ich selbst hatte mir vor der Reise nach Warschau beim Sport eine schwere Muskelverletzung zugezogen, konnte kaum laufen, und war dann noch drei Monate lang dienstunfähig geschrieben. Und dieser neue Kollege ging dagegen mit Ohrensausen zum Arzt und führte sich auf, als habe er nur noch kurze Zeit zu leben.

Gegen 20 Uhr kam »Rübezahl« ins Hotel. Er hatte Geheimdokumente fotografiert und brachte verschiedene Einzelinformationen zu unseren aktuellen Fällen. Wie geplant, bat ich ihn, alles auf Tonband zu sprechen. Da tippte er mir gegen die Stirn: »Du bist ja wohl völlig verrückt geworden. Da kann ich mir ja gleich einen Strick nehmen. Das kommt überhaupt nicht in Frage.« Er hatte sich, wie gewohnt, auf einem Zettel in seiner Sprache Notizen gemacht. Aber auch den wollte er nicht aus der Hand geben. »Schreib alles auf, ich diktiere es dir«, sagte er. Da ich Verständnis für seine Situation hatte, nahm ich das als gegeben hin. Schließlich gab er mir dann doch noch seine

Zettel. Nun hatte ich zwei Informationen, »Rübezahls« Notizen und meine von ihm übersetzten Aufzeichnungen.

Ich zahlte »Rübezahl« Geld aus, das er noch zu bekommen hatte. Dazu musste mein Kollege anwesend sein. »Rübezahl« gab uns den beschädigten Einlegeboden eines Samsonite-Koffers. In der BND-Sprache diente er als Verbringungsmittel, als Versteck für Schriftstücke. Wir sollten ihn mit nach Deutschland nehmen, damit er repariert werden konnte. Diese Aufgabe wollte mein Kollege übernehmen.

Am späten Abend traf auch »Eulenspiegel« in Warschau ein. Als mein Begleiter bereits in seinem Bett lag, setzten wir uns noch mal zusammen. Ich musste »Eule« warnen. Wenn Foertsch ein Verräter war, dann brachte die Nähe zwischen Dr. Herle und Foertsch eine Gefahr für meine Quellen. Ich fühlte mich für seine Sicherheit verantwortlich. Diese Einweisung war ich ihm schuldig.

Aber »Eule« war auch eine Chance für mich. Ich konnte mit seiner Hilfe überprüfen, was die kyrillischen Aufzeichnungen von »Rübezahl« bedeuteten. »Eulenspiegel« vertiefte sich in den Text und erschrak. Er hatte die Vorwürfe gegen den Abteilungsleiter 5 gelesen und sofort die Gefährdung für sich erkannt.

»Du musst mir helfen. Ich kann unmöglich die handschriftliche Aufzeichnung weitergeben. Bitte sprich mir das, was auf dem Zettel steht, auf Band«, bat ich ihn. Nach langem Zögern willigte er unter der Maßgabe ein, dass ich die Kassette nach der Auswertung wieder löschen würde. Das versprach ich ihm.

Am nächsten Morgen kam mein Kollege ganz aufgeregt zu mir. »Ich kann unmöglich das VBM (Verbringungsmittel) mitnehmen. Wenn das an der Grenze gefunden wird, nimmt man mich vielleicht fest.« »Dann entsorge es«, schlug ich ihm vor. »Wie denn, ich kann es doch nicht in den Müll werfen?« – »Dann schneide es eben klein und entsorge es stückchenweise.« Nach einer halbe Stunde stand er wieder vor mir, in der Hand eine Plastiktüte.

Er öffnete sie und ließ mich hineinschauen. »Alles klein geschnitten«, berichtete er ganz stolz, »mit meiner Nagelschere klein geschnitten.« Tatsächlich hatte er das gute Stück in Münzengröße zerlegt. Ich konnte mir das Lachen nicht verkneifen, als ich anerkennend zu ihm sagte: »Gute Arbeit, wirklich gute Arbeit. Und jetzt unauffällig entsorgen.« Nun dachte ich, er würde die Tüte einfach in eine Mülltonne werfen, aber da täuschte ich mich gewaltig. Im Nachhinein ist es sehr schade, dass niemand gefilmt hat, wie der Kollege diesem Auftrag nachkam.

Betont unauffällig schlenderte er über den großen Paradeplatz neben dem Hotel »Victoria Intercontinental«. Ich musste zweimal hinsehen, um ihn zu erkennen. Ab und zu stoppte er, vergewisserte sich, dass ihn niemand beobachtete, griff in die Tasche und ließ einen Schnipsel des ehemaligen Verbringungsmittels unauffällig zu Boden fallen. Irgendwie hatte ich genug vom Spionagespielen.

Ich riet dem armen Kollegen, die Rückreise mit der Bahn anzutreten, damit ihn sein Ohrensausen nicht wieder plagen konnte. Das befolgte er auch. Nach meinem Rückflug blieb ich noch zwei Tage in München. Während dieser Zeit war von dem mitgereisten BN-Mann nichts zu sehen oder zu hören. Am dritten Tag meldete er sich aus Berlin bei seiner Dienststelle. Er hatte, nach einer Irrfahrt durch Polen, Deutschland endlich wieder erreicht.

Beim Warschauer Treff hatte ich »Rübezahl« im Auftrag der Sicherheit gebeten, dringend mehr Material zum Fall Foertsch zu liefern. Um keinen Hinweis zu übersehen, baten die Pullacher nun auch ihre Partner in der Schweiz, Frankreich und England um Amtshilfe. Im Herbst 1997 lieferte »Rübezahl« dann ein russisches Dokument, das erdrückende Beweise enthielt. Dazu kurz die Vorgeschichte.

Der »Rapport« wird geliefert

Meine Chefs hatten für die Übergabe des Materials zwei Wege erkundet. »Rübezahl« sollte die Unterlagen bei einer seiner Auslandsreisen dem Flight Manager am Frankfurter Flughafen übergeben. Der würde sie an den BND weiterreichen. Auf diese Weise hätte »Rübe« alles schnell und unkompliziert abladen können und dabei den Transitbereich des Frankfurter Flughafens nicht verlassen müssen. Der zweite Weg war eine Deckadresse in Geretsried bei München. Dorthin konnte er seine Informationen auf dem normalen Postweg schicken. Beide Möglichkeiten hatte ich nicht selbst erkundet. Es war ein Novum in meiner bisherigen Dienstzeit, dass Quellenmaterial an mir vorbei direkt zum Dienst lief.

Wie geplant, meldete sich »Rübe« am 28. Oktober 1997 während eines Zwischenstopps in Frankfurt beim Flight Manager der Lufthansa, um einen Briefumschlag zu übergeben. Dabei kam es zu einer Panne: Eine Mitarbeiterin der Fluglinie wollte »Rübezahls« Ausweispapiere sehen. Ansonsten könne sie den Brief nicht annehmen. Unter einem Vorwand verschwand »Rübe«, um mich sofort anzurufen: »Ist das ein Spiel, oder was? Sie sagen, sie brauchen meinen Pass. Hahaha! Denkst du auch mal an meine Nerven? Vielleicht soll ich ja ein bisschen Probleme kriegen!«

Danach schickte er den Brief kurzerhand per Post an die Deckadresse in Geretsried. Dort wurde er vom Leiter des Observationskommandos abgeholt. Ich bekam keine Informationen über den Inhalt. Nur die Fallführerin teilte mir lapidar mit, dass das Material offenbar erstklassig sei, aber noch detailliert geprüft werden müsse.

Am 6. November 1997 wurde ich wieder nach München zitiert. Es ging nicht direkt um den Fall »Kosak 3«, stand aber damit in unmittelbarem Zusammenhang. Auslöser für die neuerliche Aktion war Foertsch selbst gewesen. Das Referat seines »Schwagers« Herle hatte fleißig Belastungsmaterial gesammelt. Dazu war ein ganzes Sammelsurium von Vorwürfen gegen mich mit der dienstinternen Kennung 13A-0854/97 zusammengestellt worden. Unter anderem wurde behauptet, ich hätte Vollmachten über private Bankkonten von Quellen gehabt und daraus möglicherweise Gelder veruntreut. Foertsch legte das Dossier dem Präsidenten des BND, Hans-Jörg Geiger, vor, um mich ein weiteres Mal zu denunzieren. Das geschah exakt einen Tag später, nachdem »Rübezahls« Rapport eingetroffen war.

Meine Chefs Wilhelm, Olgauer und Ulbauer hatten sich versammelt und erwarteten mich. Auch die Fallführerin und Offenbach waren anwesend. Im ersten Moment zuckte ich zusammen, weil dieses Empfangskommando wie ein Tribunal aussah. Es war keines. Die Sicherheitsleute teilten mir mit, dass sie aufgrund der massiven Herle-Vorwürfe wieder eine Untersuchung gegen mich durchgeführt hatten. Sämtliche Vorwürfe seien akribisch überprüft worden. Olgauer erklärte mir zufrieden, alles sei widerlegt worden. Am Vortag hätten sie bereits den Präsidenten über die Klärung aller Vorwürfe informiert, und zwar im Beisein eines in diesem Fall neutralen und unbeteiligten Direktors im BND. Darüber freute ich mich, aber gleichzeitig war mein Bedarf an Überprüfungen gedeckt.

Nun war ich neugierig auf die neuesten Informationen. Nach einigem Insistieren zeigte mir die Fallführerin das russische Original und schließlich auch die deutsche Übersetzung. Nach den Worten dieser Mitarbeiterin wies der Inhalt des Papiers eindeutig auf Foertsch als Verräter hin. Das meiste, was ich in dem Dokument las, konnte ich selbst nicht zuordnen. Der BND hatte diesmal sogar einen Spezialisten aus der Staatssicherheit der DDR hinzugezogen, der Erfahrungen mit solchen Papieren hatte. Er hatte die Unterlagen als »sehr ernst zu nehmen« qualifiziert und

Reg. 24–171

Briefkopf FSB

0004.76/2794

24. 04. 1997 Nr. einzige Ausfertigung

Moskau

Chef der Verwaltung für Koordinierung und Operative Information
– Stellvertreter des Direktors –

(handschriftlich:)
Ma Vortrag beim Direktor
am 28. 04. 97 – persönlich!!
A. Sokf

RAPORT

Ihnen zur Kenntnis berichte ich über den Zustand und die Perspektive der Zusammenarbeit mit der Quelle Chiffre 000–20/081. Die generelle Zeitspanne der unmittelbaren gemeinsamen Arbeit beträgt 4 Jahre 2 Monate. Bis zum Beginn des Jahres 1990 wurden über einen Zeitraum von etwa 16 Jahren die Informationen via Ministerium für Sicherheit der DDR gehandelt. Die Verbindung wurde 1993 wieder aufgenommen – Kontakt 24–007–93 von Februar 1993. Zum generellen Umfang und zur Qualität der erhaltenen Informationen s. Anlage 1–0004.76/2794–1.
[…]
Gegenwärtig ist die Quelle durch das Faktum eines möglichen Abflusses einer Information über die gemeinsame Arbeit beunruhigt (mein Vortrag auf der Besprechung am 14. 02. 1993). Das hängt desgleichen mit den bekannten inneren Widersprüchen in der Leitung der Organisation im Aufenthaltsland zusammen.
Die Quelle bestätigt, daß die Organisation im Aufenthaltsland über Informationen von uns verfügt, worüber bereits detailliert in der Analyse v. 25. 03. 97 (0004.76/2786, laufend) berichtet wurde.

Der mögliche Kanal des Abflusses wird aufgeklärt.
*(Anm.: Der linke Rand dieses Satzes ist mit einem Haken versehen, am rechten Rand ist ein handschriftlicher Vermerk »**präzisieren**«.)*
Die oben dargelegten Probleme wurden mit der Quelle während ihres letzten Besuches in Moskau besprochen. In der letzten Zeit ist aus objektiven Gründen politischer Natur die Möglichkeit beschränkt, in der operativen Arbeit von der Quelle Informationen zu erhalten.
Eine mögliche Entdeckung der Quelle würde zu einer breiten unerwünschten politischen Resonanz führen, weil sie den gegenwärtigen Absprachen und den unterzeichneten Dokumenten zuwiderläuft.
Ausgehend von dem Dargelegten sowie in Zusammenhang mit der geplanten Pensionierung der Quelle schlage ich vor:

1. Die Zusammenarbeit einzustellen und die Quelle davon im Verlaufe des geplanten Treffs Anfang Juni 1997 in England in Kenntnis zu setzen.
2. Einen stabilen Verbindungskanal mit der Quelle beizubehalten und die Möglichkeit einzuplanen, bei einer aufkommenden Gefahr für die Quelle oder die Angehörigen ihrer Familie Hilfe zu leisten.
3. Zu den nicht ausgeführten Maßnahmen Kopien der erforderlichen Dokumente zurückzubehalten und die übrigen bis zum 15. 06. 97 im internen Archiv unter der Kenngruppe 000/07 abzulegen.
4. Zur Gewährleistung der Sicherheit der Infrastruktur, wie sie zur Gewährleistung der Tätigkeit der Quelle gebildet worden war, soll diese nicht vor dem 1. 3. 1998 aufgelöst werden; dazu ist bis zum 1. 2. 1998 ein entsprechender Befehl und eine Instruktion vorzubereiten.
5. Abzufassen ist ein Antrag, der Quelle eine Prämie in Höhe von US-$ 100 000 bereitzustellen und die genannte Summe zum 1. 6. 1997 an eine englische Bank zu überweisen.

Oberoffizier der Verwaltung
Oberst W. DOBREZOW

M 6 65
maschinegeschrieben von Dobrezow

war in einem Gutachten zu dem Ergebnis gekommen, dass sie echt seien. Gleichwohl sagte Bundesanwalt Schulz Monate später in einem Ermittlungsverfahren unter Bezugnahme auf externe Gutachten, der »Rapport« sei mit 100-prozentiger Sicherheit das Produkt einer Fälschung.

Der Sicherheitschef wird überwacht

Von Frank Offenbach wusste ich, dass die Sicherheitsleute ihren eigenen Chef, den Abteilungsleiter Volker Foertsch, bereits seit geraumer Zeit überwachten. Am Nachmittag des 6. November traf ich Frank auf dem Flur in der Nähe von Olgauers Vorzimmer. Als er mich sah, blickte er vorsichtig in die Runde und winkte mich dann zu sich. »Komm, ich zeig dir was«, sagte er. Offenbach zog mich in die Flurecke zu einer Tür, auf der ein kleines Schild mit der Aufschrift »Geräteraum« montiert war. Ich kannte das Zimmer als Abstellraum, in dem alte Regale, Koffer und Gerümpel aller Art gelagert waren. Mir fiel auf, dass die Türklinke gegen einen Knauf ausgetauscht worden war.

Frank Offenbach klopfte einen bestimmten Takt gegen die Tür. Es kam ein Antwortsignal zurück. Frank pochte erneut, aber in anderer Folge. Die Tür wurde geöffnet und schloss sich hinter uns gleich wieder. Offenbach, der alte Fuchs, strahlte mich an: »Das ist unsere Videoabteilung!« Er deutete auf einen Tisch, auf dem sich ein großer Fernseher und mehrere kleine Monitore befanden. Dann zeigte er auf ein Mischpult: »Das ist das Tonstudio!« Frank gab dem Mitarbeiter ein Zeichen, und der drehte an einem Regler und gab uns beiden Kopfhörer.

Foertsch telefonierte mit jemandem vom Leitungsstab. Wir hörten alles mit. Offenbach flüsterte mit seinem Mitarbeiter, und der legte das Bild auf den großen Schirm. Ich konnte den Abteilungsleiter 5 sehen und hören. Das Bild wechselte. Mehrere Einstellungen standen zur Auswahl. Sogar im Vorzimmer, bei der Sekretärin des AL 5, waren Kameras installiert. Frank erkundigte sich nach der aktuellen Lage. Der Mitarbeiter drehte sich kurz um und antwortete mehr als deutlich. Er machte aus seiner Verachtung für Foertsch keinen Hehl.

Das war starker Tobak, und deshalb warf ich Frank einen fragenden Blick zu. Der hielt mir seine Hand mit der Innenfläche entgegen, als wenn er sagen wollte, warte nur einen kleinen Moment. »Haben wir das von gestern Nachmittag noch?«, fragte er den Techniker. »Sie meinen das mit Olgauer.« Frank nickte. Ich war gespannt wie ein Flitzbogen. Was ich dann zu hören und zu sehen bekam, nahm mir den letzten Funken Respekt vor diesem Abteilungsleiter.

Die Kassette lief, und ich sah auf dem Bildschirm, wie Olgauer in das Zimmer von Foertsch trat. Der begrüßte seinen Abwehrchef betont freundlich. Sie besprachen dienstliche, mir fremde Dinge. Das Band wurde vorgespult, bis Olgauer sich wieder erhob. Foertschs Verabschiedung war ausgesucht freundlich. Er geleitete seinen Besucher durch das Vorzimmer nach draußen. Dann kam Foertsch in sein Büro zurück. Nun hatte seine Miene gewechselt, und er zog in verächtlichem Ton über Olgauer her.

Als ich das hörte, spürte ich eine Gänsehaut. »Möchtest du noch was anderes sehen?«, flüsterte Frank. Ich schüttelte den Kopf.

Als mich Frank einige Zeit später in mein Hotel brachte, sprachen wir noch einmal über das Gesehene und das Gehörte. Frank war sehr nachdenklich. »Ich bin tief enttäuscht von diesem Mann. Nicht, weil er vielleicht ein Verräter ist, sondern weil er mich menschlich anwidert. Was sich dort oben abspielt, das hätte ich nicht für möglich gehalten.«

Er schüttete seine Seele aus, berichtete von den Erkenntnissen der Observation und lieferte noch ein weiteres Beispiel für seinen tiefen Frust: »Stell dir vor, der hat sogar den Vorschlag für sein eigenes Bundesverdienstkreuz selbst geschrieben. Wir haben das Papier beim Einbau der technischen Geräte gefunden. Und der Hammer ist, dass er dem Bundespräsidenten darin großzügig freistellt, über den Grad der Verdienststufe selbst zu entscheiden. Du kannst dir nicht vorstellen, wie mich das ankotzt.«

Offenbach war aschfahl. Als ein Mann, der viele Jahre für seinen Abteilungsleiter diskrete und knifflige Jobs durchgezogen und ihm blind vertraut hatte, fühlte er sich ins Mark getroffen. Das wahre Gesicht seines Chefs zu erleben, das hatte tiefe Spuren in ihm hinterlassen. »Weißt du, Norbert«, sagte er bedächtig, »vorhin hast du ja nur einen kleinen Ausschnitt von dem gesehen, was wir jeden Tag von ihm Neues erfahren. Es ist einfach grauenvoll, was hier passiert. Wir haben hier einen völlig anderen Menschen vor uns, als wir gedacht haben.« Dann fragte er mich, ob ich auf dem Fensterbrett im Büro von Foertsch den Kurzwellenempfänger gesehen hätte. Mir war das Gerät nicht aufgefallen, obwohl man es bei den Videomitschnitten hinter dem Vorhang noch deutlich erkennen konnte. Er wurde konkreter: »Dieselben Geräte gehörten zur Grundausstattung der Stasi-Agenten im Ausland. Damit empfingen sie ihre Anweisungen.«

Ungläubig schüttelte ich den Kopf. »Das ist Blödsinn. Der stellt sich doch so ein Teil nicht ins Büro.« – »Das habe ich zuerst auch gedacht«, verbesserte er mich, »aber nun habe ich ein wenig mehr über diesen Charakter erfahren. Glaub mir, das ist sein Wesen. Hält sich für den Markus Wolf des BND. Er denkt wirklich, er sei der heimliche Chef des Dienstes.« Für mich war das alles zu viel, und wenn ich ganz ehrlich bin, verstand ich damals nur die Hälfte von dem, was Frank berichtete. Aber er erzählte und erzählte …

Die Vorermittlungen zum Fall Foertsch – »Kosak 3« – waren Ende November 1997 fast abgeschlossen. Der UAL 52 versuchte immer noch und immer wieder, die vorliegenden Erkenntnisse zu überprüfen. Ihm war deutlich anzumerken, dass er unter dem schweren Verdacht gegen seinen Abteilungsleiter litt. Wilhelm war kein Leichtfuß. Er nahm die Sache sehr ernst und führte stundenlange Gespräche mit allen Beteiligten im U-Referat, um vielleicht doch noch zu einem anderen Schluss zu kommen. Auf ihm lastete die ganze Verantwortung. Auch aus heutiger Sicht war er völlig korrekt mit dem Fall umgegangen. Ich konnte bei Wilhelm nie Häme oder Rachegefühle feststellen. Deshalb quälte er sich wahrscheinlich auch so. Wenn am Ende einer Überprüfung wieder das gleiche Ergebnis herauskam, war er geradezu enttäuscht.

Hin und wieder saß er bei Ulbauer, grau im Gesicht, gezeichnet. Er suchte die Nähe seiner Untergebenen, nicht zuletzt, weil ihn sein Präsident Hans-Jörg Geiger mit dem ganzen Debakel völlig allein ließ. Der ehemalige Vizepräsident der Gauckbehörde war nicht zu erreichen oder reagierte zögerlich und zaudernd. Häufig ging er Entscheidungen aus dem Weg oder überließ sie Wilhelm. Der aber hätte jemanden gebraucht, der ihn stützte oder – für den Fall eines Fehlers – bedingungslos hinter ihm stand.

Der Verfassungsschutz wird eingeschaltet

Bei einem Gespräch mit Ulbauer kam der Gedanke auf, den Fall außerhalb des Dienstes begutachten zu lassen. Als Einzige kamen wohl die Kollegen vom Bundesamt für Verfassungsschutz (BfV) in Frage. Wilhelm griff den Vorschlag für eine solche ungewöhnliche Vorgehensweise dankbar auf. Er schien sichtlich erleichtert zu sein. Sollten sich irgendwo handwerkliche Fehler eingeschlichen haben, könnte man sie auf diese Weise aufdecken und korrigieren. Der damalige Präsident des BfV, Peter Frisch, sandte einen Mann seines Vertrauens zum BND. Dieser nannte sich Schmidt und sichtete nach und nach die Akten zu »Kosak 3« und zur Operation »Rübezahl«.

Am 16. Dezember 1997 bat Schmidt in die Amtsräume von Offenbachs QD 30 zu einer Arbeitsbesprechung mit allen Beteiligten. Sein Urteil war eindeutig. Schmidt hielt die Verdachtsmomente gegen Foertsch für mehr als ausreichend und bat Wilhelm, dringend den Präsidenten zu veranlassen, beim Kanzleramt zu intervenieren. Er beglückwünschte uns alle zu der bisher tadellosen Arbeit.

Trotzdem hatte der Präsident wieder keine Zeit, die erforderlichen neuen Informationen entgegenzunehmen. Er delegierte diese undankbare Aufgabe an seinen Adlatus, der nur telefonisch informiert werden wollte. Wilhelm bemühte sich ein weiteres Mal um einen persönlichen Termin beim Präsidenten. Zwei Tage später bekam er ihn, aber auch nur am Telefon. Es sollte noch ein ganzer Monat vergehen, bis Geiger eine nennenswerte Reaktion zeigte. Da sich in der Zwischenzeit wenig getan hatte, bot sich BfV-Chef Frisch an, den Fall selbst zu begutachten. Darüber verging erneut ein Monat, bis der Kölner Verfassungsschützer seinen Münchner Kollegen dringend aufforderte, den Fall Foertsch beim Bundeskanzleramt vorzutragen.

Anfang März 1998 raffte sich Geiger endlich auf, in Bonn bei seinem »Bedarfsträger« (BND-Jargon) vorstellig zu werden. Möglicherweise wegen der Freundschaft zwischen Foertsch und dem Staatsminister Schmidbauer klopfte die kleine Delegation am 10. März erst einmal beim Kanzleramtsminister Friedrich Bohl an. Der setzte sich über die Bedenken der Pullacher hinweg und überwies die Besucher direkt an seine rechte Hand Schmidbauer. Damit lag der Fall auf dem Tisch, auf dem er nicht landen sollte. Keiner wusste genau, wie abhängig Foertsch und Schmidbauer voneinander waren. Olgauer formulierte das so: »Jetzt wird die Luft für uns recht dünn. Aber wir sind auch mittlerweile schon ziemlich weit oben angelangt.«

Die streng geheime »Bonner Runde«

Am 17. März 1998 lud das Kanzleramt zu einer Geheimkonferenz ein, die ich wohl niemals vergessen werde. Olgauer rief mich vier Tage vorher an und bat mich, ihn trotz meines Krankenstandes nach Bonn zu begleiten. Ich sollte an der Besprechung teilnehmen, um mögliche Fragen zur Quelle »Rübezahl« zu beantworten. Wir kamen etwas zu früh in Bonn an, parkten unterhalb des »Langen Eugen« und spazierten bei schönem Frühlingswetter zum nahen Bundeskanzleramt. Im Foyer wurden wir bereits erwartet und in das Untergeschoss gebracht.

Der geräumige Vorraum wirkte wie eine Theatergarderobe. Während sich das Treffen noch verzögerte, beobachteten wir die emsig hin- und herlaufenden Bediensteten des Kanzleramtes. Mit einem von ihnen kamen wir ins Gespräch. Es müsse ja etwas ganz Besonderes anliegen, meinte er. Auf unsere Gegenfrage, wie er darauf käme, holte er etwas aus: »Naja, den abhörsicheren Raum haben wir hier fast nie benutzt. Höchstens einmal im Jahr vor der Haushaltsdebatte. Dann treffen sich die Fraktionsspitzen da drin und verhandeln miteinander.« Er grinste wissend.

Bald darauf öffnete sich die Fahrstuhltür. Staatsminister Schmidbauer trat heraus, gefolgt von einem ganzen Tross mehr oder minder Untergebener. Er rauschte förmlich heran. Im Vorbeigehen drückte er Olgauer die Hand und tat mit ihm so vertraut, als würde er ihn seit vielen Jahren kennen. Als Nächstes stand der Minister vor mir, musterte mich kurz mit freundlichem Lächeln. Es folgte ein Handschlag und eine rasche Bemerkung: »Na, dann kommen Sie mal, Herr Busemann. Das ist ja ein schöner Mist, den wir da zu bearbeiten haben.« Er legte die Hand auf meine Schulter und führte mich in Richtung Besprechungsraum.

Schmidbauer redete unaufhörlich: »Mannomann, da haben Sie uns ja was Sauberes eingebrockt. Wer hätte das gedacht. Ich glaube, ich werde mir neue Freunde suchen müssen. Aber ihr habt bisher alle gut gearbeitet. Jetzt müssen wir mal zusehen, wie wir die Kuh vom Eis holen.« Dabei klopfte er mir anerkennend auf die Schulter, die er immer noch festhielt.

Wir gingen in den abhörsicheren Raum, der durch zwei schwere Stahltüren gesichert war. Man fühlte sich eher an einen Panzerschrank erinnert als an einen Konferenzraum. Zuerst trat Schmidbauer ein, dann ich. Jemand drängelte sich von hinten an mir vorbei. Er versuchte, dicht beim Staatsminister zu sein. Zuerst erkannte ich ihn nicht und hielt ihn für einen persönlichen Referenten. Schmidbauer herrschte ihn an: »Immer mit der Ruhe. Sie sitzen mit Ihren Leuten da drüben.« Da drehte sich der Angesprochene kurz um. Er schien jemanden zu suchen. In diesem Moment erkannte ich ihn. Es war mein Präsident, Hans-Jörg Geiger.

Er suchte anscheinend nach Olgauer, der als Letzter eintrat. Als Geiger mich sah, setzte er ein künstliches Lächeln auf und tat so, als würden wir uns zufällig in der U-Bahn treffen. »Ach, Herr Busemann. Es ist schön, dass Sie hier sind. Nun lernen wir uns endlich auch einmal persönlich kennen.« Noch ehe ich antworten konnte, schaute er irgendwie durch mich hindurch. Er sprach mit Olgauer.

Jetzt konnte ich mich in Ruhe umschauen. Der Raum war nicht groß und wirkte ziemlich kahl. Es mangelte an Bildern und an Raumschmuck jeder Art. War ich einige Minuten vorher noch aufgeregt gewesen, so wurde ich plötzlich innerlich ganz ruhig. Wir setzten uns an den großen, rechteckigen Konferenztisch, der von zwanzig Stühlen umgeben war.

Schon beim Eintreten hatte der Geheimdienst-Aufseher einen Mitarbeiter angeblafft: »Was ist das denn hier? Gibt es denn nicht wenigstens ein paar Häppchen oder irgendwas? Wie soll man denn so arbeiten?« Er saß vor uns im Hemd, die Ärmel umgeschlagen und die Krawatte leicht geöffnet. Trotz seiner lässigen Art wirkte der Minister nervös und angespannt. Er knipste ständig mit seinem Kugelschreiber herum. Noch bevor sich alle gesetzt hatten, goss er sich einen Kaffee ein und fragte die anderen, was sie trinken wollten. Er teilte die Sitzordnung ein. Auf einer der beiden Längsseiten saßen Geiger, Olgauer und ich. Uns gegenüber befanden sich Schmidbauer, daneben der für den BND zuständige Abteilungsleiter 6, August Hanning, außerdem eine Dame aus dem Bundeskanzleramt und Schmidbauers Mitarbeiter Staubwasser.

Der Referent schien genauso hibbelig zu sein wie sein Chef. Auf den ersten Blick wirkte er gehetzt, als wolle er gleich davonlaufen. Hanning dagegen schien vor allem neugierig zu sein. Er war neben Olgauer der einzige Anwesende, der einigermaßen Souveränität ausstrahlte. Mein Chef, Olgauer, zeigte keine Nerven. Er war wie ich gut vorbereitet, und deshalb sicher. Geiger bildete den Gegenpol. Ich hatte den Eindruck, als würde er kaum wissen, wovon er sprach.

Schmidbauer eröffnete die Sitzung: »Eine schöne Schweinerei ist das. Was machen wir denn nun? Wenn das rauskommt, kauft doch keiner mehr von mir ein Stück Brot. Dann können wir doch alle gleich mit einpacken.« Er schaute fragend in die Runde. Da ging die Tür noch einmal auf, und jemand trug ein großes Silbertablett herein. Darauf waren ein paar Dutzend Pralinen drapiert. Ich traute meinen Augen kaum. Alles Unikate, keine Praline glich der anderen. Schmidbauer war zufrieden: »Na also – geht doch! Greifen Sie zu.« Dann blickte er mich an. »Sie dürfen sich auch welche nehmen«, sagte er höflich. Ich wollte nicht.

Olgauer begann den gesamten Fall noch einmal vorzutragen. Sachlich, ohne Wenn und Aber, erzählte er den Stand der Dinge. Danach wurde ich zur Quelle und den anderen Informanten befragt. Mit den Ermittlungsarbeiten war die Runde sichtlich zufrieden. Der Fall selbst bereitete den Teilnehmern jedoch erhebliche Kopfschmerzen. Als Fazit schlug Olgauer vor, die Angelegenheit weiter zu untersuchen.

Das stieß bei den Herren aus dem Bundeskanzleramt auf wenig Gegenliebe. Der eifrige Geiger schloss sich ihnen direkt an. Schmidbauer ergriff das Wort: »Der Fall ist doch fünfzig, fünfzig. Das reicht. Was sollen wir da noch groß ermitteln? Das darf, so oder so, nicht öffentlich werden. Stellen Sie sich vor, was das für Probleme gäbe. Auf jeden Fall müssen wir Foertsch loswerden.« Staubwasser gab sich als Bedenkenträger: »Wie soll das gehen? Was glauben Sie, Herr Minister, was der alles anzetteln wird?« – »Ja was, meine Herren, ich kann doch keinen Verräter im Dienst belassen. Keinen Tag länger als nötig. Was glauben Sie denn, was der tut? Meinen Sie, der packt aus?«, fragte der Chef in die Runde. Die quittierte das mit allgemeinem Nicken.

Geigers Stunde war gekommen: »Also, er hat jede Menge Dossiers angelegt. Über Gott und die Welt, er hält mit seinen Kenntnissen nicht hinterm Berg. Foertsch lässt keine Situation aus, um mich an sein Wissen zu erinnern. Das läuft bisweilen recht subtil ab. Neulich sagte er in einem Vieraugengespräch zu mir, er habe ein Gedächtnis wie ein Elefant. Das sei eine schlechte Eigenschaft, die er einfach nicht loswürde und auch nicht ablegen könne. Daraufhin habe ich diesen spitzfindigen Hinweis, mit dem er Druck auf mich ausüben wollte, mit der ebenfalls einfallsreichen Anspielung pariert, dass man seine schlechten Angewohnheiten auch im hohen Alter ablegen könne.« Geiger lachte über die Cleverness, die er Foertsch gegenüber gezeigt hatte.

Er war allerdings der Einzige, der sich darüber amüsieren konnte. Die Runde war peinlich berührt. Geiger erzählte noch einige dieser kleinen Foertsch-Anekdoten, die davon berichteten, wie ihm der AL 5 unverhohlen mit seinem Hintergrundwissen gedroht hatte und wie standhaft er ihm immer gegenübergetreten war.

Es entwickelte sich eine Diskussion über die Gefahr, die vom Sicherheitschef ausgehen könnte, wenn er entlassen würde. Von Olgauer abgesehen, schien niemand im Raum Interesse an weiterer Aufklärung zu haben. Es war aber mein Eindruck, dass keiner wirklich an der Schuld von Foertsch zweifelte. Allem Anschein nach waren die belastenden Vorwürfe gegen den Abteilungsleiter viel weiter reichend, als ich es überblicken konnte. Alle beteiligten sich irgendwie an der Diskussion, aber jeder blieb bei seiner Rolle: Schmidbauer, der Betrogene, Staubwasser, der ängstliche Bedenkenträger, Hanning, der Besorgte, Olgauer, der Analytiker, und Geiger, der Radfahrer. Für mich war das eine unwirkliche und groteske Konstellation.

So drehten sich die Herren über längere Zeit im Kreis herum. Einer, der im wahrsten Sinne des Wortes ins Schwitzen geraten war, ergriff die Initiative und sagte, einen Landesverrat könne man sich nicht leisten, aber es müsse so viel an ihm hängen bleiben, damit es ausreiche, ihn rauszuschmeißen. Jemand anders meldete sich zu Wort: »Und wie soll das gehen? Da müsste doch zunächst mal einer mit Nehm reden.« (Kay Nehm, der Generalbundesanwalt, d. A.). Ein anderer warf ein: »Es sollte vorher geprüft werden, ob Nehm überhaupt in der Sache mit sich reden lässt.« Darauf Schmidbauer: »Irgendwer muss zu Nehm fahren und herausfinden, ob der ein informelles Gespräch führen würde, um dann zu entscheiden, ob man mit ihm offiziell über die Sache sprechen kann.«

Staubwasser gab zu bedenken, dass Nehm zuerst einmal seinem Chef im Justizministerium verpflichtet sei. Wenn er seine Aufgaben ernst nähme, wovon man ausgehen müsse, werde die Geschichte im Justizministerium die Runde machen. Im Übrigen sei ja der Justizminister von der FDP, und das müsse schon a priori als Risiko eingestuft werden.

Hanning warf ein, dass man sich dann unter Umständen auch noch mit der Parlamentarischen Kontrollkommission auseinandersetzen müsse. Wenn also dieses Gespräch mit Nehm geführt werde, dann müsse es unter absoluter Diskretion geschehen. Es gelte sehr sensibel zu agieren, damit sich niemand bedrängt fühle.

Schmidbauer wurde unruhig: »Ja, doch, ja, ich weiß das alles. Ich will jetzt wissen, wer zu Nehm fährt.« »008«, so sein weithin bekannter Spitzname, schaute fragend in die Runde. Stille. Keiner sagte etwas. Innerlich musste ich schmunzeln. Der Lehrer hatte etwas gefragt, und keiner traute sich nach vorne an die Tafel. »Was nun?«, polterte Schmidbauer und schaute einem nach dem anderen tief in die Augen. Staubwasser schüttelte pikiert den Kopf. Hanning blickte geradeaus und vermied so Augenkontakt. Er tat so, als sei er gar nicht gemeint. Da meldete sich Geiger mit wohl abgewogenen Worten: »Also, Herr Minister, wenn ich es mir recht überlege, könnte ich das machen. Sehen Sie, Herr Nehm und ich haben kein konkurrierendes Verhältnis zueinander. Deshalb wäre es durchaus möglich, dass ich nach Karlsruhe fahre.«

Schmidbauer lächelte zufrieden: »Na also! Dann fahren Sie zu Nehm. Aber das wird so abgehandelt, wie wir es hier besprochen haben. Ich will keinen Wirbel. Staubwasser,

Sie schreiben gemeinsam mit Olgauer alles zusammen, was wir für den Vortrag bei Nehm brauchen.« Da bekam der Bedenkenträger einen hochroten Kopf: »Herr Staatsminister, dafür brauche ich Zeit. Mindestens eine Woche. Das muss ja alles juristisch sauber begründet werden. Wenn ich mir nur vorstelle, dass der Penner (Vorsitzender der Parlamentarischen Kontrollkommission, d. A.) Wind von der Geschichte bekommen könnte und welcher Wirbel dann daraus entstehen würde. Nicht auszudenken.«

Schmidbauer wurde giftig: »Sie machen das jetzt, gleich, sofort. In zwei Stunden will ich alles auf meinem Tisch haben. Olgauer, Sie helfen ihm dabei. So wird es gemacht. Ende der Diskussion.« Prompt stand er auf und schritt zur Tür. Auf halbem Weg blieb der Geheimdienst-Koordinator stehen und wandte sich noch einmal den ebenfalls aufbrechenden Teilnehmern der Runde zu: »Meine Herren, und dass das klar ist: Dieses Gespräch hier hat niemals stattgefunden!«

Alle Teilnehmer entschwanden blitzschnell. Im Weggehen zog mich Hanning noch zur Seite: »Und wenn es neue Fakten von Seiten der Quellen geben sollte, dann informieren Sie mich bitte direkt hier im Kanzleramt.« Olgauer rief mir zu: »Sie können dann fahren.« Plötzlich stand ich ganz alleine in dem abhörsicheren Raum. Ohne dass jemand Notiz von mir nahm, ging ich zur Garderobe und zog meinen Mantel an. Ganz in Ruhe schlenderte ich nach draußen. Es war schön, und ein kühler Wind strich über das Gelände vor dem Kanzleramt.

Auf halbem Weg drehte ich mich um und schaute auf das Gebäude, aus dem ich gerade gekommen war. Ich dachte: »Nein, Leute. Ich nicht. Das mache ich nicht mit!« Es beschlich mich ein unglaubliches Gefühl von Einsamkeit. Was sind wir für ein Staat geworden? Habe ich dafür meine Knochen hingehalten? Zutiefst enttäuscht ging ich zum Wagen. Der Fahrer brachte mich zum Bahnhof. Dort blieb noch etwas Zeit, bis mein Zug kam. Auf dem Bahnsteig stehend, rief ich Freddy an und berichtete ihm. Die Rückfahrt verlief wie im Fluge. Ich notierte mir Sätze und Wortfetzen aus der Geheimbesprechung.

Von Verrätern und Betrügern

Ist Volker Foertsch ein Verräter oder nicht? Diese Frage bewegte mich, neben meinen persönlichen und gesundheitlichen Problemen, über Monate hinweg. Was ich Ende 1997 und Anfang 1998 erfahren hatte, warf kein gutes Licht auf ihn. Er war für mich eine menschlich fragwürdige Person geworden. Aber ein Verräter? Vieles sprach dafür. Doch reichten die Beweise aus? Olgauer hatte Recht. Wenn der BND und die Verantwortlichen der Regierung Kohl dieser Sache gerecht werden wollten, dann müssten sie die Ermittlungen fortführen. Was dann allerdings passierte, hatte mit Rechtsstaatlichkeit rein gar nichts mehr zu tun.

Wie sich die Besprechung im Keller des Bundeskanzleramtes auf Bonn und Karlsruhe auswirkte, entzieht sich meiner Kenntnis. Ich bekam die Konsequenzen sozusagen auf der Arbeitsebene mit. In den letzten Märztagen 1998 war die Bundesanwaltschaft in Pullach avisiert. Ein staatsanwaltschaftliches Ermittlungsverfahren gegen den Abteilungsleiter 5 lief. Nun sollte er mit den Verdachtsmomenten konfrontiert und zwei Tage lang vernommen werden. Schon Tage vorher wurde auch ich in die BND-Zentrale zitiert. Zusammen mit anderen sollte ich als Zeuge vernommen werden. Bis dahin standen noch Vorbesprechungen an.

Eines war schon vor Beginn der Karlsruher Aktion klar: Bei den Sicherheitsleuten des BND herrschte Unmut, seit sie erfahren hatten, dass Bundesanwalt Schulz die Ermittlungen im Auftrag des Generalbundesanwalts Nehm leiten sollte. Schulz und Foertsch kannten sich seit Jahren bestens. Der »Flurfunk« behauptete sogar, dass sich die beiden duzen würden. Eine ungünstige Situation, wie ein paar Insider munkelten.

Frank Offenbach holte mich persönlich am Flughafen ab und berichtete vom Stand der Dinge. Unter anderem habe man den Eindruck gewonnen, Volker Foertsch wisse über die bevorstehenden Maßnahmen der Staatsanwälte bereits Bescheid. Einen Tag vor dem Besuch aus Karlsruhe wurde ich wieder in das Sicherheitsreferat gerufen. Offenbach spielte mir ein Videoband vor. Ich konnte den AL 5 erkennen, wie er seinen Schreibtisch aufräumte und ständig mit irgendwelchen Papieren durch das Zimmer lief.

»Der säubert sein Büro«, erklärte Offenbach, »hörst du das Geräusch im Hintergrund? Die Aufzeichnung ist vom Samstag. Foertsch war den ganzen Tag im Büro.« Ich hörte ein Brummen, das ich nicht zuordnen konnte. »Wir haben lange gerätselt, was es ist. Erst als er am Abend wieder gegangen war, konnten wir es herausfinden.« Fragend blickte ich ihn an. »Es war ein Reißwolf. Sogar sein Notizbuch, das er immer benutzt, ist jetzt völlig jungfräulich.«

Dann schaltete Offenbach ein Tonbandgerät an. Es war deutlich zu hören, wie Foertsch und Schmidbauer telefonierten. Sie sprachen über das bevorstehende Ermittlungsverfahren. »Das haben wir in der Nacht von Freitag auf Samstag aufgezeichnet. Sie haben mitten in der Nacht über zwei Stunden telefoniert«, erzählte Frank. Mein Freund sah kreidebleich aus, wirkte kraftlos und frustriert. Mich wunderte nichts mehr.

Kurze Zeit später saß ich bei Ulbauer. Er bat mich dringend, das Hotel zu wechseln. Der BND hatte nämlich die Herren der Bundesanwaltschaft in meinem Stammhotel Buchenhain untergebracht. Da ich mit ihnen vorher nicht zusammentreffen sollte, musste ich in das Hotel »Zur

Post« nach Baierbrunn ausweichen. Widerwillig und uneinsichtig folgte ich der Anweisung und zog frustriert von dannen. Nach dem Abendessen mit Freddy betrauerten wir die Trennung von unserer Traditionsherberge und beschlossen schließlich, dort ein Bier zu trinken.

Natürlich wollten wir uns auch die Bundesanwälte anschauen. Schon der Gedanke an die zu erwartende Reaktion unserer Chefs bereitete uns Freude. Den Anschiss würden wir locker wegstecken, schließlich hatten wir mit dem BND innerlich längst abgeschlossen. Also begaben wir uns auf einen Abendspaziergang zum Waldhotel Buchenhain. Im Restaurant wurden wir fündig. UAL52 Wilhelm und ein paar andere saßen mit den beiden Bundesanwälten in einer gemütlichen Ecke und bemerkten unser Kommen nicht. Wir setzten uns so, dass wir alles gut im Blick hatten.

Als Offenbach zwischendurch zur Toilette ging, bemerkte er uns, sagte aber keinen Ton. Er verdrehte lediglich seine Augen, als sei er bereits benommen vom Gespräch. Die beiden Vertreter des höchsten Anklägers der Republik waren in feines, schwarzes Tuch gehüllt, hatten sich aber bereits Erleichterung verschafft. Sie flüsterten nicht, sondern redeten lauthals. Plötzlich stand Schulz auf und bewegte sich in einem leichten Bogen auf die Toilette zu. Dabei hatte er die rechte Hand in der Hosentasche und die Linke weit von sich gestreckt, um das Gleichgewicht zu halten. Beim ersten Versuch verfehlte er die Klinke, schaffte er es aber doch noch, die schwere Tür zu öffnen. Die Bundesanwälte waren längst nicht mehr zurechnungsfähig, und trotzdem bewiesen sie Steherqualitäten. Während Wilhelm zum wiederholten Male mahnend auf seine Armbanduhr blickte, rief Schulz erneut nach der Bedienung. Wir verließen die feuchtfröhliche Runde.

Am nächsten Tag ereiferte sich Wilhelm über den Auftritt der Bundesanwälte und besonders über Schulz. Er schien richtig schockiert zu sein. Aber das war der geringste Ärger. Die Bundesanwaltschaft sorgte nämlich für massive Irritationen – und nicht nur beim Sicherheitsbeauftragten des BND.

Am späten Vormittag betraten die beiden Bundesanwälte und Wilhelm gemeinsam mit Foertsch dessen Büro. Ich war kurz zuvor im Camp eingetroffen und beobachtete eine verrückte Situation in Ulbauers Dienstzimmer. Ulbauer stand in der Ecke und rauchte, schüttelte immer wieder den Kopf. Unsere Fallführerin und Frank Offenbach saßen an einem kleinen Tisch und diskutierten mit sorgenvollen Mienen. Dazwischen stapfte ein kleiner, mir unbekannter Mann auf und ab und brüllte in den Telefonhörer. Ulbauer winkte mich aus dem Büro, und deshalb blieb ich für eine Weile im Vorzimmer. Ulbauers Sekretärin bemerkte trocken: »Die spinnen, die Römer! Wenn ich es nicht selbst miterleben tät, ich würd's nicht glaub'n.«

Durch die Tür konnte ich sehen, wie der Fremde weitertobte. Die Fallführerin kam heraus und kommentierte das Geschehen: »So eine Sauerei, was hier abläuft. Das gibt es in keinem Film.« Plötzlich kam Frank aus dem Zimmer: »Norbert, sie kommen. Los, wir schauen uns das im Fernsehen an.« Schon waren wir auf dem Weg in das »Technikzimmer«. Gerade betraten die Bundesanwälte das Büro von Foertsch. Die Sekretärin stand auf. Sie wirkte sehr nervös und zitterte.

Im Dienstzimmer wurden Schränke und Schubladen begutachtet. Alles sah aufgeräumt und geordnet aus. Schulz nahm einen Notizblock vom Schreibtisch und sichtete ihn, indem er die Seiten wie bei einem Daumenkino durch die Finger gleiten ließ. Er zog eine Schublade auf und verschloss sie gleich wieder, ohne genau hineingeschaut zu haben. Wilhelm war rot vor Wut: »Herr Bundesanwalt, wollen Sie denn nicht durchsuchen?« Schulz überhörte ihn. Der Panzerschrank wurde geöffnet. Foertsch erklärte kurz den Inhalt und trat dann mit verschränkten Armen zurück.

»Wollen Sie das denn nicht sichten?«, mahnte Wilhelm erneut. Er zog einen Stapel von etwa fünfzehn bis zwanzig bunt zusammengewürfelten Mappen halb heraus, um Schulz zur genauen Sichtung zu animieren. Der ging dazwischen, drehte sich herum und fragte Foertsch: »Sind das alle Unterlagen, die sich in Ihrem Besitz befinden dürfen?« Der sagte knapp »Ja« und nickte dabei gelassen. Bis dahin hatten Frank und ich schweigend der Show zugesehen. Nun raunte er mir zu: »Ich bin gespannt, was sie damit machen werden.« Schulz nahm den Stapel heraus und ließ ihn unter Bewachung in seinen Dienstwagen bringen.

Damit war die Sichtung des Foertsch-Büros beendet. Beim Rausgehen, Foertsch stand bereits in der Tür, sprach ihn seine Sekretärin von hinten an: »Sehen wir uns noch mal in diesem Leben?« Er drehte den Kopf zur Seite, ohne ihr dabei in die Augen zu sehen, und antwortete: »Ich denke schon!« Dann verließ er mit dem kleinen Gefolge sein Büro.

Wenige Minuten später, wir saßen in Ulbauers Büro, stand plötzlich Wilhelm vor uns. Er war aschfahl und schäumte vor Wut. Mit nach unten ausgestreckten Armen, die Handflächen uns zugewandt, sagte er beinahe verzweifelt: »Und nun – und nun – wissen Sie, was die jetzt machen? Die fahren zum Essen. Schulz fährt mit Foertsch zum Essen. Ich glaube, in die Waldwirtschaft nach Großhesselohe oder so. Ich fasse das nicht.« Da sprang der kleine fremde Mann in Ulbauers Büro von seinem Stuhl auf und schimpfte weiter: »Jetzt reicht es mir.« Dabei knallte er seinen Notizblock auf den Tisch und verschwand wutschnaubend.

»Wer ist das eigentlich?«, fragte ich Ulbauer. »Das ist der Chef der Truppe aus Meckenheim«, lautete seine Antwort. Wenig später sollte ich den BKA-Beamten wiedersehen. Auf dem Gang traf ich ein mir bereits bekanntes Gesicht, das nicht zum Dienst gehörte, mich aber freundlich anlächelte. Es war ein Kriminalhauptkommissar der Staatsschutzabteilung, den ich von einer früheren Zeugenaussage her kannte. Er begrüßte mich freundlich und schlenderte dann mit mir gemeinsam in ein großes Büro, das sich direkt neben unserem »Technikraum« befand.

Dabei plauderten wir über den Verlauf dieses eigenartigen Ermittlungsverfahrens. »Was wird hier eigentlich für ein Film gedreht?«, fragte ich ihn, als wir vor der Bürotür angekommen waren. Er öffnete, führte mich hinein und schlug mir freundschaftlich auf die Schulter. »Ach, wissen Sie, das hier ist ein gigantisches Spiel. Und wir beide spielen darin nur eine ganz, ganz winzige Statistenrolle.« Er seufzte und bot mir einen Sitzplatz an.

Ich traute meinen Augen kaum. Der Raum war von einem knappen Dutzend Kripobeamten belegt. Sie tranken Kaffee, rauchten und unterhielten sich gelangweilt. Dennoch wirkte die Stimmung irgendwie explosiv. Der Chef der Truppe, den ich in Ulbauers Büro erlebt hatte, richtete gerade ein paar Worte an seine Leute. Als er den Raum wieder verließ, beobachtete ich allgemeines Kopfschütteln. Wortfetzen der Kripobeamten sind mir haften geblieben: »Das ist eine Farce. Die Verarschung des Jahrhunderts. Wie lange sollen wir hier noch eingesperrt bleiben?« Irgendwer nahm die volle Kanne aus der Kaffeemaschine und verteilte die schwarze Brühe in die Kaffeebecher. Dann hob er seine Tasse hoch: »Prost Kaffee – ihr Deppen.«

Konflikt mit dem Bundesanwalt

Am nächsten Tag stand meine Vernehmung als Zeuge durch den Bundesanwalt Schulz an. Er hatte sein Zimmer im Erdgeschoss des Präsidentenhauses eingerichtet. Nur er, sein Kollege Steudel und eine Schreibkraft waren anwesend. Schulz spielte den Eiskalten. Er saß dicht vor mir und hatte den geöffneten schwarzen Zweireiher links und rechts mit seinen Händen zusammengerafft, als würde er frieren. Körpersprache, dachte ich, Körpersprache. Er fragte und ich antwortete. Dabei war ich mit den Gedanken nicht wirklich bei der Sache.

Mir geisterten Bilder der letzten Dienstjahre durch den Kopf. Onkel Ben fiel mir wieder ein, die erste Begegnung mit Ollhauer und der ganze »Stay Behind«-Laden, Kanzleramt und Schmidbauer, Waldspaziergänge und Föhrenweg, der Personenschutz für meine Familie, »Rübezahl«, Ulbauer, die Fallführerin und Freddy. Ich tauchte förmlich ab. »Buchenhain« kam mir in den Sinn, und unwillkürlich musste ich an den Schulz von gestern abend denken, der jetzt vor mir saß und den Staatstragenden spielte. Da musste ich schmunzeln und war plötzlich wieder im Hier und Jetzt.

Ganz nebenbei hatte ich eine Reihe von Fragen beantwortet. Als er mich lächeln sah, brach es aus ihm heraus: »Sie scheinen das hier alles wohl nicht sehr ernst zu nehmen, was?« – »Oh doch, ich nehme das sehr ernst«, antwortete ich betont gespielt. »Sie brauchen eine Vernehmungspause«, stellte Schulz fest. »Kommen Sie mit«, ordnete er an und musterte den Raum, als würde er eine Wanze suchen. Dann ging er voran, und ich folgte ihm.

Kurz darauf standen wir vor dem Gebäude. Der mit weißem Kies bedeckte Vorplatz war leer. Nur der blaue Vectra stand in einer Ecke. Freddy saß hinter dem Steuer und rauchte aus dem geöffneten Fenster. »Treue Seele«, dachte ich. Schulz baute sich vor mir auf. Stinksauer hatte er erkannt, dass ich ihm weder Quellennamen noch Hintergründe zu meinen Informanten nennen würde. Mehrfach hatte er nachgefragt, ob noch belastendes Material gegen den AL 5 zu erwarten wäre oder auftauchen könnte und ob ich eventuell noch Material in Händen hätte, das bisher nicht bekannt war.

Er knöpfte sein Sakko zu und hob an: »Ich will Ihnen mal was sagen: Ich komme von der Bundesanwaltschaft. Verstehen Sie? Ich bin frei in meinen Entscheidungen. Geht das in Ihren Kopf? Keinem Zwang unterworfen. Ich unterliege keiner politischen Weisung. Sie müssen wissen, wir haben in Deutschland die Gewaltenteilung. Verstehen Sie das? Haben Sie davon schon einmal gehört? Mir redet die Politik nicht in meine Arbeit rein. Ich hoffe, das ist Ihnen jetzt klar.«

Ich begann innerlich zu kochen. Was wollte dieser Mensch eigentlich von mir? Sollte ich dieses Kasperletheater etwa mitspielen? Ich war doch dabei gewesen, als im Bundeskanzleramt die Sache ausbaldowert wurde. Ich hatte erfahren, dass Schulz zuvor in Bonn gewesen war, um sich Direktiven abzuholen, und dass er nach getaner Arbeit wieder dorthin reisen würde. Ich hatte ihn im Foertsch-Büro beim Ermitteln gesehen, hatte mit den Kripoleuten geredet. Ich wusste, was Wilhelm und Olgauer über dieses Verfahren dachten. Ich kannte die Tatsache, dass ein Redakteur der *Süddeutschen Zeitung* bereits vor dem Verfahren von der Bundesanwaltschaft erfahren hatte, dass die Ermittlungen gegen Foertsch eingestellt würden.

Deshalb fiel meine Antwort kurz und schroff aus: »Warum, Herr Schulz, beantworten Sie mir eine Frage, die ich gar nicht gestellt habe? Ich bin der Meinung, wir sollten diesen Witz hier zu Ende bringen.« Er begann wütend zu schnauben. »Fühlen Sie sich nur nicht zu sicher, Busemann. Ich kann auch ganz anders. Sie scheinen meine Möglichkeiten zu unterschätzen.« Ich unterschätzte nicht nur seine Möglichkeiten, sondern auch seine Motivation.

Das »Imperium« schlägt zurück

Ich befand mich längst auf dem Heimweg und checkte für den Flug nach Hannover ein, als mein Handy klingelte. Olgauer war in der Leitung. Er teilte mir aufgeregt mit, was er mir eigentlich gar nicht sagen durfte. Der Generalbundesanwalt hatte das Verfahren an die Staatsanwaltschaft München übergeben, und die ermittelte nun gegen Freddy und mich. Der Vorwurf im Kern: Betrug und Untreue. Lachend und kopfschüttelnd saß ich mit meinem Partner vor der Kaffeetasse und wartete auf den Abflug. »Jetzt flippen sie ganz aus«, kommentierte er ungläubig. Dann hakte er nach: »Stehen wir das durch?« Noch während ich meinen Gedanken nachhing, beantwortete er sich die Frage selbst: »Also, das stehen wir durch. Das wollen wir doch mal sehen. Was haben wir denn gemacht? Unsere Quellen haben wir geschützt. Na und? Sonst nichts, oder?«

Richtig ernst nahmen wir die Gefahr noch nicht. Wir hatten nach bestem Wissen und Gewissen gearbeitet und große Erfolge erzielt. Sieht man von dem notorischen Nörgler Dr. Herle mal ab, waren alle mit uns zufrieden gewesen. Meine letzte Beurteilung war besser als gut und von Olgauer gerade noch einmal erneuert worden. Wir hatten unsere Gelder immer sorgsam eingesetzt und, im Verhältnis zu den erbrachten Leistungen, ausgesprochen wenig ausgegeben. Drei große interne Überprüfungen hatten uns und unserer Arbeit ein makelloses Zeugnis ausgestellt. Es gab keinen Anlass zu Disziplinarmaßnahmen und keinen Grund für eine strafrechtliche Verfolgung. Letztlich blieb nur die Verschleierung der Quellen und unsere sture Haltung, was den Quellenschutz betraf. Aber war das strafbar?

Nun warteten wir einfach mal ab. In den nächsten Wochen herrschte Funkstille. Die Staatsanwaltschaft München schwieg. Das Presseecho war eindeutig und negativ, was uns betraf. Irgendwer schürte das Feuer gegen uns. Innerhalb der Behörde wurde Tabula rasa gemacht. Wilhelm musste zur BND-Schule in den Münchner Vorort Haar wechseln, Ulbauer in ein Referat der Abteilung 1, und Olgauer verschwand im Nirwana des BND. Die gesamte Sicherheitsabteilung bekam einen neuen Anstrich, und – siehe da – es saßen plötzlich die alten Foertsch-Anhänger in den frei gewordenen Funktionen.

Olgauers Nachfolger Barkus, der sich nicht auf Foertsch-Linie bringen ließ, wurde wenige Wochen später gleich wieder versetzt. Ihm folgte Koller, ein Günstling des AL 5. Er wurde später zu einem Belastungszeuge gegen uns und bezeichnete sich als »kritischer Bewunderer von Foertsch«.

Da sich also nichts tat, ich aber spürte, dass sich etwas zusammenbraute, was außerhalb unseres Einflusses lag, unternahm ich einen Schritt nach vorn. Ich rief in Peters Büro an und bat um ein persönliches Gespräch. Ich wollte ihn über den Stand der Dinge informieren. Als einschlägig positionierter Abgeordneter schien er genau der Richtige für eine Beschwerde zu sein. Da er selbst nicht mehr der Parlamentarischen Kontrollkommission angehörte, vermittelte er mich an den SPD-Sicherheitsexperten Wilfried Penner. Also fuhr ich nach Bonn.

Das Gespräch sollte zunächst am 27. Mai 1998 stattfinden. Da ich aus der Reise kein Geheimnis machen wollte, informierte ich meinen damaligen Chef Ulbauer. Der Dienst wusste also Bescheid. Dann wurde das Treffen um einen Tag vorverlegt, und somit änderte sich auch die Anreise. Da ich das Reisedatum für unwichtig hielt, korrigierte ich meine Angaben beim BND nicht mehr. Freddy und ich nächtigten im traditionellen »Rheinhotel Dreesen«. Bei schönem Wetter und Blick auf den Fluss waren wir guter Dinge. Das Hotel war uns bestens bekannt, weil wir dort schon mehrfach abgestiegen waren. Ganz in der Nähe befand sich eine Außenstelle des BND, zuständig für das Dechiffrieren geheimer Unterlagen. Wir hatten hier wiederholt hochbrisante Chiffrierunterlagen russischer Herkunft abgeliefert.

Wir hatten Zeit, und so verbrachten wir hier einen unserer beliebten »Weißt-du-noch-Abende«. Am nächsten Morgen trafen wir den Bundestagsabgeordneten Penner. Der hörte sich unsere Geschichte an und versprach Hilfe.

Bundesweite Polizeiaktionen

Freddy reiste nachts nach Hause, weil er am folgenden Tag einen frühen Termin hatte. Ich wollte am nächsten Tag Peter informieren und blieb also noch in Bonn. Dann passierte es: Als ich zum Frühstück gehen wollte, erreichte mich der Anruf meiner Frau. Sie schilderte mir detailliert das Ereignis. Eine Stunde vorher war ein Rollkommando des Bayerischen Landeskriminalamtes, begleitet von einem Beamten der Gemeinde und eskortiert von der örtlichen Polizei, vor unserem Haus aufmarschiert. Man wollte mich sprechen. Meine Frau erklärte, dass ich bereits seit zwei Tagen in Bonn sei und Gespräche mit einem Vertreter der Parlamentarischen Kontrollkommission führen würde.

Die Störenfriede zeigten sich überrascht. Einer fragte: »Warum schon seit vorgestern? Weiß sein Dienstherr davon?« Aufgrund dieser Situation waren sich die Münchner Polizisten nicht einig, wie sie weiter vorgehen sollten. Meine Frau schloss die Tür und beobachtete den Durchsuchungstrupp, der sich wieder einige Meter vom Haus entfernt hatte. Sie telefonierten und holten sich neue Order. Dann kamen sie zurück und begannen mit der Hausdurchsuchung, besser Hausdurchsicht.

Sowohl der Gemeindebeamte als auch meine Frau gewannen den Eindruck, die Polizisten wüssten gar nicht, wonach sie suchen sollten. Also nahmen sie einige Aktenordner und meinen PC als Beutestücke mit nach München. Später sollten daraus umfangreiche Ermittlungsakten entstehen. Allein der Ausdruck aller Dateien ergab mehrere Ordner. Beweise für Betrugsdelikte fanden unsere morgendlichen Besucher nicht. Es tauchten auch keine dieser staatsanwaltschaftlichen Trophäen im späteren Verfahren auf. Der wahllos herausgegriffene Krempel lagert bis heute noch in München. Mein PC hat in der Zwischenzeit nur noch historischen Wert.

Da die Strafverfolger auch Ende 1998 noch nichts »Griffiges« gegen uns gefunden hatten, wurden sie zunehmend subtiler in ihrer Vorgehensweise. Angetrieben von der politischen Abteilung der Staatsanwaltschaft München und unter Mithilfe einer willfährigen Gefolgschaft aus Pullach begann das LKA, unsere Quellen und Beschaffungshelfer zu verhören. Sie gingen mit der Vorstellung ans Werk, jeder Verbindungsführer sei auch irgendwie ein Krimineller, man müsse nur lange genug suchen. Eine Vorgehensweise, die mich stark an der bundesdeutschen Rechtsstaatlichkeit zweifeln lässt.

Unsere Ex-»Stay Behind«-Quelle Cornelsen, den Banker aus Husum, traf es besonders hart. Wir hatten ihn als Beschaffungshelfer reaktiviert. Er hatte unter anderem einigen unserer russischen Quellen bei der Eröffnung von Konten assistiert. Obwohl alle Kontodaten dem Dienst bekannt waren und die Auszüge vorlagen, suchten die Ermittler Cornelsen in seiner Bank auf und legten seine Arbeit für den BND offen. Das brachte ihn seiner Geschäftsleitung gegenüber in erhebliche Schwierigkeiten. Am Ende zeigte sich, dass alle Einzahlungen korrekt und alle Auszahlungen vom Kontoinhaber selbst vorgenommen worden waren. Der BND sah diesem Treiben zu und fütterte die Polizei mit weiteren Personaldaten. Quellenschutz à la Pullach.

Meine Leute wurden erheblich eingeschüchtert. Später schilderten sie die überfallartigen Besuche der Ermittler in den düstersten Farben: »Ich hatte den Eindruck, man wollte unbedingt etwas gegen euch finden. Ich wurde im Unklaren gelassen, worum es eigentlich geht. Mir wurde suggeriert, ich hätte möglicherweise für etwas anderes gearbeitet als für den BND. Man fragte mich, ob ich die Entgelte auch ordentlich versteuert hätte.« Einige mussten sich selbst beim örtlichen Polizeirevier melden. Die versteckte Drohung, BND-Gelder möglicherweise nachträglich versteuern zu müssen, ängstigte die Quellen. Staatsanwaltschaft und BND verschwiegen ihnen ganz bewusst die Tatsache, dass alle ausbezahlten Beträge bereits zentral versteuert waren.

Anfang 1999 wurde sogar eine unserer russischen Innenquellen mehrfach durch die Staatsanwaltschaft vernommen. Der BND hatte ihre Klardaten preisgegeben. Und das für ein mehr als fragwürdiges Verfahren. Dann passierte mehr als drei Jahre lang nichts. Es war eine Zeit des Wartens, der Spekulationen und des Nervenkrieges, den der BND gegen uns führte. Meine Entlassungsurkunde erreichte mich mit offener Post und unkommentiert. Auf eine Abschluss- und Sicherheitsbelehrung wurde – völlig unüblich – verzichtet.

In den Fängen der Justiz

Am Morgen des 20. November 2002 stand ich schließlich mit meinem Ex-Partner und Freund vor dem Landgericht München I. Freddy stellte, wie automatisch, seine Frage: »Und du meinst, das stehen wir durch?« Dabei hatte er wie immer diesen fragenden Blick. Aber diesmal fand ich weder Zufriedenheit noch Vertrauen in seinem Gesicht, als ich ihm die gewohnte Antwort gab: »Ja, Freddy, das stehen wir durch. Wir haben nichts verbrochen!« Wir waren an einem Schlusspunkt angekommen. Mit ein wenig Glück, so dachte ich, könnten wir hier auf ein paar couragierte Richter stoßen, die dem ganzen Spuk ein Ende bereiten würden. Weit gefehlt.

Was in dem Prozess geschah, unterliegt bis heute der Geheimhaltung. Nur das Ergebnis wurde – ohne unsere Namen – öffentlich. Freddy und ich fanden uns in der Presse als zwei schmierige Betrüger wieder, die den BND jahrelang an der Nase herumgeführt und sich die Taschen gefüllt hatten. Das Verfahren selbst lief unter seltsamen Umständen ab. Am Ende fühlte ich mich hereingelegt. Ich hatte nur – wie zuvor auch – versucht, die Quellen zu schützen, die jedoch, so stellte sich heraus, die einzigen waren, die mir wirklich hätten helfen können und wollen. Aber genau das wurde zu meinem Strick. Ich wurde zu einer Bewährungsstrafe von elf Monaten verurteilt.

Nach der Urteilsverkündung, auf dem Weg zurück nach Hause, fühlte ich mich endlos niedergeschlagen; ich hatte Reputation, Stellung und einen Gutteil meiner Gesundheit verloren. Später jedoch spürte ich, dass mir etwas geblieben war: Rückgrat.

Empfehlenswerte Literatur

Burlakow, Matwej: Wir verabschieden uns als Freunde. Der Abzug – Aufzeichnungen des Oberkommandierenden der Westtruppe der sowjetischen Streitkräfte, Bonn/Fribourg/Ostrava 1994.

Gaudlitz, Frank/Kumlehn, Thomas: Die Russen gehen, Berlin 1993.

Hirschmann, Kai: Geheimdienste, Hamburg 2004.

Kowalczuk, Ilko-Sascha/Wolle, Stefan: Roter Stern über Deutschland, Berlin 2001.

Markwardt, Waldemar: Erlebter BND. Kritisches Plädoyer eines Insiders Berlin 1996.

Mecklenburg, Jens (Hg.): Gladio – die geheime Terrororganisation der Nato, Berlin 1997.

Müller, Peter F. & Mueller, Michael: Gegen Freund und Feind. Der BND: Geheime Politik und schmutzige Geschäfte, Reinbek b. Hamburg 2002.

Müller, Leo A.: Gladio – das Erbe des Kalten Krieges, Reinbek b. Hamburg 1991.

Naimark, Norman M.: Die Russen in Deutschland, Berlin 1997.

Roewer, Helmut/Schäfer, Stefan/Uhl, Matthias: Lexikon der Geheimdienste im 20. Jahrhundert, München 2003.

Ulfkotte, Udo: Verschlusssache BND, München/Berlin 1997.

ISBN 3-550-07605-3

Gesetzt aus der Sabon und der Univers
bei LVD GmbH, Berlin
Druck und Bindung: Bercker, Kevelaer

Printed in Germany